사회학총서 9

일탈과 범죄의 사회학

김준호 · 박성훈 · 박형민 · 신동준 · 이성식 · 장안식 · 황지태

다산출판사

인사말

김무경(서강대/한국사회학회장)

2013년 정진성 전임 회장님께서 이전까지의 사회학회 회원들의 염원을 결집하면서 사회학총서 발간을 시작한 지 이제 3년째로 접어듭니다. 그간 '이론'을 필두로 '종교', '법', '인권', '사회운동', '인구와 보건' 분야 6권의 총서가 출판되었고, 작년 윤정로 회장님 시기에는 '가족'과 '동양사회사상'의 2권이 새로이 얼굴을 보이게 되었습니다. 다소 더딘 감은 있지만, 국내 최초로 사회학총서 발간이라는 대사업이 순조로이 진행되고 있어 한국 사회학도의 한 사람으로서 가슴이 뿌듯합니다.

독자 여러분들은 이 총서를 통하여 우선 사회학의 다양성에 놀라게 될 것이고, 그러면서도 이 모든 분야들을 가로지르고 아우르면서 사회 전체의 흐름을 조망하고자 하는, 그 창건 시기로부터의 사회학의 야심을 읽을 수 있을 것입니다. 이는 기존의 사회과학에 토대 구실을 할 수 있는 종합적이고 체계적인 이론과 방법론을 제공해 온 사회학의 전통, 그리고 사회의 각 분야를 사회학적 관점과 상상력에 근거를 두고 통찰하고자 하는 사회학의 지적 전통과 맞닿아 있습니다.

그런데 이와 같은 사회학의 태생으로부터의 특징은 요즈음과 같이 하나의 분과학문이나 국가의 경계를 넘어, 통합적이고 글로벌한 관점에서 접근하지 않으면 풀어 나갈 수 없는 문제들과 마주하고 있는 우리들에게 절실히 필요로 하는 시각일 것입니다. 이와 더불어 이 총서는, 작금의 심층적인 사회 변동에 대응하여 사회학의 각 분야에서 진행되고 있는 패러다임의 변화를 충실히 보여주고 있는데, 이 부분을 주목하고 즐기는 것도 독자 여러분들의 몫 중의 하나일 것입니다.

마지막으로 이 총서는 무엇보다도 이제 60여 년의 역사를 가진 한국사회학 공동체가 우리 고유의 현실에 대응하기 위하여 씌어졌다는 점에서, 우리 고유의 독창적 이론의 정립과 대안의 제시의 시도들도 읽어낼 수 있을 것입니다.

이러한 결실을 맺게 해 주신 정진성 전임 회장님과 실무를 담당한 연구이사 강정한 교수님, 2014년의 윤정로 회장님과 주은우 총무이사님께 다시금 감사를 드리며, 2015년도 총서 출판의 일을 흔쾌히 맡아주신 총무이사 전상진 교수님께 감사의 뜻을 전해 드립니다.

총서 출판에 정성을 기울여 주시는 다산출판사 여러분들께도 진심으로 감사드립니다.

인사말

정진성(서울대/전 한국사회학회장)

사회학은 언론, 행정, 사법, 기업, 복지, 시민사회 분야 전반에 골고루 필요한 지식을 교육하여 취업 분야가 넓을 뿐만 아니라 사회과학 여러 분과학문에 가장 유용한 이론의 공급원이기도 합니다. 최근 법학전문대학원을 비롯하여 여러 새로운 형태의 대학원이 설립되면서, 학부 교육과정에서 사회학이 갖고 있는 종합성과 논리성, 이론적 강점이 새롭게 주목받기 시작했습니다. 더욱이 엄청난 속도의 과학기술 발전과 글로벌리제이션의 진전으로 사회가 더 이상 하나의 분과학문으로 설명할 수 없는 복합적 양상으로 변화하는 상황에서, 사회학의 종합성과 유연성이 학문 간의 융복합을 추동하는 역할을 할 수 있다는 점도 새롭게 조명되기 시작했습니다. 다만 실용적이고 전문화되어 가는 세태에서 '사회'라는 개념이 추상적이고 모호하게 인식되고 있기 때문에, 사회학을 공부하는 학생들에게, 그리고 일반인들에게도 사회학의 개념과 위상을 명확히 정립하여 인식하도록 할 필요가 있다는 것이 사회학총서 기획의 기본 취지입니다.

2011년 6월 사회학회 총회에서 2013년 회장이 선출되고, 곧바로 구성된 새로운 회장단은 사회학총서를 만들자는 데 뜻을 모았습니다. 2011년 회장단에서 '21세기 사회학혁신 특별위원회'를 만들어서 사회학의 영역과 커리큘럼을 조사했으며, 2012년 회장단은 일본에서 사회학총서가 두 차례에 걸쳐 발간되었고 최근 중국사회학회도 총서 발간에 관심을 기울이고 있는 것을 확인하고 한국사회학회에서도 총서작업을 시도하면 좋겠다는 의지를 보인 바 있습니다.

총서 기획은 사회학회 내에서 활동하고 있는 20여 개의 분과학회를 기반으로 이루어졌습니다. 1990년대 후반부터 사회학의 규모가 늘어나면서 여러 분과학회가 속속 만들어졌는데, 이 분과학회들이 전·후기 사회학대회의 발표 세션 구성의 주체가 되고 있습니다. 대부분의 분과학회들은 그 분야의 전반적인 내용을 체계적으로 보여주는 저술의 필요성을 인지하고 있었으며, 사회학회 차원에서 각 분야를 아우르는 총서를 기획하는 데에 매우 적극적인 의사를 표명했습니다. 이미 개설서를 출판한 문화사회학회, 비판사회학회 등을 제외한 16개 분과학회가 2012년 11월에 1차 기획회의를 가지고 총서의 기본적인 가이드라인을 결정했습니다. 총서는 각 사회학 영역의 내용과 방법론 등을 포괄하며 사회학 학부 고학년과 대학원 신입생 수준의 학생들이 그 분야 사회학에 대해 전문지식을 습득할 수 있는 수준과 방식으로 집필하는 것으로 의견을 모았습니다.

총서작업 과정에서 사회학회는 전 분과학회가 참여하는 학술회의를 열었습니다. 모든 분과학회가 발표와 토론에 참여하여 총서 추진과정에서 실제로 집필의 한 부분이 이루어지고 집필의 추진력도 받을 수 있도록 한 것입니다. 4월에 '복지'를 주제로 하여 8개의 학회가 참여하는 심포지엄을 개최했고, 5월에는 '경제민주화' 대토론회를 7개 학회의 참여로 진행했습니다. 각 분과학회들은 매우 성실하고 진지하게 발표원고를 준비하여, 복지와 경제민주화와 같은 사회 전체에 큰 영향을 미치는 문제에 대해서 기존의 좁은 학문의 울타리를 넘어 융복합의 분석을 주도할 수 있는 사회학의 강점을 최대한으로 발휘했습니다.

사회학총서는 사회학의 학문적 특성과 내용을 확실히 할 뿐만 아니라, 각 분과학회가 총서작업을 통해 학문적 수준과 결속력을 높일 것으로 기대합니다. 나아가 분과학회 상호 간의 학문적 교류와 신뢰를 강화하여 한국

사회학회 전체의 정체성과 참여도를 높이고 결과적으로 한국사회학 전체의 수준을 높일 것이라고 믿습니다. 특히 서구의 학문적 업적에 기대온 과거의 관행에서 크게 벗어나 한국사회의 맥락에서 학자들의 문제의식과 시각, 문제해결의 방식을 정립할 수 있는 효과적인 계기가 될 것으로 생각됩니다.

그간에 각 학회장들의 회합이 계속 이어졌고, 6월 전기사회학대회에서는 총서 집필 현황을 서로 점검하는 공동 세션이 열렸으며, 이제 12월 사회학대회에서는 출판기념회를 계획하고 있습니다. 현재, 함께 시작한 16개 학회(몇 개는 개인들의 집필로 이루어지고 있음) 전체가 실제로 12월 사회학회에서 출판된 책을 가질 수 있기를 기대합니다만, 혹시 미처 끝내지 못한 학회는 다음 해를 기약하면 될 것입니다. 또 여러 다른 분과학회나 개인 학자들이 속속 총서 작업에 합류하여 사회학총서가 점점 더 완성된 모습을 갖추게 되기를 기원합니다.

집필에 참여하신 사회학회 여러분들께 감사드리며, 총서의 기획으로부터 실무에 이르는 전체 과정을 책임져 주신 강정한 교수와 총서의 출판을 선뜻 맡아주신 다산출판사 분들께 진심으로 고마움을 전합니다.

아무쪼록 수준 높은 책들이 출판되어, 한국사회학의 발전에 큰 기여를 하게 되기를 기대합니다.

발간사

송호근(사회학총서 발간위원장)

한국사회학회에서 처음 시도하는 총서 발간을 진심으로 환영하고 축하한다. 그동안 학회 차원에서, 그리고 뜻있는 사회학자들 간에 총서 발간의 필요성이 심심치 않게 제기된 바 있고, 영역별로 총서 형태의 연구서를 이미 발행한 분과학회가 더러 있지만, 사회학회 차원에서 총서 발간이라는 대사업을 시작한 것은 처음 있는 일이다. 그런 의미에서 조금 늦은 감이 없지 않지만, 20세기 한국사회의 발전상을 바탕으로 21세기 세계화와 더불어 진행되는 한국사회의 변화상을 각 분과별로 정리, 조망해 보는 일은 그야말로 한국사회학의 토대를 다지는 기초 작업이다. 21세기 한국사회는 더 이상 일국경계에 한정된 사회가 아니라 전 지구적 차원의 변화와 맞물린 다국적 · 혼합적 변동의 중심에 놓여 있으며, 그에 따라 20세기 사회학 패러다임으로는 포착되지 않는 신종의 변동 요인들이 대거 집중되거나 자체 생산되고 있다고 봐도 과언이 아니다. 신종 요인들의 유입과 동화과정, 자체 생산되는 신요인들의 본질을 파악하려면 새로운 이론과 분석방법이 필요하다. 고전사회학의 기본 원리와 20세기 사회학 패러다임을 기초로 하되 구본신참, 신구절충의 정신으로 글로벌화의 와중에 있는 한국사회의 변동원리를 포착하고 정립하는 것이 절실한 과제이다. 총서 발간의 가장 중요한 의미는 바로 여기에 있다.

돌이켜보건대, 한국사회학은 사회변동의 척후역할을 담당하던 '호황의 시대'를 지나 사회적 수요가 현격히 줄어든 '위축의 시대'를 맞고 있다. 누구나 사회학적 지혜를 필요로 했던 '격동의 시대'에 오늘날의 수요위기를 예측하고 적절한 대비책을 준비해야 했다는 뒤늦은 반성이 총서를 발간하게 된 주요한 계기일 것이다. 사회학은 수요 위기와 함께 정체성 위기라는 이중적 위기에 당면하고 있다. 인접학문으로 주제와 쟁점이 이관되는 자연스런 학문분화, 산업화와 민주화가 어느 정도 정착함에 따라 변동론적 비전이 상대적으로 설득력을 잃는 현상, 그리고 무엇보다 사회학 내부에서 진행된 과잉전문화로 연구자와 대중이 분리되는 현상 등이 대중독자와 지지기반을 약화시킨 요인들로 보인다. 이는 사회과학 전반에서 목격되는 일반적 모습인데 사회학에서 그 중첩효과가 극대화되었다. 아카데미아에서 사회학의 위상을 회복하는 일, 대중독자들로부터 사랑과 신뢰를 회복하는 일이 무엇보다 절실한 요즘, '풍요한 사회'의 내부 역학을 파헤치고 시민과 시민사회, 그리고 국가권력의 양지와 음지를 날카로운 분석기제와 생생한 언어로 조명하는 것은 사회학의 정체성을 살려내고자 하는 이 시대 사회학자들의 가장 중대한 과제라고 생각한다.

총서발간이 바로 그 작업의 기초를 마련할 것으로 기대한다. 21세기 한국사회의 변동역학과 인과법칙, 그리고 시민생활을 관할하는 객관적 법칙을 밝혀내는 작업이야말로 미시적 지식생산에 함몰된 아카데미아의 근시안적 연구경향을 극복하고 시민사회를 이끌 집단적 지혜와 교양을 증진하는 지름길이기 때문이다. 21세기 사회학이 바로 그 일을 담당해야 한다. 이는 정체성 위기에 처한 사회과학 일반의 지식저변을 넓혀 그 기초를 다지는 공동체적 과업의 첫걸음이라 할 수 있다. 이런 의미에서 총서 발간에 참여하는 집필진들은 사회과학의 공익함양과 공공성 증대라는 시대적 요구를 실천하는 사회학 전사라 해도 과언이 아니다.

총서 발간을 통해 사회학이 새로 태어나고 현재와 미래의 연구과제와 원리를 새롭게 갱신할 수 있기를 기대한다. 21세기 한국사회는 사회학과 더불어 숨 쉬고 사회학과 더불어 진화해 나갈 것을 희망한다. 사회학은 언제나 시민들이 발 딛고 있는 삶의 현장에서 시작해서 새로운 기획을 들고 다시 현장으로 돌아오는 실천적 학문이다. 시민들의 생생한 삶을 생동력 있는 이론과 신선한 언어로 퍼 올리는 것이야말로 21세기 사회학의 정체성을 구축하는 기본 원리다. 집필진들의 열정과 헌신을 기대한다.

기획의 글

최근 아동성폭력, 무차별범죄 등 여러 가지 강력범죄에 대한 언론보도가 증가하는 등, 범죄문제와 안전에 대한 사회적 관심이 높아지고 있다. 또한 사회가 복잡해지고 욕구가 다양화되면서 다양한 일탈현상이 발생하고 있으며 이에 대한 설명이 요구되고 있다. 그러나 이와 같은 현상을 설명하기 위한 우리 사회의 학문적 기반은 아직 튼튼하다고 할 수 없는 상황이다. 우리 사회에서 발생하고 있는 범죄와 일탈 현상을 분석하기 위한 한국적 범죄이론을 정립하지 못한 것도 사실이다.

범죄에 대한 설명은 다른 사회현상에 대한 설명과 마찬가지로 그 사회의 문제의식이 공유되고 그것을 해결하기 위한 방법으로 제기된 것이라 할 수 있다. 예를 들어 뒤르켐의 아노미이론은 19세기 유럽의 문제상황에서 그것을 이해하고 극복하기 위한 학문적 노력에서 출발하였으며, 사회해체이론의 경우 도시화와 공동체의 붕괴라는 1920년대 미국의 사회현상을 이해하기 위한 이론적 고민에서 형성되었다 해도 과언이 아닐 것이다. 긴장이론이나 하위문화이론 등 다른 범죄학이론 역시 하층계급의 삶에 대한 이해에 기반하고 있으며, 그 이론들이 형성될 당시의 문제상황이 반영된 학문적 노력들임에 틀림없는 것이다.

우리는 아직까지 우리 사회의 현실에 대한 반성에서 출발한 한국적 일탈과 범죄 이론은 거의 없다고 해도 무방한 상황이다. 현재 일탈과 범죄 이론에 대한 우리의 상황을 성찰해 보면, 해외의 여러 가지 이론들을 소개하고 적용하는 연구들이 주류를 이루고 있으며, 외국에서 정립된 다양한 이론적 설명이 국내의 자료를 통해 검증되는지 기각되는지를 확인하는 실증적 연구들이 대부분이라 할 수 있다. 그리고 범죄와 일탈 현상에 대한 교과서가 다수 존재하기는 하지만, 대부분 해외의 교과서를 번역하는 이상의 노력은 수행되고 있지 않다는 반성을 할 수 있다.

이와 같은 문제의식하에서 이 책은 기존 범죄학이론에 대한 기본적인 이해를 기반으로, 범죄학이론을 한국적 시각에서 해석하고 비판적으로 적용하기 위한 시도들을 담아내게 될 것이다. 이 책은 기본적으로는 기존의 일탈과 범죄 이론에 대한 충실한 이해를 위한 서술에서 출발하며, 이 같은 이론들이 한국적 상황에 적용된 다양한 연구성과들을 충실히 반영하고 소개하며, 해외의 주요 연구 성과에 대해서는 필요에 따라 간략히 소개하게 될 것이다.

아울러 이 책은 일탈과 범죄 연구의 학문적 저변 확대를 위한 기초로서도 자리매김할 수 있을 것으로 기대한다. 현재 우리 대학의 사회학과에서는 범죄학 관련 강좌가 거의 개설되지 않고 있는 상황이며, 대학의 일탈 및 범죄 관련 강좌들은 경찰행정학과 등 실무적인 관심이 주된 학과를 중심으로 활발하게 개설되고 있다. 결국 범죄현상에 대한 실태와 원인 등에 기반한 이론적인 접근보다는 실무적 목적에 따른 즉각적인 적용이나 기존 이론의 검증에 주된 관심이 모아지고 있는 편이다. 따라서 이 책은 범죄현상에 대한 이론적인 설명을 소개함으로써 보다 많은 학생들이 일탈과 범죄 이론을 접하고 함께 고민할 수 있는 학문적 소통의 장이 펼쳐질 수 있도록 도움을 줄 것으로 기대한다.

이 책의 집필 형식은 일탈과 범죄 이론을 관점별로 소개하는 형식을 취하였다. 범죄 일탈 현상에 대한 주제별 접근방향이 집필회의 단계에서 검토되었으나, 여러 명의 저자가 주제별 테마를 다루는 방식으로 공동작업을 하기 위해서는 관점의 통일이 필수적이라는 의견이 다수를 이루었고,

현실적으로 여러 명의 저자가 동일한 관점으로 책의 통일성을 유지하는 것이 어렵다고 판단하였다. 따라서 이 책에서는 저자별로 관점의 독립성을 유지하면서 전체적 방향에 따른 집필 원칙에 따라 이론을 충실하게 소개하는 형식으로 통일성을 유지할 수 있도록 하였다.

이 책은 총 12개의 장으로 구성되었으며 각 장별 주요 내용은 다음과 같다.

제1장 '범죄사회학의 다양한 이론과 한국 범죄사회학의 위기'는 서론과 도입부분으로 범죄사회학의 다양한 이론을 논리적 성격과 인식론적 전제를 고려한 다섯 가지의 관점에서 개관하고, 현재 우리나라에서 진행되고 있는 범죄연구의 문제점을 진단하며 향후 발전방향을 모색할 것이다.

제2장 '사회해체와 범죄'는 급격한 근대화의 시기에 나타났던 도시의 성장을 분석함으로써 범죄와 비행의 분포상태와 그 이유를 규명하고자 했던 시카고학파의 사회해체이론을 다루게 될 것이다. 사회해체이론은 범죄자가 생물학적 또는 심리학적 결함 때문이라고 보았던 기존의 범죄관(개인주의적 설명)에 대한 대안으로서, 범죄가 특정 인종이나 소수집단의 전유물이라는 가정에 의문을 제기한 결과이며, 사회해체이론을 통해 사회적 환경과 범죄발생 간의 관계를 살펴보도록 할 것이다.

제3장 '사회구조와 문화의 불균형 : 아노미'는 뒤르켐으로부터 시작한 범죄학이론인 아노미이론을 중심으로 사회구조와 문화가 일탈 및 범죄 현상에 어떠한 영향을 미치는지 서술될 것이다. 뒤르켐의 아노미이론은 급격한 사회변동의 결과 사회의 규범이 붕괴되거나 더 이상 작동을 하지 않게 되는 현상을 설명하였으며, 뒤르켐의 아노미 개념을 미국상황에 적용한 머튼의 아노미이론(긴장이론)과 여기에서 파생된 하위문화이론, 일반긴장이론, 제도적 아노미이론을 소개하고 검토할 것이다.

제4장 '사회관계와 범죄의 학습'은 범죄를 유발하거나 조장할 수 있는 요인은 모든 사회계층에 분포하고 있다는 현상을 설명하기 위한 시도로서

차별접촉이론과 사회학습이론을 소개한다. 동일한 사회구조적 조건을 가진 모든 사람이 동일한 방법으로 반응하는 것은 아니라는 사실에서 출발하여 범죄자들의 범죄 행위 및 태도가 전승되고 학습되는 과정을 살펴보도록 할 것이다.

第5장 '사회유대와 범죄통제' 에서는 사회통제이론을 소개하도록 할 것이다. 다른 이론들이 왜 일부의 범죄자들이 범죄를 저지르는지를 질문했다면, 사회통제이론은 다른 이론들과는 달리 모든 구성원이 범죄동기를 갖고 있음에도 왜 대부분 규범을 준수하게 하는지를 설명하는 범죄통제요인을 다루고 있으며, 그 요인들로 사회유대를 제시한다. 아울러 중화이론을 소개하고, 이 이론들을 긴장이론이나 차별접촉이론들과 비교하는 기존 연구들을 살펴봄으로써 한국사회에 보다 잘 적용되는 이론이 무엇인지를 검토하도록 할 것이다.

第6장 '공식처벌과 범죄억제' 에서는 공식기관에 의한 처벌에 따라 범죄발생이 설명될 것이라는 억제이론을 소개하고, 그동안의 경험연구를 살펴볼 것이다. 여기서는 범죄통제가 공식처벌에 의해서가 아니라 비공식통제의 사회유대에서 비롯된다는 사회통제이론과의 논쟁에서 억제이론이 어떻게 수정되고 발전하는지를 소개할 것이다. 아울러 처벌의 효과와 관련하여 낙인이론과의 논쟁도 다룬다.

第7장 '사회적 상호작용과 낙인' 은 일탈과 범죄가 행위자의 내적 특성에 의해 발생하는 것이 아니라, 상징적 상호작용의 결과로서 주변사람과 자기 자신에 의해 형성된다는 낙인이론을 소개할 것이다. 사회적 낙인은 일탈과 범죄를 통제하기 위해 부여되지만 오히려 그것을 증가시키는 요인이 될 수 있다는 측면을 다룬다.

第8장 '사회갈등과 범죄' 는 사회학 내 전통적인 범죄이론들을 계급적 시각 또는 갈등이론적인 시각에서 비판하며 이론화를 시도한 맑스주의적 범죄이론과 다양한 비판이론들을 살펴볼 것이다. 이러한 시각은 법은 절대적인 도덕가치를 반영하는 것이 아니라는 전제를 가지고 범죄에 대한 규정의 역사성과 법 제정을 둘러싼 계급투쟁과 집단 간 갈등을 다루고 있다.

제9장 '여성과 범죄' 에서는 남성의 경험에만 바탕을 둔 전통적인 범죄학이론에 대비되는 여성 고유의 인식방법에 기반한 범죄이론을 모색한 여성주의적 범죄이론을 다루게 될 것이다. 전통적인 범죄학적 질문들과 차별적인 여성주의적 범죄이론이 젠더화된 사회구성의 측면에서 논의한 여성의 낮은 사회경제적 지위, 여성다움 혹은 남성다움에 대한 강조, 여성의 성에 대한 통제가 범죄자로서의 여성, 범죄피해자로서의 여성에게 영향을 주는 모습을 살펴볼 수 있을 것이다.

제10장 '범죄기회와 범죄피해' 에서는 범죄현상의 설명에 있어서 범죄자보다는 피해자를 중심으로 한 피해자유발이론, 상황적 전이이론, 생활양식/노출이론, 일상활동이론, 구조적 선택이론, 상황적 범죄예방이론 등 다양한 피해자이론의 핵심 개념과 주장을 소개하고 이를 비판적으로 검토할 것이다.

제11장 '범죄의 시작, 발전, 그리고 중단' 에서는 최근 범죄연구의 새로운 패러다임으로 각광을 받고 있는 범죄의 지속과 중단에 대한 두 가지 입장, 즉 자기통제이론과 생애과정범죄학의 논쟁과 개념들을 소개하고, 이를 적용한 다양한 경험적 연구의 성과를 살펴볼 것이다.

제12장 '이론들의 통합' 에서는 전통적인 범죄학이론들의 다양한 측면들을 종합하여 일관된 설명체계를 형성하고자 하는 이론 통합 작업에 대해 소개하고 그 의미를 논의하게 될 것이며, 여러 가지 통합방식에 대한 검토가 이루어질 것이다. 그리고 최근의 이론 통합 작업인 통제균형이론에 대해 소개할 것이다.

시간과 지면의 한계로 인하여 여러 가지 불완전함을 지니고 있기는 하지만, 이 책을 출발점으로 하여 한국의 범죄학이론의 형성과 정립을 위한 학문적 기초와 논의의 장이 열릴 수 있을 것이라 생각하며, 더 풍부한 토론과 소통을 통해 우리 현실에 기반한 우리의 일탈과 범죄 이론의 발전이 이루어지기를 기대한다.

2015년 3월
저자 일동

차 례

제 1 장 범죄사회학의 다양한 이론과 한국 범죄사회학의 위기 / 김준호

1. 서 론 2
2. 사회학 일반이론을 범죄의 설명에 적용한 이론 5
   1) 사회구조와 범죄 6
   2) 사회적 행위와 범죄 16
3. 초기의 통합이론 26
   1) 차별기회이론 26
   2) 하위문화이론 28
   3) 차별강화이론 30
4. 외연의 확장과 축소 31
   1) 외연의 확장 32
   2) 외연의 축소 : 세분화 35
5. 혼합 모형 40
6. 결론에 대신하여 : 우리나라 범죄사회학의 문제점 42
   1) 이론의 문제 42
   2) 연구방법론의 문제 45
   3) 이상한 분업 47

제 2 장 사회해체와 범죄 / 장안식

1. 서 론 52
2. 시카고학파 : 인간생태학과 동심원이론 54
   1) 시카고학파와 인간생태학 54

2) 동심원이론 56
3) 전이지역과 사회해체 57
3. 쇼와 맥케이의 사회해체이론 59
1) 사회해체이론의 검증 61
2) 사회해체이론의 공헌 63
4. 사회해체이론 다시 살리기 66
5. 현대적 사회해체이론 관점 68
6. 국내 연구 동향 및 향후 전망 73

제 3 장 사회구조와 문화의 불균형 : 아노미 / 신동준
1. 들어가며 80
2. 뒤르켐의 아노미 81
3. 머튼의 아노미이론 84
4. 하위문화이론 91
1) 코헨의 이론 92
2) 클로워드와 올린의 차별기회이론 96
3) 하위문화이론의 평가 101
5. 아노미이론에 대한 경험적 연구와 평가 103
6. 일반긴장이론 107
1) 긴장의 출처와 결과 108
2) 긴장과 비행 사이의 조건변인 111
3) 일반긴장이론에 대한 비판과 수정 112
7. 제도적 아노미이론 115
1) 문화 : 아메리칸 드림 116
2) 사회구조 : 제도적 힘의 균형 118
3) 문화와 사회구조의 조건적 관계 121
4) 제도적 아노미이론에 대한 경험적 연구와 평가 122
8. 국내 연구 동향 및 향후 전망 125

제 4 장 사회관계와 범죄의 학습 / 박형민
1. 차별접촉이론과 사회학습이론의 배경과 주장 132
2. 서덜랜드의 차별접촉이론 133
3. 사회학습이론의 기본개념 135
1) 차별 교제 135
2) 정 의 136
3) 차별 강화 137
4) 모 방 137
4. 사회학습이론 검증을 위한 경험연구들 138
5. 국내 연구 동향 및 향후 전망 141

제 5 장 사회유대와 범죄통제 / 이성식
1. 사회통제이론의 가정과 주장 146
2. 사회유대의 요소와 기존의 경험연구들 147
1) 사회유대의 네 요소 147
2) 기존의 주요 경험연구들 149
3. 사회통제이론의 한계와 논쟁 151
4. 중화이론 153
1) 가정과 주장 153
2) 중화의 기술 155
3) 경험연구들 156
5. 국내 연구 동향 및 향후 전망 158
1) 사회통제이론의 검증 158
2) 중화이론의 검증 160
3) 향후 전망 162

제 6 장 공식처벌과 범죄억제 / 이성식
1. 억제이론의 배경과 주장 166
2. 억제이론 검증에 있어 기존의 경험연구들 168
1) 거시연구 168

2) 미시연구 169
3) 방법론적 논쟁 170
4) 사회통제이론과의 논쟁 171
3. 억제이론의 수정과 확대억제이론 172
1) 주요 논의 172
2) 경험연구들 173
4. 공식처벌의 조건적 효과와 세 입장 175
5. 특수억제효과의 연구들 178
6. 국내 연구 동향 및 향후 전망 180
1) 일반억제연구 180
2) 특수억제연구 182
3) 향후 전망 183

제 7 장 사회적 상호작용과 낙인 / 박형민
1. 낙인이론의 배경과 주장 186
2. 낙인이론의 주요 개념 188
1) 악의 극화 188
2) 일차적 일탈과 이차적 일탈 189
3) 외부인 190
4) 재통합적 수치 191
3. 낙인이론 검증에 있어 기존의 연구 192
4. 국내 연구 동향 및 향후 전망 193

제 8 장 사회갈등과 범죄 / 황지태
1. 갈등론적 범죄이론들의 공통성 198
2. 갈등범죄이론과 맑스 사회이론 사이의 친화성과 차별성 200
3. 문화갈등이론과 집단갈등이론 205
4. 1960~70년대 미국의 급진적 갈등이론 210
1) 오스틴 터크 211
2) 리처드 퀴니 214

3) 윌리엄 챔블리스 219
5. 좌파 현실주의이론과 신자유주의 형사정책비판이론 등 221
6. 국내 연구 동향 및 향후 전망 224

제 9 장 여성과 범죄(여성주의 범죄학) / 장안식

1. 서 론 228
2. 여성주의 관점의 등장과 진화 231
3. 초기의 여성주의 관점 : 성평등 가설 234
4. 현대 여성주의 관점 : 비판/급진 범죄학과의 조우 238
1) 남성성과 범죄 : 성 역할에 따라 행동하기 240
2) 젠더화된 삶 : 인종, 계급과 성의 상호작용 243
5. 권력-통제이론과 여성주의 제3의 물결 244
6. 국내 연구 동향 및 향후 전망 246

제10장 범죄기회와 범죄피해 / 박성훈

1. 범죄피해의 중요성과 연구배경 252
2. 피해자와 가해자의 상호작용 254
1) 피해자 유발이론 254
2) 상황적 전이이론 256
3. 범죄기회이론 258
1) 생활양식/노출이론과 일상활동이론 258
2) 구조적 선택이론 262
4. 상황적 범죄예방이론 264
5. 국내 연구 동향 및 향후 전망 266
1) 피해자와 가해자의 상호작용 266
2) 일상활동과 범죄피해 268
3) 향후 전망 270

제11장 범죄의 시작, 발전, 그리고 중단 / 박성훈

1. 범죄학 연구의 새로운 경향 274
2. 대논쟁 276
3. 범죄에 관한 일반이론 : 자기통제이론 280
4. 생애과정범죄학 : 범죄연구의 새로운 패러다임 284
1) 상호작용이론 284
2) 생애-지속/청소년기-한정이론 286
3) 비공식 사회통제의 연령-단계이론 287
5. 국내 연구 동향 및 향후 전망 290
1) 자기통제이론 290
2) 생애과정범죄학 293
3) 향후 전망 296

제12장 이론들의 통합 / 신동준

1. 들어가며 300
2. 엘리엇과 동료들의 통합이론 302
3. 이론의 양립불가능성에 대한 논쟁 306
1) 이론의 가정에 대한 허쉬의 해석과 주장 306
2) 이론의 가정에 대한 콘하우저의 해석과 주장 307
3) 허쉬와 콘하우저의 해석에 대한 반론 309
4. 이론 통합의 유형에 대한 논쟁 312
1) 통합 유형에 대한 허쉬의 구분 312
2) 리스카와 동료들의 통합 유형 및 방식 구분 314
5. 이론 통합과 일반이론 : 통제균형이론 317
6. 통합이론에 대한 평가와 전망 325

참고문헌 329

찾아보기 373

제 1 장

범죄사회학의 다양한 이론과 한국 범죄사회학의 위기

| 김준호(고려대학교 명예교수) |

1. 서 론

이 글은 범죄사회학의 이론의 흐름을 살펴보고 이를 바탕으로 우리나라 범죄사회학의 문제점을 살펴보기 위해 시작되었다. 범죄사회학이란 사회현상의 하나인 범죄를 설명하는 사회학의 하위 영역이다. 다양한 형태의 범죄 실태를 관찰하고, 관찰 결과를 토대로 그 원인을 발견하며, 야기한 원인을 완화 혹은 제거하여 범죄에 대한 적절한 대책 수립을 목표로 하는 학문을 범죄사회학이라고 정의하는 학자가 적지 않다. 이 글은 이러한 정의를 어느 정도 수용하면서도 범죄에 대한 대책 수립이 범죄사회학에 있어 하나의 목적이 될 수는 있으나 궁극적인 목표는 아닐 수 있다는 관점에서 출발한다. 설사 범죄대책의 수립이 범죄사회학의 궁극적인 목표라고 하더라도 범죄에 대한 사회학적 설명은 반드시 전제되어야 한다. 사회학적 설명이란 무엇인가? 하나의 사회현상으로서 범죄의 특성과 원인을 이해하지 않고서 대책을 수립하기는 어려울 뿐 아니라 범죄현상을 원인 중심으로 설명한다는 것이 반드시 대책 수립을 위한 전제도 아니라는 점을 피력하고 싶다.

범죄는 부정적인 의미가 전제된 사회현상이다. 경험과학으로서 사회학은 가치중립적인 관점에서 출발한다. 이는 어떤 사회적 행위가 '옳다' 혹은 '그르다'는 전제를 가능한 배제하고 설명해야 한다는 뜻이다. 범죄와 같이 부정적인 의미를 배제하기 어려운 행위를 어떻게 가치중립적으로 설명할 수 있을까? 범죄를 좁은 의미에서 정의하면 '현행 형법을 위반한 행위'이다. 사회에는 다양한 규범(norms)이 있다. 이 가운데 국가가 개입하여 사회의 안전과 질서를 수립하기 위해 규정한 '필수적'인 규범을 형법(criminal laws)으로 볼 수 있을 것이다. 형법에 규정되지 않았으나 광의의 사회규범에서 벗어난 행위를 흔히 일탈행위(deviant behaviors)라 부른다.

즉 범죄를 가늠하는 잣대는 형법이며, 다양한 일탈행위는 사회규범이라는 잣대로 판단된다.

그런데 사회규범의 옳고 그름을 가치중립적으로 받아들일 수 있을까? 어떤 경우에는 범죄를 규정하는 형법이 옳지 않다고 생각할 수 있다. 기득권층이 자신의 이익을 보호하기 위한 수단으로 형법을 제정하고 악용한다고 생각할 수도 있다. 이렇게 생각하는 사람은 범죄가 나쁜 것이 아니라 그렇게 규정한 형법이 오히려 나쁜 것이라고 주장할 것이다. 만일 가치중립을 강조한다면, 옳고 그름을 판단하는 것은 법학과 같은 규범학의 과제이지 사회학과 같이 가치중립을 전제로 한 경험과학의 범위를 벗어나는 것이라고 주장하는 사람이 적지 않다. 이러한 관점은 사회규범의 옳고 그름은 범죄사회학의 영역을 벗어나기에 일단 형법과 사회규범은 주어진 것으로 받아들이고, 사회의 안녕과 질서를 위협하는 '그른' 행위는 다양한 정책을 통해 통제하고 규제해야 한다는 암묵적인 전제를 필요로 한다. 그러므로 대책을 수립하기 위해서는 마치 의사가 환자의 상태를 관찰하여 질병의 원인을 진단한 후 적절한 치료방법을 모색하는 것처럼 범죄의 실태와 원인을 연구하는 것도 궁극적으로는 효과적인 대책을 수립하기 위한 것이라고 생각하는 사람이 적지 않다.

이러한 전제가 범죄사회학에 반드시 필요한가? 필자의 견해로는 형사학 혹은 형사정책학은 이러한 전제를 수용한 학문이라고 볼 수 있으나, 범죄사회학은 이와 다르다고 생각한다. 왜냐하면 범죄사회학은 무엇보다 형법을 포함한 사회규범의 이해에서부터 출발하여 범죄현상을 설명해야 한다고 보기 때문이다. 즉 특정한 행위를 범죄로 규정하고 있는 형법에 대한 충분한 이해 없이 범죄현상을 사회학적으로 설명하기 어렵다는 전제를 받아들일 때에만 범죄사회학이 형사학이나 형사정책학과 차별화된다고 생각한다. 물론 이러한 관점은 필자의 주관적인 생각일 뿐 모든 범죄사회학자들이 공유하는 관점은 아니다. 그러나 필자는 우리나라에서 이러한 대책 중심적 사고야말로 범죄에 관심을 두고 있는 학문에 위기를 가져온 중요한 이유라고 생각한다. 즉 범죄사회학적 관점은 어느새 힘을 잃어가고 대책 중심적 관점에 입각한 형사학과 형사정책학이 우리나라의 범죄연구를 주도하고 있다는 느낌이 적지 않다. 이러한 느낌을 수사적으로 과장한 것이 이 글의 제목인 '한국 범죄사회학의 위기' 로 표현되었다.

범죄사회학의 이론은 적지 않다. 이러한 이론을 역사적인 맥락에서 조망할 수도 있지만, 이 글에서는 이론을 역사적 흐름이 아니라 '관점 중심' 으로 개관하고자 한다. 다양한 범죄사회학이론은 범죄를 포함한 사회현상 혹은 사회적 행위를 설명하는 사회학의 일반이론에서 출발하였다. 범죄사회학의 다양한 이론과 개념을 이해하기 위해서는 그 이론에 영향을 미친 다양한 사회학의 일반이론을 간과하기 어렵다. 따라서 관점 중심이라는 것은 범죄사회학이론에 영향을 준 일반이론의 관점 혹은 인식론적 전제를 중심으로 범죄사회학이론을 개관한다는 의미를 담고 있다. 보다 구체적으로 말하면, 다양한 범죄사회학이론을 그 이론에 영향을 준 일반 사회학적 관점과 더불어 이론 구성의 논리적 측면을 고려하고자 한다.

왜 관점이 중요한가? 사회현상의 설명은 관점에서 출발한다고 해도 과언이 아니다. 하나의 현상은 관점에 따라 다르게 설명될 수 있다. 예컨대 억제이론은 강력한 처벌이 범죄를 줄인다고 주장하지만, 낙인이론은 강력한 처벌이 오히려 범죄를 증가시킨다고 주장한다. 왜 이렇게 다른 설명이 가능한가? 억제이론과 낙인이론은 범죄를 설명하는 관점이 다르기 때문이다. 범죄사회학의 억제이론과 낙인이론은 보다 거시적인 사회학이론을 배경으로 출현하였기에 거시적인 사회학이론의 관점을 이해하지 않고 범죄사회학이론을 이해하기 어렵다.

이 글에서는 범죄사회학의 다양한 이론을 다섯 가지의 관점으로 나누어 개관해 보고자 한다. 첫째는 사회학 일반이론 혹은 거시이론을 적용한 범죄사회학이론을 살펴보고, 둘째는 두 가지 이상의 범죄사회학이론을 나름대로 통합한 이론, 셋째는 외연의 확장이라는 전략을 사용한 이론, 넷째는 외연의 확장과 반대되는 전략으로 세분화 혹은 구체화한 이론을 살펴볼 것이다. 마지막으로 혼합 모형(mixed model)의 특성과 유의점을 다룬 후에 우리나라의 범죄연구에 있어 제기되는 문제점을 짚어보고자 한다.

2. 사회학 일반이론을 범죄의 설명에 적용한 이론

쿤(Kuhn, 1962)은 그의 유명한 저서 『과학 혁명의 구조(*The Structure of Scientific Revolutions*)』에서 과학의 획기적인 발전, 혁명이라 부를 수 있을 정도로 획기적인 발전은 새로운 '패러다임(paradigm)'을 제시하였을 때 이루어진다고 하였다. 즉 지금까지의 연구대상에 적용해 왔던 관점과는 획기적으로 다른 관점이 출현하게 되면, 과학은 혁명이라고 부를 수 있을 정도로 발전한다고 보았다.

사회학의 일반이론을 패러다임이라는 측면에서 살펴보면 크게 두 가지로 나뉜다. 사회학, 더 나아가 사회과학의 연구대상은 무엇인가? 인간의 사회적 행위인가 아니면 인간의 행위로 환원될 수 없는 사회구조인가? 인간의 행위만이 사회학의 연구대상이 될 수 있다는 관점을 '사회명목론'이라 부르는 반면, 인간의 행위로 환원될 수 없는 사회적 현상이 연구대상이라는 관점을 '사회실재론'이라 부른다. 어느 관점이 옳은지는 이 글의 범위를 벗어난다. 그러나 경험과학으로서 다양한 범죄사회학이론들을 이러한 인식론적 전제를 무시하고 평가하기 어렵다. 실재론의 관점은 사회현상이라는 것이 관찰되기 어렵기 때문에 경험적으로 검증하기 어렵다는 문제점을 안고 있다. 명목론에 입각한 방법론적 개인주의(methodological individualism)의 입장을 취한다면 실재론의 문제가 해결될 수는 있으나 실재론의 관점이 퇴색 혹은 변질된다는 문제점이 발생한다. 먼저, 사회학의 일반이론을 하나의 패러다임으로 범죄연구에 적용한 다양한 이론의 논리적 성격과 인식론적 전제를 고려하면서 주요한 범죄사회학이론들을 살펴보기로 하자.

1) 사회구조와 범죄

다양한 범죄의 원인을 사회구조(social structure)에서 찾는 이론을 살펴보면, 대표적인 이론으로 아노미이론, 생태학적 이론, 그리고 갈등이론을 들 수 있다. 이러한 이론들은 범죄의 원인은 물론이고 결과로서의 범죄 역시 개인 수준의 범죄가 아니라는 특징이 있다. 예컨대 머튼이 제시한 아노미이론의 주된 관심은 하층의 범죄율이라 볼 수 있다. 머튼의 아노미이론은 미국사회에서 재산범죄가 중상층에 비해 하층에 집중된 이유를 사회계층에서 찾는 관점이며, 생태학이론 역시 하층이 밀집해 살고 있는 빈민지역의 특성에 초점을 맞추어 그 지역의 높은 범죄율을 설명하는 관점이다. 맑스의 이론에 토대를 둔 다양한 갈등이론도 마찬가지인데, 초기 갈등이론은 권력을 소유하지 못한 집단의 범죄율이 높은 이유를, 후기 갈등이론 역시 자본주의 사회에서 발생하는 범죄의 특성을 자본주의적 생산양식에서 찾고 있다.

(1) 구조기능론과 아노미이론

머튼(Merton, 1968)의 아노미이론을 좁은 의미에서의 구조기능론을 범죄현상에 적용한 이론으로 보기는 어렵다.[1] 왜냐하면 머튼의 아노미이론

---

1) 범죄를 구조기능론 관점에서 설명한 대표적인 학자는 덴틀러와 에릭슨(Dentler and Erikson, 1959)이 있다. 뒤르켐(Durkheim, 1966)도 범죄가 없는 사회는 없다는 점을 적당한 범죄가 집합표상을 강화시키는 기능이 있다고 하였다. 그러나 범죄에 대한 이러한 기능적인 설명은 범죄사회학에서 중요하게 다루지는 않는다.

은 범죄의 기능을 설명하지 않기 때문이다. 사실 범죄는 사회 전체에 순기능으로 작용하기보다는 역기능으로 작용하는 경우가 많다. 머튼의 아노미 이론의 토대가 된 뒤르켐(Durkheim, 1951)의 『자살론(*Suicide: A Study in Sociology*)』 역시 자살의 순기능을 설명하기 위한 저작은 아니다. 뒤르켐은 자살을 이기적 자살, 이타적 자살, 아노미적 자살로 나누고, 전체 사회의 규범이 개인에 영향을 주는 형태에 따라 자살의 유형이 달라질 수 있다고 보았다. 뒤르켐은 인간의 본성이 욕망의 지배를 받는 이기적인 특성을 갖는다고 가정하였다. 전체 사회가 인간의 이기적 본성을 통제하는 데 실패하면 전체 사회의 균형과 안정을 바라기 어렵다. 따라서 인간의 욕망을 적절히 규제하는 것이 규범이며, 이러한 규범을 개인을 초월한 하나의 집합표상으로 간주하였다. 한 사회 내에서 규범이 제대로 기능을 하지만 각 개인들은 다양한 이유로 자살을 시도한다. 실연을 당하거나, 갚을 수 없을 정도의 빚 때문에 자살이라는 극단적인 방법을 택하는 것이 이기적인 자살의 유형이다. 목전의 어려움을 피하기 위해 다른 사람을 생각하지 않고 목숨을 끊었다면 이기적이라 볼 수 있다. 이와 반대로 집단의 규범이 개인을 지나치게 규제할 때도 자살이 발생할 수 있다. 과거 조선시대에 정절을 지키지 못한 부녀자가 가문에 씻지 못할 불명예를 초래했다고 생각하여 은장도로 목숨을 끊었다면, 가문의 명예라는 규범이 개인을 지나칠 정도로 규제함으로써 자살에 이르게 한 것이라 볼 수 있다. 한편 아노미적 자살은 다른 두 유형과는 다르다. 한 사회 내 규범이 전체적으로 기능을 적절히 수행하나 일부 성원은 그러한 규범의 통제에서 벗어날 수 있으며, 사회가 급격히 변하는 시기에는 규범 그 자체가 혼돈에 빠질 수도 있다. 즉 사회는 새로운 형태로 변화했는데 새로운 형태의 사회를 적절히 규제할 수 있는 규범이 아직 출현하지 않고, 예전의 사회를 규제하던 규범은 새로운 사회에서 기능을 제대로 발휘하기 어려운 혼란의 상태가 일시적으로 나타날 수 있다. 뒤르켐은 이러한 상황에서 발생하는 자살을 아노미적 자살이라고 하였다.

한마디로 전체 사회의 규범이 제 기능을 발휘하지 못하는 상태를 아노미라고 한다면, 이러한 아노미적 상황에서 자살을 포함한 다양한 일탈행위가 발생할 수 있다는 주장이다.

머튼 역시 범죄의 기능을 설명하지는 않았다. 오히려 범죄는 전체 사회의 안정과 균형을 저해하는 사회현상이라고 간주하였다. 그는 뒤르켐의 영향을 받아 범죄나 일탈을 사회구조적인 문제의 산물이라 보았는데, 뒤르켐과는 조금 다른 관점을 취하였다. 그에 따르면, 어떤 사회든지 '문화목표'와 그것을 실현할 수 있는 '제도화된 수단'이 존재한다. 문화목표란 그 사회가 지향하는 중요한 가치이다. 머튼은 그가 살던 당시 미국의 대표적인 문화목표를 경제적 성공(monetary success) 내지는 부(wealth)라고 하였다. 이러한 문화목표는 미국에 사는 대부분의 사람들이 내면화하고 있으나, 부(경제적 성공)를 성취하는 수단은 그렇지 않다고 하였다. 왜냐하면 문화목표는 수단과 방법을 가리지 않고 성취하는 것이 아니라 사회적으로 합당하다고 인정된 방법, 즉 제도화된 수단을 통해서만 달성해야지 그렇지 않은 비제도화된 수단이나 불법적인 수단을 이용하면 일탈 혹은 범죄가 된다. 전체 사회가 안정을 이루려면 문화목표와 제도화된 수단 사이에 적절한 관계가 설정되어야 하는데, 개인에 따라서는 둘 사이에 괴리가 발생할 수 있다. 즉 부자가 되고 싶으나 부자가 될 수 있는 합법적 수단을 활용하기 어려운 사람이 있다. 중상층은 교육이나 직업을 통해 합법적으로 부를 성취할 수 있으나 하층은 상대적으로 어렵다. 하층의 개인에게 주어진 선택지는 문화목표를 수정하여 부자가 되고 싶다는 꿈을 접든지 아니면 비제도화된 수단이나 불법적인 수단을 동원하여 부를 성취하는 것이다. 머튼은 문화목표는 거의 모든 사람이 수용한 반면에 사회구조적으로 제도화된 수단은 일부 사람에게만 주어진 미국사회에서 그러한 수단이 주어지지 않은 계층(하층)은 범죄의 유혹을 벗어나기 어렵다고 보았고, 이러한 '문화목표와 제도화된 수단 사이의 괴리'를 아노미라고 하였다.

이처럼 뒤르켐과 머튼 모두 자살과 같은 일탈행위와 범죄행위가 전체 사회에 기능적이라고 하지는 않았으나, 구조기능론의 관점에서 범죄현상을 분석하였다는 점은 공통적이다. 즉 전체 사회가 사회구조적인 결함으로 사회의 안정을 저해할 때 범죄나 일탈행위가 발생한다고 보았다는 점에서 구조기능론, 기능론, 사회체계론 등의 관점을 범죄현상의 설명에 적용한 것이며, 범죄행위를 개인적인 결함 혹은 문제로 설명하지 않고 개인이 속한 전체 사회의 구조적인 맥락에서 설명한 것으로 볼 수 있다.

그러나 뒤르켐은 말할 것도 없고, 머튼의 아노미이론도 경험적으로 검증하기 매우 어렵다. 왜냐하면 문화목표와 제도화된 수단 사이의 괴리를 경험적으로 관찰하기란 불가능하기 때문이다. 이러한 한계를 극복하기 위해 적지 않은 학자들이 문화목표를 '열망(aspiration)', 즉 현실적 여건을 고려하지 않고서 원하는 직업이나 교육 등으로, 제도화된 수단은 '기대(expectation)', 즉 현실적 여건을 고려하였을 때 예상할 수 있는 교육이나 직업으로 조작적인 정의(operational definition)를 하였다(Farnworth and Leiber, 1989; Burton and Cullen, 1992). 이러한 접근방식은 넓은 의미에서 방법론적 개인주의 입장을 취한 후, 사회구조적 변인인 문화목표와 제도화된 수단 사이의 괴리, 즉 사회구조적인 아노미를 개인 수준의 열망과 기대의 격차로 바꿈으로써 측정(관찰) 가능하도록 바꾼 것이라고 할 수 있다.

(2) 생태학과 사회해체이론

생태학(ecology)은 인간현상보다 더 넓은 자연현상을 설명하려는 패러다임이다. 예를 들어, 열대우림의 다양한 동식물을 보면 열대우림이라는 자연 조건에 생존이 가능한 동식물이 살고 있고, 동물과 식물은 물론 동물들끼리, 식물들끼리 서로 상호영향을 주고받으면서 경쟁과 상호의존을 통해 안정을 이룬다고 볼 수 있다. 생태학자들은 이러한 공존관계를 통해 안정을 이루는 전체를 생태계(ecosystem)라고 불렀다. 이러한 점에서 생태학의 관점은 구조기능론과 크게 다르지 않다. 생태계에 살고 있는 동식물은 물론이고 사람 역시 주변 환경의 생태적 특성과 무관할 수 없으며, 도시나 농촌 등 물리적 · 사회적 환경에 영향을 받을 수밖에 없다. 만일 사람을 둘러싼 생태계가 공존관계로 안정을 이룬다면 범죄와 일탈행위는 많지 않을 것이다. 반면, 생태계에 구조적인 문제가 있으면 개인과는 무관하게 다양한 일탈이나 범죄 등 사회문제가 발생할 수 있다. 이러한 생태학에 영향을 받은 초기 시카고학파의 학자들(Shaw and Mckay, 1942; Park, Burgess and Mckenzie, 1967)은 안정과 균형을 유지하던 인간 생태계가 다양한 이유로 더 이상 안정을 이루기 어렵게 된 상태를 사회해체(social disorganization)라고 불렀고, 이들에게는 사회생태학이 하나의 패러다임으로 자리 잡았다.

그렇다면 어떤 이유로 생태계의 질서가 무너지는가? 자연 생태계를 보면 외부에서 들어온 식물과 동물이 질서를 파괴할 수 있다. 마치 천적이 없는 황소개구리가 개구리, 물고기, 심지어는 뱀까지 먹어치우는 바람에 기존의 안정적인 생태계에 심각한 영향을 끼치고 다양한 문제가 발생하는 것처럼, 인간 생태계도 외부에서 들어오는 사람이 많아질수록 생태계의 안정은 저해될 수 있다. 특히 이주한 사람들의 문화, 가치체계, 생활양식이 기존의 생태계에 적절히 통합되지 않고 갈등을 초래하면 인간 생태계의 질서도 무너질 수 있고, 그로 인해 사회는 해체될 수 있다. 달리 말하면, 급격한 사회 변동으로 갑자기 다른 문화와 가치를 수용하는 사람이 대거 들어오면 기존의 문화와 가치와 갈등이 야기되고, 이러한 갈등은 사회 질서와 안정에 부정적인 영향을 주게 됨으로써 사회는 해체되며, 그 결과 다양한 일탈행위가 발생한다는 설명이다.

사회해체이론은 두 가지 점에서 비판을 받고 있다. 첫째는 사회해체를 어떻게 경험적으로 관찰할 수 있는가의 문제이다. 사회해체이론도 구조기능론처럼 사회실재론에 입각하여 경험적으로 핵심 개념을 관찰 혹은 측정하기 어렵다는 문제점이 있다. 둘째는 이러한 문제점을 다른 측면에서 비판한 것이라 볼 수 있는데, 순환논리(tautology)에 빠질 위험이 있다는 점이다. 사회해체는 관찰하기 어렵기 때문에 특정 지역의 사회해체를 그 지역에 범죄가 많다는 사실로 정의한다는 인상을 받을 수 있다. 부연하면, 사회해체를 범죄로 정의한 후 사회해체가 범죄의 원인이 된다고 하는 순간 순환논리가 될 수 있다(Liska and Messner, 1999). 이러한 문제점을 해결하기 위해 이른바 신사회해체이론들은 사회해체를 범죄와 무관하게 정의한다. 대표적으로 샘슨(Sampson, 2006)의 집합효율성이론(collective efficacy theory)과 윌슨과 켈링(Wilson and Kelling, 1982)의 깨진 창이론(broken window theory)을 들 수 있다. 집합효율성(collective efficacy)이란 자신들이 사는 지역의 비공식적 통제에 대한 상호 기대감과 주민들 사이의 상호신뢰와 부조를 바탕으로 하는 일종의 지역응집력이라고 볼 수 있다(Sampson, Raudenbush and Earls, 1997). 즉 경험적으로 고찰하기 어려운 사회해체의 개념을 개인 수준으로 낮추어 경험적으로 관찰 가능하도록 변경하였다. 깨진 창 이론도 이와 크게 다르지 않다. 지역사회의 주민들이 깨진 창(broken window)으로 대변되는 다양한 무질서에 대한 인지 개념으로 변환하여 경험적인 검증을 할 수 있도록 한 것이다.

(3) 맑시즘과 갈등이론

다양한 사회이론, 특히 범죄를 설명하는 다양한 이론을 보수와 진보라는 흑백논리로 구별하기는 어렵다. 그러나 대부분의 범죄학 관련 교과서를 보면 범죄학의 주된 목적은 범죄현상의 실태를 파악하고, 원인을 발견하여, 효과적으로 범죄를 통제할 수 있는 대책을 수립하기 위한 학문이라고 한다. 물론 틀린 말은 아니나 범죄의 의미 혹은 낙인이론에서 강조한 의미를 간과한 채 범죄의 원인을 발견하고 대책을 수립한다면 반쪽짜리 범죄학이 될 수밖에 없다. 사회과학은 경험과학인 반면 법학은 규범학이라는 특성이 있다. 법학은 법의 해석과 적용에 주된 관심을 갖는 반면, 경험과학은 특정한 행위를 범죄로 규정한 법을 경험적으로 연구하기 어렵기 때문에 법에 대한 일차적인 관심을 갖기 어렵다. 물론 하나의 사회현상인 법이 어떠한 과정을 통해 만들어졌고, 어떻게 시행되는가는 규범학이 아닌 경험과학의 과제이나 기존의 다양한 범죄사회학이론을 보면 이러한 관심은 많지 않았다. 대부분의 범죄사회학이론은 주로 범죄원인론에만 관심을 기울이다 보니 법은 주어진 것으로 간주하는 경향이 지배적이었다. 즉 특정한 행위를 범죄로 규정한 법이 과연 옳은지, 만일 그러한 법이 옳지 않다면, 왜 그러한 법이 형법에 포함되었고, 타당한 이유는 무엇인지에 대해서는 묻지 않았다. 법의 정당성, 사회적 의미는 법학의 대상이고, 경험과학인 범죄학은 그렇게 규정된 법을 위반한 행위에서 출발하여 범죄의 실태를 파악하고, 배후에 있는 원인을 찾아내어, 궁극적으로는 범죄를 통제함으로써 보다 안정된 사회를 이루는 데 기여하는 학문이라는 정체성이 강했다.

범죄를 설명하는 다양한 갈등이론은 이러한 관행, 전제에 대한 반발에서부터 시작되었다. 어떤 행위를 범죄로 규정하는 데 가장 중요한 잣대는 '법' 이다. 법의 사회적 의미를 이해하지 않고서 법에 의해 범죄로 규정된 범죄를 온전히 이해하기 어렵다는 갈등이론의 주장은 크게 틀리지 않다고 본다. 갈등이론을 주장한 다양한 학자들의 이론을 자세히 살펴보면, 적지 않은 차이가 발견되나 설명의 출발은 맑시즘이라는 공통점을 발견할 수 있다.

주지하다시피 맑스는 법을 '상부구조(의식)' 로 보았다. 인간의 실존적 삶, 특히 경제적 측면의 삶을 인간이 모여 사는 사회의 토대인 '하부구조(존재)' 로 보았다. 인간의 경제적인 삶, 즉 실존은 다양한 의식인 상부구조의 토대가 되는데 법은 그중의 하나이다. 그러나 법은 우리 인간의 실존적 삶을 규제하여 삶에 영향을 준다. 법을 위반하면 처벌을 받고 법에 합당한 행위를 하면 보상을 받는다. 겉으로 보기에 법은 인간에 외재한 독립된 실재(reality)이며, 법이 인간의 행위에 영향을 주어 경제적 행위를 포함한 보편적인 행위를 규정하는 일종의 원인, 혹은 토대로 간주할 수 있다. 하지만 맑스는 이러한 생각(의식)은 착각이라는 점에서 허위의식이며, 실제로는 우리의 실존(경제적인 삶)을 특정한 방향으로 합리화 · 정당화하기 위해 만든 의식이라고 주장하였다. 즉 자본주의적 생산양식이라는 토대 때문에 일부 행위는 범죄로 규정되고 있는 반면, 다른 행위는 올바른 행위, 바람직한 행위, 큰 보상을 받아야 마땅한 행위로 규정된다고 보았다.

그럼, 자본주의적 생산양식이란 무엇인가? 자본가는 엄청난 자본을 투자하여 생산수단을 제공한 후 노동자에게 임금을 지급하여 노동력을 확보하고 생산을 한다. 이러한 생산물은 국가의 경제적 발전에 있어서 중요한 잣대가 된다. GDP가 바로 이러한 생산물의 총합이 아닌가? 또한 다양한 노동자를 고용한다는 것은 일자리의 창출을 의미한다. 일자리가 부족하여 실업이 만연하면, 국가의 기본이 흔들릴 것이다. 따라서 자본가는 생산을 통해 일자리를 창출하며, 그 결과 GDP를 최대화시키는 중요한 역할을 담당한다. 정부는 보다 많은 생산, 무한경쟁 시대에 살아남기 위해 외국과의 경쟁에서 이길 수 있는 다양한 장치를 마련해야 한다. 법의 제정을 담당하는 국회는 법이라는 장치를 통해 자본가가 원활히 그 역할을 수행하도록 한다. 교육의 중요한 기능 중 하나는 자본의 생산기능을 담당할 수 있는 인재를 효과적으로 육성하는 것이다. 문화, 종교, 예술 역시 이러한 일련의 제도와 행위를 바람직한 것으로 미화해야 한다. 만일 이러한 역할과 기능을 제대로 하지 못하면 마땅히 비난을 받아야 하며, 이러한 국가와 제도의 운영에 심각하게 나쁜 영향을 주는 행위는 법으로 처벌해야만 사회가 원활하게 발전을 지속할 수 있을 것이다.

그러나 맑시즘의 관점을 적용하면 이와 반대되는 설명이 가능하다. 생산물 특히 이윤을 창출하기 위해 만든 상품을 보면 이윤 창출에 가장 큰 기여, 더 나아가 본질은 노동이다. 따라서 상품으로 창출된 이윤의 주인은 노동자의 몫인데 생산수단을 제공한(소유한) 자본가가 임금을 제공한 후 독차지한다. 이윤의 원래 주인은 노동자인데 자본가가 차지하는 것은 착취이다. 따라서 노동자가 자기 몫을 주장하는 것은 정당한 것이며, 이러한 정당한 주장을 나쁜 행동으로 규정한 법을 파기하는 것은 당연한 것이다. 더 나아가 자본가에게 유리한 정부, 국회, 교육, 문화 등 모든 상부구조의 모순을 혁명적인 방법을 통해 일시에 뒤엎어 자본주의적 생산양식에서 공산주의적 생산양식으로 바꾼다면, 비참한 노동자도 사람답게 살 수 있는 사회가 될 수 있다고 본다. 이러한 맑스의 관점은 옳은가, 아니면 말도 안 되는가? 이에 대한 판단은 이 책의 범위를 벗어난다. 그러나 이러한 관점을 법과 범죄의 설명에 적용한다면, 보수적인 범죄원인론과는 사뭇 다른 해석과 이해를 할 수 있다는 사실만큼은 부인하기 어려울 것이다.

사실 맑스는 법과 범죄에 대한 깊은 연구를 하지는 않았다(Taylor *et al.*, 1973: 209-236). 맑스의 주된 관심은 사회의 토대로 간주한 하부구조였기 때문에 법과 같은 상부구조의 분석에 많은 지면을 할애하지 않았다. 초기 갈등이론가들(Turk, 1969; Quinney, 1970; Chambliss and Seidman, 1971)은 맑스의 이론에 직접 영향을 받았다기보다 갈등의 핵심적인 개념을 자본이 아닌 권력으로 대치한 다렌도르프(Dahrendorf, 1958)의 갈등이론을 법과 범죄의 설명에 확대 적용한 것이었다.[2] 이들의 주장은 비교적 간단하다. 자본주의 사회의 법은 자본가와 정치권력을 소유한 권력집단이 그들의 기득권(vested interests)을 유지 · 보호 · 존속하기 위한 수단으로 사용하기 위해 만들었다는 것이다. 따라서 권력을 소유하지 못한 집단의 다양한 행위, 특히 권력집단의 기득권에 도전하는 행위일수록 범죄로 규정될 개연성이 높다는 것이다. 이러한 입장 때문에 적지 않은 학자들(Akers, 2000: 191-

2) 이러한 경향은 특히 터크(Turk, 1969)에서 두드러지게 발견된다.

192; Lynch and Groves, 1989: 22-28)이 초기 갈등이론가들을 도구주의자(instrumentalist)로 분류하기도 한다. 그러나 이들의 주장은 모든 법을 권력집단의 기득권을 보호하는 수단으로 간주하기 어렵다는 사실에서 비판을 받았다(Kim, 1983). 즉 정치범죄는 이들의 주장으로 쉽게 설명할 수 있으나, 화이트칼라 범죄와 같은 유형은 이들의 주장으로 설명하기 어렵고, 마약 · 성매매와 같이 피해자 없는 범죄(victimless crime) 역시 범죄를 둘러싼 다양한 가치 갈등은 존재할 수 있지만 반드시 권력에 기초한 갈등으로 간주하기 어렵다.

후기 갈등이론 혹은 비판범죄론(critical criminology)은 도구주의자와 상당히 다른 주장을 한다. 대표적인 학자들을 중심으로 특징을 살펴보면(Quinney, 1974; Quinney, 1980; Platt and Tagaki, 1981; Schwendiger and Schwendiger, 1983; Greenberg, 1993), 첫째 그들은 핵심 개념을 권력에서 자본으로 대치하였다. 이러한 점에서 이들의 입장은 맑스의 이론에 보다 가까이 접근하였다. 초기 갈등론자들은 권력집단은 다양한 형태로 존재한다고 보았는데, 후기 갈등론자들은 자본가계급과 무산계급이라는 이분법을 취했다. 둘째, 법을 목전의 이해관계를 보호하는 수단으로 간주한 도구주의자와 달리 법을 통한 자본주의 생산양식의 유지 · 존속 · 보호가 보다 궁극적인 목적이라고 주장하였다. 이러한 입장 때문에 이들을 구조주의자(structuralist)로 분류하기도 한다. 이들의 입장에서 보면, 화이트칼라 범죄와 같은 권력집단의 범죄도 적절히 통제하지 않으면 자본주의 체제가 위협을 받을 수 있기 때문에 범죄로 규정된다. 그러나 이들의 주장은 자칫 순환논리의 오류에 빠질 위험이 있다. 즉 자본주의 사회의 모든 법이 자본주의 체제를 유지하도록 만드는 기능을 한다고 볼 수 있는데, 과연 실제로 그러한지는 경험적으로 밝혀내기가 매우 어렵다. 왜냐하면 자본주의 사회가 망해서 없어지기 전에는 법이 그러한 기능을 하는지 여부를 경험적으로 연구하기 어렵기 때문이다. 이러한 문제점에도 불구하고 상부구조의 하나인 법이 하부구조의 유지·존속에 기여하는 바가 무엇인지를 탐구할 수 있는 분석틀을 제공하였다는 점에서는 긍정적인 측면이 있다.

갈등이론의 경험적 연구에 대한 가능성을 살펴보자. 갈등이론은 일차적으로 범죄보다는 법에 초점을 맞춘다. 즉 법의 생성과 법의 시행 과정에서 권력(초기 갈등이론) 혹은 자본주의 구조(후기 갈등이론)가 어떻게 작용하는지를 설명하는 하나의 분석틀이다. 이러한 연구를 개인의 행위로 환원하여 연구하기란 매우 어렵다. 법을 제정하는 과정에서 다양한 이익집단이 자신들의 이해관계를 법을 통해 관철시키기 위해 벌이는 각종 로비행위 등을 경험적으로 관찰할 수는 있으나(Chambliss, 1964; Akers, 1968), 사회구조에 따른 법의 특성을 경험적으로 연구하기는 쉽지 않다. 특히 자본주의 생산양식과 법의 출현 및 집행을 개인적인 수준에서 연구할 수 없기에 주로 문헌연구로 접근할 수밖에 없는데, 이러한 연구들은 대부분 사변적인 논의에 그치는 경향이 있다.[3] 방법론적 개인주의를 적용한 블랙(Black, 1976)의 연구도 있으나, 갈등이론을 적용한 대부분의 연구는 엄격한 기준으로 경험적인 검증을 하기 어렵다는 한계를 갖고 있다. 그럼에도 불구하고 이들의 주장은 법과 범죄의 사회적 속성을 이해하는 데 중요한 관점을 제공한다고 생각한다.

2) 사회적 행위와 범죄

범죄의 원인을 사회적 행위(social action)를 중심으로 설명하는 이론을 살펴보자. 대표적인 이론으로 서덜랜드의 차별접촉이론, 낙인이론, 그리고 합리적 선택이론을 들 수 있다. 사회구조에서 범죄의 원인을 찾는 이론들과 달리 이러한 입장의 이론들은 범죄를 사회적 행위로 간주한다. 물론 사

3) 문헌연구는 넓은 의미에서 경험적인 연구라는 점을 부인하지는 않는다. 그러나 문헌연구를 통한 이론 전개는 경험적 검증이 어렵다는 점을 강조할 뿐이다.

회구조를 강조하는 이론 역시 범죄를 사회적 행위로 간주하지만 행위 그 자체보다 특정 집단(사회)의 범죄율을 설명하는 데 초점을 맞추는 반면에 행위를 강조하는 이론은 범죄가 발생하는 상황을 다른 사회적 행위로 설명하고자 한다. 예컨대, 차별접촉이론은 범죄행위가 학습되는 상황을, 낙인이론은 범죄행위에 대한 타인의 반응을, 그리고 합리적 선택이론은 범죄행위를 하나의 교환행위로 설명한다고 볼 수 있다.

(1) 사회화와 차별접촉이론

서덜랜드(Sutherland, 1947)의 차별접촉이론은 범죄행위의 원인을 머튼과 달리 사회구조적 맥락이 아니라 사회화(socialization)의 맥락에서 설명하였다. 서덜랜드 이전에는 범죄의 원인에 대한 설명을 주로 개인의 결함 혹은 문제로 가정한 이론이 대부분이다. 그러나 서덜랜드는 범죄자와 일반인은 태어날 때 크게 다르지 않다고 가정하였다. 더 나아가 범죄행위와 규범준수 행위도 그 본질에 있어서 다르지 않다고 하였다. 그렇다면, 왜 어떤 사람은 규범을 준수하는 반면에 어떤 사람은 규범을 위반하는가? 큰 틀에서 보면 그는 범죄행위건 규범준수행위건 모두 사회화의 결과로 보았다. 왜냐하면 범죄행위를 포함한 모든 인간의 행위를 결국 사회화의 결과로 생각했기 때문이다. 사회화는 다양한 측면이 있으나 서덜랜드는 다양한 사회화 기제 중 '학습(learning)'을 강조하면서, 모든 인간의 사회적 행위는 다양한 사회화 과정에서 학습된 결과라고 주장하였다. 그렇다면 사회화 과정에서 무엇을 학습하였기에 범죄를 저지르게 된다는 말인가? 이것이 서덜랜드의 차별접촉이론의 핵심이다.

어떤 사람이 범죄를 학습하는 상황을 살펴보자. 서덜랜드는 무엇보다 범죄를 '친밀한 집단(intimate personal groups)' 내에서 '다른 사람(other persons)'을 통해 배운다고 하였다. 일반적으로 사람은 사회화 과정에서 다양한 집단에 소속된다. 예컨대, 동창회나 종친회의 구성원이 될 수 있으나, 거의 참석하지 않는다면 그러한 집단에 속한 사람들과는 친밀하지 않다고 볼 수 있다. 반면 이웃사촌, 가까운 친척, 가족 등은 공식적인 집단의 명칭은 없으나, 자주 만나는 친밀한 집단이라 볼 수 있을 것이다. 물론 동창회 회장이나 임원을 맡아 열심히 활동하면 적극적으로 활동하는 동창들과 친밀한 관계가 있어 친밀한 집단이 될 수 있다. 한 개인은 소속된 모든 집단과 친밀한 관계를 갖는 것이 아니나 친밀한 관계를 유지하는 집단이 개인마다 다를 수 있다. 다른 사람한테 배운다는 말은 무엇일까? 사회화 과정에서 우리에게 영향을 주는 대상은 다양하다. 예컨대, TV나 라디오, 인터넷, 잡지 등도 우리에게 영향을 줄 수 있다. 그러나 서덜랜드는 이러한 것들은 범죄행위의 학습에 영향을 주지 않는다고 하였다. 서덜랜드 시절에는 TV도 없었고 인터넷도 없던 시절이라 이러한 매체의 영향을 중시하지 않았는지는 모르나 범죄행위의 학습에서 핵심 요인은 사람, 특히 친밀한 사람을 강조하였다.

다음으로 학습의 내용을 살펴보자. 학습의 내용에는 범죄 기술이나 기법도 포함되나 서덜랜드는 보다 중요한 학습 내용은 범죄 혹은 법에 대한 동기(motives), 충동(drives), 합리화(rationalizations), 태도(attitudes)라고 하였다. 이 모든 것을 한마디로 줄이면 법규정(legal codes)에 대한 우호적(favorable) 혹은 비우호적(unfavorable)인 정의(definition)라고 할 수 있으며, 여기서 우호적이란 법을 준수해야 한다고 생각하는 것을 말한다. 요약하면, 친밀한 집단 내에서 다른 사람과의 접촉(association)을 통해 법규정을 어떻게 우호적으로 혹은 비우호적으로 정의하는지에 대한 '차별적(differential)' 결과가 범죄의 중요한 원인이라는 주장이다. 여기서 차별적이란 의미는 사회화 과정에서 법을 비우호적으로 규정한 사람들과만 어울리는 것도 아니고 우호적으로 규정한 사람들과만 어울리는 것이 아니라, 어떤 사람들과 더 자주 혹은 친하게 어울리는지에 대한 정도의 차이가 상대적이라는 점에 주의할 필요가 있다.

차별접촉이론은 넓은 의미에서 타르드(Tarde)의 모방이론(imitation theory), 미드(Mead)의 상징적 상호작용이론(symbolic interactionism)으로부터 큰 영향을 받았다. 타르드는 사회적 행위는 주변 사람, 특히 가까운 사람의 행위를 모방하는 과정에서 형성된다고 주장하였는데, 서덜랜드는 이러한 모방이 접촉(association)을 통해 이루어진다고 보았다. 그리고 법과 범죄에 대한 정의야말로 범죄행위의 중요한 원인으로 보았다는 점에서 모든 사회적 행위는 다양한 상호작용을 통해 의미가 부여된다는 미드의 상징적 상호작용이론에도 영향을 받았다고 할 수 있다. 즉 사회적 행위는 다양한 상징에 의해 영향을 받는데, 법이라는 사회적 상징의 의미(지켜야 하는 것인가 혹은 지킬 필요가 없는가)는 원래 법에 내재된 특성이 아니라 인간들 사이의 상호작용에 의해 규정되는 것이며, 이러한 규정이 범죄라는 사회적 행위를 유발한다고 본 것이라 하겠다.

(2) 상징적 상호작용이론과 낙인이론

범죄를 설명하는 대표적인 이론 가운데 상징적 상호작용이론의 지대한 영향을 받은 이론은 아마도 낙인이론이다. 우리는 법, 범죄, 범죄자 등에 대해 다양한 의미를 부여한다. 예컨대 법은 좋은 지켜야 할 대상, 범죄는 해서는 안 되는 행동, 범죄자는 범죄라는 나쁜 행동을 한 좋지 못한 사람 등이 이러한 상징에 대한 보편적인 의미이다. 이러한 보편적 의미가 지속되고 일상 속에서 너무나 익숙한 나머지 우리는 마치 이러한 상징의 의미를 내재적인 속성으로 간주한다. 법은 무조건 준수해야 하는 것이고, 살인, 강도, 강간과 같은 행위는 그 자체의 내재적인 속성 때문에 나쁜 행동으로 규정된 것이며, 범죄자 역시 범죄를 저지른 사람이기 때문에 처벌을 받아 마땅한 사람이라는 의미를 부여하게 된다. 그러나 낙인이론가들은 우리가 당연히 여기는 사실이 그렇지 않을 뿐 아니라 오히려 반대일 수 있다고 주장하였다. 즉 행위 자체의 내재적인 속성 때문에 범죄행위를 나쁘다고 생각하는 것이 아니라, 상징을 중심으로 이루어지는 다양한 사회적 상호작용의 결과 그러한 나쁜 의미가 부여된다는 것이다.

이러한 관점은 맑스의 주장에서도 발견된다. 돈을 빌려주면 '당연히' 이자를 받아야 한다, 상품을 만들어 파는 과정에서 이윤이 발생하는 것은 '당연하며', 땅을 빌려주면 '당연히' 지대를 받아야 한다고 생각하면서, 이자, 이윤, 지대 등을 내재적인 속성이라 착각하나, 사실은 이러한 것들이 자본주의적 생산양식의 결과라고 본 것이다. 자본주의라는 생산양식에서는 당연할지 모르나 다른 생산양식에서는 결코 당연하지 않다. 즉 경제행위의 결과로 그러한 의미가 마치 내재적인 속성처럼 간주되나 사실은 그릇된 생각, 즉 허위의식일 수 있다고 주장한 것처럼 낙인이론가들은 법, 범죄, 범죄자에 대한 '당연한' 생각은 우리가 부여한 의미일 뿐이라고 주장하였다.

사실 대부분의 범죄사회학이론은 법과 범죄의 내재적 속성을 당연한 전제로 받아들인다. 물론 사회에 따라 조금 다를 수 있으나 범죄란 보편적으로 나쁘다고 규정된 행위인데 그 중요한 이유를 범죄의 내재적 속성에서 찾는다. 사실 형법은 이러한 내재적 속성을 범죄의 구성요건이라 규정하며 이러한 구성요건을 체계화한 것이라 해도 과언이 아닐 것이다. 상징적 상호작용이론에서 출발한 서덜랜드의 이론도 예외가 아니다. 범죄는 나쁜 행위라는 전제가 있다. 그런데 일부 사람은 그러한 나쁜 행위를 나쁘지 않다 혹은 경우에 따라서는 범죄를 해도 나쁠 것이 없다고 학습했기 때문에 범죄를 저지른다고 설명한다. 이렇게 규정한 범죄, 내재적으로 나쁜 행위를 범죄라고 규정한 법을 어떤 사람이 어떠한 이유로 위반하는가, 즉 범죄의 원인이 무엇인가를 찾는 과정에서 다양한 범죄이론이 제시되었다. 사실 범죄에 관한 대부분의 이론은 범죄원인론으로 간주해도 과언이 아니다. 그러나 낙인이론가들은 이러한 전제를 받아들이지 않고 오히려 반대로 적용하여 범죄를 설명한다. 만일 어떠한 행위를 범죄라고 규정하는 중요한 이유가 상징적 상호작용의 결과라고 한다면, 범죄의 핵심을 이해하기 위해서는 어떠한 과정을 통해 그러한 부정적인 의미가 부여되었는지를 밝혀야 하는 것이지, 범죄의 부정적 의미를 내재적 속성으로 당연시하고 원인을 밝히는 것은 그 출발과 전제가 옳지 않다고 주장하였다. 이러한 점에서 볼 때 낙인이론은 범죄원인론이 아니다. 물론 레머트(Lemert, 1951)는 다양한 맥락에서 흔히 범죄로 규정되는 행위가 발생한 후 상호작용의 결과로 그 행위가 범죄로 규정되어 행위를 한 사람에게 범죄자라는 부정적인 낙인을 부여하면, 그러한 낙인이 이차적인 범죄를 유발하는 중요한 원인이 될 수 있다고 하였다. 하지만 낙인이론은 '일차적 범죄 → 부정적 반응으로서 낙인 → 이차적 범죄' 라는 단순 논리에 의한 범죄원인론이 아니라, 한 사회에서 어떠한 행위에 범죄라는 부정적인 의미가 부여되고, 어떠한 과정을 통해 범죄자라는 부정적 의미, 즉 낙인이 부여되는가를 설명하는 데 초점을 맞춘 분석틀이라 볼 수 있다. 따라서 낙인이론가들은 동일한 행위가 사회에 따라, 혹은 동일한 사회에서도 상황에 따라 의미가 다르게 부여될 수 있다는 점을 부각시키고자 하였다.

(3) 교환이론과 합리적 선택이론

대부분의 사회학적 범죄이론은 범죄원인론이며 사회학적 관점을 취하다보니 개인의 결함에서 원인을 찾지 않고 개인을 둘러싼 사회구조적 결함에서 원인을 찾고자 하였다. 낙인이론과 갈등이론은 원인에 초점을 맞추지 않았다고 하였는데, 큰 틀에서 볼 때 합리적 선택이론도 그 맥을 같이 한다. 합리적 선택이론(rational choice theory)은 인간의 모든 행동, 범죄를 포함한 인간의 모든 사회적 행동은 목적을 달성하기 위해 행위자가 합리적으로 선택한 결과라는 입장을 취한다. 여기서 '합리적'이라는 말은 객관적으로 볼 때의 합리성 혹은 최선이라는 말은 아니다. 예컨대 시험 점수를 올리려는 목적으로 부정행위를 한 학생의 선택이 객관적으로 볼 때 합리적인가? 이 경우 도덕적 기준으로 보면 합리적이라 보기 어려울 것이다. 또한 부정행위를 하다 적발되어 낙제를 한 경우에도 결과를 보면 전혀 합리적이지 않다.

그렇다면 무엇이 합리적인가? 행위자가 주관적으로 합리적 혹은 합목적적이라고 판단을 한 후 선택한 행위라는 의미이다. 대부분의 범죄사회학 이론은 부정행위를 합리적이라고 선택한 이유 혹은 원인을 찾으려는 학문적 노력의 결과라고 볼 수 있다. 대부분의 학생은 좋은 점수를 받기 위해 공부를 열심히 하는 것을 선택하는데, 왜 특정한 학생은 부정행위를 합리적 선택이라 생각하는가? 그 원인이 구조적 긴장 때문인가(아노미이론)? 혹은 친밀한 집단 내에서 다른 사람에게 부정행위는 나쁘지 않다고 배웠기 때문인가(차별접촉이론)? 그런데 합리적 선택이론은 모든 인간행동은 행위자가 주관적으로 합목적적이라 판단하여 선택한 행동이라는 점을 강조하고 더 이상 원인을 캐묻지 않는다는 점에서 좁은 의미의 범죄원인론이라 보기 어려운 특징이 있다. 합리적 선택이론은 뒤에서 살펴볼 피해자이론에 모태가 되었고 범죄에 대한 대책이론에 중요한 전제가 되기도 하였다.

합리적 선택이론은 경제학의 영향을 받아 출현한 교환이론의 패러다임을 범죄행위의 설명에 적용한 이론이다. 고전 경제학은 인간의 경제적 행동을 '최소의 경비로 최대의 효과'를 얻으려는 행동으로 정의한다. 경제적 행위란 경제적 목적을 성취하기 위해 나름대로 최선이라고 생각한 결과이다. 물론 최소의 경비라고 행위자가 판단한 것이 객관적으로 최선의 선택이 아닐 수 있고, 다만 행위자가 주관적으로 판단한 최선의 수단일 수는 있으나 주어진 조건에서는 가장 합리적인 선택이라고 할 수 있다. 인간의 모든 사회적 행동은 그러한 행위를 통해 무언가 얻기 위한 목적이 있다는 점에서 합리적인 측면이 있으며, 사회적 행동이란 다른 사람을 지향한, 쉽게 말하면 염두에 둔 행동이다. 즉 나의 행동이 어떤 결과를 불러올 것인가? 내 행동을 접한 다른 사람이 어떤 반응을 보일 것인가? 이러한 타인의 행동에 나는 어떤 행동으로 반응을 할 것인가? 이러한 연쇄 고리를 행동의 교환이라 볼 수 있다. 교환과정에서 지속되는 교환행위도 있고, 몇 번 안 되어 그치는 교환행위도 있을 수 있다. 즉 교환을 통해 교환행위를 한 행위자가 나름 원하는 목적을 달성하면 지속될 것이고, 그렇지 않으면 그칠 것이다. 나름 만족을 얻어 상당 기간 지속되는 행위는 그 사회의 관행화된 행위 유형이 될 것이며, 이러한 관행화된 행위 유형의 총체를 사회라고 볼 수 있다. 이러한 인식론적 관점에서 출발하여 특정한 교환행위가 왜 관행화되는가를 연구하는 패러다임이 교환이론이라고 볼 수 있다. 범죄학의 합리적 선택이론은 이러한 교환이론의 패러다임을 범죄현상에 적용한 이론인 것이다.

(4) 뒤르켐과 사회통제이론

범죄현상을 설명하는 다양한 통제이론과 통제이론에 영향을 준 사회학 일반이론을 살펴보자. 통제이론은 기본적으로 원인론이다. 그러나 다른 원인론과는 다른 관점에서 출발한다. 통제이론을 제외한 다른 원인론의 가정은 법을 준수하는 이유는 묻지 않는다. 대부분 암묵적으로 법을 준수하는 행위는 너무나 당연하여 구태여 원인을 밝힐 필요가 없다는 가정을 한다. 법과 규범을 완전히 지키는 사람은 없을 것이다. 대부분의 사람은 심각하지 않은 것으로 여겨지는 일탈을 저지를 때가 있다. 그러나 소수의 범죄자는 그렇지 않다. 다수결의 원칙이 적용되는 건 아니나 다수가 아닌 소수의 범죄자를 중심으로 범죄의 원인을 밝히는 작업의 결과가 원인론의 입장이라고 볼 수 있다. 그런데 사회통제이론, 특히 허쉬(Hirschi, 1969)의 사회통제이론은 이와 반대되는 가정으로부터 원인을 찾는다. 인간의 본성에 대한 가정, 소위 성악설이 인간의 본성이라는 암묵적인 가정을 하면 규범의 위반, 즉 다양한 일탈과 범죄는 설명할 필요가 없을지 모른다. 왜냐하면 인간의 본성은 이기적이라 다른 사람을 염두에 두지 않고 목적을 위해서는 수단과 방법을 가리지 않기 때문에 경우에 따라서는 충분히 범죄를 저지를 수 있기 때문이다. 그러나 사람이 세상을 살면서 자기 마음대로 살 수는 없다. 왜냐하면 어떤 사회든지 규범이 있기 마련이고, 이러한 규범은 인간을 규제 혹은 통제하기 때문이다. 규범을 심각히 위반한 행위인 범죄를 저지르면 그에 합당한 처벌이 있고, 사소한 일탈도 주위로부터 비난이라는 부정적 반응을 불러온다. 규범의 통제에서 완전히 자유로운 사람은 없으며 대부분의 사람은 사회화 과정에서 규범의 정당성을 내면화한다. 설사 규범이 정당하지 않다고 생각하더라도 위반하면 처벌을 받을 수 있기 때문에 대부분의 사람들은 규범을 준수하며 살아간다. 그럼, 왜 범죄자는 심각할 정도의 규범을 위반하는가? 다양한 통제이론은 공통적으로 규범의 통제력이 약화되었기 때문이라고 설명한다. 대표적 이론인 허쉬의 사회통제이론(social control theory)을 살펴보자.

사회적 행동은 크게 나누어 인습적 행동과 일탈적 행동이 있다. 인습적 행동과 일탈적 행동의 대립적 성격 때문에 우리는 어느 한쪽에 더 많은 관심, 실천, 그리고 사회화 과정에서 내면화를 한다. 경제적인 개념을 빌리면 둘 중 하나에 더 많은 투자를 한다. 인습적 행동에 더 많은 투자를 한 청소년은 비행의 유혹에 직면하였을 때 '인습적 행동에 대한 지금까지의 투자'가 통제기제(control mechanism)로 작용할 수 있다. 왜냐하면 일탈적 행동을 하면 지금까지 투자한 인습적 행동의 보상에 손상을 초래할 수 있기 때문이다. 공부를 열심히 하는 모범적인 학생도 다양한 비행의 유혹에서 완전히 자유스럽지 않다. 하지만 모범적인 학생이 어느 날 매우 심각한 비행을 저지른다면, 그 학생은 잃을 것이 너무 많다. 우선은 부모가 크게 실망을 할 것이고, 선생님의 기대에 어긋나 지금까지 선생님과의 돈독한 관계가 깨질 수도 있다. 비행 그 자체가 싫어서가 아니라 비행을 하면 잃을 것이 많아 쉽게 저지르기 어렵다는 말이다. 따라서 주변 사람(부모나 교사)과 돈독하고 친밀한 관계를 맺고 있는 청소년일수록 이러한 관계가 통제기제로 작용하여 비행의 유혹으로부터 붙잡아 준다고 볼 수 있다. 허쉬는 이러한 친밀한 관계가 마치 접착제(bond)처럼 청소년을 부모와 교사처럼 인습적 가치를 담지한 중요한 사람으로부터 떨어지지 않도록 만드는 유대(bond)로 작용한다는 점을 강조하였다.

인습적 행위와 일탈적 행위에 대한 상대적인 투자와 어느 한편에 더 많이 투자한 결과가 통제기제로 작용할 수 있다는 사실은 합리적 선택이론으로도 설명될 수 있다. 그러나 통제이론이 비록 합리적 선택에 대한 전제를 가정한다고 간주하더라도, 이론의 핵심은 규범으로부터 멀어진다는 점, 통제의 끈(유대)으로 작용하는 규범으로부터 멀어진다는 점을 강조하는 것이다. 규범이란 인습적 행위의 배후에 있으며 인습적 행위를 담보한 주변사람과의 친밀한 관계, 인습적 가치의 수용과 노력 등을 말한다. 예컨대 공부를 열심히 하는 행동이 사회적 유대이며, 이러한 유대가 약화될 때 청소년은 비행의 유혹에 견디기 어렵다는 것이다. 한 사회의 규범은 인습적 가치이며 일탈적 행위를 규제하는 것이라 볼 때, 통제이론의 관점은 규범이 인간의 다양한 욕망을 적절히 규제하지 못한다면 다양한 일탈행위가 발생한다고 설명한 뒤르켐의 주장과 크게 다르지 않다. 다만 뒤르켐은 규범이 개인을 규제하지 못하는 상황을 아노미로 설명한 반면에 허쉬를 비롯한 통제이론가들은 규범의 혼란 상태가 아닌 사회에서도 통제의 끈이 약화될 수 있다는 보다 일반적인 설명을 한 것으로 볼 수 있다.

3. 초기의 통합이론

지금까지 사회를 설명하는 거시이론 또는 패러다임이라 볼 수 있는 이론을 사회현상의 하나인 범죄에 적용하여 새로운 이론 혹은 분석틀을 제시한 범죄사회학이론을 살펴보았다. 이 절에서는 거시이론을 하위 영역에 적용하기보다는 하위 영역을 설명하는 두 가지 이상의 이론을 하나의 틀로 통합한 몇 가지 범죄사회학이론을 살펴보고자 한다.

1) 차별기회이론

통합이론(integrated theory)이란 관점이 서로 상이하거나 대비되는 두 가지 이상의 이론을 하나의 새로운 틀로 통합하거나 또는 전제와 가정이 다르지 않지만 기존의 이론에 새로운 관점을 추가하여 나름 새로운 분석틀을 제시한 것이라고 할 수 있다. 대표적인 통합이론이 바로 클로워드와 올린(Cloward and Ohlin, 1960)의 차별기회이론이다. 머튼의 아노미이론은 합법적 수단 혹은 기회를 중심으로 범죄를 설명한 이론으로 볼 수 있다. 머튼은 하층계급에 속한 사람들은 그들의 계급 혹은 계층적 지위로 원하는 목표를 합법적인 수단을 통해 성취하기 어렵기 때문에 비합법적 수단으로 목표를 달성하는 과정에서 범죄가 발생한다고 하였다. 클로워드와 올린은 머튼이 합법적 수단 혹은 기회에 대한 접근이 어려운 사람들에게 비합법적 기회는 당연히 주어진다는 가정을 하였다고 비판하였다. 그들은 비합법적 기회 역시 모든 사람에게 동일하게 주어지는 것이 아니라 합법적 기회와 마찬가지로 차별적이라는 점을 강조하였다.

그렇다면 비합법적 기회에 영향을 주는 요인이 무엇인가? 이들은 서덜랜드의 차별접촉이론에서 그 해답을 찾았다. 서덜랜드는 비합법적 기회가 왜 차별적인지는 밝히지 않았으나 다양한 사회화 과정에서 법을 비우호적으로 정의한 사람과의 친밀한 상호작용을 통해 그러한 정의를 배운다고 하였다. 즉 법에 대한 비우호적 정의를 배울 기회가 많은 사람일수록 범죄에 빠져들 개연성이 높은 반면에, 비우호적 정의를 배울 기회가 상대적으로 크지 않은 사람은 비합법적 기회 혹은 수단을 활용하기 어려울 것이다. 이렇게 볼 때 합법적 기회의 결여는 범죄의 중요한 필요조건일 수 있으나 충분조건은 아니다. 서덜랜드는 비합법적 기회가 활용 가능할 때 범죄가 발생한다는 점을 강조한 것으로 볼 수 있다. 물론 사회현상에서 필요충분조건을 완벽히 갖춘 법칙은 없지만, 합법적 기회는 결여되었으나 비합법적 기회는 수용 가능할 때 범죄발생의 개연성이 높아진다는 것이 차별기회이론의 핵심이다. 그리고 클로워드와 올린은 합법적이든 비합법적이든 두 가지 기회 모두 수용하기 어려운 사람을 '이중실패자(double failure)' 라고 하면서 마약중독자가 한 예라고 하였다.

차별기회이론은 머튼의 아노미이론과 서덜랜드의 차별접촉이론을 앞에서 설명한 논리로 통합하였는데, 이러한 제안은 단순히 '혼합(mixing)' 이 아니라 '통합(integration)' 으로 간주할 수 있다. 가정과 전제가 다른 두 이론을 단순히 산술적으로 더한 것이 혼합이라면, 통합은 가정과 전제가 다른 두 이론을 하나의 새로운 틀로 제시하였다는 점에서 다르다. 사실 아노미이론과 차별접촉이론은 가정과 전제가 제법 다르다. 아노미이론은 공통가치를 전제하였다는 특징이 있으며 그런 이유로 비판을 받아 왔다. 즉 문화목표를 모든 구성원이 수용한다는 가정은 사회에는 모든 사람이 받아들이는 공통가치가 있으며 문화목표란 공통가치에 기반을 두는 것으로 본 것이다. 다른 한편 차별접촉이론은 서로 갈등하는 가치가 있다고 전제한다. 즉 법규범에 대한 우호적인 정의와 비우호적인 정의가 있으며, 서로 상반되고 갈등하는 가치가 있다는 가정에서 출발하였다. 또한 아노미이론은 거시적인 관점에서 사회구조는 안정적인 속성이 있다고 보는 정태적인 설명인 데 반해서 차별접촉이론은 행위를 중심으로 과정을 강조한 이론이기 때문에 설명의 대상과 방법이 서로 다른 이론이라고 볼 수 있다. 그런데 차별기회이론은 이 두 가지 상반된 이론을 '기회'라는 새로운 관점에서 나름 모순 없이 통합하여 새로운 분석틀 혹은 이론을 제시했기 때문에 대표적인 통합이론의 예라고 볼 수 있다.

2) 하위문화이론

코헨(Cohen, 1955)의 하위문화이론도 아노미이론과 차별접촉이론을 통합한 이론이다. 그러나 코헨은 차별기회이론과는 조금 다른 관점에서 통합을 시도하였다. 차별기회이론이 합법적 기회와 비합법적 기회의 상대적 구조에 초점을 맞추었다면, 코헨은 사람, 특히 비행청소년이 어떻게 법을 비우호적(범죄를 우호적)으로 정의하게 되는가에 초점을 맞추었다. 서덜랜드의 이론에서 부족한 점은 왜 어떤 사람은 법을 우호적으로, 어떤 사람은 비우호적으로 정의하는가에 대한 설명 없이 비우호적인 정의가 우호적인 정의보다 차별적으로 우위에 있으면 범죄의 유혹에서 벗어나기 어렵다고 주장한 것이다.

사실 서덜랜드도 시카고학파의 영향을 받아 특정 지역, 예컨대 미국 대도시의 슬럼지역에는 법에 대한 비우호적인 정의가 일종의 하위문화로 자리 잡고 있으면서 세대에 걸쳐 지속된다는 점을 간과하지 않았으나, 이러한 점은 이론의 구성에 있어 중요한 전제로 가정하지 않았다. 아마도 인간의 사회적 행위는 일탈적 행위이건 인습적 행위이건 모두 학습의 결과라는 가정을 더 중요시한 결과라 생각한다. 그러나 슬럼지역에는 법에 대한 비우호적인 정의가 많은 문화가 있을 수 있는 반면, 중상층이 주로 사는 도시 외곽의 고급주택가에는 법을 우호적으로 정의하는 문화가 지배적이라는 가정도 무리가 없을 것이다. 즉 특정 지역의 지배적인 문화유형을 하위문화로 정의하면 슬럼지역에는 범죄를 유발하는 하위문화가 존재할 가능성이 높다고 볼 수 있다. 서덜랜드의 이론에서는 청소년비행을 유발하는 하위문화가 있다는 점을 강조하였지만, 왜 이러한 하위문화가 발생하였는가는 설명하기 어렵다.

하층이 밀집한 지역에는 어떤 이유로 중상층이 밀집한 지역보다 범죄를 유발하는 하위문화가 존재하게 되었을까? 코헨은 이에 대한 해답을 머튼의 아노미이론에서 찾았다. 아노미이론의 핵심은 원하는 목적을 합법적인 방법으로 달성하기 어려운 개인의 경우 목적을 바꾸기보다 수단을 바꾸는 방식을 택한다는 것이다. 그런데 비합법적인 수단으로 목적을 달성하는 행위는 하층이 밀집한 지역에서 발생할 개연성이 높으며, 한두 사람이 일시적으로 이러한 방법을 택하는 것이 아니라 적지 않은 사람이 택하다 보면 일종의 관행처럼 변모될 수 있고, 급기야는 그들의 행동을 합리화할 수 있는 가치체계, 즉 하위문화로 자리 잡을 수 있다고 본 것이다. 코헨은 이렇게 형성된 하위문화는 인습적인 가치와 반대되는 성격을 지닌다고 하였다. 마치 동화에서처럼 엄마 개구리가 인습적 가치를 강조하는 입장이라면, 비행하위문화를 내면화한 슬럼지역의 비행청소년들은 엄마 개구리가 말하는 것과는 반대로만 행동하는 청개구리와 다를 것이 없다는 주장이다.

사실 앞서 살펴본 것처럼 아노미이론과 차별접촉이론은 상이한 가정과 입장을 취한다. 이런 상이한 가정을 코헨은 어떻게 통합하였는가? 그는 공통가치의 가정에서 출발한 아노미이론을 하위문화의 출현에 적용하였는데, 그 결과 머튼이 전제한 공통가치에 반대하는 하위문화가 출현하였다면 사회에는 공통가치가 존재한다는 것인가? 아니면 상반되는 두 가지의 가치가 갈등하고 있다는 것인가? 사실 이 점이 분명하지 않다. 그러나 좁은 의미에서 볼 때, 코헨은 갈등가치가 존재한다고 간주한 것으로 볼 수 있다. 또한 문화를 강조하다보니 서덜랜드의 동태적 설명(범죄화 과정)이 정태적 설명(하위문화의 영향)으로 바뀌었다고도 볼 수 있다. 어찌 되었건 코헨의 하위문화이론은 아노미이론과 차별접촉이론을 하위문화라는 관점에서 통합한 분석틀이라고 볼 수 있다.

3) 차별강화이론

서덜랜드의 차별접촉이론은 그 후에 출현한 많은 이론들에 지대한 영향을 미쳤다. 많은 사람들이 서덜랜드를 현대 범죄학의 아버지라고도 부르지 않는가? 그러나 그의 이론에는 왜 어떤 사람들은 법에 대한 비우호적인 정의를 우호적인 정의보다 차별적으로 내면화하는가에 대한 설명이 없다. 코헨의 하위문화이론 역시 이러한 질문에 대한 답이라고 할 수 있다. 슬럼지역에는 비행을 유발하는 하위문화가 있기 때문이라는 것이 코헨이 제시한 이유라고 볼 수 있다. 반면 에이커스(Akers, 1985)는 그 이유를 행동주의(behaviorism)의 대표라고 할 수 있는 강화이론(reinforcement theory)에서 찾고자 하였다. 에이커스는 서덜랜드와 달리 규범의 내면화보다 행동의 강화(reinforcement)를 강조하였다. 즉 범죄행위는 하나의 자극(stimulus)인데 그 자극이 긍정적 반응(positive response)을 야기하면 증가되는 반면에 부정적 반응(negative response)을 야기하면 감소할 것으로 보았다.

이러한 점에서 에이커스의 주장은 서덜랜드와는 사뭇 다르다. 상징적 상호작용이론의 영향을 받은 서덜랜드는 사회적 행위의 배후에 있는 가치와 의미를 강조하였다. 그는 어떤 사회적 행위이건 그 배후에는 행위자가 부여한 주관적 의미가 있다는 점을 강조하였다. 범죄와 같이 많은 사람들이 부정적인 의미, 즉 절대로 해서는 안 된다는 의미를 부여한 행위를 왜 어떤 사람들은 상대적으로 쉽게 하는 것일까? 서덜랜드에 따르면, 그 이유는 법 위반에 대한 부정적 의미(정의)보다 긍정적 의미(정의)를 상대적으로 더 많이 배워 내면화했기 때문이다. 그런데 에이커스의 차별강화이론에서는 이러한 관점을 찾아보기 어렵다. 차별강화이론에는 단지 서덜랜드의 이론에서 '차별적(differential)' 이라는 용어만 남아 있다고 볼 수 있다. 이러한 점을 고려할 때, 에이커스의 차별강화이론이 서덜랜드의 차별접촉이론과 행동과학의 강화이론에 대한 통합이론인지, 아니면 강화이론을 범죄행위의 설명에 적용한 이론인지를 명확히 말하기는 어려우나 적어도 형식에 있어서는 두 가지의 이론을 나름대로 통합한 시도로 볼 수 있다.

4. 외연의 확장과 축소

다음으로 두 가지 이상의 이론을 통합한 전략과 크게 다르지는 않으나, 조금은 다른 관점에서 이론을 확장하거나 세분화하여 새로운 이론 혹은 분석틀을 제시한 범죄사회학이론을 살펴보자. 일반적으로 자연과학의 법칙은 외연이 넓을수록 좋은 이론으로 간주된다. 뉴턴의 역학은 코페르니쿠스 이론의 외연을 확장하여 질량을 가진 모든 물체 사이의 관계를 설명한 일반법칙이며, 아인슈타인의 상대성이론은 시간의 차원을 추가하여 뉴턴의 역학으로 설명하기 어려웠던 자연현상을 설명하고자 한 일반이론이다. 아인슈타인의 상대성이론은 뉴턴의 이론으로 설명한 자연현상은 물론이고 그것으로 설명하기 어려웠던 현상까지도 설명한다는 점에서 일반이론이며, 그러한 점에서 보다 발전된 이론이라고 말할 수 있다. 사회과학에도 이러한 특징이 있는지는 학자에 따라 이견이 있을 수 있으나, 범죄사회학이론에서도 일반이론을 추구하는 학자가 적지 않다. 이와는 반대로 범죄현상 중 어느 특정한 현상에만 초점을 맞추어 새로운 분석틀을 제시한 이론도 있다. 이러한 입장은 일반이론과는 반대로 외연의 확장이 아니라 축소라고 볼 수 있을 것이다. 외연을 확장한 이론은 허쉬의 일반이론(general theory of crime)과 애그뉴의 일반긴장이론(general strain theory)을 중심으로, 세분화를 통해 외연을 축소하고자 한 이론은 헤이건의 권력통제이론

(power-control theory)과 다양한 피해자이론(theories of victimization)을 들 수 있다.

1) 외연의 확장

(1) 갓프레드슨과 허쉬의 일반이론

허쉬는 제자인 갓프레드슨(Gottfredson and Hirsch, 1990)과 함께 『범죄에 관한 일반이론(*A General Theory of Crime*)』을 발표하였다. 큰 틀에서 볼 때, 이것은 사회통제이론(Hirsch, 1969)의 확장이론이라 볼 수 있다. 일반이론은 두 가지 점에서 외연의 확장이라 볼 수 있는데, 첫째는 사회통제이론이 주로 청소년비행을 설명하는 이론이라면 일반이론은 모든 범죄를 설명하고 있다는 점이다. 둘째는 모든 범죄를 설명하는 원인으로 자기통제(self-control)를 제시하였는데, 사회통제(social control)가 다른 사람과의 관계인 유대에 초점을 맞추었다면, 자기통제는 사회적 관계의 배후에 있는 인간 내부의 심리적 요인에서부터 출발한다는 점이다. 두 이론 모두 통제의 결여가 범죄의 중요한 원인이라는 점에서는 공통적이나 통제기제를 '사회통제'에서 '자기통제'로 확장함으로써 이론을 통해 설명할 수 있는 외연을 '청소년비행'에서 '모든 범죄'로 확장하고자 했다는 점에서 범죄에 대한 일반이론을 추구한 것으로 보인다.

자기통제는 다양한 요인의 영향을 받는데, 그중에서도 특히 어린 시절의 가정교육과 훈육을 강조하였다. 가정에서 이루어지는 조기 사회화 과정에서 부모가 적절한 훈육을 통해 자기통제력, 즉 욕망을 적절히 통제하는 훈련에 실패함으로써 자기통제력에 문제가 발생한 아동은 다양한 문제행동을 보일 것이며, 청소년기에는 비행, 성인이 되면 범죄를 저지를 개연성이 높다고 주장하였다. 어린 시절의 문제행동이나, 청소년기의 비행이나,

성인기의 범죄 모두 궁극적으로는 어린 시절 부모의 훈육이 적절히 이루어지지 못해 발생한 자기통제력의 결함에서 비롯된 것이며, 사람이 살아가는 내내 저지르게 될 다양한 일탈의 주요 원인이라는 점에서 '세 살 버릇 여든까지 간다'는 우리의 속담과 비슷하다.

(2) 애그뉴의 일반긴장이론

갓프레드슨과 허쉬의 일반이론과 조금 다른 논리를 적용한 애그뉴의 일반긴장이론(Agnew, 1992, 2001)을 살펴보자. 애그뉴는 머튼의 아노미이론에서 출발한다. 머튼의 아노미이론은 사회구조에 초점을 맞추어 경험적인 연구를 수행하기 어렵다는 특징이 있다. 사회구조를 경험적으로 관찰하거나 측정하기가 어려워 경험연구가 가능하도록 머튼의 아노미를 사회구조가 아닌 개인의 관점에서 재해석한 것이 긴장이론(strain theory)이다. 즉 문화목표와 제도화된 수단이라는 거시적인 개념을 열망과 기대라는 조작적 정의로 바꾸려는 다양한 시도가 있었다. 예컨대 청소년비행을 연구할 때, 청소년이 수용하는 문화목표를 교육을 통한 지위상승이라고 한다면, 모든 청소년들은 원하는 직업을 가질 수 있기 위해 이른바 '더 좋은 교육'을 원할 것이다. 중학교나 고등학교보다 대학교 이상의 학력이 필요할 것이며, 대학도 이른바 명문대학의 졸업장이 필요할 것이다. 그렇다고 모든 청소년이 원하는 대학에 진학할 수 있는 것은 아니다. 원하는 대학에 진학하려면 본인의 타고난 능력과 노력이 필요하나, 머튼이 주장한 것처럼 계층에 따라 제도화된 수단에 대한 접근가능성이 다르다는 점을 상기한다면, 중상층 청소년은 좋은 교육이라는 목표를 성취할 수 있는 제도화된 수단을 활용할 수 있는 반면에 하층 청소년은 상대적으로 어렵다. 즉 하층 청소년도 중상층 청소년과 같이 좋은 교육이라는 문화목표는 수용하지만 성취에 필요한 제도적인 수단이 제한되어 기대수준은 낮을 수 있다. 이러한 열망과 기대의 차이는 개인적 차원의 아노미라고 할 수 있으며, 이러한 개인적 수준의 아노미를 많은 학자들은 긴장(strain)으로 보았다. 이러한 점 때문에 아노미이론을 긴장이론으로 간주하는 학자도 적지 않다.

애그뉴는 머튼이 제시한 아노미는 사회구조적인 긴장이며, 이것 외에도 청소년이 경험하는 다른 긴장들이 있다는 점에 착안하였다. 그는 행동주의이론의 강화 개념을 도입하여 '긍정적 자극의 소멸(the removal of positive stimulus)'과 '부정적 자극의 출현(the presentation of negative stimulus)'이라는 긴장유발요소에 주목하면서 일반긴장이론을 제시하였다. 긍정적 자극의 소멸이란 부모와의 결별, 좋은 직장을 잃는 것 등을 말하며, 부정적 자극의 출현이란 심한 체벌과 같이 적절하지 못한 훈육, 피해경험과 같이 청소년에게 부정적인 영향을 줄 수 있는 사건 등을 말한다. 그는 머튼의 구조적 긴장에 긍정적 자극의 소멸로 인한 긴장과 부정적 자극의 출현으로 발생할 수 있는 긴장을 더하여 일반긴장이론을 발표한 것이다. 강화이론의 논리에 따르면, 다양한 긴장을 제공하는 요인은 하나의 자극이며, 이러한 요인에 대한 청소년의 반응은 일종의 매개변인이 된다. 달리 말해서 어떤 긴장유발요인이건 바로 비행으로 연결되는 것이 아니라 그러한 자극에 대해 청소년이 부정적으로 반응할 때에만 비행으로 발전될 가능성이 높다는 것이다. 그러므로 화, 절망감, 우울, 좌절과 같은 부정적 감정은 청소년비행에 있어서 중요한 매개요인이다. 애그뉴는 긴장유발요인이 있어도 다양한 이유 때문에 부정적 감정이 발생하지 않으면 비행으로 연결되지 않으나 부정적 감정이 반응으로 나타나면 이러한 부정적 감정을 해소하기 위한 하나의 수단으로 비행을 저지르게 된다고 보았다.

갓프레드슨과 허쉬의 일반이론이 범죄의 원인으로 간주할 수 있는 요인을 보다 일반적인 차원(사회에서 개인)으로 확장하였다면, 애그뉴의 일반긴장이론은 머튼의 이론에 긴장유발요인을 추가하였다는 점에서 차이가 있다. 즉 전자는 이론의 외연을 청소년비행에서 일반범죄로 확장한 반면,

후자는 요인을 추가하여 청소년비행의 설명력을 높이려 했다는 점에서 차이가 있지만, 두 이론 모두 확장이라는 측면에서는 공통점이 있다고 하겠다.

2) 외연의 축소 : 세분화

세분화를 통한 분석의 전략은 앞서 살펴본 확장을 통한 전략과 반대되는 성격을 갖고 있다. 확장이 설명할 수 있는 외연을 넓히는 것이라면 세분화는 외연을 좁혀 설명을 구체화한다는 특징이 있다. 머튼은 사회현상에 대한 일반적인 법칙은 시기상조라고 주장하였다(Merton, 1968). 머튼은 그 대안으로 중범위이론(middle range theory)의 전략을 제시하였는데, 이러한 머튼의 주장은 세분화의 전략과 맥을 같이 한다. 머튼은 모든 사회현상을 설명하는 이론도 중요하지만 다양한 사회현상을 구분하여 설명을 하는 중범위이론의 필요성을 강조하였다. 다양한 중범위이론이 수립된 후, 이러한 중범위이론들을 통합하여 일반이론을 수립하는 것이 사회과학의 현 단계에서 보다 효과적인 전략이라고 보았다. 범죄를 연구하는 분야는 특히 중범위이론의 전략이 필요하다고 여겨진다. 청소년을 설명하는 이론과 일반범죄를 설명하는 이론은 다를 수 있기 때문이다. 남자와 여자가 다르다면 남자의 범죄와 비행을 설명하는 분석틀과 여자의 비행과 범죄를 설명하는 분석틀도 서로 달라져야 한다. 또한 재산범죄와 폭력범죄가 다른 점이 있다면 이를 설명하는 분석틀 역시 다를 수 있다. 인간행동을 규범을 준수하는 인습적 행위와 규범을 위반하는 일탈적 행위로 나눈다면, 범죄사회학은 일탈적 행위를 설명하는 데 초점을 맞춘다. 인습적 행위에 대해서는 다양한 하위 영역으로 나누어 연구하는 반면에 일탈적 행위에 대해서만 단일하고 일반적인 틀로 설명하기는 어려울 것이다. 이러한 세분화 전략을 통한 범죄사회학의 이론을 살펴보자.

(1) 권력통제이론

헤이건(Hagan *et al.*, 1985)의 권력통제이론(power-control theory)은 남자 청소년비행과 여자 청소년비행의 차이를 계층 혹은 계급을 중심으로 설명하는 분석틀이다. 가정에서 부모가 자녀를 양육 혹은 훈육할 때 아들과 딸에 대한 태도는 다르다. 어느 계층을 막론하고 아들은 사회적으로 기대되는 남성으로, 딸은 여성으로 양육하려고 한다. 이때 사회적으로 기대되는 남성성이란 무엇인가? 도전, 모험, 용기, 결단 등이 남성성의 중요한 요소라면 여성성은 반대되는 것을 의미한다. 순종, 부드러움, 사랑스러움, 타인에 대한 배려 등이 여성성의 중요한 내용이다. 그런데 남성성과 비행은 유사한 성격이 있다. 물론 비행이 일탈적 행위이기는 하지만 인습적인 문화에서 강조하는 남성성과 유사한 성격이 있는 반면, 여성성은 비행과 반대되는 성격이 있다고 볼 수 있다.

헤이건은 이러한 남성성과 여성성에 대한 기대가 계층이나 계급에 따라 더 큰 차이를 보인다고 주장하였다. 그는 가정의 양육태도가 아버지(가부장)의 종사상 지위와 관련이 있다고 보았다. 중상층 가장은 대부분 전문직인데 이러한 직업의 특성은 재량권이 많다는 것이다. 즉 자기에게 주어진 임무를 수행할 때 상당한 정도의 재량권이 주어진다. 또한 상하관계에서도 종적인 위계질서보다는 권리와 의무가 상대적으로 명확히 구분되어 있어 설사 부하 직원이라도 함부로 대하기 어렵다. 남녀에 대한 차별도 공식적인 차원에서는 두드러지지 않는다. 반면, 하층의 가장은 종적인 위계질서를 강조하는 직업에 종사하는 경우가 많아서 중상층과는 달리 직장에서나 가정에서 위계질서를 강조하는 경향이 있다. 이러한 종사상 지위의 특성은 자녀 양육에서도 나타난다. 하층의 가장은 종사상 지위로 이른바 가부장적 가치를 수용하여 가정에서도 위계질서를 강조하고 아들과 딸에게 차별화한 양육태도를 보일 가능성이 크다. 헤이건은 이러한 점을 고려할 때 중상층의 남자 청소년과 여자 청소년의 비행 차이보다 하층의 남녀 비행 차이가 더 크다고 주장하였다. 중상층에서는 아들과 딸을 하층에 비해 덜 차별하여 아들에게 주어지는 다양한 재량권을 딸에게도 부여하기 때문에 남자 청소년과 여자 청소년의 비행 차이가 상대적으로 크지 않은 반면, 하층은 더 클 수 있다고 본 것이다. 재량권이란 일종의 권력으로서 자기 스스로 결정할 수 있는 힘, 더 나아가 마음대로 할 수 있는 권력이다. 이러한 권력은 일탈행동을 통제할 수 있는 인습적 가치의 통제를 약화시킬 수 있는 기제로 작용할 수 있다. 권력통제이론은 하층과 중상층 청소년비행의 성별 차이를 넘어선 일반이론의 성격도 가지는데, 권한이 많이 주어질수록 일탈의 가능성이 높다는 점에서 그렇다.

(2) 피해자이론

피해자이론은 큰 틀에서 볼 때 합리적 선택이론을 범죄피해에 적용한 이론이다. 앞서 살펴본 것과 같이 합리적 선택이론이란 범죄자가 범죄대상, 즉 잠재적 피해자를 합리적으로 선택할 것이라는 전제에서 출발한다. 최소 비용으로 최대 효과를 위한 수단을 나름 합리적으로 선택할 것이라는 말이다. 최소 비용이란 쉬운 그리고 적발될 위험이 적은 대상을 선택한다는 의미이고, 최대 효과란 범죄를 통해 원하는 목적을 극대화할 수 있는 대상을 선택할 것이라는 의미를 담고 있다. 이러한 입장을 나름 원인론으로 간주할 수도 있으나 주로 피해자이론의 토대가 되었다.

피해자이론 중 생활양식이론(Hindelang, Gottfredson and Garofalo, 1978; Gottfredson and Hindelang, 1981)이 주로 피해자의 생활양식(life-style)에 따라 범죄에 노출될 가능성이 달라지고 그에 따라 피해가능성도 달라질 것이라는 점을 강조한다면, 일상활동이론(Cohen and Felson, 1979; Felson and Cohen, 1980)은 사회변동에 따른 일상활동(routine activity)의 변

화가 범죄피해와 어떠한 관계가 있는지에 초점을 맞추었다고 할 수 있다. 그러나 두 이론 모두 범죄자가 아닌 피해자의 특성을 강조한다는 점에서 실질적으로 큰 차이는 없다. 펠슨과 코헨(Felson and Cohen, 1980)은 이러한 점을 종합하여 범죄가 발생하기 위한 세 가지 조건을 제시하였는데, 동기화된 범죄자(motivated offender), 적절한 대상(suitable target), 그리고 보호능력의 부재(absence of guardianship)가 그것이다.

피해자이론은 대부분의 범죄원인론과 달리 범죄자의 동기에는 관심이 없고, 적절한 대상과 보호능력의 부재에 주된 관심을 쏟는데, 범죄발생은 피해자의 생활양식과 일상활동이 영향을 준다고 주장한다. 즉 범죄자는 개인적 혹은 맥락적 상황에서 보호능력이 없어 위험부담이 없는 피해자를 적절한 대상으로 선택하여 만족이나 성과를 얻으려고 범죄를 저지른다는 것이다. 이러한 측면에서 볼 때, 피해자이론은 합리적 선택이론에서 출발하였으나 범죄원인을 설명하는 이론은 아니다. 피해자이론은 다양한 대책, 특히 범죄예방의 근간이 되었으나 피해자를 비난할 수 있다는 문제점도 안고 있다.

(3) 여성학적 이론

여성학에 토대를 둔 다양한 여성범죄를 설명하는 이론을 보자. 여성학자들은 대부분의 범죄사회학이론은 남성의 범죄를 설명하고 있어 여성의 범죄를 설명하는 데 한계가 있다는 비판에서 출발하였다. 초기의 여성범죄이론은 주로 여성의 생리학적 특성을 중심으로 여성의 범죄를 설명하였으나 후기 이론은 다르다. 후기 여성범죄학자들은 주로 두 가지 점을 중심으로 설명하는데, 첫째는 가부장적 사회이며 둘째는 자본주의 사회에서 여성의 삶을 중심으로 여성범죄의 특수성을 설명한다.

여성학적 범죄이론은 좁은 의미에서 범죄원인론은 아니다. 오히려 가부장제 혹은 자본주의 체제에서 여성의 삶과 범죄는 밀접히 연관되어 있다고 주장한다. 이들은 여성이 저지르는 범죄는 물론이고 범죄피해자로서 여성이 겪는 다양한 모습을 설명하려는 시도를 하였다. 사실 여성범죄의 대부분은 성과 관련된 것이며, 여성이 겪는 피해 중 대표적인 것이 성범죄이다. 나아가 가부장제 사회에서 이루어지고 있는 가정폭력 및 성폭력, 자본주의 사회에서 발생하고 있는 여성의 노동소외, 그로부터 야기되는 경제적 불평등이야말로 여성에 의해 저질러지는 재산범죄의 주요한 특성이라고 주장한다.

(4) 화이트칼라 범죄이론

서덜랜드(Sutherland, 1940)가 범죄학에 미친 영향은 지대하다. 서덜랜드는 기존의 범죄학이 가난한 하층민, 주로 청바지를 입고 노동하는 사람들의 범죄에 초점을 맞추었다고 비판하면서 사회적으로 높은 지위를 점유한 사람들, 즉 하얀 와이셔츠를 입고 사무실에서 일하는 사람들이 저지르는 범죄에 대해서도 연구가 필요하다고 주장하였다. 이들의 범죄는 그들이 사회적으로 존경을 받는 위치 때문에 사회 전체에 미치는 악영향은 하층이 주로 지지르는 길거리범죄(street crimes)보다 더 클 뿐만 아니라, 경제적으로도 이들이 저지른 횡령의 규모가 잡범들이 저지른 절도 액수를 모두 합한 것보다 더 클 수 있다는 점을 강조하였다. 서덜랜드 이후 퀴니가 화이트칼라 범죄를 직업범죄(occupational crime)로 확대하였으나 그 주장은 서덜랜드의 입장과 크게 다르지 않다. 이처럼 화이트칼라 범죄이론은 계층과 직업에 따른 범죄를 설명하기 위한 분석틀이라고 말할 수 있다.

앞서 언급한 바와 같이 세분화 전략은 중범위이론의 성격이 있다. 그러나 지금까지 살펴본 이론들은 범죄사회학의 중범위이론이라고 부르기에는 아직까지 시기상조라고 생각한다. 더구나 세분화 전략에 초점을 맞춘 이론도 아직은 많지 않아서 일반이론으로 통합하기에는 부족하다는 점도 간과하기 어렵다.

5. 혼합 모형

지금까지 우리는 새로운 분석틀 혹은 이론을 설정하기 위한 다양한 전략을 살펴보았다. 이러한 전략의 특징을 요약해 보면, 대부분 기존의 이론 혹은 분석틀을 연역적으로 통합하였다고 볼 수 있다. 연역적인 통합에서 중요한 잣대는 통합의 대상인 두 가지 이상의 이론에 대한 가정과 전제가 통합가능한지 여부이다. 만일 양립하기 어려운 가정과 전제에서 출발한 두 이론을 단순히 하나의 모델에 포함한 것이라면, 이러한 모델은 통합이론과 당연히 구별해야 할 것이다. 예컨대, 머튼의 아노미이론을 개인적 수준에서 열망과 기대 수준의 격차로 변환한 긴장과 서덜랜드의 차별접촉이론을 확대 적용한 비행친구를 하나의 분석틀에 포함시킨 연구모형과 클로워드와 올린의 차별기회이론은 반드시 구별되어야 한다고 생각한다. 왜냐하면 앞서 설명한 바와 같이 차별기회이론은 가정이 사뭇 다른 두 이론을 '기회구조'라는 새로운 개념으로 통합하였다고 간주할 수 있는 반면에 '열망과 기대 수준의 격차'와 '비행친구'를 포함한 연구모형은 두 이론의 가정과 전제를 고려하지 않고 단순히 혼합한 모형이기 때문이다.

물론 연구목적에 따라서 서로 대립되는 가정으로 출발한 두 가지 이상의 이론을 혼합할 수 있다. 어떤 하나의 이론이 우리나라의 범죄현상을 설명하는 데 적합한지를 알아보기 위한 목적이라면, 이러한 혼합 모형은 충분히 연구모형이 될 수 있다. 그러나 연구대상인 범죄를 보다 많이 설명하기 위해 다양한 이론에서 도출한 여러 가지 요인을 모두 포함한 연구모형은 피해야 할 것이다. 다소 기술적인 보충을 하자. 양적 방법으로 자료를 수집한 후 통계적인 분석을 실시할 때, 원인에 해당하는 것을 독립변인, 결과에 해당하는 것을 종속변인이라 부른다. 대부분의 범죄연구에 있어 종속변인은 '범죄 혹은 다양한 형태의 일탈행위'이다. 흔히 기술적으로 종속변인의 변화를 더 많이 설명하기 위해 더 많은 독립변인을 추가하는 경향이 있다. 통계적으로 말하면, R^2(설명력)은 독립변인의 수를 증가시키면 커지는 경향이 있다.

다양한 이론에 기초하여 더 많은 독립변인을 포함한 연구모형이 그렇지 않은 연구모형에 비해 설명력이 더 높아지는 장점은 있으나, 이러한 연구모형은 두 가지 점에서 좋다고 볼 수 없다. 첫째는 언급한 바와 같이 가정과 전제가 다른 이론을 함부로 혼합한 연구모형이기 때문이며, 둘째는 좋은 연구모형의 중요한 기준 중 하나인 간결성(parsimony)을 고려할 때 이런저런 다양한 변인을 논리적인 검토 없이 포함시킴으로써 모형이 두서없이 복잡해지기 때문이다.

사실 새로운 분석틀을 수립하기란 쉽지 않다. 논리연역적으로 모순 없이 새로운 분석틀을 설정하는 것이야말로 연구의 핵심이기는 하나 논문을 발표할 때마다 그렇게 하기는 쉽지 않다. 이러한 현실적인 이유 때문에 전문학술지에 게재된 적지 않은 논문의 연구모형이 엄격한 의미에서 통합 모형보다는 혼합 모형에 가까운 경우가 많다. 그렇지만 현실적인 어려움을 인정한다 하더라도 혼합 모형이 결코 좋은 연구모형이 되기 어렵다는 점을 간과해서는 안 될 것이다.

6. 결론에 대신하여 : 우리나라 범죄사회학의 문제점

지금까지 우리는 범죄사회학이론을 논리적인 형식과 관점을 중심으로 살펴보았다. 지금부터는 우리나라에서의 범죄연구, 특히 사회학적인 관점에서 범죄를 연구하는 범죄사회학의 문제점을 세 가지 점에서 살펴보고자 한다. 첫째는 이론적인 측면에서, 둘째는 방법론적인 측면에서, 그리고 마지막으로는 범죄사회학이 당면한 여러 현실적인 측면에서의 문제를 살펴보고자 한다.

1) 이론의 문제

많은 사회과학자들이 사회과학은 자연과학과 다르게 동서고금을 막론하고 적용할 수 있는 이론적 틀이 불가능하다는 전제에 공감한다. 사실 역사와 문화가 다른 다양한 사회의 현상을 하나의 이론적인 틀로 설명한다는 것은 쉽지 않다. 지금까지 살펴본 다양한 범죄사회학이론 혹은 관점은 대부분 우리나라의 역사와 문화를 배경으로 하지 않고 우리와는 사뭇 다른 서구사회, 특히 미국사회를 배경으로 발표된 이론이다. 이러한 서구의 이론이 우리나라의 범죄현상을 어느 정도 설명하는 것은 부인하지 않으나, 우리나라의 범죄현상을 보다 잘 설명하기 위해서는 우리나라의 역사와 문화, 우리의 현실에 입각한 이론이 필요하다는 점을 부인하기는 어려울 것이다. 마치 서구 사람들이 입는 옷을 우리가 입을 수 없는 것은 아니나, 우리와는 체형이 다른 그들의 옷이 우리에게 잘 어울리기란 쉽지 않은 것과 같다. 서양 사람의 옷을 우리가 제대로 입기 위해서는 우리에게 맞도록 적당한 변형이 필요할 것이다. 그런데 우리나라에 범죄사회학이 출발한 지도 벌써 50년이 넘었으나 아직까지 우리나라의 범죄현상을 설명하는 이론이 부재하며, 서구의 이론을 우리나라에 변형 적용한 이론도 없다는 점은 범죄사회학을 먼저 연구한 필자를 비롯한 초기 세대 학자들의 책임이 크다고 생각한다(김준호 · 이성식, 2011). 이러한 현실에 대한 책임을 묻기 이전에 상황이 왜 이렇게 되었는가를 되돌아보면, 범죄사회학 연구방법론과의 연관성을 짚어볼 필요가 있다고 생각한다.

우리나라에서 발표된 범죄사회학 관련 논문들을 보면 이른바 '가설검증'을 목적으로 한 연구가 대부분이라 해도 과언이 아니다. 주지하다시피 가설검증이란 논리실증주의의 한 분과인 논리연역적인 연구방법에 토대를 둔다. 간단히 요약하면, 논리연역적인 연구방법은 기존의 선행연구, 즉 이미 발표된 이론과 그러한 이론에 입각한 경험적인 연구 결과를 논리적 혹은 연역적으로 통합하여 새로운 분석틀을 수립한 후 그러한 분석틀의 타당성을 경험적 혹은 실증적으로 검증하고, 검증을 통해 확인된 분석틀을 통해 연구대상을 설명하는 방법이다. 분석틀은 다양하게 연관된 가설로 분리하여 경험적인 검증, 특히 통계적 검증 논리를 적용하여 확인한다. 이러한 방법이 범죄연구에 유일하고 온전한 방법이라 주장하는 학자는 없을 것이나, 나름 범죄연구에 유용한 연구방법이라는 점을 부인하는 학자도 많지 않을 것이다. 그러나 서구의 다양한 이론이 나타난 과정을 살펴보면, 논리연역적인 방법에만 의존하여 이론을 검증하기에 앞서 질적인 연구방법을 기초로 이론의 발견이 선행되었다는 점을 부인할 수 없다.

우리가 앞서 살펴본 다양한 이론들 중에서 논리연역적인 연구방법에 의존하여 발표된 이론은 거의 없다고 해도 과언이 아니다. 머튼의 아노미 이론, 서덜랜드의 차별접촉이론에는 가설도 없고 검증도 없다. 오히려 기존의 다양한 연구 결과와 이론을 토대로 하여 새로운 개념과 관점을 중심으로 경험적 검증을 거치지 않고 발표된 것이다. 물론 경험과학으로서 사회학이론의 가치는 이론의 논리성이 아니라 경험적으로 검증가능할 뿐만 아니라 이론이 현실을 얼마나 잘 설명하는지의 여부이기 때문에 이론이 발표된 이후 적지 않은 학자들이 이론을 가설화하여 경험적으로 검증을 시도한 것도 사실이다. 마치 이론물리학자들이 우주를 비롯한 물리현상을 설명하는 이론을 발표하면 적지 않은 실험물리학자들이 이론을 일종의 가설로 설정하고 다양한 실험방법을 통해 타당성을 경험적으로 검증하는 것처럼 경험적 검증에 앞서 이론이 있기 마련이다. 그러나 우리나라의 범죄사회학을 비판적으로 바라다보면, 우리나라의 범죄현상을 설명하는 이론도 없이 서구의 범죄현상을 설명하는 이론을 우리나라의 범죄를 설명하는 가설로 거의 무비판적으로 설정하고 검증만을 해 왔다는 점이 가장 큰 문제라고 생각한다.

물론 새로운 이론이 출현하기 위해서 기존 이론의 타당성을 검증하는 것은 필요하다. 이론의 검증 결과 문제점이 발견되면 문제점을 해결하는 과정에서 새로운 이론이 출현할 수 있다. 그러나 단순히 검증에만 그친다면, 그리고 다양한 학자들이 몇 안 되는 서구의 이론을 검증만 한다면 새로운 이론을 기대하기는 어려울 것이다. 서구의 이론 중에는 기존의 이론들을 논리적으로 통합한 이론이 적지 않다. 이러한 통합의 시도는 두 가지 이상의 이론들에 대한 가정과 특징을 논리적으로 살펴본 후, 큰 틀에서 새로운 이론이라 간주할 수 있는 이론으로 발전시켰다. 이에 비해 혼합 모형은 이러한 검토 없이 기존 이론들 중에서 몇 개를 단순히 조합한 모형이라는 점은 이미 언급한 바 있다. 우리나라에서 발표된 범죄사회학 분야의 많은 연구모형은 대부분 혼합 모형이라 해도 과언이 아니다. 서구의 이론 중에서 몇 개를 적당히 혼합한 모형을 엄격한 이론적 검토도 없이 제시하고 경험적 검증만 한다면, 수십 번 수백 번 검증을 해도 한국사회의 범죄현상을 설명할 수 있는 새로운 이론이 출현하기는 어려울 것이다.

2) 연구방법론의 문제

이 같은 현실의 주된 원인 중의 하나가 우리나라 범죄사회학 연구에서 주로 활용되는 연구방법이 서베이(survey)와 같은 양적 방법이라는 점을 지적하고 싶다. 흔히 연구방법을 질적 방법과 양적 방법으로 구분하는데, 필자는 이러한 구분보다는 이론의 수립에 적합한 방법과 이론의 검증에 적합한 방법으로 나누고 싶다. 자세한 논의는 이 글의 범위를 벗어나 생략하지만 참여관찰, 심층면접, 문헌연구와 같은 연구방법은 이론 수립에 보다 적합하며, 서베이, 실험과 같은 연구방법은 이론 검증에 유리한 특성이 있다. 마치 닭이 먼저인지 달걀이 먼저인지와 같이 범죄사회학을 연구하는 학자들이 여러 가지 이유로 서베이를 주된 연구방법론으로 활용하다보니 이론의 검증이 주된 연구목적이 된 것인지 아니면 검증에 관심이 많다보니 서베이를 주로 활용하는지 모르겠으나, 범죄사회학 연구에 있어 이론 검증 위주의 연구와 서베이 중심의 연구방법 간에 상호연관성이 있다는 점은 분명한 것 같다.

외국의 사례를 보면, 새로운 이론은 주로 문헌연구를 포함한 질적 방법을 적용하여 발표되었다. 쇼와 맥케이를 비롯한 초기 시카고학파에 속한 학자들은 참여관찰, 심층면접, 공식기록 등을 활용하여 사회해체이론을 발표하였다. 이후 사회해체이론은 서덜랜드에 의해 차별접촉이론으로 발전되었고, 머튼의 아노미이론에도 적지 않은 영향을 주면서 미국 범죄사회학 이론의 모태가 되었다. 이 시기에 발표된 이론들이 주로 문헌연구와 다양한 질적 방법을 활용하였다는 점을 고려할 때, 새로운 이론의 출현에는 질적 방법이 보다 적합하다는 점을 간과해서는 안 될 것이다.

지금까지 언급한 문제와는 조금 다를 수 있으나 연구방법론과 관련하여 놓쳐서는 안 될 것이 있다. 범죄사회학은 넓은 의미에서 형사학 혹은 형사정책학의 하위 영역이라 볼 수 있다. 만일 한 사회의 범죄의 실태를 살펴보고 그 원인을 진단한 후 범죄를 억제할 수 있는 효과적인 대책을 수립하기 위한 학문을 형사정책학이라고 정의한다면, 범죄사회학 역시 이러한 정의에서 크게 벗어나지는 않는다고 생각한다. 즉 대책의 수립이란 범죄에 관심을 둔 연구자라면 결코 간과할 수 없다. 그런데 우리나라의 범죄연구는 주로 실태와 원인에 관한 논문이 주종을 차지한다. 이에 대한 자세한 논의는 뒤에서 다루기로 하고, 여기에서는 정부의 각종 범죄대책의 방법론적인 문제점만 지적하기로 하자.

모든 대책은 그 효과를 검증하기 위해 넓은 의미에서의 실험을 거쳐야 한다고 생각한다. 비록 엄격한 실험(true-experiment)은 아니더라도 유사실험(quasi-experiment)을 통해 범죄대책의 효과가 경험적으로 검증된 후 정책이 실행되어야 할 것이다. 그런데 우리나라의 각종 범죄대책을 보면 실망스러울 때가 많다. 예컨대, 요즘 관심의 대상이 되고 있는 학교폭력, 성폭력, 가정폭력, 불량식품 등 4대악(惡)에 대한 각종 대책을 보면 철저한 준비 없이 대통령의 말 한마디에 관계부처 공무원들이 바쁘게 만든 대책이라는 느낌이 들 때가 많다. 정권이 바뀔 때는 말할 것도 없고, 관계부처의 장관이 바뀔 때마다 새로운 대책이 쏟아지곤 한다. 학교폭력이 세간의 관심을 불러온 지 벌써 20년이 지났음에도 학교폭력에 대한 효과적인 대책이 과연 있는지 의심스럽다. 그동안 발표된 특단의 대책 중 실제로 실행되는 대책도 많지 않다. 그저 일회성으로 발표되었다가 세간의 관심이 떨어지면 슬그머니 없어지는 대책이 많다. 이러한 문제점은 방법론에 전혀 훈련을 받지 않은 정부관료들이 외국의 한두 사례만을 참조하여 각종 대책을 졸속으로 만들었기 때문이며, 고위관료들 역시 진정성이 없이 세간의 관심과 업적을 과시하기 위한 방편으로 대책을 발표하는 경우가 많기 때문이라 생각한다.

3) 이상한 분업

우리나라에서 범죄에 대한 연구는 이상한 역할분담으로 이루어지고 있다. 해방 이후 최근 경찰행정학과, 교정학과 등이 각 대학에 설치되기 전까지는 주로 사회학과 법학이 범죄연구를 담당하였다. 그러나 외국과 달리 사회학과 법학은 서로 영역이 다른 것으로 간주되었다. 사회학 중에서 범죄사회학은 범죄의 실태와 원인을, 법학 중에서 형사정책학은 대책을 연구하는 이상한 역할 분담이 이루어짐으로써 한 영역이 다른 영역을 침범하는 것은 학계의 금기사항처럼 여겨졌다. 이로 인해 범죄사회학자들은 범죄의 실태와 원인을 경험적인 방법으로 연구하였고, 형사정책학자들은 각종 범죄대책을 규범학의 입장에서 연구하였다(김준호 · 이성식, 2011). 이러한 역할 분담은 겉으로 보기에 큰 문제가 없는 것처럼 보이나 깊이 생각해 보면 적지 않은 문제점을 발견할 수 있다.

범죄에 대한 연구를 크게 세 부분으로 나누면 '실태'와 '원인' 그리고 '대책'이라고 볼 수 있다. 따라서 대책을 마련하기 위해서는 실태와 원인에 대한 연구가 필수적이라고 말할 수 있다. 그러나 실태와 원인, 그리고 대책을 각기 다른 학자들이 맡아 진행할 경우 적지 않은 문제가 발생할 수 있다. 달리 말해서 실태와 원인을 연구하는 분야와 대책을 연구하는 분야가 서로 밀접하게 연결되어 상호협조 및 보완적인 관계가 아니라 거의 실질적인 교류 없이 각자의 영역에서만 연구가 진행된다면 매우 심각한 결과가 초래될 수 있다. 우리나라의 범죄사회학과 형사정책학은 서로 교류가 거의 없다고 해도 과언이 아니다. 그동안 범죄사회학자들은 주로 경험적 방법으로 실태와 원인을 연구하였고, 형사정책학자들은 실태와 원인에 대한 연구와는 무관하게 혹은 거의 연구가 진행되지 않은 상태에서 대책을 수립하였다.

아마도 이러한 이상한 분업 때문에 범죄사회학자들은 주로 이론적인 관심에 초점을 맞추어 외국의 다양한 이론을 적당히 혼합한 연구모형을 도출한 후 검증에만 몰두한 것은 아닌지 모르겠다. 물론 이론적인 관심도 중요하지만 현실성이 결여된 이론은 공허할 수밖에 없다. 대책을 전제로 하지 않은 실태와 이론적 관심은 단순히 학술적인 관심으로 끝나게 되고, 구체적인 범죄대책을 수립하는 데 기여하기 어려운 문제점을 내포하고 있다. 형사정책학자들은 이러한 이유로 대책과 관련하여 범죄사회학 분야의 연구를 거의 참고하지 않는 경향이 있다.

다른 한편으로 형사정책학 분야의 대책에 관한 연구들을 살펴보면, 외국의 형사정책을 적당히 모방한 것이 많다. 대책이야말로 경험적 방법으로 철저하게 효과를 검증한 후 실시해야 하는데, 경험과학적인 훈련을 받지 않은 법학자, 사법고시 · 행정고시 등 국가고시를 합격한 후 임용된 관료를 중심으로 대책이 제시되다 보니 겉으로 보기에는 그럴듯한 대책이지만 효과가 검증되지 않았거나 외국의 정책이 그대로 도입됨으로써 실효성 있는 대책을 기대하기란 매우 어려운 것이 현실이다. 이러한 현실이야말로 정권이 바뀌거나 주무부처 장관이 바뀔 때마다 특단의 대책이 남발되고 세간의 관심이 사라지면 대책 역시 유야무야되는 주된 이유라고 생각한다.

이러한 점에서, 전국의 각 대학에 경찰행정학과가 설치된 것은 긍정적인 면이 적지 않다. 경찰행정학과의 교수진을 보면 주로 형법학 혹은 형사정책학을 전공한 법학자와 범죄사회학 혹은 경찰학을 전공한 교수진으로 구성되어 있다. 지금까지 서로 교류가 거의 없었던 학자들 간에 교류가 시작되어 공동 연구를 하는 등 서로 협조적인 관계가 형성되기 시작한 점은 고무적이다. 그러나 긍정적인 측면 못지않게 문제도 적지 않다. 사실 경찰행정학이란 형사정책학의 다양한 분야 중 하나의 하위 영역이다. 경찰이 형사정책기관을 대표하는 조직이라는 점은 인정하나, 외국과 달리 우리나라에서 지난 15년간 약 100여 개가 넘는 경찰행정학과가 설립된 것은 경찰행정학에 대한 관심보다는 졸업 후 경찰공무원으로 취업할 가능성이 그만큼 높기 때문으로 여겨진다. 물론 범죄가 발생하면 경찰이 가장 먼저 일선에서 사건처리를 담당한다는 사실을 생각한다면, 경찰행정학과가 많이 설립되었다는 사실을 그리 폄하할 필요는 없다. 그럼에도 불구하고 범죄에 대한 보다 거시적이고 장기적인 대책을 수립하기 위해서는 범죄사회학, 범죄학, 교정학 역시 경찰 연구에 못지않게 중요한데, 다른 형사정책학의 하위 영역에 비해 경찰행정학과만 설립되었다는 점은 문제가 아닐 수 없다. 이러한 점을 개선하기 위한 노력으로 최근 1~2년 동안 대학원 수준에서 범죄학과를 개설한 대학도 있고 일부 대학에 교정 관련 학과가 설치된 경우도 있으나, 여전히 우리나라의 범죄대책 및 범죄예방에 대한 교육과 연구는 경찰행정학이 주도하고 있다.

경찰행정학이 범죄분야의 연구를 주도하다보니 범죄에 대한 실태와 원인에 대한 연구는 설 땅이 날이 갈수록 줄어들고 있으며, 특히 우리나라에서 범죄현상에 대한 사회학적 이해와 관심은 좀처럼 찾아보기 어렵게 되었다. 이 글의 서두에서 언급한 것과 같이 범죄에 대한 연구의 궁극적인 목적은 범죄라는 사회현상에 대한 사회학적 이해가 전제되어야 한다고 생각한다. 형법에서 규정한 범죄를 무조건 나쁘다고 간주하고 대책만을 수립한다면 반쪽짜리 연구가 될 수밖에 없다. 왜 특정한 사회적 행위가 범죄로 규정되는가? 만일 이러한 규정에 혹시 문제가 있다면, 그러한 문제를 사회학의 시각에서 밝히고 범죄로 규정된 행위를 범죄로 규정해서는 안 되는 이론적 · 경험적 근거를 연구하는 것이야말로 범죄대책만을 연구하는 것보다 가치 있는 연구일 수 있다. 물론 이러한 연구가 범죄대책에 대한 연구보다 더 중요하다는 주장은 아니지만 이러한 문제의식 없이 범죄대책에만 관심을 갖는다면, 범죄학은 기득권층의 이해를 유지하는 데 앞장을 선 학문, 비판적인 의식 없이 단순히 범죄통제 기술자를 양산하는 학문으로 전락할 수 있다.

제 2 장

사회해체와 범죄

| 장안식(고려대학교 사회학과) |

1. 서 론

20세기에 접어들면서 범죄와 일탈에 대한 연구는 여전히 개인주의적인 접근이 주도하였다(Cullen and Agnew, 2003). 롬브로소(Cesare Lombrosso)의 생물학적 이론은 여전히 널리 읽혔고 광범위하게 받아들여졌다(Lindesmith and Levin, 1937). '범죄자들은 근본적으로 열등' 할 뿐 아니라 범죄를 근절하기 위해서는 열등한 사람들을 격리해야 한다고 주장했던 후튼(Hooton)의 연구는(Bernard *et al*., 2010), 비록 극단적일지는 모르지만, 범죄에 대한 당대의 주된 사조를 대변한다고 할 수 있다.

20세기 초반 이러한 개인주의적이고 생물학적인 범죄학적 사고를 비판하고 나서는 움직임이 싹트기 시작했다. 롬브로소나 후튼과 같은 학자들은 범죄인들이 어떻게 일반인들과 다른지를 살펴봤지만, 그들을 둘러싸고 있던 사회적 환경의 변화와 영향을 포착하지는 못했다. 당시 사회(미국의 경우)는 급격히 등장하는 거대도시들의 성장을 목도하던 격동적 근대화의 시기였다. 격동적인 변화는 작고 안정적이던 농촌사회에서 급증하는 산업사회의 등장과 더불어 뜨내기들과 이방인들로 넘쳐나는 도시로의 대이동과 변화를 의미했다. 이러한 사회적 변화와 더불어, 사람들은 급격한 사회적 변화가 어떻게 사람들의 범죄와 비행에 영향을 주는가를 관찰하기 시작했다. 급격한 사회적 변화에 대한 강조는 범죄를 저지르도록 이끄는 개인적이고 내재적인 힘들이 있다고 믿었고 범죄—결정론적으로 해석하였던 당대의 범죄학적 사고를 인간에 외재하며 범죄에 영향을 주는 사회적 힘들에 대한 사고로 변화하도록 이끌었다.

시카고학파 연구의 중심에는 '도시' 가 존재한다. 시카고학파의 연구성과는 범죄에 대한 사회해체이론(social disorganization theory)으로 발전했다. 미국의 도시들이 이제껏 경험해 보지 못했던 급격한 성장과 팽창을 겪는 동안, 시카고의 사회학자들은 도시의 광범위한 인구 전환으로부터 파생된 사회적 변화에 깊은 관심을 기울였다. 시골로부터—동질적이고 작은 마을에서부터 복잡하고—이질적이고 산업화된 거대도시로의 변화를 겪으면서 가난, 이민, 그리고 문화적 가치의 전환을 동반한 새로운 사회문제들이 등장하기 시작했다. 초기의 시카고학파 학자들은 도시사회학과 범죄를 포함한 사회문제론 연구를 위한 현대적 기반을 다졌다. 이러한 상황적 맥락에서 시카고의 사회학자들은 범죄를 이해하는 데 있어 인간의 내재적 특성이나 개인적 특성에서보다는 그들의 삶을 살아가는 동네의 특성에서 찾고자 했다. 그 결과, 1920년대 후반 새로운 주류 범죄학적 전통이 등장하게 되었는데, 이것은 도시 그 자체가 범죄유발적인 힘을 발휘한다고 주장했다. 즉, 시카고학파 사회학자들은 범죄를 이해하는 데 있어 핵심은 '사회적' 근원에서 찾아야 한다고 주장했다. 이러한 설명방식은 오늘날까지 여전히 범죄 '사회' 학적 이론의 가장 주요한 설명틀로 작동하고 있다. 생물학적 혹은 심리학적 이론가들과는 반대로, 시카고학파의 영향을 받은 사회해체이론가들은 범죄자나 비행청소년들을 정상적인 개인이라고 인지한다. 그들의 범죄/일탈적 행위들은 대도시의 슬럼이나 빈민가와 같은 그들의 생활환경에서 파생되어 나타나는 생태학적 특성에 의해서 활성화된다.

방법론적으로, 시카고학파는 자료수집에 대해서 엄격한 실증적 접근을 취했고 연구자들은 비행과 범죄를 포함한 인간행위를 연구함에 있어 그들이 살고 있는 사회적 환경에 보다 더 밀접하게 관심을 기울여서 연구해야 한다는 질적인 강조를 했다. 이러한 관점은 오늘날까지 범죄사회학뿐만 아니라 많은 사회과학 연구에서 여전히 널리 사용되어지는 심층관찰 연구와 민속지학적 연구 등으로 나타난다.

도시에 대한 시카고학파의 관심과 사회적 삶을 형성하는 데 있어서 도시의 역할은 사회해체이론의 중심에 위치한다. 시카고학파의 영향을 받은 사회해체이론의 과거와 현재, 그리고 미래에 대해서 살펴본다는 것은 그리

쉽지 않은 일이다. 왜냐하면 사회학에 끼친 시카고학파의 영향에서 보듯이, 범죄와 일탈에 대한 사회해체이론의 역사 또한 대단히 광범위하게 분포하고 있기 때문이다. 이 장에서는 시카고학파의 연구로부터 파생된 범죄 '사회' 학적 접근이 범죄에 대한 개인적인 특성에 대한 관심으로부터 범죄행위를 추동하는 사회적 힘인 도시와 사회 생태학적 환경의 역할에 대한 강조로 어떻게 전환하게 되었는지를 살펴보고 사회해체이론의 역사와 현재, 그리고 미래적 관점에 대해서 살펴보게 될 것이다.

2. 시카고학파 : 인간생태학과 동심원이론

1) 시카고학파와 인간생태학

시카고학파의 이론가들에 의하면, 사회구조들과 도시 환경의 조건들은 역동적인 사회적 과정들로 구성되는데 이러한 사회적 과정들은 자연세계의 생태시스템과 굉장히 닮았다. 이러한 자연주의 생태학적 지향으로부터 사회해체관점의 가장 유명한 메타포인 인간생태학(Human Ecology)이 등장하게 되었다. 시카고학파 이론가들이 가정한 인간생태학은 끊임없는 개인들의 도시 이주라는 변화의 과정을 겪는 도시의 상황적 조건에서 인간행동의 관계들에 대한 것이다. 자연생태학의 용어에 기반하여, 시카고학파 연구자들은 새로운 집단이 들어오게 되면 이전의 거주민들이 이주 나가게 되는 과정들을 침략 'invasion' 과 계승 'succession' 의 차원에서 지역적 인구 전환과 지역적 전이로 규정했다.

시카고학파 학자들에게 범죄성에 대한 연구는 인간생태학에 기반하고 있다. 인간생태학에 따르면, 급격한 인구변동과 이민의 물결로 인해 나타나는 역동적인 도시 사회 환경들이 범죄의 근원이다. 이러한 사회적 변화가 가장 급격하고 극적으로 이루어진 곳이 시카고일 것이다. 1833년 시카고가 처음 태동했을 때 인구는 4,000명을 조금 넘었다. 1890년 시카고의 인구는 1백만에 이르렀고 그 후 20년 동안 인구는 두 배가 증가하여 2백만에 이르렀다. 급격한 인구의 변화는 시카고의 사회적 변화에 대한 한 단면을 보여준다. 당대에 등장하고 급격하게 성장했던 다른 도시들과 마찬가지로, 시카고는 거의 모든 인종과 민족(이민자)들의 집합소였다. 미 흑인들은 남부를 떠나 보다 자유롭고 나은 삶을 위해서 시카고와 같은 북부 도시에 이주했고, 유럽의 이민자들은 아메리칸 드림을 품고 오대호 옆 바람의 도시인 시카고에 정착하기 시작했다. 새로운 도시 이주자들은 주로 당장 일할 수 있는 공장과 근접한 지역에 정착하여 살기 시작했다. 도시 이주자들의 삶은 장시간 노동과 쪽방촌 같은 밀집된 거주 환경 등으로 대변되듯이 고단했다. 시카고는 또한 1919년부터 1933년까지 음주법으로 인해 파생된 극성스러운 범죄 문제를 경험하고 있었다. 싱클레어(Upton Singclair)는 이러한 도시인들의 삶을 『정글(*The Jungle*, 1905)』에 비유하기도 했다.

파크(Robert Park)는 사회학자들에게 가장 중요한 것은 사람들의 얼굴 뒤에 감춰진 것들에 대해서 아는 것이라고 주장했다. 만약 그렇지 않으면 우리는 우리가 실제로 살아가는 이 세상에 대해서 알지 못할 것이라고 주장하였다. 이러한 연구 지향에 따라서, 시카고학파 학자들은 인간의 행동과 사회적 상호작용에 대한 개념을 보다 엄밀하게 구성할 수 있었고 삶을 살아가는 실제적인 사회적 환경에 기반을 둔 연구가 출현하였다. 시카고학파의 고전적 연구들은 폴란드 이민자들, 댄스 홀, 유태인 게토, 이탈리안 슬럼, 도시의 삶, 민속지학적 연구, 떠돌이들, 사회악들, 그리고 비행들을 포함한 도시의 삶과 도시의 가장 문제 많은 지역과 지역 거주민들에 대해서 몰두하였다. 연구자들은 범죄가 개인적 행위의 산물이 아니라 주위 환경에 의해서 구조화된 산물이라는 것과 이러한 경향이 시공간을 넘어 일관적인 패턴으로 나타난다고 주장하였다. 이러한 측면에서, 파크(Park)와 버제스(Burgess)의 저서(*The City*, 1967[1925])는 시카고학파 연구의 중심으로 남아 있다.

2) 동심원이론

시카고가 어떻게 성장했는지를 설명하기 위해서, 버제스(1967)는 도시의 중심에서 밖으로 확장되고 팽창되는 과정을 통해서 도시의 성장을 이론화했다. 이러한 확장의 과정이 성숙되어지면, 도시는 중심지역 혹은 산업/공업지역이 등장하게 된다. 이 지역 바로 다음이 '전이지역' 이다. 바로 이 지역이 새롭게 도시에 정착하는 가난한 사람들이 살게 되는 지역이라고 할 수 있다. 왜냐하면 공장 등과 같은 일거리를 찾을 수 있는 지역이 가깝고

[그림 1] 동심원 : 도시의 성장

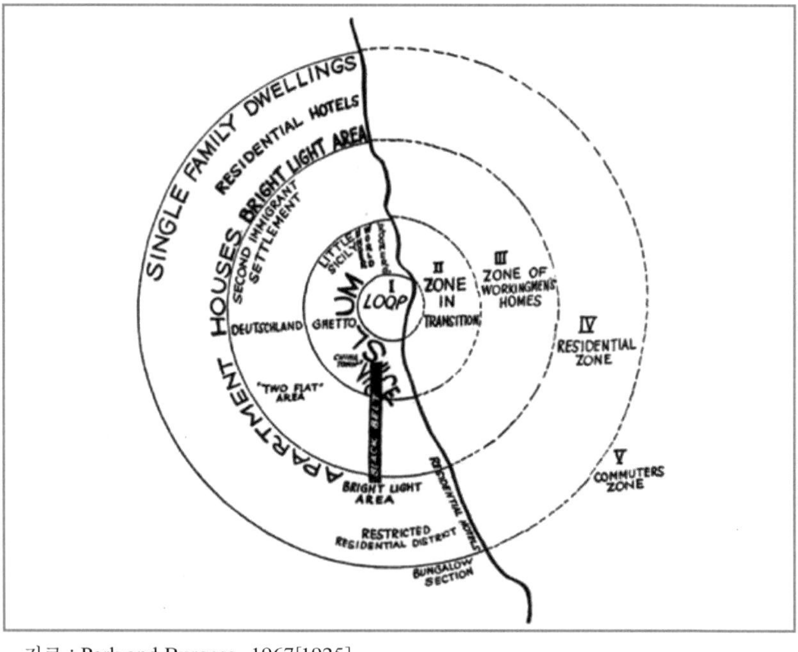

자료 : Park and Burgess, 1967[1925].

거주비용이 싸기 때문이다. 동심원상에는 '노동인구 거주지역', '거주지역' 그리고 '통근지역' 등이 존재하며, 이러한 지역은 도시의 삶에 이미 적응했고 전이지역을 떠날 수 있는 여건을 이미 준비했던 사람들로 채워진다. 버제스(Burgess)의 동심원 구역은 방사형태로 밖으로 확장되어져 나가는 도시의 성장을 나타냈는데, 동심원상의 제 1구역은 도시의 가장 중심으로서 상업/비즈니스 구역이다. 제 2구역은 그 다음에 나타나는 구역으로 전이지역이다. 이 전이적인 동네에서는 시간의 흐름에 따라 보다 더 잘사는 동네로, 보다 더 외곽으로 나가는 흐름과 지속적으로 흘러들어 오는 인구흐름이 교차하여 보다 더 다양한 문화적 · 인종적 집단들의 흐름을 나타낸다. 새롭게 꿈을 품고 들어오는 가난한 이민자들은 전이지역에 자리를 잡고 이전의 흐름을 답습한다. 때론 슬럼과 빈민가로 상징되는 임시주택과 공업지역으로 특징지어지는 이러한 전이지역은 도시에서 가장 살기 꺼려지는 지역이었다. 이러한 전이지역은 가난, 이질성, 부평초 같은 떠돌이, 그리고 무질서로 정의되었다. 제 3구역부터 4구역, 5구역으로 갈수록 더욱더 풍족해졌으며, 편부모 가구는 도시를 둘러싸고 있는 시 외곽으로 갈수록 줄어들었다.

3) 전이지역과 사회해체

보다 조직된 지역들 사이에 '낀 지역'으로서 사회해체로 대변되는 제 2구역은 시카고학파 이론가들에겐 가장 흥미로운 구역이었다. 만성적인 전환의 국면은 급격하고 지속적인 전환, 즉 새로운 집단의 사람들이 몰려왔다 나가기를 반복하며 만들어내는 만성적 전환과 불안정성의 기반을 형성했다. 이러한 맥락에서, 거주자들은 지역사회나 자기 동네에 대해서 깊은 관심이나 애착을 가진다거나 서로에 대해서 알아둘 필요성을 전혀 느끼지 못했다. 그러한 사회적 관계가 결국에는 사람들로 하여금 명확한 사회규범을 형성하거나 청소년들의 행동을 규제할 수 있는 비공식적 규제의 기제를 만들어내는 것을 어렵게 하였다. 이러한 측면에서, 비행은 초기의 사회해체 연구자들에게 중요한 연구 관심이었고 연구과제였다. 그들에 의하면, 전이지역에서 경험되는 삶은 떠돌이와 같은 삶과 인구유동성, 갈등 그리고 궁극적으로는 전통적인 신념과 규범, 가치의 붕괴, 즉 영구적인 (사회)해체이다. 버제스가 말한 사회해체의 지표와 경험적 증거들은 질병, 범죄, 무질서, 부도덕, 정신이상, 그리고 자살 등을 포괄한다.

새롭게 등장하는 도시화의 이면에서, 해체 그 자체는 도시 생활의 정상적인 부분으로서 개념화되었다. 태도와 행위를 재조직하기 전에 벌어지는 해체는 도시에 처음 이주하는 거의 모든 이들에게 나타나는 것이고 관습적으로 행하던 것과 때때로 도덕적이라고 느끼는 것들을 폐기해야 하는 것을 의미할지도 모른다. 때문에 도시에서의 이러한 해체는 종종 급격한 정신적 갈등과 상실감을 동반하기도 한다. 다 쓰러져 가는 건물들과 폐허와 같은 환경에 둘러싸여 유동성과 가난/빈곤, 높은 유병률, 실업 그리고 가족의 붕괴에 빠져 있는 이러한 지역의 도시인구들은 범죄의 영향력에 매우 취약할 수밖에 없었다. 이러한 생활 환경에 대한 연구를 통해서, 연구자들은 이러한 지역에 만연한 높은 비행에 대해서 이론적 설명을 제시할 수 있었다.

새롭게 이민 온 사람들과 미 흑인 거주자들이 높게 집중되어 밀집한 상태에서, 이러한 전이지역들은 이질성으로 정의될 수 있다. 시카고학파 연구자들이 보여줬던 가장 중요한 발견 중의 하나는 비행이 인종이나 민족성 혹은 어느 특정한 집단이나 개인적 특성이 아니라 인구밀도와 인구이동 등과 관련이 깊다는 것이었다. 즉, 비행이나 범죄는 신체적/물리적 원인 혹은 이민자나 흑인 거주자들의 문화적인 면과 관련이 있다는 당대에 널리 사용되었던 가정에 대한 직접적인 도전이었고, 비행과 비행률은 그들이 살고 있는 환경과 밀접하게 관련이 있다는 것이다.

또 다른 중요한 발견은 해체를 완화할 수 있는 안정적이면서도 포섭적인 사회제도들의 역할에 대한 강조였다. 예를 들면 가족, 공동구역, 유대교회당, 혹은 갱집단조차도 사람들로 하여금 결집할 수 있도록 해 주고 급격한 사회적 전환을 버텨낼 수 있도록 해 주었다. 대안적으로 유동성, 일시적 거주, 단기적 체류, 익명성, 그리고 불평등과 같은 도시 황폐화의 표지들이 넘쳐나는 환경들은 비행과 범죄로 점철되어 있었다. 사회적으로 해체된 지역에서 나타나는 도시 환경에서의 소외와 고립에 대한 자각은 훗날 범죄학 연구에 깊은 영향을 주었다.

시카고학파의 초기 관심은 이렇듯 급변하는 도시 환경과 급격히 전환하는 사회적 환경을 연구한 것이었다. 시카고학파의 폭넓고 세심한 연구방법들은 결과적으로 그들이 범죄학에 가져온 놀라운 혁신들 중의 하나였다. 이러한 방법론적 발전은 신문기사와 직장, 법원, 의료, 그리고 학교 기록들과 같은 자료의 역할에 관심을 기울이면서 생활사에 대한 연구와 민속지학적 방법들에 의한 사례연구와 필드연구방법론에 대한 강조였고, 시공간을 넘어선 시계열적 · 통계적 맵핑과 범죄 데이터(검거, 무단결석, 그리고 이혼율과 같은)의 분석이었다. 이러한 연구방법론은 훗날 도시연구와 범죄연구에 지대한 영향을 주었다.

3. 쇼와 맥케이의 사회해체이론

쇼와 맥케이는 버제스의 동심원이론이 그들의 관심사였던 청소년비행을 설명해 줄 수 있을거라 믿었고, 도시의 생태학적 특성과 청소년비행 간의 관계를 생태학적 관점에서 연구하고자 하였다(Shaw and McKay,1942). 만약 버제스가 맞다면, 끊이지 않는 가난과 급격한 인구 폭증, 이질성, 그리고 가족과 같은 사회제도의 붕괴가 교차하는 지역의 비행률은 다른 지역보다 훨씬 높을 것이다. 쇼와 맥케이는 사회해체를 야기하는 지역은 비행이 높을 것이라고 봤고, 보다 조직적인 동네라고 할 수 있는 잘살고 안정적인 동네에서는 낮을 것이라고 봤다. 이러한 쇼와 맥케이의 연구는 사회해체이론(social disorganization theory)을 발전시켰다. 쇼와 맥케이의 사회해체이론은 세 가지의 변인들—물리적 환경, 경제적 환경, 그리고 인구의 구성에 초점을 맞추고 있다.

사회해체이론은 범죄율을 우리가 사는 동네의 생태학적 특징과 연결시킨다. 그들에 의하면, 범죄율은 매우 일시적이고 혼합된 기능/업무들이 얽힌 지역(거주지와 상업지역이 연이어 자리 잡고 있는 지역), 그리고 변화하는 동네(사회생활의 조직이 풀려 해이해진 지역)에서 증가한다고 할 수 있다. 이런 지역은 교육, 보건, 적절한 주택 등 기초적인 서비스를 제공할 수 없을 것이고, 그 결과 이 지역은 심각한 실업, 편부모 가족, 사회보장제도에 의존하는 가족이 많아지게 된다. 요약하면, 이렇게 삶의 무게에 압박당하는 동네의 거주자들은 기회가 오면 언제든지 더 좋은 곳으로 떠나길 원한다. 이들은 자기 동네를 떠날 기회만 엿보고 있어서 공동체가 당면한 문제에 무관심해질 수밖에 없다. 대부분의 이웃에서 찾아볼 수 있는 사회통제의 원천인 가족, 학교, 비즈니스 공동체, 사회서비스 기관 등은 약해지고 해체되기 시작한다. 이웃사람들이 계속 이사함으로써 개인의 인간관계도 긴장 속에 있다. 거주자가 끊임없이 바뀌는 현상은 이웃 간의 대화를 약하게 만들고, 이웃의 문제를 해결하거나 공동의 목적을 달성하려는 시도를 차단하게 된다.

사회해체지역이 직면하고 있는 문제를 전염병처럼 확산되는 '유행병'으로 묘사하기도 한다. 이런 여러 사회문제가 이웃의 생존을 가능하게 하는 내부 기능을 없애버린다고 보았다. 지역을 '공동화(hollowed out)' 시켜버리게 된다. 이웃의 질이 떨어지면서 거주자들이 문제를 악화시킬 가능성이 급격히 증가한다. 범죄와 폭력은 개시, 정점, 감소의 기간과 함께 '느리게 퍼져 나가는 유행병' 의 형태를 취할지도 모른다. 그 후 폭력과 범죄는 유행성 전염병과 비슷한 패턴으로 주변 지역으로 확산된다. 사회해체이론의 요소는 가난 → 사회해체 → 사회통제의 붕괴 → 범죄지역 → 문화적 전수 → 범죄경력으로 나타난다고 할 수 있다.

1) 사회해체이론의 검증

쇼와 맥케이는 이러한 사회해체이론을 검증하기 위해서 광범위한 데이터 수집에 열중했고, *Juvenile Delinquency and Urban Areas*(1942)를 출간했다. 쇼와 맥케이는 어떻게 범죄가, 보다 구체적으로는 소년법원에 송치된 청소년, 무단결석, 그리고 비행청소년들의 재범이 도시의 동심원 지역에 분포되는지를 분석했다. 그들은 수작업으로 모든 청소년들의 주소를 맵핑했고, 도시지역과 도시 인구센서스에 따라 비행의 비율을 축적했다. 시간의 흐름에 따라 도시지역에 사는 사람들의 구성은 급격하게 바뀌지만(유태인에서 아일랜드 이민자로, 또 폴란드 이민자로 등등), 그들의 인구 구성과 상관없이 지역별 범죄율은 상대적으로 일관적이라는 것을 발견했다. 이러한 그들의 발견은 지역에 사는 사람들의 개인적 특성이 아니라 지역의 특성이 비행의 수준을 통제한다는 것을 보여줬다. 또한, 범죄율은 전이지역에서 최고에 이르고 시 외곽으로 갈수록 점점 줄어든다는 것을 발견했다. 즉 이러한 발견을 통해서 그들은 사회해체가 비행의 주요 원인이라고 주장할 수 있게 되었다(Bursik and Grasmick, 1993).

쇼와 맥케이는 사회해체의 차원이 무엇인지와 그 차원들이 어떻게 범죄유발적인지에 대한 자세한 논의를 하지 않았지만(Bursik and Grasmick, 1993), 그들은 광범위한 사회해체는 지역사회 내의 사회제도들의 붕괴를 의미한다는 것을 보여줬다. 도시 중심부에서 가족은 붕괴될 것이고 학교는 무질서(신경 안 쓰고)해지며, 청소년들을 위해서 어른들이 해 줄 수 있는 것도 없게 될 것이다. 또한 지역사회 프로그램도 전무하고 교회/종교행사에 참여하는 것도 대단히 드물게 될 것이며 정치적 조직 또한 무력할 것이다. 이러한 파괴적인 상황이 지속되면, 어른들은 아이들/청소년들을 통제할 수 없게 되고, 청소년 갱이라든지 다른 비행조직들이 조직화되는 것을 막을 수 없게 된다. 이러한 상황적 조합은 매우 범죄유발적인 환경이 된다. 어른들의 통제로부터 자유로워진 아이들은 거리를 배회하게 되고, 그 거리에서 그들보다 조금 더 나이 먹은 청소년들을 만나고 그들에게서 범죄적 가치와 기술들을 배우게 된다. 즉 그들이 사는 동네는 사회적으로 해체되어 있을 뿐 아니라 사회통제는 비효과적이다. 때문에 다양한 형태의 비행들과 비행집단, 그리고 범죄단체들이 만연하게 된다. 다양한 범죄집단은 서로 경쟁하게 되고 그 지역의 아이들에게 매력적으로 다가가게 된다. 쇼에 의하면, 이러한 집단들은 지역사회에 강력한 영향력을 행사하고 일종의 공동체 의식을 만들어내는데 이러한 공동체 의식이라는 것은 비행을 눈감고 오히려 범죄행위들을 부추기게 된다.

요약하면 쇼와 맥케이(1942)는 인구의 변화(population change), 빈집의 분포, 그리고 도시의 산업 중심부에의 근접성의 측정을 통해서 범죄와 일탈과 변화하는 도시 환경과 도시의 생태학적 발전의 관계를 파악하고자 했다. 그들은 시카고가 현저한 차이를 보이는 동네들로 나누어지고 있음을 목격했는데, 어떤 동네는 부유하고 다른 동네는 극단적인 빈곤에 의해 해체되고 파괴되었다. 빈곤에 압도당하는 전이지역은 높은 인구 이동률을 겪었고 남아 있는 거주자들은 범죄자집단으로부터 동네를 지켜낼 능력을 가지지 못했다. 이 지역의 낮은 임대료는 새롭게 시카고에 정착한 집단에게 매력적이었는데, 유럽과 남부 지역에서 이제 막 정착한 이민자들은 이런 전이지역에 몰려들었다. 그들의 자녀는 새로운 문화에 동화되거나 부모의 전통적 가치를 따라야 하는 선택의 상황에서 분리되어져 갔다. 그들은 이전 지역에서 아이들의 행동을 규제해 오던 비공식적 사회통제의 기제가 단절되었다는 사실을 곧 깨닫게 되고, 이런 도심지역이 청소년범죄를 양산하는 곳이라고 믿게 되었다. 전이지역에서 인구 구성의 계승적인 변화, 전통적 문화의 반통합, 서로 다른 문화적 기준의 확산, 점진적인 산업화 과정은 동네의 문화와 사회조직의 붕괴를 가져왔다. 동네/지역의 전통과 제도의 연속성이 깨어져 버렸고, 견고한 문화적 가치 체계를 잃어버린 채 아이들은 거리에 방치되었다.

버제스에 의해 시작된 분석 모델을 이용하여 쇼와 맥케이는 다섯 개의 동심원, 또는 지대로 구성된 상이한 생태학적 지역 사이에 고정적이고 뚜렷한 범죄율의 차이가 있음을 발견했다. 범죄가 가장 집중되는 지역은 전이지역이었고, 최근에 이 지역에 많은 이민자들이 정착했음을 밝혀냈다. 도심에서 가장 멀리 떨어져 있는 지역은 상대적으로 낮은 범죄율을 나타냈다. 쇼와 맥케이는 관습적이고 일탈적인 것을 포함해 다수의 문화와 다양한 가치가 전이지역에 공존한다고 결론지었다. 쇼와 맥케이의 통계적 분석은 그들의 이론적 가설을 입증해 주었다. 비록 범죄율이 변화했더라도 가장 높은 범죄율은 항상 Ⅰ지역과 Ⅱ지역(도시 중심과 전이지역)이었다. 범죄율이 가장 높은 지역은 심지어 그 지역의 민족적 구성이 바뀌었을 때조차 이처럼 높은 범죄율을 유지했다.

2) 사회해체이론의 공헌

시카고학파의 연구방법론은 근본적으로 새로운 도시 중심에서의 일상생활에 대한 경험적 연구를 구축하기 위한 연구방법의 조합을 강조하면서 다양한 연구방법론을 재구성하였다. 맥락적이고 관찰적이며, 철저한 현장조사와 질적이고 또한 양적인 방법으로서의 시카고학파의 방법론은 항상 공동체의 삶 속에서 사회적 힘의 역할을 측정하였다. 이러한 시카고학파의 연구자들에게 생애사와 통계적 분석 같은 것들은 단순히 보충적이었고, 그들이 진정 들여다보고자 했던 것은 연구대상의 삶 속에서의 사회적 힘들과 영향들의 역할이었다. 쇼의 저서 *The Jack-Roller* 1966(1930)나 *The Natural History of a Delinquent Career*(1931)는 그들의 연구대상들의 개인적인 이야기와 삶의 경험에 대한 세심한 분석을 통해서 비행청소년들이 그들의 지능이나 심리적 · 물리적 상태에는 정상적이지만, 그들이 살았던 동네의 환경은 전통적인 제도나 규범이 무너졌고 바르게 살도록 하는 그 어떤 의미도 찾을 수 없었기 때문에 그들을 비행과 불법적인 행위들로 이끌었다는 것을 보여주었다. 즉, 비행의 시작과 훈련은 성공적인 취업과 먹고 살 것에 대한 기대가 전무한 상황에서 어릴 때부터 시작된다는 것을 발견했다. 시간이 흘러, 그들의 정체성은 그들의 동료들과 그들이 살고 있는 동네에 만연한 세계관과 인생의 지향인 범죄와 결부되게 된다.

이러한 시카고학파의 연구에 의해서 추동된 사회해체에 대한 관심은 새로운 정책적 함의를 던져주었다. 시카고학파의 연구는 사회적 문제를 해결하기 위한 형사사법기관의 체계적인 개입은 종종 실패로 끝나고, 동네 지역 환경의 사회적 환경과 과정들에 대해서는 거의 개입하지 못함을 발견하였다. 따라서 그들 자신의 정책적 제안은 해체된 지역사회에서 삶의 조건들을 실질적으로 변화시킬 수 있는 개발 프로그램에 중점을 두고 있었다. 예를 들어, 그들은 사회해체가 상처를 입혔던 가족이나 교회 그리고 문화적 전통들의 강화를 통해서 비공식적 사회통제를 개발할 수 있는 사회환경을 조성할 수 있는 전략들을 고안했다. 이런 측면에서, 쇼는 시카고 지역 프로젝트(the Chicago Area Project)를 도시 전체에 22개의 지역사회 센터를 건립하면서 시작하였다. 이러한 동네/지역사회 센터는 지역민들에 의해서 운영되었고 밑바닥부터 사회적 환경을 개선시키고자 하는 노력과 직접적인 지역사회/동네에 대한 참여/헌신 그리고 경험을 사회 개선에 도입하고자 하였다. 이러한 시카고 지역 프로젝트는 쇼가 작고했던 1957년까지 지속되었다.

쇼와 맥케이가 확립한 사회해체이론의 개념은 지난 75년간이나 범죄학계를 풍미했다. 문화적 · 사회적 조건이 변하는 동안에도 쇼와 맥케이의 가장 중요한 발견인 "범죄율은 근린의 구조에 상응한다"는 여전히 유효하다. 쇼와 맥케이는 범죄나 비행은 하류층의 도시지역에서 작동하는 파괴적인 사회적 힘의 결과라고 확신했다. 즉 이 지역의 환경적 조건이 범죄의 원인이라고 할 수 있다. 범죄자는 생물학적으로 열등하지도 않고, 지적 능력이 떨어지지도 않으며, 심리학적으로 문제가 있는 사람도 아니다. 그들의 연구는 범죄가 거주지역의 인종이나 민족의 정체성과 상관없이 빈곤지역의 변하지 않는 상수라는 믿음을 심어주었다. 쇼와 맥케이 연구의 또 다른 중요한 특징은 도시지역의 불리한 사회적 조건에 대한 정상적인 반응으로, 성인의 범죄성과 일탈, 갱 멤버 두 가지를 모두 묘사하고 있다는 것이다. 그들의 연구 결과는 범죄가 사회적 압박의 '정상적' 반응이라고 보는 뒤르켐의 주장을 반영한다고 할 수 있다.

이런 주목할 만한 업적에도 불구하고 쇼와 맥케이의 연구 결과는 계속 도전을 받았다. 어떤 사람은 지역사회(동네)가 기본적으로 안정적이어야 한다는 그들의 가정을 비판했고, 다른 사람은 사회해체에 관한 그들의 정의가 불분명하다고 보았다. 그러나 가장 중요한 비판은 지역의 범죄율을 계산하기 위해 경찰 기록을 이용했다는 점이다. 많은 연구가 체포대상의 사회적 지위가 경찰의 결정에 영향을 미치는 중요한 요인이라는 것을 보여준다는 점을 감안하면, 높은 범죄율을 보이고 있는 지역은 어쩌면 지역 경찰의 감시 수준에 대한 결과일 뿐 지역 사이의 범죄율의 차이가 아닐 수도 있다는 것이다. 중산층 동네에 사는 사람이 많은 범죄행위를 저지르지만 공식 통계에 나타나지 않는 대신에 하류층 지역의 사람은 훨씬 더 많은 체포와 법원의 재판에 직면할 가능성이 있다. 그러므로 생태학과 범죄율의 관계는 범죄행동보다 경찰의 행동을 더 많이 반영하는 것일 수도 있다.

이런 비판에도 불구하고, 쇼와 맥케이의 사회해체이론은 범죄행동의 원인을 이해하는 데 귀중한 공헌을 했다. 쇼와 맥케이는 범죄연구를 위한 새로운 변수—도시의 생태학—를 도입함으로써 범죄학자들이 범죄와 일탈 행동에 미치는 사회적 영향에 초점을 맞출 수 있는 길을 열어 놓았다고 할 수 있다.

4. 사회해체이론 다시 살리기

쇼와 맥케이의 연구로 대변되는 사회해체이론은 이후 세대들에게 꾸준히 인용되어져 왔지만, 1960년대 사회해체이론은 영향력을 거의 잃어 갔고 새로운 문제의식과 이론들로 대체되기 시작했다. 하지만, 1980년대 쇼와 맥케이의 사회해체이론적 관점은 새로운 관심을 받기 시작했고, 지역에 대한 관심은 지금까지 지속되고 있다. 부분적으로 사회해체이론에 다시금 관심을 갖기 시작한 이유는 역설적이게도 범죄의 '생태학'에 대한 일반적인 관심이었다. 이러한 접근은 어떻게 범죄율이 동네별, 도시별, 광역별 혹은 국가별로 생태학적 단위들에 따라 달라지는지를 분석했다. '미시적 수준' 이론들에서는 어떻게 개인적 특성들이 범죄와 연관되는지를 본다면, 거시적 수준의 이론들은 개인들이나 그들의 특성들에 관심을 가진다기보다는 지역적 수준의 특성이—과연 지역적으로 해체되었는지가 범죄율에 영향을 주는가에 관심을 가진다. 때문에 이러한 접근은 종종 '거시적 수준'으로 간주된다.

1980년대 들어, 쇼와 맥케이의 사회해체이론의 설명방식을 새롭게 구현하려는 새로운 사회생태학적 시도들이 있어 왔는데, 가장 대표적인 시도들은 버식(Robert Bursik), 그라스믹(Herald Grasmick), 그리고 샘슨(Robert Sampson)의 시도들이라고 할 수 있다. 보편적인 생태학적 관점을 넘어, 샘슨은 쇼와 맥케이의 이론을 현대적 의미로 확장한 가장 대표적인 학자이다. 대개의 생태학적 연구들이 구조변수들과 범죄성을 매개하는 요인에 대한 설명이 부재하다는 비판에 대한 대답으로, 샘슨(Sampson, 1986)은 도시 내에 범죄가 높은 이유는 거주민들이 '비공식적 통제'를 구현할 능력을 상실했기 때문이라고 주장했다. 샘슨이 제시한 연결고리는 지역사회 내의 비공식적 통제이다. 샘슨에 의하면, 이러한 동네에 거주하는 가족들의 대부분은 '깨져' 있다. 즉 결손가족의 어른들은 아이들이나 청소년들의 삶에 개입할 수 있는 여지가 없어지고 역량을 잃어버렸다. 대부분의 가정이 결손가정이라는 것을 감안한다면, 어른들의 보호와 감시가 효과적으로 실행되어질 수 없다. 쇼와 맥케이와 비슷하게, 샘슨은 개인적인 내재적 특성과는 독립적으로 범죄행위를 억제하고 그러한 행위를 규제하는 지역공동체의 역량이 다르다는 것을 강조했다.

샘슨은 그로브스(Sampson and Groves, 1989)와 함께 이 연구를 확장했다. 쇼와 맥케이의 연구의 주된 비판 중의 하나가 공식자료의 이용이었다는 점을 고려하여, 샘슨과 그로브스는 거주민에 대한 설문자료(British Crime Survey)를 이용하였다. 샘슨과 그로브스는 1982년 영국 내 238개 조사구의 10,905명의 거주민에 대한 전국조사자료에 그들의 모델을 적용하였고, 1984년에는 영국 내 300개 조사구의 11,030명의 거주민에 대한 전국조사자료를 통해서 그들의 모델을 재검증하였다. 샘슨과 그로브스는 가난과 이질성, 거주유동성, 가정파괴로 점철된 지역의 비공식적 관계들과 통제가 약화될 수밖에 없고, 그 결과 범죄는 높아질 것이라는 쇼와 맥케이의 아이디어를 검증했다. 이전까지 쇼와 맥케이의 관점에 대한 경험적 검증은 단지 구조적 선행변수 혹은 사회해체의 원인 등에 대해서 검증하였고 과연 이러한 요소들이 범죄와 관련이 있는지를 검증하였다. 즉, 지금까지의 학자들은 사회해체를 직접적으로 측정하지 않았다. 한 가지 이유는 기존의 데이터가 그러한 사회해체를 직접적으로 측정할 수 없었으므로 사회해체는 주로 간접적으로 측정하였다. 이러한 측면에서, 샘슨과 그로브스의 연구는 보다 직접적으로 비공식적 통제와 거주민들의 개입의지에 대한 측정을 통해서, 사회해체가 지역의 범죄율에 영향을 미치는 주요 원인이라는 쇼와 맥케이의 결론을 지지했다. 이러한 샘슨과 그로브스의 연구는 사회해체론적 관점이 여전히 유효하다는 것을 증명했고, 미국 외의 다른 문화권에서 처음으로 설명을 시도한 연구였다.

스타크(Stark, 1987) 또한 사회해체이론의 이론적 관점을 확장시켰다. 지역사회의 인구적 구성이라는 측면에서, 스타크는 지역사회의 인구유동성은 지역사회의 자발적 조직들의 등장을 어렵게 하고, 결과적으로 이러한 자발적 조직의 부재는 지역사회의 사회적 통제의 공식적/비공식적 원천을 만들어내지 못하게 된다고 주장하였다. 또한, 지역사회의 물리적 측면에서, 스타크는 산업지역이나 용무혼합지역의 비행이 높은 이유를 대상 기회의 풍족함에서 찾았다. 스타크는 물리적으로 후진 동네에서 지역성원들이 애착을 갖는다는 것이 힘들다는 것을 지적하였고, 하루 벌어 하루 먹고 살기 바쁜 사람들로 채워지는 이러한 동네는 동네 아이들을 통제하고 양육할 수 있는 사회적 통제를 발견하기 어렵다고 주장하였다.

5. 현대적 사회해체이론 관점

1990년대에 접어들면서, 지역사회에 대한 관심은 다시금 부흥의 시기를 경험하기 시작했다. 90년대의 지역에 대한 관심은 당대의 쇠락해 가는 도시에서 파생되는 도시 문제와 함께 늘어만 가는 범죄율 등에 의해서 추동되었지만, 많은 연구들이 사회해체이론의 영향을 받아 쏟아져 나왔고, 여러 가지 방식으로 사회해체이론을 계승 발전시켰다. 현대적 의미의 사회해체이론의 연구들은 많은 부분 쇼와 맥케이로부터 시작된 사회해체이론에 빚지고 있지만, 어떤 면에서 보면 사회해체이론을 부분적으로만 계승했다고 볼 수 있다. 대다수의 현대적 사회해체 혹은 지역과 범죄의 관계에 대한 연구들은 보다 적절한 지역자료와 진일보한 방법론으로 무장했다고 할 수 있다.

버식과 그라스믹(Bursik and Grasmick, 1993)은 어떻게 지역사회의 삶이 공식적 혹은 비공식적 관계의 네트워크들에 의해서 구성되어지는지에 대한 강조를 통해서 공동체에 대한 체계론적 관점에서 사회해체이론을 재구성하고자 하였다. 버식과 그라스믹의 주장은 비공식적 사회통제에 영향을 주는 세 가지 차원의 관계로 구성되어지는데, 첫 번째 차원은 지역사회 내의 개인들 간의 관계이고, 두 번째 차원은 개인적 관계들을 기반으로 형성되는 공동체 네트워크이고, 마지막 세 번째 차원은 공동체 외부조직(경찰이나 정부조직 등)과 연결되는 관계라고 할 수 있다. 버식과 그라스믹은 이러한 세 가지 차원의 관계들이 만들어내는 조합이 지역사회 내에서 범죄나 일탈을 통제할 수 있는 역량을 만들어내는 원천으로 작동한다고 주장하였다. 이러한 측면에서, 지역사회의 (관계들의) 불안정성은 지역사회 성원들이 행사할 사회통제의 역량을 제한한다는 것을 밝혀냈다(Bursik and Grasmick, 1993).

1990년대 말, 시카고에서 시작된 연구 프로젝트(PHDCN: the Project on Human Development in Chicago Neighborhoods)는 기존의 사회해체이론을 본질적으로 변화시키기 시작했다. 샘슨은 범죄학과 도시 사회학에 기반을 두고 지역 수준에서의 불평등의 집중, 무질서(disorder)의 사회적 의미, 그리고 집합적인 시민적 결속의 가능성 등과 같은 지역 수준에서의 사회적 과정들을 검증했다. 다른 시카고학파의 이론가들과 마찬가지로 샘슨은 도시 사회 구조와 지역 효과에 관심을 기울이며 사회해체이론을 확장시켰다. 시카고학파와 쇼와 맥케이의 사회해체이론을 관통했던 논쟁의 중심은, 어떻게 질서와 무질서, 그리고 조직과 사회해체를 측정하고 정의할 것인가라고 할 수 있다. 사회해체이론의 설명력을 높이기 위해서 샘슨은 두 가지의 방식으로 쇼와 맥케이의 사회해체이론을 확장시켰는데, 샘슨과 동료들

(Sampson *et al*., 1997)은 사회해체의 차원들을 보다 심도 있게 해명하기 위해서 사회자본(social capital)과 집합효율(collective efficacy)이라는 새로운 개념들을 도입했다.

첫 번째로, 샘슨은 이전의 버식과 그라스믹(Bursik and Grasmick, 1993)의 논의를 따라 사회해체이론의 기본가정인 사회구조적 여건에 의해서 파생되는 지역사회의 통제 역량의 붕괴가 범죄성의 근원이 된다는 것을 재확인하였다(Sampson and Wilson, 1995). 다시 말해서, 샘슨과 윌슨은 지역사회 공동체의 통제 붕괴와 그러한 구조적인 환경이 범죄유발적이라는 사회해체이론의 기본적인 가정을 받아들였다. 그러나 사회해체는 도시의 성장의 과정에서 나타나는 자연적인 과정이 아니며, 지역사회 공동체에서 나타나는 사회해체의 양상들은 그 지역사회의 인종적 불평등과 깊이 관계를 맺고 있다고 주장했다(Blau and Blau, 1982).

샘슨과 윌슨은 사회해체이론의 문화적 측면을 다시금 부각시켰다. 샘슨과 윌슨은 초기 시카고학파의 학자들이 그랬던 것처럼 사회구조적 상황이 동네/지역사회의 문화적 내용에 영향을 준다는 것을 지지했다. 샘슨과 윌슨에게 있어, 미 흑인들이 거주하는 지역은 교류의 단절과 주류사회에서 나타나는 개인과 제도들 간의 상호작용 등이 부재하는 극심한 '사회적 단절/고립' 을 만들어낸다. 이러한 상황에서 생성되는 문화적 가치는 폭력이나 범죄를 용인하지는 않는다 하더라도, 최소한 그러한 지역의 삶에서는 피할 수 없는 부분이라고 인정하게끔 만들게 된다.

사회 공동체/지역사회에서 인종, 가난이 지역과 교차하며 만들어내는 효과의 측면에서 보면, 도시 사회에서 인종 기반의 불평등은 범죄행위를 억제할 수 있는 문화적 가치 부재와 전통적 가치 붕괴의 촉진을 동반하게 된다. 미국사회에서 이러한 불평등의 결과는 그러한 동네—성인 20명 중 한 명은 총에 맞아 죽을 수밖에 없는 동네에 어쩔 수 없이 살아야만 하는 미 흑인들에게 오롯이 돌아가게 된다.

사회자본은 간단히 말해서 공동체의 공공선—긍정적인 목적을 달성하기 위해서 집합적으로 조직화할 수 있는 능력이라고 정의할 수 있다. 샘슨은 사회자본이 범죄통제를 포함하는 공동의 목표를 자각하고 공동의 행위를 조장하도록 하는 사람들 간의 사회적 관계의 역량에 대한 유용한 측정이라 할 수 있다고 주장한다. 사회자본은 집합적인 상호이해와 집합적 행위를 포함하는 사회적 관계의 긍정적인 산물, 즉 집합적인 상호이해와 행위를 할 수 있는 역량을 제공하는 사회적 관계의 산물이라고 할 수 있다.

로덴부쉬, 얼스와 함께 샘슨(Sampson *et al*., 1997)은 사회해체이론적 접근을 보다 더 확장시켰다. 그들은 시카고의 343개의 지역에서 폭력범죄율을 검증하는 연구를 진행하였다. 이들은 지역사회의 가난, 인종과 연령의 집중, 그리고 가족의 붕괴 등으로 대변되는 '집중된 열악함(concentrated disadvantage)' 이 사람들의 특성을 통제한 후에도 여전히 지역의 폭력비율과 깊은 관련이 있다는 것을 보여줬다. 하지만 보다 중요한 것은 이러한 '집중된 열악함' 이 동네의 '집합효율(collective efficacy)' 에 의해서 많은 부분 조절된다는 것이다. 그들에 의하면 집합효율은 지역거주민들이 비공식적 통제를 행사할 의지와 서로 도와줄 수 있는 신뢰를 포함하는 개념으로 이해할 수 있다. 이러한 측면에서 보면, 집합효율은 사회해체의 반대 개념이라고 할 수 있다(Taylor, 2001). 하지만, 집합효율이 단순히 사회해체의 반대 개념이라면 샘슨의 집합효율 주장은 새로울 것이 없다. 그러나 샘슨과 동료들의 집합효율에 대한 주장은 여러 부분에서 새로운 면이 있다. 그들의 논의가 사회해체이론에 근거하고 있지만, 그들은 사회해체이론을 여러 면에서 확장시켰다. 첫째, 쇼와 맥케이가 사회통제를 통제의 현현(顯現)으로 그렸지만, 샘슨과 동료들은 지역사회 내의 상호 신뢰와 상부상조라는 개념을 추가했다(Sampson *et al*., 1999). 신뢰와 사회적 지지는 지역사회에서 사회적 지지가 필요할 때 거주민들이 서로서로 도와줄 거라는 인식과 우리 편이 되어 줄 거라는 인식을 제공해 주는 기반이 된다는 측면에서 매우 중요하다. 사실 경험적으로, 신뢰와 비공식적 통제에의 참여 의지와 같은 것들은 내적으로 밀접히 연관되어 있다고 할 수 있다. 실제로 신뢰 없는 비공식적 통제가 있을 수 없고, 비공식적 통제가 없으면 신뢰가 싹틀 수 없는 이치일 것이다.

집합효율(collective efficacy)은 사회자본을 만들어내기 위한 지역사회/공동체의 행위자들의 집합적 능력을 가리킨다. 샘슨은 집합효율을 비공식적 사회통제의 역할을 강조하는 정의인 공동선의 일환으로 중재할 수 있는 의지와 결합된 사회적 결집으로 표현한다(Sampson *et al*., 1997). 이러한 분석적 개념들은 시카고학파의 중심 아이디어에 기반하고 있다. 샘슨과 동료들은 지역사회의 사회적/조직적 특성이 개인들의 집합적 인구학적 특성들의 탓으로 전적으로 돌릴 수 없는 범죄율에서의 차이를 설명한다고 주장한다. 거주유동성과 인구 밀집과 결합된 가난은 높은 범죄율을 낳을 수 있다. 지역 구성원들이 공적 질서와 비공식적 사회통제를 유지하는 방법에 초점을 맞추어, 현대의 학자들은 사회자본이나 집합효율과 같은 사회적 현상들이 지역사회를 넘어서 불평등과 계층을 보다 큰 체계에서 고려해야 한다고 주장한다.

또 다른 샘슨의 공헌은 사회해체를 동적인 과정으로 표현했다는 것이다. 사회해체는 주로 하나의 상태 혹은 환경으로서 묘사되었고 사회해체는 하나의 정적인 상태이다. 하지만 샘슨과 동료들은 집합효율의 개념을 하나의 동적인 요소로서 그려냈다. 즉, 이러한 집합효율은 필요할 때 동원될 수 있고 조직될 수 있는 하나의 동적인 요소이다. 따라서 집합효율은 단순히 사회적 결집과 조직화되어 있는 상태가 아니라, 원하는 결과를 얻기 위해 사회적 결집을 변환시키고 활성화시키는 과정이라고 할 수 있다. 집합효율이 결핍한 지역은 사회자본이라고 표현될 수 있는 지역유대와 신뢰가 부족하여 그들의 동네에서 벌어지는 길거리 문제나 무질서를 제거할 수 있는 여력이 없다. 반대로 집합효율이 높은 지역은 서로의 노력과 참여가 필요할 때 개입할 수 있는 여력이 있어 동네의 질서를 수호할 수 있다.

시카고학파의 현대적 후속 연구에도 불구하고, 많은 사람들은 여전히 지역사회의 무질서는 지역성원들의 문화적 가치들과 관련 있다고 여기고 있다. 더욱이, 범죄학자들조차도 동네의 깨진 창들과 다른 무질서의 상징들을 깨끗하게 처리하면 범죄율이 떨어지게 될 것이라는 식의 지역무질서의 문제에 대한 일면 단순한 접근을 취하고 있다. 이러한 측면에서, 샘슨과 같은 학자들은 구걸꾼들과 노숙자, 떠돌이들을 깨끗하게 청소하는 소탕작전을 통한 무질서 청소의 방법들은 이중적인 불평등이 지속되는 지역에서 집합효율과 사회자본을 만들어내는 사회적 상황을 간과하는 순진한 해결책이 될 것이라고 주장한다. 대다수의 현대 범죄학 관점들은 많은 부분에서 초창기의 사회해체이론가들에게 빚지고 있다. 샘슨의 주장처럼, 시카고학파의 관점들의 가치는 사회적 문제를 다루는 데 있어 사회적 방법들을 생각해야만 하는 중요성을 재확인했다는 데 있다.

6. 국내 연구 동향 및 향후 전망

사회해체이론의 전통적 접근은 범죄의 발생이나 혹은 범죄의 피해가 개인의 속성과는 독립적으로 그 개인이 거주하는 지역적 특성에 의해 결정되는지를 검증하고자 하였다고 할 수 있다. 이처럼 지역의 특성을 강조한 사회해체이론의 전통은 지역의 어떠한 특성들이 범죄의 발생과 범죄의 두려움에 영향을 주는지를 검증하고자 하였다.

사회해체이론에 영향을 주었던 시카고학파의 방법론적 공헌은 사회연구에서 철저한 현장조사와 관찰을 통해 사회적 맥락에 대한 심도 있는 이해를 추구하는 것이었다. 즉, 이러한 방법론적 시도를 통해서 연구대상자의 삶 속에서 작동하는 사회적 힘과 그 영향을 포착하는 것이었다. 하지만 이러한 시카고학파의 전통을 계승한 국내의 연구는 매우 드물다고 할 수 있다.

프렛과 컬린(Pratt and Cullen, 2005)은 사회해체이론에 대한 그들의 메타분석에서 대부분의 사회해체이론의 연구들이 사회해체의 구조적 원인들인 가난, 인종과 민족의 이질성, 거주유동성, 가족붕괴 등에 대한 측정을 위주로 했으며 사회해체에 대한 직접적인 측정을 하지 못했다고 비판했다. 하지만 쇼와 맥케이에 의해서 제기된 대다수의 사회해체의 구조적 원인 변수들은 지역의 범죄율과 밀접한 관련이 있음을 밝히기도 하였다. 같은 맥락에서, 사회해체에 대한 국내 연구는 사회생태학적 관점에서 지역적 특성이 범죄의 발생이나 지역성원들의 범죄의 두려움에 미치는 영향에 대한 분석이나 개인 수준의 요인들에 미치는 지역적 특성의 조건적 효과 등에 초점을 맞춰 왔다고 할 수 있다.

초기 사회해체이론은 일탈적 하위문화와 사회통제의 약화라는 두 개념을 동시에 사용함으로써 개념의 불명확성에 대한 비판을 받기도 하였으나(Bursik, 1988), 이후 사회해체이론이 지역의 일탈적 하위문화와 지역의 사회통제 역량으로 나뉘어 발전하는 계기가 되기도 하였다(Bursik, 1988; Bursik and Grasmick, 1993; Wilson, 1987). 지역의 특성이 만들어내는 일탈적 하위문화에 초점을 맞추어, 김준호와 박정선(1995)은 해체된 지역은 전체적으로 범죄가 많이 발생하기 때문에 또한 청소년들에게 하위문화적 환경을 제공하게 된다는 것을 검증했다. 지역사회의 유해환경은 청소년들의 범죄를 야기할 수 있는 주요 요인이 된다고 할 수 있다. 김준호와 박정선(1995)은 지역 내 유해업소의 만연은 청소년들의 가치를 흔들고 비공식적 통제를 약화시키는 기제로 작동할 수 있음을 보여주었다.

이성식(1998)은 지역의 경제수준, 그리고 지역성원들의 조직체의 활동참여와 같은 변인들이 개인의 범죄피해에 유의미한 영향을 준다는 것을 보여줬다. 지역의 유동성이 높고 도심지역일수록 성원들의 조직참여율이 낮아짐을 고려하면, 지역사회의 조직 활동의 활성화는 개인의 범죄피해에 유의미한 영향을 준다고 할 수 있다. 이러한 측면에서, 이성식(1998)의 연구는 개인의 범죄피해가 개인적 특성 외에도 지역의 사회해체적 특성에 의해서도 설명될 수 있음을 보여주었다. 이성식(1998)은 대구지역의 범죄피해 연구에서 지역사회의 범죄기회요인과 지역사회의 인적교류요인이 범죄피해에 미치는 영향을 검증하였는데 지역사회의 활동이 활발한 사람들은 범죄피해를 덜 당한다는 사실을 검증하였다. 이성식(2003)은 범죄발생이나 범죄피해와 밀접한 연관이 있는 지역변인은 지역무질서라기보다는 지역주민들의 조직활동, 그리고 지역주민들의 직접적인 참여를 통한 비공식적 통제의 작용이라고 주장했다.

윤우석(2012)은 지역사회의 집합효율성은 지역의 범죄피해를 유의미하게 줄이는 역할을 나타낸다는 것을 보여줬다. 또한 지역사회의 구조적 특성과 지역주민들의 인적 교류 관련 변인들은 범죄피해를 직접적으로 예측하진 못하나, 지역의 집합효율성을 매개할 시 범죄피해에 유의미한 영향을 준다는 것을 보여주었다.

사회해체이론적 전통은 국내연구에서 범죄의 발생뿐만 아니라 지역성원들이 느끼는 범죄의 두려움에 대한 연구에도 적용되어져 왔다. 지역해체의 변인들이 지역성원들의 범죄의 두려움에 미치는 영향을 분석했던 이성식(2000)의 연구는 지역해체를 나타내는 지역의 범죄율, 지역의 경제수준, 지역유동성, 지역의 유흥업소 수 등이 사회적 혹은 물리적 무질서에 대한 인지도에 영향을 주고 지역에서의 범죄피해 위험성에 대한 인지도에 영향을 줌으로써 간접적으로 개인 수준의 범죄두려움에 영향을 미치고 있다는 결과를 보여주었다.

또 다른 연구(이성식 외, 2012)는 집합효율성과 지역무질서가 지역성원들의 범죄두려움에 미치는 영향에 대한 인과경로를 분석하였다. 그 결과, 집합효율성이 지역무질서에 영향을 주고, 궁극적으로 지역무질서가 범죄의 두려움에 영향을 주는 인과모델로서 나타난다는 것을 보여주었다.

쇼와 맥케이는 당대 주도적이었던 범죄와 일탈에 대한 개인주의적 설명을 거부하고 청소년의 비행과 일탈은 그들이 살고 있는 생활환경이 배태하고 있는 사회적 맥락에 의해서 설명되어질 수 있다는 점을 지적했다. 20세기 초반 시카고에서 벌어졌던 사회적 전환은 급격한 도시화와 산업화, 급격한 인구의 변화 등에 의해서 추동되었다. 이러한 사회적 맥락에서, 개인의 범죄나 일탈에 영향을 미치는 사회적 힘에 대한 연구는 시카고학파와 그 전통을 이어받은 쇼와 맥케이에 의해서 촉발되었다. 인간생태학에 기반했던 시카고학파와 쇼와 맥케이의 연구는 현재의 범죄 '사회' 학적 연구를 풍성하게 만든 동력이었다.

사회해체에 대한 시카고학파의 전통은 방법론적으로도 많은 영향을 끼쳤다. 예를 들면, 참여관찰이라든지 생애사적 접근 등과 같은 민속지학적 접근은 여전히 범죄학뿐만 아니라 사회학적 연구에 지대한 영향을 끼치고 있다. 범죄에 대한 생태학적 접근은 다소 정체되기도 하였지만, 1980년대 이래로 생태학적 이론을 토대로 한 지역적 맥락의 효과에 대한 연구는 다시금 주목받기 시작했다. 이와 더불어, 방법론적으로도 지역의 맥락효과에 대한 연구는 다층모델(multi-level)의 도입 등을 통해서 사회해체이론의 전통을 보다 확장시켰다고 할 수 있다.

현대 생태학적 범죄연구들이 중요시하는 지역사회 공동체의 사회적 교류, 유대, 비공식적 사회통제, 지역의 집합효율성 등은 지역사회의 범죄를 효과적으로 예방하고 지역사회의 역량을 개발하는 데 있어 중요한 요인으로 다루어지고 있다. 쇼와 맥케이의 사회해체이론은 통제의 현현(顯現)으로 사회통제를 상정하였던 데 반해서, 지역의 집합효율성 개념은 지역사회의 상호 부조와 신뢰라는 개념을 사회통제의 차원으로 추가하였다. 이러한 측면에서 보면, 집합효율성은 지역의 사회자본과 동일한 개념이라고 할 수 있다. 집합효율성이 지역사회 구성원 상호 간의 신뢰, 청소년(아이)들의 생활에 개입하려는 의지, 그리고 공공질서의 유지 노력으로 정의된다면 (Cancino, 2005; Gibson *et al*., 2002), 집합효율성은 자신들이 사는 지역에서 벌어지는 비공식적 통제에 대한 상호 기대감과 지역의 거주민들 간 존재하는 상호 신뢰와 부조를 바탕으로 하는 일종의 지역적 응집력이라고 할 수 있다(Sampson *et al*., 1997). 개인의 책임이 강조되고 있는 현재의 사회적 상황에서, 범죄나 일탈과 관련한 개인주의적 설명은 다시금 그 목소리를 높이고 있다. 이러한 때에 범죄나 일탈이 사회적인 문제라고 생각한다면, 사회적 문제를 다루는 데 있어 사회적 방법들을 생각해야 할 것이라는 시카고학파의 제언을 다시금 되짚어볼 필요가 있다.

제 3 장

사회구조와 문화의 불균형 : 아노미

| 신동준(국민대학교 사회학과) |

1. 들어가며

앞선 장에서 살펴보았듯이 개인의 생물학적 특징에서 일탈과 범죄의 원인을 찾으려던 초창기의 흐름은 20세기 초반을 넘어가면서 거시 사회 환경의 영향을 주목하는 새로운 시각으로 대체되었다. 대표적으로 시카고 학파의 영향으로 사회해체이론을 주창한 쇼와 맥케이(Shaw and McKay, 1942)는 지역의 범죄율이 그 지역의 구조에 상응한다는 사실을 발견했다. 개개 행위자들이 살고 있는 이웃 공동체의 문화와 사회구조의 성격과 그 변화가 그 행위자들이 비행이나 범죄를 저지를 가능성에 큰 영향을 끼친다는 것이다. 지극히 개인적인 행동 양태로 보이는 일탈과 범죄에도 '사회적 힘'이 명백하게 작용한다는 사회학적 인식으로의 전환이 이루어진 것이다.

사회학적 시각에서 인간의 행동을 연구할 때 어떠한 사회적 힘이 개인을 구속하는지가 주요한 관심이 된다. 그리고 사회학자는 사회적 힘을 크게 사회구조와 문화라는 두 가지 차원으로 나누어 살펴보게 된다. 즉 어떠한 사회구조적 · 문화적 측면이 인간의 행동을 어떻게 가능하게 하거나 제약하는지를 탐구한다는 것이다. 일탈과 범죄에 대한 사회학적 연구에서도 마찬가지이다. 이러한 기본적 시각에서 한 사회에서 발생하는 일탈과 범죄에 영향을 미치는 요인을 사회구조와 문화에서 찾으려고 한다.

개별 행위로서 일탈과 범죄는 개인의 자유의지에 따른 지극히 개인적인 차원의 문제로 보일 수도 있다. 하지만 일탈과 범죄 현상은 본질적으로 지극히 사회적인 현상이며, 개인의 자유의지를 넘어서는 사회적 힘이 작용한다. 이것이 일탈과 범죄에 대한 사회학적 설명의 기본적 입장이며, 머튼의 아노미이론은 이러한 이론적 입장에서 범죄를 설명하는 대표적인 사회학이론이다(Merton, 1938, 1957). 머튼은 '사회구조'와 '문화구조'라는 두 가지의 구조적 차원으로 일탈과 범죄의 사회적 원인을 아노미 개념을 활용하여 제시했다.

머튼의 이론은 다양한 이론적 입장들에 영향을 미쳤다. 우선 하위문화이론에 큰 영향을 미쳤고(Cohen, 1955; Cloward and Ohlin, 1960), 미시적 차원에서는 일반긴장이론으로(Agnew, 1992), 거시적 차원에서는 제도적 아노미이론(Messner and Rosenfeld, 1994)으로 발전하였다. 범죄원인론으로서 아노미이론을 이해하려면 우선 뒤르켐의 '아노미' 개념을 살펴봐야 한다.

2. 뒤르켐의 아노미

뒤르켐은 『사회분업론』에서 분업의 비정상적 내지는 병리적 형태를 설명하면서 아노미 개념을 제시했다(Durkheim, 1933: 353-373). 그에 따르면 '아노미적' 분업은 정상적 형태의 분업과는 달리 연대와 통합을 낳지 않는다. 자본과 노동 간의 갈등이 그 예가 되는데, 산업의 대규모화로 중세와 달리 고용자와 노동자가 거의 완전히 분리됨으로써 양자 간의 갈등이 극심해졌다는 점에 주목했다. 분업이 고도화됨에 따라 부분 사이의 통일성과 조화를 유지하는 문제는 중요한 쟁점이 된다. 뒤르켐은 이 문제에 대한 국가나 정부의 역할은 제한적일 뿐이라고 보았다. 그 이전에 부분들 사이의 내부적 연대가 선행되어야 하기 때문이다. 그런데 분업이 고도화될수록 전통 사회의 기계적 연대의 기반이었던 집합감정은 약화되고 집합의식의 역할 역시 축소된다. 뒤르켐은 유기적 연대에 기반한 사회로 변화하는 과정에서 이는 자연스러운 현상이라고 보았다. 그 자체가 비정상적이거나 병리적인 현상은 아니라는 것이다.

그렇다면 왜 분업이 고도화되면서 산업 영역에서 분란과 갈등이 발생하는가? 뒤르켐에 따르면 동질성에 기반한 기계적 연대가 무너졌기 때문이 아니라 유기적 연대의 존재 기반이 아직 충분히 실현되지 않았기 때문이라고 주장했다(Durkheim, 1933: 365). 유기적 연대가 존재한다면 적절한 규제가 발달하여 경쟁을 조율하고 기능의 상호관계를 결정해 줄 것이라고 보았다. 한 사회의 연대는 사회구성원들의 행동 규칙을 낳고 이들에 대한 규제를 가능하게 한다. 그런데 규제가 존재하지 않거나 분업의 발달 정도에 상응하지 않는 경우가 발생한다는 것이다(Durkheim, 1933: 366). 그리고 "규제의 결여는 기능 간의 통상적인 조화를 불가능하게 한다"(Durkheim, 1933: 367). 뒤르켐은 만약 분업이 연대를 낳지 않는다면, 이는 기관(부분) 사이의 관계가 규제되지 않는 상황, 즉 아노미 상황이기 때문이라고 주장했다(Durkheim, 1933: 368).

뒤르켐은 사회의 부분(기관)이나 기능 사이의 관계는 서로 갈등하고 조율하면서 평형상태에 도달한다고 보았다. 따라서 규제를 낳기 위한 일시적인 평형상태의 붕괴와 일정 기간의 혼란은 불가피하다. 그런데 분업이 고도화되어 부분의 분화와 기능의 전문화가 심화되면서 사회가 규제 능력을 획득하여 평형상태에 도달하기가 상대적으로 어려워졌다. 게다가 이러한 사회의 변화는 매우 급격하게 이루어지고 있기 때문에 평형상태는 지연되고 있다고 본 것이다(Durkheim, 1933: 370). '도덕의 위기'는 바로 여기서 기인하는데, 단기간에 역사에 전례 없는 속도와 규모로 근본적인 사회 구조의 변화가 일어남으로써, 기존 사회유형에 상응하는 도덕은 사라진 한편 그 빈 공간을 채워줄 새로운 도덕이 아직 발전하지 않았기 때문이다(Durkheim, 1933: 408).

뒤르켐은 『자살론』에서도 아노미 개념을 사용했다(Durkheim, 1951). 뒤르켐은 자살의 사회적 원인으로 통합의 결여와 규제의 결여를 지목하고, 통합의 결여로 발생하는 자살을 '이기적 자살', 규제의 결여로 발생하는 자살은 '아노미적 자살'이라고 명명하였다. 이기적 자살은 "사회의 모든 지점에서 그 모든 구성원들을 통제할 수 있을 정도로 충분히 통합되어 있지 않다는 사실에 기인"한다고 뒤르켐은 주장했다(Durkheim, 1951: 373).[1] 한편 아노미적 자살은 개인에 대한 사회의 규제 실패로 발생하며, 이러한 규제의 실패는 집합적 질서 및 평형상태를 흔드는 사회적 사건들에서 기인한다고 뒤르켐은 보았다(Durkheim, 1951: 249).

사회질서의 급격하고 근본적인 재조정이 요구되는 상황에서 아노미 현상이 발생하게 되는데, 이때 개인의 욕망을 규제하는 사회의 능력이 상실되기 때문이다. 뒤르켐은 동물과 달리 인간은 천성적으로 그 욕망에 끝이 없다고 보았다(Durkheim, 1951: 247-248). 오직 사회만이 이러한 개인의 끝없는 탐욕을 규제할 수 있는데, 개인이 그 권위를 받아들이는 유일하고도 우월한 도덕적 힘이 바로 사회이기 때문이다(Durkheim, 1951: 248-249). 규제는 사회구성원들이 무엇을 추구하며 살아야 하는지를 지시해 주는 가치의 측면과, 그 목표를 달성하기 위해 어떻게 해야 하는지를 규정해 주는 규범의 측면으로 구성된다고 할 수 있다(신동준, 2006: 34). 사회는 가치체계를 통해서 구성원들이 무엇을 추구해야 할지, 그리고 규범체계를 통해서 구성원들이 어떻게 살아야 될지를 규정함으로써 인간의 탐욕을 제어할 수 있는 것이다. 그런데 근대사회로의 혁명적 전환기에서 사회의 이러한 힘이 크게 약화되고, 그 결과로 규범의 실질적 영향력이 사회구성원에게 미치지 못하는 상황, 즉 아노미가 발생한다는 것이 뒤르켐의 주장이다.

뒤르켐은 경제적 영역에서 특히 아노미 현상이 만성적으로 나타나게 되었다고 주장하면서, 경제적 발전으로 산업 영역에서의 관계가 모든 규제로부터 자유로워졌다고 보았다(Durkheim, 1951: 254). 막강한 영향력을 행사하던 종교는 그 권세를 잃게 되었고, 정부는 경제생활을 규제하기는커녕

---

1) '이기적 자살'에 대한 뒤르켐의 주장은 사회해체이론과 사회통제이론의 이론적 뿌리가 된다고 볼 수 있다(신동준, 2008). 사회해체이론에 대해서는 2장을, 사회통제이론에 대해서는 5장을 볼 것.

오히려 경제의 도구와 시녀가 되었으며, 산업은 개인과 사회 모두에게 목적을 위한 수단이 아닌 그 자체로 최고의 목적이 되었다(Durkheim, 1951: 255). 그래서 인간의 욕망은 이를 제한하는 어떠한 권위로부터도 자유로워지게 되었고, 이러한 욕망의 해방은 산업의 발전과 시장의 끝없는 확대로 더욱 악화되었다고 뒤르켐은 진단했다(Durkheim, 1951: 255). 이러한 규제의 결여, 즉 아노미 상황은 개인에게 고통을 주게 되고, 결국 자살 증가라는 현상을 낳게 된다.

3. 머튼의 아노미이론

뒤르켐은 아노미를 급격하고 근본적인 사회변동의 결과로 나타나는 과도기적 현상으로 보았다(Giddens, 1971: 79-81; 민문홍, 2001: 113). 그런데 아노미가 문화적으로 규정되고 받아들여져 안정적으로 지속되는 현상일 수도 있다는 지적도 있다(Lukes, 1972: 218). 머튼은 이러한 입장에서 어떤 사회에서는 아노미가 무규범이 아닌 마치 규범처럼 존재할 수 있다고 주장했다(Merton, 1938). 그는 미국사회를 비판하며 어떤 문화적 특성과 사회구조적 특성이 아노미를 낳게 되는지, 그리고 아노미가 어떻게 범죄율의 증가를 낳게 되는지를 설명했다.

머튼은 자신의 이론이 사회 · 문화적 요인으로 일탈행위의 원인을 설명하고, 사회구조가 어떻게 사회구성원들로 하여금 순응적 행위가 아닌 비순응적 행위를 하도록 압력을 가하는지를 알아내는 것을 목적으로 한다고 밝혔다(Merton, 1938: 672). 개인의 밖에 존재하며 개인의 행위를 강제하는 구조적 요인에서 일탈의 원인을 찾겠다는 것이다. 규범의 효력이 사회구성원에게 효과적으로 미치지 못하는 상황을 아노미로 파악했다는 점에서 머튼의 이론은 기본적으로 뒤르켐을 그대로 계승했다고 볼 수 있다. 하지만 현대사회에서 어떠한 문화적 · 사회구조적 특성이 규범의 효력을 약화시키는지를 구체적으로 제시했다는 점이 머튼의 이론이 갖는 독창성이다.

머튼은 일탈의 사회 · 문화적 원인으로 중요한 '사회 · 문화구조의 요소'로 두 가지를 제시했다(Merton, 1938: 672). 첫째는 "문화적으로 정의된 목표, 목적, 이해"로 '열망 준거의 틀'을 구성한다. 둘째는 "이러한 목표의 용인되는 달성방식을 정의하고, 규제하고, 통제하는 사회구조"이다(Merton, 1938: 673). 모든 사회집단은 바람직한 목표를 설정함과 동시에 이 목표를 달성하기 위한 절차를 도덕적 · 제도적으로 규제한다. 따라서 '문화적 목표'와 '제도적 규범'은 같이 작동한다. 하지만 그렇다고 해서 이 둘이 반드시 조화를 이루는 것은 아니라고 머튼은 지적한다. 즉 특정한 목표만 전적으로 강조되고 이러한 목표를 달성하기 위한 제도적 방식은 상대적으로 경시될 수 있다는 것이다(Merton, 1938: 673).

머튼은 이 두 가지의 문화 · 사회구조적 측면이 효과적으로 균형을 이루기 위해서는 목표의 달성뿐만 아니라 목표를 향해 노력하는 제도적 수단으로부터도 개인이 만족을 얻을 수 있어야 한다고 보았다(Merton, 1938: 674). 즉 성공이라는 것이 결과와 함께 과정에서도 인정되어야 한다는 것이다. 그러면서 머튼은 "일탈은 문화적으로 정의된 열망과 사회적으로 구조화된 수단 사이의 분리로 인한 증상이 될 수 있다"고 보았다(Merton, 1938: 674). 목표에 대한 강조가 규제를 훼손할 정도에 이르면 행동은 오직 기술적 편의(technical expediency)에 의해서만 제한되게 되고, 그 결과는 아노미가 될 것이다(Merton, 1938: 674).

머튼은 스포츠의 예를 들면서 승리만이 강조될 때 정당하지 않지만 기술적으로는 효과적인 수단에 대해 암묵적으로 가치가 부여되고, 게임의 규칙에 대한 '감정적 지지'는 성공목표에 대한 문화적 강조에 의해 훼손된다고 지적했다(Merton, 1938: 675). 그리고 "성공의 상징으로서 부의 축적에 대한 극단적인 강조는 재산형성의 제도적으로 규제된 방식에 대한 효과적인 통제에 악영향을 미치게 된다"고 주장했다(Merton, 1938: 675). 따라서 성공목표에 대한 문화적 강조가 그에 상응하는 제도적 강조와 분리될 때 다양한 일탈행위가 갈수록 만연하게 된다고 보았다(Merton, 1938: 675-676).

머튼은 한 사회의 일탈행위의 정도는 이 두 가지 문화 · 사회구조적 측면, 즉 문화적 목표와 제도적 수단 사이의 조화 여부에 따라 결정된다고 주장한 것으로 볼 수 있다. 머튼은 문화적 목표와 제도적 수단이라는 문화 · 사회구조적 맥락에서 개인은 어떠한 선택을 할 수 있는지를 〈표 1〉과 같이 5가지의 논리적으로 가능한 적응양식 내지는 대응방식으로 제시했다(Merton, 1938: 676). 그리고 이러한 대안적 반응 중에 특정 반응을 선택하도록 개인에게 압력을 가하는 사회적 요인을 찾는 것이 머튼의 목적이었다(Merton, 1938: 677).

〈표 1〉 머튼의 개인적 적응양식 유형

	문화적 목표	제도적 수단
순응(conformity)	+	+
혁신(innovation)	+	−
의례(ritualism)	−	+
도피(retreatism)	−	−
반역(rebellion)	±	±

* +: 받아들임, − : 받아들이지 않음.

우선 개인은 문화적으로 설정된 목표를 받아들이면서 이를 달성하기 위한 제도적 수단 역시 받아들일 수 있는데, 이것이 '순응(conformity)'의 적응양식이다. 즉 사회의 문화적 요구에 순응하는 것이다. 머튼은 모든 사회에서 이러한 적응양식이 가장 일반적이고 널리 퍼져 있다고 보았는데, 그렇지 않다면 사회가 안정적으로 지속될 수가 없기 때문이다(Merton,

1938: 677).

반면 네 번째 적응양식인 '도피(retreatism)'는 문화적 목표와 제도적 수단을 모두 거부하는 것으로, 머튼에 따르면 이 적응양식이 사회에서 가장 드물게 발견된다. 도피를 선택하는 사람들은 사회의 영향력 밖에 존재하는 사람들로 정신이상자, 부랑자, 약물중독자 등을 예로 들었다. 이들은 제도적 수단을 통해 문화적 목표를 달성하는 데 반복적으로 실패한 결과로 문화적 목표마저 포기해 버리게 된다. 사실 비제도적인 불법적 경로를 통해서라도 문화적 목표를 달성하려 할 수도 있다. 하지만 불법적 수단에 대한 금지를 강하게 내면화한 경우 차라리 목표 자체를 포기해 버리는 경우가 있다는 것이다(Merton, 1938: 678). 그래서 이들은 어차피 효용이 없는 제도적 수단과 함께 문화적 목표도 같이 거부하며 사회의 밖으로 물러나 버린다.

반면 제도적 수단을 통한 문화적 목표 달성의 길이 보이지 않을지라도 여전히 문화적 목표를 포기하지 못할 수 있는데, 바로 두 번째 적응양식인 '혁신(innovation)'을 선택하는 경우이다. 문화적 목표를 강하게 내면화하고 있기 때문에 불법적인 비제도적 수단을 통해서라도 이 목표를 달성하려고 하는 것이다. 문화적 목표 달성에 효과적이지 못한 제도적 수단 때문에 발생하는 내면적 갈등과 좌절을 도피의 경우 문화적 목표를 거부함으로써 해결하는 반면, 혁신의 경우 비제도적 수단을 선택함으로써 해결하는 것이다.

한편 '의례(ritualism)'라는 적응양식은 문화적 목표는 경시하면서도 이를 달성하기 위한 제도적 수단에 관한 규범에 대해서는 순응하는 경우이다. 머튼은 무사안일주의 내지는 관료주의를 예로 들면서, 중하층의 사람들이 주로 선택할 가능성이 높은 적응양식이라고 보았다(Merton, 1957: 150-151). 중하층은 사회의 도덕적 의무와 관습에 대해 강하게 사회화되면서도 성공의 가능성은 제한적이기 때문이다. '반역(rebellion)'은 좌절이나 주변인의 시각으로 기존의 사회질서를 거부하고 새로운 사회질서를 세우려고 시도하는 것으로, 혁명이 그 예가 될 것이다. 이 적응양식에서는 기존의 목표와 수단을 모두 거부하고, 새로운 목표와 수단을 설정한다.

이 중 머튼의 이론에서 주된 관심은 불법적 적응양식인 혁신이다. 머튼은 개인이 성공에 대한 문화적 강조에는 충분히 동화되었으면서 그 수단을 규정하는 규범은 충분히 내면화하지 못한 경우에 혁신이라는 적응양식을 택하게 된다고 보았다. 그리고 성공목표를 제도적 수단을 통해서 달성하는 것이 어려운 상황에서 개인은 혁신의 적응양식으로의 압력을 받게 된다는 것이다.

이러한 적응양식의 분류를 통해 머튼은 반사회적 행동이 '문화의 인습적 가치', 그리고 '합법적 기회에 대한 차별적 접근을 낳는 계급구조'에 의해 촉발된다는 점을 강조했다(Merton, 1938: 679). 그리고 열린 계급이동이라는 이데올로기에도 불구하고, 실제로는 교육과 경제적 자원 면에서 불리한 위치에 있는 사람들의 경우에는 일반적으로 받아들여지는 수단을 통해서 성공목표를 달성하기가 어렵기 때문에, 순응이라는 적응양식을 선택할 여지는 제한적일 수밖에 없음을 지적한다. 대신 성공의 기준에 대한 압력으로 인해, 합법적이지만 어렵고 효과적이지 않은 방법보다는 불법적이지만 쉽고 효과적인 편법을 강구하는 경향이 증대된다고 보았다. 머튼은 이 같은 일탈로의 압력이 하층의 사람들에게 가장 크게 작용한다고 분석했다(Merton, 1957: 144).

경제적 성공에 대한 문화적 요구에도 불구하고 하층의 사람들에게는 경제적 성공을 할 제도적이면서 효과적인 기회가 거부되는 '구조적 불일치' 때문에 '정신병리적 성격, 반사회적 행동, 혁명적 행위' 등이 생겨나게 된다(Merton, 1938: 679). 또한 어떤 수단을 동원해서라도 성공을 달성하는 것이 강조됨에 따라 "문화적으로 규정된 수단과 목표 사이의 평형상태는 매우 불안정"해진다(Merton, 1938: 679). 따라서 머튼의 이론은 경제적 성공을 모든 사회구성원에게 지나치게 강조하는 문화가 강력한 힘을 행사함에도 불구하고 경직된 계급구조가 엄존하고 있는 사회구조적 현실에서, 특히 하층의 사람들은 긴장을 겪게 되고 혁신의 적응양식을 선택할 가능성이 높아진다는 점에 주목하고 있다. 즉 이러한 문화적 · 사회구조적 상황에서 상당수의 사회구성원이 제도적 수단에 대한 규범을 어길 가능성이 커지는, 즉 규범의 영향력이 사회구성원들에게 효과적으로 미치지 못하는 아노미 상황이 나타난다는 것이다.

머튼은 여기서 문화 가치체계가 '경제적 부' 라는 공통된 성공의 상징을 '모든 사회구성원 일반' 에게 강조한다는 점에 주목한다(Merton, 1938: 680). 정작 사회구조는 사회구성원 중 상당수가 이러한 성공의 상징을 정상적인 방법으로는 접근하기 매우 어렵게 만들기 때문이다. 그리고 그 결과는 반사회적 행위의 높은 발생률이다. 평등주의 이데올로기는 모든 사회집단과 사회구성원이 금전적 성공을 추구할 것을 기대한다. 그 누구도 금전적 성공에 대한 문화적 명령을 거부하지 못한다는 것이다. 따라서 성공목표는 계급의 구분을 초월하여 강력한 문화적 압력을 행사한다. 그런데 문제는 실제 사회조직이 이러한 성공목표에 대한 접근을 계급별로 차별화하고 있다는 점이다. 좌절된 열망은 성공목표를 달성하기 위한 불법적 시도를 낳게 될 것이다. 따라서 머튼은 미국사회가 금전적 성공과 야망을 모든 사회구성원에게 강조함으로써 '불안, 적개심, 신경증, 그리고 반사회적 행동' 을 초래하게 된다고 지적하였다(Merton, 1938: 680).

따라서 머튼의 이론에 따르면 사회구조적 장애라는 요인이 모든 사회구성원들에게 경제적 성공목표를 강조하는 문화적 특징과 결합하여 일탈과 범죄와 같은 반사회적 행동의 구조적 원인으로 작동한다. 이러한 문화적 · 사회구조적 상황은 수단에 대한 효과적인 사회규제를 어렵게 하고, 목표가 수단을 정당화한다는 원칙이 만연하게 되는 문화 부조화 현상을 낳기 때문이다. 규제 구조가 붕괴됨으로써 이득의 계산과 처벌의 두려움이 유일한 규제 장치가 되는 실리주의적 사회가 되어 버리며, 수단과 목표의 부조화는 문화적 혼란, 즉 아노미를 낳게 된다고 머튼은 역설한다(Merton, 1938: 682).

우선 모든 사회구성원에게 성공목표를 문화적으로 강조하는 경향으로 인해, 성공과 실패는 전적으로 개인의 자질 때문으로 간주되고, 실패자는 그 실패를 온전히 자신의 탓으로 돌릴 수밖에 없다(Merton, 1957: 168). 이러한 성공에의 '도덕적 명령'과 실패의 위협은 "가능하다면 정당한 방법으로, 필요하다면 잘못된 방법으로라도" 성공하라는 압력을 가하게 된다(Merton, 1957: 169). 성공목표에 대한 지나친 문화적 강조는 목표 달성을 위한 제도적 방법에 대한 순응을 약화시키는 것이다(Merton, 1957: 169).

따라서 머튼의 이론에 의하면 현대사회에서 발생하는 일탈의 원인은 문화적으로 정의된 '목표'와 도덕적으로 규제되는 '수단' 사이의 불일치이다. 그리고 머튼은 특정한 문화적 성격과 사회구조적 상황이 목표와 수단 사이의 불일치를 낳게 된다고 보았다. 머튼에 의하면 '문화구조'는 사회구성원의 행동을 지배하는 조직화된 일련의 규범적 가치이며, '사회구조'는 사회의 구성원이나 집단이 맺는 일련의 조직화된 사회관계인데, 아노미는 "특히 문화적 규범과 목표 사이의 극심한 괴리와 그에 따르려는 사회의 구성원과 집단의 능력이 사회적으로 구조화될 때 발생한다"고 보았다(Merton, 1957: 162). 사회구조가 문화적 명령에 따르려는 행위에 문을 열어 줄 수도 있고 장애가 될 수도 있는데, 문화와 사회구조가 잘못 결합되었을 때 규범의 붕괴, 무규범으로의 긴장(strain)이 발생한다는 것이다(Merton, 1957: 163).

따라서 경제적 성공이라는 단일한 목표를 모든 사회구성원에게 지나치게 강조하는 문화와 경직된 계급구조 내지는 심한 불평등구조가 일탈과 범죄의 구조적 원인이 된다. 이러한 "문화적 강조와 사회구조의 *결합*(원문의 강조)이 일탈로의 강한 압력을 낳는다"고 머튼은 주장했다(Merton, 1957:

145). "문화적으로 도출된 높은 열망과 이 열망의 실현에 있어서 사회적으로 구조화된 장애 사이의 분리가 일탈행동을 낳는 압력으로 작용한다"는 것이다(Merton, 1957: 174).

경제적 성공을 단일한 목표로 모든 사회구성원들에게 지나치게 강조하는 문화와 심한 불평등구조가 결합했을 때, 제도적 수단에 대한 규범이 제대로 효력을 발휘하지 못하는 아노미 상황이 나타나게 된다. 상당수의 사람들, 특히 하층의 사람들은 경제적 성공목표를 열망함에도 불구하고 그들의 사회구조적 위치상 제도적 수단을 통한 목표 달성에 큰 어려움을 겪게 된다. 이러한 상황에서 그들은 큰 긴장 상황에 처하게 되고, 불법적 수단을 통해서라도 목표를 달성하려고 시도함으로써 여러 가지 일탈행동을 하게 될 수 있다. 따라서 머튼의 아노미이론에 따르면 이러한 문화적 특성과 사회구조적 특성을 보이는 사회에서 일탈행동의 정도는 다른 사회에 비해 상대적으로 심할 것이며, 특히 그 사회의 하층의 경우 상위 계층에 비해 일탈의 정도가 더 심할 것이라고 예측할 수 있다.

4. 하위문화이론

머튼의 이론에서는 한 사회의 지배적인 문화를 염두에 두고 어떠한 문화적 특성이 아노미를 낳게 되는지를 설명하였다. 반면 어떤 이론적 관점에서는 한 사회의 지배문화와 구별되며 일탈과 범죄에 친화적인 특성을 갖는 하위문화의 영향에 주목한다. 이러한 입장을 통틀어 하위문화이론이라고 부를 수 있다. 하위문화는 다음 장에서 살펴볼 차별접촉이론과 사회학습이론 모형에서 비행과 범죄에 친화적인 태도와 신념, 보상 등의 사회적 출처가 되기 때문에 이론적으로 중요한 개념이다.[2] 하위문화이론가들의

2) 앞서 2장에서 소개된 쇼와 맥케이(Shaw and McKay)의 사회해체이론에서도 일탈과 범죄

기본적인 입장은 비행과 범죄에 친화적인 하위문화가 실제로 존재하며, 그러한 문화를 공유하는 집단에서 실질적인 영향력을 행사한다는 것이다. 그런데 이러한 하위문화가 어떻게 생겨나게 되는지에 대한 설명이 필요한데 머튼의 이론이 이러한 설명에 활용되었다. 그래서 하위문화이론은 아노미이론의 일종으로 분류되기도 한다.

여기에서는 아노미이론의 영향을 크게 받은 대표적인 하위문화이론가인 코헨(Cohen, 1955)과 클로워드와 올린(Cloward and Ohlin, 1960)의 이론을 소개하겠다. 더불어서 아노미이론과의 직접적인 연관성은 없지만 주요 하위문화이론 중 하나인 밀러(Miller, 1958)의 이론도 간략히 다루도록 하겠다. 이들은 공통적으로 비행 하위문화가 대도시 하층 거주지의 남자 청소년집단에서 발견된다는 점을 지적한다. 그리고 나름대로의 관찰에 근거하여 비행 하위문화의 특징 내지는 성격을 기술하고 있다. 이들 모두 비행 하위문화가 관습적인 지배문화와는 뚜렷이 구별되는 성격을 갖고 있다고 본다. 더 나아가서 왜 이러한 하위문화가 나타나게 되었는지에 대한 설명을 제시하는데, 이 부분이 이들 이론의 핵심이다.

1) 코헨의 이론

코헨은 비행 하위문화가 노동계급의 남자 청소년들에게서 발견된다는 점을 주목하고, 왜 이러한 특정 집단에서 비행 하위문화와 비행집단(gang)이 형성되는지를 설명한다(Cohen, 1955). 먼저 코헨은 비행 하위문화에는 독특한 특성이 있다고 파악하는데, 바로 '비실리적(non-utilitarian), 악의적(malicious), 부정적(negativistic)' 이라는 것이다(Cohen, 1955: 25).

에 친화적인 하위문화의 형성과 전승이 중요한 요인으로 거론되었다. 그리고 셀린(Sellin)의 문화갈등이론과 울프갱(Wolfgang)의 폭력 하위문화 개념 등도 여기서 설명하는 하위문화이론과 밀접한 관련이 있다. 이에 대해서는 8장을 볼 것.

'비실리적'이라 함은 비행의 목적이 필요에 의한 것이 아니라는 의미이다. 그렇다고 뚜렷한 동기가 있는 것도 아니다. 예를 들어, 꼭 필요해서 도둑질을 하는 것이 아니다. 스릴과 재미를 위해서라면 오락과 스포츠 등 다른 활동들도 많다. 지위나 인정을 위해서라면 왜 그들이 속한 집단에서만 그러한 행위가 지위나 인정의 획득 수단이 되는지에 대한 설명이 필요하다고 코헨은 지적한다. 갱에 속한 비행청소년들은 이처럼 특별한 이유 없이 비행을 저지르고, 선량한 친구들을 괴롭히며, 어른들에게 반항을 한다. 그러한 의미에서 그들의 하위문화는 '악의적'이라 할 수 있다. 또한 그들이 공유하고 있는 코드가 어른들의 규범과 반대되고 심지어 갈등을 일으킨다는 점에서 '부정적'이다.

코헨은 왜, 그리고 어떻게 이처럼 특이하고 선뜻 이해가 되지 않는 일종의 문화가 나타나게 되었는지를 사회학적으로 설명하려고 했다. 먼저 코헨은 청소년비행과 비행 하위문화가 청소년 인구집단 중에서도 노동계급 출신의 남자 청소년에 집중되어 있다는 점에 주목하고(Cohen, 1955: 37), 계급체계와 그 안에서 가족의 위치가 비행 하위문화의 생성에 중요한 구조적 요인이 된다고 보았다. 코헨에 따르면 비행 하위문화의 생성을 이해하기 위해서는 청소년의 출신 가족이 중간계급인지 노동계급인지에 따라 그들이 겪는 문제와 그 문제에 대한 해결방안이 다르다는 점을 먼저 이해해야 한다.

코헨은 모든 인간행위가 기본적으로 일련의 문제해결을 위한 노력이라는 점을 강조한다(Cohen, 1955: 50). 그리고 그 문제는 행위자의 '준거틀(frame of reference)'과 행위자를 둘러싼 '상황'에서 비롯된다(Cohen, 1955: 51). 먼저 상황은 문제를 제기하며, 그 문제에 대한 해결책은 준거틀에 의해 제시된다. 그런데 그 해결책이 상황에 비추어 적절하지 않을 때, 이는 또 다른 문제가 된다. 특정 해결책의 타당성은 이것의 준거틀에 의해 결정된다. 그런데 그 준거틀은 문화적으로 주어지는 것이다. 따라서 새로운 해결책이 제시되기 위해서는 새로운 준거틀이 나와야 되고, 이는 새로운 문화를 요구한다. 즉 '문화적 혁신' 이 필요한 것이다(Cohen, 1955: 59).

문화적 혁신은 개인적 현상이 아니라 집합적 현상이다. 이 부분이 머튼과의 중요한 차이점이라고 하겠다. 코헨에 따르면 "새로운 문화적 형태가 나타나기 위해서는 유사한 적응의 문제를 갖는 다수의 행위자들이 효과적으로 상호작용해야 한다(Cohen, 1955: 59)." 문제에 대한 새로운 해결책을 그 문제를 공유하는 행위자들이 '탐색적 몸짓' 을 통해 서로 주고받으면서(Cohen, 1955: 60), 문화적 과정을 통해 새롭게 공유되는 준거틀의 집단 기준이, 즉 새로운 하위문화가 나타나게 된다는 것이다(Cohen, 1955: 65).

머튼과의 또 하나의 중요한 차이점은 목표에 대한 부분이다. 코헨은 하위문화에 대한 이론적 이해를 위해서는 경제적 성공이라는 목표가 아닌, 그보다 더 본질적인 차원인 지위 취득으로 상정해야 된다고 보았다. 코헨에 따르면 인간이 공통적으로 겪는 중요한 문제는 '지위 문제' 이다(Cohen, 1955: 65-66). 어떠한 집단에 소속되고 그 집단으로부터 인정받으려고 하는 욕구가 모든 인간에게 매우 중요하다는 것이다. 그런데 사회의 지배적인 집단은 중간계급이고, 지배적 문화는 중간계급의 문화이다. 따라서 한 사회에서 지위를 달성하기 위해서는 중간계급의 문화와 준거틀을 체득해야 한다. 그래야 집단 내의 구성원으로 인정받을 수 있기 때문이다.

이 지점에서 하층 아이들의 지위 문제가 발생하게 된다. 코헨에 의하면 하층 아이들은 가족의 계급적 위치상 이러한 중산층의 규범과 가치를 습득하고 따르는 데 상대적인 불이익을 겪는다(Cohen, 1955: 73-102). 다시 말해서 가족 내에서의 사회화 과정과 내용의 차이로 인해, 하층의 아이들이 사회에서 지위를 성취하려는 욕구가 체계적으로 좌절되는 상황에 처하게 된다는 것이다. 하층 아이들의 구조적으로 불리한 위치는 학교에서의 지속적인 실패로 이어진다. 특히 선생님으로부터 인정을 받기가 어려운데, 선생님 스스로가 중간계급 출신이면서 중간계급의 문화를 학생들에게 사회화시키려는 목적이 있으므로 중산층 아이들보다 하층 아이들에 대해 덜 우호적일 수밖에 없기 때문이다(Cohen, 1955: 113-114). 따라서 학교에서 하층의 아이들은 지위 달성의 실패라는 적응의 문제를 심각하게 겪게 된다.

코헨은 이와 같은 지위 좌절을 겪는 하층의 청소년들이 앞서 말한 '효과적인 상호작용'을 통해서 비행적인 하위문화를 형성함으로써 지위 문제를 해결하려고 한다고 본다(Cohen, 1955: 121-137). 중산층의 지배 규범을 거부하는 그들만의 하위문화를 형성하고, 그들의 집단, 즉 갱을 준거집단으로 상정함으로써 그 안에서 소속감을 느끼고 지위를 달성하려 한다는 것이다. 이것이 바로 코헨이 말하는 '문화적 혁신'이다. 그들이 목표로 하는 지위를 달성하기 위해 새로운 수단을 강구하기 때문이다. 그리고 이는 그들이 공통적으로 겪는 문제에 대한 집합적 해결책이 된다.

코헨은 그 과정에서 일종의 '반동형성'이 나타난다고 보았다(Cohen, 1955: 133-137). 그들을 받아들여 주지 않은 중간계급의 문화에 대해서 적대적인 태도를 취함으로써, 하층의 아이들은 애초에 사회화되었던 지배문화의 영향력으로부터 벗어나려고 한다는 것이다. 그리고 중간계급의 가치와 규범에 대해서 비합리적인 반대를 하며 경멸을 표하게 된다. 이것이 비행 하위문화가 비실리적이고, 악의적이며, 부정적인 이유이다. 중간계급의 가치와 규범에 대해서 무조건적으로 반대하려고 하기 때문이다.

이처럼 하층의 아이들은 비행 하위문화를 형성함으로써 집합적 해결책을 찾는다. 그런데 그 대가는 지배문화와의 괴리이다. 그들의 집단 밖에서 그들의 지위는 오히려 더 낮아지게 된다. 그럴수록 그들의 당파적인 연대감은 강화되고, 지배문화에 대한 노골적인 반대와 지속적인 비행으로 중간계급과의 분리 및 지배문화와의 괴리가 더욱 심화되면서 비행 하위문화는 공고화된다는 것이다.

결국 코헨이 이야기하고자 하는 바는 하층의 청소년들이 지위 문제와 관련하여 그들이 처한 상황에서 나름대로의 해결책을 강구한 결과가 비행 하위문화라는 것이다. 중산층의 문화로 표상되는 '미국적인 삶의 방식'이 '병리적이라고 비난받는 것', 즉 비행 하위문화의 '주요 결정인자'가 된다는 것이다(Cohen, 1955: 137). 코헨의 이론은 사회의 계급구조에 주목했다는 점, 목표를 달성하기 위해 대안적 방법을 강구하는 과정을 묘사한 점, 그리고 사회의 지배문화가 오히려 비행 및 범죄를 낳게 되는 아이러니를 보여주고 있다는 점에서 머튼의 이론과의 공통점을 찾을 수 있다.

2) 클로워드와 올린의 차별기회이론

클로워드와 올린도 유사한 설명방식을 취하고 있는데, 아노미이론의 영향이 코헨의 경우보다 더욱 두드러진다(Cloward and Ohlin, 1960). 그들 역시 대도시의 하층 거주지역 남자 청소년들에게서 비행 하위문화가 발견된다고 주장한다. 그런데 클로워드와 올린은 구별되는 성격을 갖는 세 가지 종류의 비행 하위문화가 존재한다고 보았는데, 범죄 하위문화, 갈등 하위문화, 도피 하위문화가 그것이다(Cloward and Ohlin, 1960: 1). 범죄 하위문화(criminal subculture)는 절도와 갈취 등 소득을 보장하는 범죄 위주로 조직화된 비행집단(gang)에서 특징적으로 나타난다. 갈등 하위문화(conflict subculture)는 지위 획득의 방법으로 폭력이 지배하는 비행집단에서, 도피 하위문화(retreatist subculture)는 약물 소비가 강조되는 비행집단에서 발견된다.

클로워드와 올린은 기본적으로 사회구성원들이 사회 환경에서 겪는 적응의 문제와 이에 대한 나름의 해결책이 규범적 결과를 낳기도 하고 일탈적 결과를 낳기도 한다고 본다. 하위문화는 하층의 청소년들이 겪는 적응의 문제에 대한 집합적 해결책의 결과이다. 이러한 하위문화의 형성은 두 단계로 설명된다. 첫 번째 단계는 비행 하위문화 자체가 나타나게 되는 과정과 구조적 · 문화적 요인에 대한 것이다. 두 번째 단계는 이렇게 나타난

비행 하위문화가 세 가지의 구별되는 유형으로 나뉘게 되는 요인과 과정에 대한 것이다. 클로워드와 올린은 첫 번째 단계의 설명에서는 머튼의 이론을, 두 번째 단계의 설명에서는 서덜랜드의 이론을 활용한다.[3)]

머튼의 아노미이론에 착안하여, 클로워드와 올린은 사회적으로 인정되는 수단으로는 성공의 목표를 달성하는 데 실패할 것이 예상되는 상황에서 하층의 청소년들은 심한 소외를 경험하기 때문에 비행 하위문화가 형성된다고 주장한다. 그런데 클로워드와 올린은 코헨의 입장과는 달리, 비행 하위문화를 구성하는 하층의 청소년들이 중간계급에 소속되기를 원하는 것이 아니라 단지 경제적 위치의 상승을 원한다고 주장했다(Cloward and Ohlin, 1960: 95-96). 이들에게 성공의 상징은 전적으로 경제적 차원에 국한될 뿐, 중간계급의 생활방식에는 관심이 없다. 그들의 문화적 환경 내에서의 경제적 성공을 목표로 하는 것이고, 그렇기 때문에 그들의 하위문화에 헌신할 수 있는 것이다.

하층의 아이들은 교육과 같은 제도적 성공 기회에 접근하는 데 문화적으로나 구조적으로 어려움을 겪는다. 이로 인한 열망과 합법적 수단 사이의 괴리는 성공의 길로 나아가는 불법적 대안을 모색하게 하는 극심한 압력으로 작용한다(Cloward and Ohlin, 1960: 105). 따라서 클로워드와 올린에 따르면 머튼의 입장과 마찬가지로 구조화된 긴장에 대한 나름대로의 적응방식이 결국 하층 청소년들 사이에 만연한 비행이 되는 것이다. 그런데 그들은 이러한 적응양식이 세대를 걸쳐 전승된다고 본다. 비행 하위문화는 하층 청소년들이 직면한 적응의 문제에 특화된 적응방식이라는 것이다(Cloward and Ohlin, 1960: 107). 그렇다면 개인 수준의 적응 문제로부터 어떻게 비행 하위문화라는 집합적 적응방식이 나타나게 되는지 설명이 필요하다. 클로워드와 올린은 열망과 기회 사이의 괴리를 가장 극심하게 겪는

3) 서덜랜드의 차별접촉이론에 대해서는 이 책의 4장을 볼 것.

하층에서 상대적 박탈감을 느끼고 공동의 분노를 발전시키게 된다고 주장한다(Cloward and Ohlin, 1960: 108). 이러한 공통의 문제를 그들 사이의 상호작용을 통해서 공유하면서, 기존 체제와 규범에 대한 지지를 철회하고 성공을 달성하기 위한 일탈적 수단을 강구하게 된다. 부당한 박탈과 차별을 경험하는 하층 청소년들 사이에서는 실패의 원인을 부도덕하고 정의롭지 못한 사회 시스템의 문제로 돌리는 경향이 두드러진다고 클로워드와 올린은 주장한다(Cloward and Ohlin, 1960: 111-113). 즉 실패의 원인을 외부로 돌리는 심리적 기제가 발현된다는 것인데, 이러한 경향은 지배 규범과 체제의 정당성을 부인하며 심리적으로 자유롭게 되는 중요한 결과를 낳는다. 일탈행동에 대해 죄책감을 덜 느끼게 되는 것이다.

클로워드와 올린은 이처럼 실패의 원인이 외부로 돌려질 때 개인적 해결책이 아닌 집합적인 해결책이 강구될 가능성이 커진다고 본다(Cloward and Ohlin, 1960: 125). 실패를 겪거나 예상하는 개인들끼리 그들의 처지와 그 원인에 대해서 소통하고 상호작용하면서 서로의 입장과 의견을 재확인하게 된다. 이는 자신이 막연하게 갖고 있던 생각과 믿음에 대한 강력한 집합적 지지로 작용하게 된다. 정의롭지 못한 체제라는 외부 요인이 자신들의 실패의 원인이라는 믿음, 이에 근거한 지배 규범에 대한 거부, 그리고 불법적인 수단에 대한 정당성을 공유하면서 안정적인 비행의 문화적 기반이 형성된다는 것이다(Cloward and Ohlin, 1960: 131-132). 그리고 집합적 해결책에 도달하는 상호작용과정에 대해서는 '탐색적 몸짓의 대화' 등 상당 부분 코헨의 개념과 설명에 기대고 있다(Cloward and Ohlin, 1960: 139-143).

구조적인 장애로 인해 실패를 겪는 청소년들은 성공의 목표를 달성하기 위해서 불법적 수단이라도 동원하려고 한다. 하지만 이러한 일탈 혹은 범죄 행위들은 도덕적 타당성을 결여하고 있음을 잘 알고 있기 때문에 비행청소년들은 도덕적 긴장을 경험하게 된다. 클로워드와 올린은 이러한 긴장 상황이 비행 하위문화와 그리고 그 문화를 공유하는 동년배집단인 갱을 통해서 상당부분 극복된다고 주장한다.

우선 자신들의 비행이 부도덕한 사회 시스템 때문이라는 믿음을 서로 재확인시켜 주는 집합적 지지가 갱을 통해서 확보된다. 유사한 상황에 처한 동년배들 사이의 이러한 상호작용과정을 통해서 그들의 비행과 범죄에 대한 죄책감은 상쇄된다. 이러한 과정을 통해서 비행 하위문화와 그 문화를 공유하는 비행집단은 안정적인 기반을 확보하고, 청소년들은 비행집단에 소속됨으로써 비행과 범죄를 쉽게 저지르게 된다는 것이다.

클로워드와 올린은 앞서 언급한 세 가지 유형의 하위문화가 나타나게 되는 원인과 과정을 제시하는데, 여기에서 '불법적 수단에 대한 차별적 접근' 이라는 개념을 통해 머튼의 이론에서 한 걸음 더 나아가게 된다(Cloward and Ohlin, 1960: 145-148). 머튼은 성공의 합법적 수단이 차별적으로 주어진다는 점만을 고려했지만, 실제로는 불법적인 수단의 확보가능성 역시 사회적으로 구조화된 변이가 존재한다는 것이다. 그리고 그 기회는 상당 부분 지역 공동체 내에서 선배 범죄자와의 관계를 통해 확보되는데, 일종의 후견 과정을 통해 범죄적 가치와 기술 등이 전수된다는 것이다. 이 부분에서 클로워드와 올린은 서덜랜드의 차별접촉이론에 크게 빚지고 있다.

특정 공동체에서 '범죄 하위문화' 가 나타나기 위해서는 범죄를 통해서 생계를 유지하고 더 나아가서 경제적 성공을 거둘 가능성이 존재해야 한다. 클로워드와 올린은 이를 위해서는 비행청소년과 전문범죄자 사이의 연결이 중요하다고 보았다. 적절한 역할 모형과 인맥은 범죄세계에서의 성공을 보장하기 때문이다(Cloward and Ohlin, 1960: 23). 그런데 성인범죄자와의 연결망이라는 구조적 조건이 모든 공동체에서 발견되는 것은 아니다. 그래서 합법적 수단과 마찬가지로 불법적 수단 역시 차별적으로 주어진다는 '차별기회(differential opportunity)' 개념을 제시하게 된다(Cloward and Ohlin, 1960: 150).

연령집단 간의 통합이 이루어져서 전문범죄조직 구성원과 비행청소년 사이의 연결망이 단단하게 존재하고 범죄적 가치의 담지자와 관습적 가치의 담지자 간의 통합이 발견되는 공동체에서는 '범죄 하위문화'가 나타날 가능성이 크다(Cloward and Ohlin, 1960: 161-171). 다시 말해서 범죄 하위문화가 발견되는 공동체에서는 비행청소년과 성인범죄자 사이의 유대뿐만 아니라, 관습적 활동을 하는 사람과 불법적 활동을 하는 사람 간의 유대가 존재한다는 것이다. 따라서 이러한 공동체는 나름대로 조직화되어 어느 정도의 사회통제를 행사한다. 물론 범죄적 가치가 지배적인 사회통제이겠지만, 전문범죄자로 나아가기 위한 자질을 중심으로 나름대로의 통제가 효과적으로 작동된다. 그리고 범죄 하위문화는 안정적으로 지속되는데, 공동체의 사회통제 역할을 할 뿐만 아니라 경제적 성공을 가져다 줄 수 있는 중요한 가치체계로 작용하기 때문이다.

연령집단 간의 통합과 가치의 통합이라는 구조적 조건이 결여되어 불법적 기회마저 주어지지 않는 공동체에서 하층 청소년의 좌절은 훨씬 더 클 것이다. 이러한 상황에서 '갈등 하위문화'나 '도피 하위문화'가 나타나게 된다. 갈등 하위문화가 존재하는 공동체는 사회해체현상이 두드러지며, 비조직적이고 개별적이며 사소한 범죄들이 만연한다(Cloward and Ohlin, 1960: 173). 불법적 수단을 통한 성공의 기회마저 차단되어 있기 때문에 좌절은 극심해지고 사회통제의 가능성은 희박해진다. 그래서 청소년들은 지위를 확보하기 위한 길을 폭력에서 찾게 되는데, 분노와 좌절의 표현방법이 될 뿐만 아니라 폭력적 수단에의 접근에는 장애가 없기 때문이다.

도피 하위문화는 '이중의 실패(double failure)'를 겪는 청소년들의 선택이 될 가능성이 크다(Cloward and Ohlin, 1960: 181). 이중의 실패란 성공을 위한 합법적 수단과 불법적 수단 모두에서 기회가 차단된 경우를 일컫는 것이다. 불법적 수단에는 경제적 성공을 위한 불법적 수단과 지위 획득을 위한 폭력이라는 불법적 수단을 모두 포함한다. 즉 폭력적 능력마저 갖추지 못해서 지위 경쟁에서 밀려난 청소년들이 주로 도피 하위문화를 형성한다는 것이다. 도피 하위문화에서는 문화적 · 사회적으로 관습적 세상으로부터 얼마나 초연해 있는가가 중요한 지위의 척도가 된다. 평범한 직업적 삶을 멀리하고 쾌락을 추구하며 유유자적하게 사는 것에 삶의 목표를 두는 것이다(Cloward and Ohlin, 1960: 25-27).

3) 하위문화이론의 평가

이와 같이 하위문화이론적 관점은 비행집단의 형성과 관련하여 비행 하위문화의 역할을 중시한다. 하지만 과연 지배문화와 뚜렷이 구분이 되면서 지배문화의 영향력을 무력화 시킬 수 있을 정도로 강력한 하위문화가 청소년들 사이에서 존재하는가의 문제는 많은 논란의 여지가 있다(Kornhauser, 1978). 그리고 청소년 갱 구성원들로부터 구체적인 비행 하위문화를 발견할 수 없고, 경제적 열망에 대한 장애로 인해 이들이 좌절을 느끼고 있다는 증거도 찾을 수 없다는 연구 결과도 있다(Short and Strodtbeck, 1965). 이는 특히 한국사회에서 하위문화이론의 적용가능성을 판단하는 데도 중요한 지점이 된다. 위의 이론들은 중산층과 하층이 그들의 규범과 가치에서 서로 커다란 차이를 보인다고 가정을 한다. 그리고 사회적 성공을 가로막는 높은 장애를 하층의 아이들이 비교적 명확하게 경험하고 있다는 점을 강조한다. 한국사회에서도 이러한 현상이 뚜렷이 발견되는지는 신중한 별도의 연구가 필요한 부분일 것이다.

미국사회 내에서도 비행 하위문화의 존재와 그 실질적 영향에 대해서는 많은 논란이 있다. 비행 하위문화의 존재를 인정한다고 할지라도, 과연 청소년들이 지위와 성공목표를 달성하는 데 실패했기 때문에 비행집단에 속하려고 하는지의 여부 역시 논란의 여지가 있다. 하지만 비행집단이 최소한 어떠한 문제를 겪는 청소년들에게 나름대로의 위안을 제공해 줄 수 있다는 점은 시사하는 바가 크다고 본다. 코헨은 지위 좌절의 문제를 해결해 주는 갱의 중요한 기능을 강조하고 있고, 클로워드와 올린 역시 갱이 성공목표 실패의 문제를 나름대로 극복하게 해 주는 기능을 한다고 보았다.

아노미이론과의 연관성은 없지만 하위문화에 대한 주요한 이론적 관점을 제시한 밀러(Miller, 1958)는 아버지의 물리적 · 심리적 부재로 특징지어지는 하층 청소년들의 가족구조에 주목한다. 밀러는 하층계급의 문화가 갖는 주요 관심(focal concern)을 말썽(trouble), 강인함(toughness), 약삭빠름(smartness), 흥분(excitement), 운명주의(fate), 자율(autonomy) 등이라고 파악한다. 하층 청소년들에게는 이러한 중심 관심에 순응하여 또래집단에 안정적으로 소속되고 지위를 확보하는 것이 매우 중요한 문제가 된다. 가족이 제대로 수행하지 못하는 필수적 기능들을 동년배들의 모임인 비행집단이 대신해 주기 때문이다. 이는 하위문화이론과 대립되는 이론적 틀에 근거하고 있는 사회통제이론적 접근을 통해 좀 더 명확하게 설명될 수 있다.

밀러를 포함해서, 비행 하위문화의 형성 과정을 논의한 일련의 학자들에게서 공통적으로 발견되는 점은 불평등구조라는 구조적 요인을 비행 하위문화 형성의 원인으로 지목하고 있다는 점이다. 코헨은 불평등구조상에서 가족의 위치, 클로워드와 올린은 불평등구조상 하층에 위치한 청소년들과 그들이 모여 있는 슬럼의 구조적 여건, 밀러 역시 하층에 속하는 가족들이 겪는 가족해체의 문제에서 하위문화 형성의 뿌리를 찾고 있기 때문이다. 그래서 클로워드와 올린의 경우 비행 문제는 '사회체계의 속성'을 가지고 있기 때문에 '비행을 낳는 사회적 환경'에 주목하여 예방 정책이 강구된다고 주장하며, '슬럼공동체의 재조직화'를 해결책으로 제시한 것이다(Cloward and Ohlin, 1960: 211).

5. 아노미이론에 대한 경험적 연구와 평가

이처럼 머튼의 아노미이론은 하위문화의 형성에 대한 이론적 자원으로 활용되는 등 학계의 큰 관심을 받으며 적지 않은 영향력을 행사했다. 그런데 머튼의 이론은 현대 자본주의 사회의 맥락에서 문화 · 사회구조적 특성과 일탈 사이의 관계를 아노미 개념을 통해 밝힌 거시적 이론임에도 불구하고, 많은 학자들이 머튼이 제시한 개인의 적응양식에 대한 미시적 설명 부분에만 주목하는 경향을 보였다. 이들은 머튼의 이론을 '긴장이론(strain theory)' 이라고 칭하면서 미시적 인과관계에 대한 가설을 경험적으로 검증하려고 하였다. 대표적으로 허쉬(Hirshci, 1969)는 머튼의 이론을 미시적으로 해석한 '긴장이론' 의 경험적 타당성을 사회통제이론의 입장에서 검증하였다.

허쉬는 긴장이론이 목표에 대한 '열망(aspiration)' 이 높을수록, 특히 목표 달성의 '기대(expectation)' 와 열망 사이의 격차가 클수록 청소년비행의 가능성이 높을 것으로 예측한다고 보았다. 그런데 분석 결과는 긴장이론으로부터 도출한 가설을 지지하지 않으며, 오히려 유대의 요소 중 하나인 관여(committment)이 매락에서 사회통제이론으로 설명이 되는 것으로 나타났다(Hirschi, 1969: 170-184).[4] 우선 교육적 열망(최종 목표 교육수준)이 높을수록 오히려 비행을 덜 저지르는 것으로 나타났다. 다음으로 교육적 열망과 교육적 기대의 결합 효과를 살펴보았을 때에도, 열망과 기대 사이의 격차가 비행의 중요한 요인이 아닌 것으로 나타났다. 우선 열망 수준이 기대 수준보다 크게 높은 청소년이 거의 없었으며, 열망 수준이 기대 수준보다 높은 청소년이 열망 수준과 기대 수준이 같은 청소년에 비해 비행의 가능성이 더 높지 않았다. 교육적 열망과 기대 대신 직업적 열망과 기대로 변수

4) 허쉬의 이론과 관련하여 유대의 개념을 이해하려면 이 책의 5장을 볼 것.

를 조작화하여 분석했을 때에도 같은 결과가 보고되었다.

콘하우저는 허쉬의 연구를 포함한 기존 경험연구들을 신중하게 리뷰하면서, 기대와 열망 간의 격차는 긴장이론의 예측과 달리 비행의 가능성을 높이지 않는다고 결론지었다(Kornhauser, 1978: 174-180). 오히려 경험연구들은 "열망과 기대가 모두 높은 청소년이 거의 언제나 가장 낮은 비행률을, 열망과 기대가 모두 낮은 청소년이 대개 가장 높은 비행률을 보였기 때문에" 긴장이론보다는 통제이론의 예측에 부합하는 결과를 일관되게 보고한다는 점을 강조했다(Kornhauser, 1978: 180).

판워스와 라이버(Farnworth and Leiber, 1989)는 긴장을 교육이나 직업적 열망 및 기대로 조작화하는 방식이 적절하지 못하다고 비판하며, 머튼의 논리를 제대로 반영하기 위해서는 경제적 목표에 대한 열망으로 조작화해야 한다고 주장하였다. 분석을 통해서 그들은 경제적 목표에 대한 열망과 교육적 기대 사이의 격차가 교육적 열망과 기대 사이의 격차보다 비행을 더 잘 설명해 주고 있음을 발견하였다. 또한 경제적 목표에 대한 열망 자체는 비행 정도를 예측하지 못함을 발견하였다. 반면 기존의 연구와 마찬가지로 교육적 열망이 높을수록 비행의 정도는 낮은 것으로 나타났다. 경제적 열망의 경우 그 자체로는 비행과 관련성이 없다고 보고되었다.

이처럼 머튼의 아노미이론은 미시적 인과관계에 대한 '긴장이론'으로 주로 다루어졌고, 이렇게 미시적 차원에서 도출된 가설에 대한 검증은 그리 성공적이지 못했다. 그런데 머튼의 이론에 대한 미시적 해석은 머튼의 애초의 의도와 이론적 내용에 대한 오해라고 할 수 있다(신동준, 2004; 이철, 2008). 머튼의 이론을 미시적인 긴장이론으로 해석하는 학자들은 개인의 적응양식 중 '혁신'에 대한 머튼의 설명에 주로 주목한다. 하지만 이 다섯 가지 개인의 적응양식을 설명하면서 머튼은 이러한 논리적으로 가능한 대안적 반응 중 하나를 선택하도록 '개인에게 압력을 가하는 요인'을 찾으려고 한다고 밝힌다(Merton, 1938: 677). 앞서 언급했듯이 어떤 사회구조가 사람들이 비순응적 행동을 하도록 압력을 가하는지를 찾아내는 것이 머튼의 목적이었기 때문에, 이 요인은 사회구조적 요인을 칭함을 쉽게 알 수 있다. 또한 머튼은 자신의 사회학적 시각이 집단의 일탈행동 '율'에서 나타나는 변이를 살펴본다는 점을 강조한다(Merton, 1957: 132). 즉 그의 이론은 개인의 일탈행동 여부에 대한 설명이 아니라 집단의 상대적인 일탈행동 정도의 차이를 설명하는 것이라는 주장이다.

이처럼 머튼은 그의 이론이 거시적 맥락에 위치해 있음을 명확하게 밝히고 있다. 머튼이 제시한 다섯 가지의 적응양식은 주어진 문화적 · 사회구조적 조건하에서 개인이 선택할 수 있는 행동유형들로 봐야 한다. 그리고 이러한 적응양식에 대한 개인의 선택은 그 사회의 문화와 사회구조의 특성, 그리고 사회구조상 그 개인의 위치에 따라 크게 영향을 받는다는 것이다. 혁신 등 다섯 가지 적응양식에 대한 머튼의 도식은 그 자체가 이론으로 구성된 것이 아니라 사회구조적 조건에서 가능한 행위유형의 묘사로 보는 것이 타당하다.

따라서 머튼의 이론에서 핵심은 개인의 적응양식 선택 기제가 아니라 사회구성원으로서 개인이 처해 있는 문화적 · 사회구조적 특성에 있는 것으로 봐야 한다. 그럼에도 불구하고 많은 학자들은 머튼의 이론을 개인의 사회심리학적 기제를 설명하는 긴장이론으로 받아들이고, 그에 따라 경험적 연구를 시행했으며, 이론적 예측에 어긋나는 결과가 나오자 머튼의 이론이 타당하지 않다는 비판을 하였다. 이론과 다른 분석 수준에서 시행된 경험적 연구의 결과를 근거로 이론을 비판하는 것은 온당치 않아 보인다.

머튼의 이론을 거시적 맥락에서 검증한 연구는 찾아보기 힘들다. 불평등이 살인율에 미치는 효과에 대한 국제 비교 경험연구들은 많이 존재하며(예를 들어, Braithwaite and Braithwaite, 1980; Messner, 1980, 1982, 1986, 1989; Kick and LaFree, 1985; Gartner, 1990; Pampel and Williamson, 2001), 대부분의 연구자들이 이러한 영향을 아노미이론이나 상대적 박탈감이론으로 설명할 수 있다고 보는 경향이 있다(Krohn, 1976; Messner, 1980; Stack, 1984; Krahn *et al*., 1986). 하지만 몇몇 연구자들이 지적하듯이, 불평등의 효과가 아노미나 상대적 박탈감의 효과를 의미한다고 확신하기는 힘들다. '경제적 성공에 대한 문화적 강조'의 적절한 지표를 분석모형에 포함시켜 분석하지 않는 한 머튼의 이론에 대한 적절한 검증은 어려울 것이다.

아노미이론의 경험적 타당성에 대한 많은 비판과 함께, 이 이론이 갖는 일반성에 대한 비판도 만만치 않다. 이론의 논리에 따르면 재산범죄 등 경제적 성취와 관련된 비행이나 범죄에 대한 설명만이 가능하다는 것이다. 이와 같이 아노미이론이 '비실리적' 특성의 일탈행동에 대해서는 설명하지 못한다는 비판에 대해 머튼은 그의 이론이 '합리적 계산에 의한 실리주의적' 일탈행동을 상정하는 것은 아니라고 반박한다(Merton, 1957: 178). 그의 이론은 "문화적으로 유발된 목표와 사회적으로 구조화된 목표 사이의 불일치로 생기는 *극심한*(원문의 강조) 압력"에 초점이 있으며, 이러한 압력에 처한 개인은 상당한 좌절을 겪고 합리적, 혹은 비합리적 행동을 하게 된다는 점을 강조하였다. 그리고 심리학적으로 지속적인 좌절에 대한 한 가지 반응 양태가 '파괴성' 임을 지적하였다.

따라서 머튼의 이론은 경제적 성공을 달성하기 위한 실리주의적 동기로 범하게 되는 재산 관련 범죄뿐만 아니라, 좌절로 인한 공격성의 발현으로 나타나는 폭력 관련 범죄도 설명이 가능한 이론으로 봐야 할 것이다. 판워스와 라이버의 연구에서도 경제적 목표에 대한 열망과 교육적 기대 사이의 격차가 비실리적(물질적 소득이 없는) 비행에 대해서도 잘 설명하고 있음을 보고하였다(Farnworth and Leiber, 1989).

6. 일반긴장이론

일반긴장이론(general strain theory)은 머튼의 이론을 미시적으로 계승하려는 목적으로 구성된 이론이라고 할 수 있다. 애그뉴(Agnew, 1985)는 머튼의 이론에 대한 미시적 검증이 성공적이지 못했던 것은 기본적으로 '긴장이론'의 설명력에 문제가 있기 때문이라고 보고, 이에 대한 수정을 시도하였다. 따라서 일반긴장이론의 출발은 '수정된 긴장이론'이었다고 할 수 있다.

앞서 살펴보았듯이 머튼의 이론을 검증하려고 한 일련의 연구들은 청소년을 대상으로 하였다. 그런데 청소년들은 경제적 성공과 같은 장기적 목표보다 당장의 목표 달성에 관심이 있으며, 그러한 목표들은 매우 다양하다는 점에 애그뉴는 주목했다. 뿐만 아니라 애그뉴는 사람들이 특정 목표를 추구할 뿐만 아니라 고통스럽거나 불쾌한 상황을 피하려고도 한다는 점을 강조하였다. 따라서 목표 달성에 대한 장애뿐만 아니라, 고통스러운 상황을 회피하려는 시도에 대한 장애 역시 긴장의 주요한 원인이 된다는 점을 강조한다.

애그뉴가 수정한 긴장이론의 중요한 특징은 긴장의 원인으로서 '당장의 다양한 목표 추구에 대한 장애'와 '고통스러운 상황을 회피하려는 시도에 대한 장애'를 추가적으로 고려하였다는 점이다. 애그뉴는 특히 후자를 중요한 기여로 보았다. 고통스럽거나 불쾌한 자극은 부모의 불화, 학대, 체벌, 친구와의 갈등 등 청소년을 둘러싼 직접적 환경인 가정, 학교, 지역사회로부터 나온다. 그런데 청소년은 성인에 비해서 이러한 자극을 회피할 수 있는 능력이 제한적이기 때문에 긴장에 훨씬 더 취약하다고 애그뉴는 보았다.

또 하나의 기여는 긴장이론의 사회심리학적 기제를 보완하였다는 점이다. 애그뉴는 불쾌한 자극이 공격성을 낳는 심리학적 인과고리를 구체화하였다. 불쾌한 자극이 좌절과 공격성을 낳는다는 점을 언급하면서, 긴장과 비행 사이에 분노와 같은 부정적 감정이 매개하고 있음을 이론적으로 도식화하였다.

1) 긴장의 출처와 결과

이와 같이 '수정된 긴장이론'을 제안한 이후 애그뉴는 이를 좀 더 정교화하고 발전시켜 '일반긴장이론(general strain theory)'을 제시하게 된다(Agnew, 1992). 여기서 애그뉴는 사회심리학적 분석 수준에서 주로 청소비행에 대한 설명 도식을 염두에 두고(Agnew, 1992: 48), 긴장의 출처를 머튼의 이론에 비해서 훨씬 일반화하였다. 애그뉴는 그의 긴장이론이 '타인과의 부정적 관계'를 명시적으로 주목한다는 점, 그리고 분노의 감정 등과 같은 부정적인 정서적 상태가 비행으로의 압력으로 작용한다고 보는 점에서 사회통제이론이나 사회학습이론과 같은 기존 범죄학이론과는 차별되는 기여를 한다고 주장한다(Agnew, 1992: 48-49).

애그뉴는 바로 이 부정적인 사회관계에 주목하면서 긴장의 출처를 세 가지로 파악한다(Agnew, 1992: 51-59). 우선 첫째로는 '긍정적 가치를 갖는 목표 달성의 실패'이다. 이는 기존의 긴장이론에 대한 해석에서 지목하는 긴장의 차원이라고 할 수 있다. 그런데 애그뉴는 이를 다시 '열망과 기대/실제 성취 간의 격차', '기대와 실제 성취 간의 격차', '공정한 결과와 실제 결과 간의 격차', 이렇게 세 가지의 하부 차원으로 세분화하였다. '기대와 실제 성취 간의 격차'와 '공정한 결과와 실제 결과 간의 격차'라는 긴장의 출처는 정의 및 공정성과 관련된 연구들에 근거하여 제시되었다.

우선 '긍정적 가치를 갖는 목표 달성의 실패'라는 출처의 세 가지 세부 차원에 대해서 소개하겠다. 여기서는 경제적 성공과 관련된 목표뿐만 아니라 당장의 삶에 중요한 다양한 목표들을 고려하고 있다는 점이 기존의 긴장 개념과의 중요한 차이이다. '열망과 기대/실제 성취 간의 격차'는 기존의 '열망과 기대 간의 격차' 개념에 '실제 성취' 정도를 고려한 개념으로 볼 수 있다. 애그뉴는 기존의 경험연구에 따르면 이러한 긴장의 출처가 범죄와 비행에 갖는 효과는 약할 것이라고 보았다(Agnew, 1992: 51-52).

'기대와 실제 성취 간의 격차'는 애그뉴가 새롭게 제시한 개념으로, 기대와 실제 성취 사이의 격차가 열망과 기대 사이의 격차보다 감정적으로 더욱 괴로울 것이라고 주장한다(Agnew, 1992: 52). 열망은 '이상적' 목표이기 때문에 열망 달성의 실패를 그리 심각하게 받아들이지 않지만, 기대된 목표는 현실에 근거한 목표이기 때문에 이것이 좌절되었을 때에는 감정적으로 훨씬 더 부정적인 결과를 낳는다는 것이다. 또한 애그뉴는 이 개념이 실제 성취와 관련되기 때문에 사회적 비교 과정의 역할을 이론적으로 고려한다는 점에서 중요한 기여를 한다고 보았다.

'공정한 결과와 실제 결과 간의 격차' 역시 사회적 비교 과정이 고려되는 개념이다. 사람들은 분배적 정의에 대한 규칙을 상정하고 그에 따라 자원 분배가 되는지를 판단하여 공정성을 인지한다. 그런데 자신이 투자한 것에 비해 결과가 남들에 비해 못할 때 사람들은 불공정하다고 생각하고 분노나 좌절과 같은 부정적 감정을 느낀다는 것이다.

이상은 목표 달성의 실패라는 고전적 긴장요인에 대한 설명이었다. 두 번째 긴장의 요인은 '긍정적 가치를 갖는 자극의 제거'이다. 애그뉴는 스트레스에 대한 심리학 연구들을 폭넓게 참고하면서, 스트레스를 주는 사건을 '긍정적 가치를 갖는 자극의 상실과 관련된 사건'과 '유해하거나 부정적인 자극을 제공하는 사건'으로 구분한다(Agnew, 1992: 57). 긍정적 가치를 갖는 자극의 제거라는 긴장의 요인은 전자와 관련된다. 애그뉴는 긍정적인 가치를 갖는 자극을 실제로 제거하거나 상실하였을 때, 혹은 그러한 가능성이 예상될 때, 개인이 긴장을 겪게 된다고 주장한다.

마지막으로 세 번째 긴장요인은 '부정적이거나 유해한 자극의 존재' 이다. 애그뉴는 부정적이거나 유해한 자극이 실제로 주어지거나, 주어질 것으로 예상될 때 긴장을 느끼게 된다고 주장한다. 또한 청소년이 이러한 부정적인 자극을 피하기 위해서, 부정적 자극을 없애거나 완화시키기 위해, 그리고 부정적 자극과 관련된 출처에 대한 보복의 목적으로 비행을 저지르게 될 수 있다고 본다.

애그뉴는 이러한 긴장이 근본적으로 타인과의 부정적 관계에서 비롯된다고 주장한다. 하지만 실제로 긴장을 측정하기 위해서는 스트레스를 주는 삶의 다양한 사건들의 목록을 고려해야 한다고 했다(Agnew, 1992: 61-64). 그리고 그러한 사건들은 개인에게 축적적인 영향을 준다고 보았다. 따라서 기존 연구들에서 스트레스를 측정할 때 복합척도(composite scale)를 사용한다는 점을 참고해야 한다고 제안했다. 그리고 스트레스 인자들이 서로 상호작용하면서 상승작용을 일으킬 수 있다는 점을 염두에 둘 것을 제안했다.

애그뉴의 일반긴장이론의 중요한 특징 중의 하나는 긴장과 비행/범죄 사이를 매개하는 '부정적 감정' 을 중요하게 다루고 있다는 점이다(Agnew, 1992: 59-61). 이상 세 가지 유형의 긴장은 실망, 우울, 공포, 분노와 같은 부정적 감정을 느낄 가능성을 높인다고 주장한다. 그중에서 '분노' 는 비행과 범죄의 이론적 설명에서 특히 중요한 감정적 반응으로 간주된다. 왜냐하면 분노는 어떠한 문제를 남의 탓으로 돌릴 때 발생하고, 자신이 겪은 상처의 정도를 증폭시키며, 그에 대한 보복을 생각하며 행동을 취하게 하고, 그러한 행동에 대한 내적 금지를 약화시키기 때문이다(Agnew, 1992: 60). 또한 애그뉴는 비행행위 자체가 긴장 해소를 위한 방법이 될 수 있음을 지적했다.

일반긴장이론의 기본 설명 도식을 정리해 보면, 목표 달성의 실패, 긍정적 자극의 제거, 부정적 자극의 발생 등과 관련하여 스트레스를 주는 삶의 다양한 사건들이 긴장을 유발하고, 이러한 긴장이 축적되면서 분노와 같은 부정적 감정이 쌓이게 되고, 결과적으로 범죄나 비행을 저지를 가능성이 높아진다는 것이다. 하지만 긴장을 겪는 모든 이들이 범죄나 비행을 저지르는 것은 아니기 때문에, 일반긴장이론에서는 이러한 차이에 대한 설명이 요구되었다. 그래서 애그뉴는 긴장에 적응하거나 대처하는 다양한 전략을 같이 제시했다. 즉 긴장과 범죄/비행 사이의 인과관계에서 작용할 수 있는 다양한 조건변인을 고려한 것이다.

2) 긴장과 비행 사이의 조건변인

긴장에 적응하는 대응전략은 인지적 · 행동적 · 감정적 차원으로 구분되어 제시된다(Agnew, 1992: 66-70). 우선 인지적 대응전략은 개인이 경험하는 긴장에 대한 주관적 해석의 차이에 대한 부분이다. 예를 들어 자신의 고난이나 불행의 중요성을 무시하거나 축소하기, 긍정적 결과를 확대하고 부정적 결과를 축소하기, 고난이나 불행의 책임을 스스로 받아들이기 등의 전략이 있다. 행동적 대응전략으로는 실질적으로 긍정적 결과를 확대하거나 부정적 결과를 축소하기 위한 행동을 취하는 전략과 보복적 행동을 하는 전략을 들고 있다. 애그뉴는 이러한 전략에서 비행이 행해질 가능성이 높을 수 있다고 본다. 감정적 대응전략은 부정적 감정을 완화시키기 위한 대안적 행위를 하는 것으로, 청소년의 경우 술 · 담배 등 약물을 통해 긴장에 대처하려는 경향을 예로 들고 있다. 따라서 감정적 대응전략 역시 비행과 밀접한 연관이 있다고 하겠다.

이처럼 다양한 대응전략의 유형을 고려해 볼 때, 긴장의 결과로 특정 개인은 비행적 적응전략을 택할 수도 있고 아닐 수도 있음을 알 수 있다. 따라서 애그뉴는 긴장이론이 실질적인 가치를 갖기 위해서는 긴장을 겪는 개인이 비행적이지 않은 적응이 아닌 비행을 택하게 되는 과정을 설명할 수 있어야 한다고 보았다(Agnew, 1992: 70). 즉 규범적인 대응전략이 아닌 비행을 선택하는 과정에 영향을 미치는 요인들을 이론 도식 안에서 특정화해야 한다는 것이다. 애그뉴는 그러한 조건변인들로 자기존중감, 자기효능감 등의 심리적 요인과, 사회적 지지, 사회통제, 비제도적 수단의 소유 등의 미시 사회적 요인, 그리고 문화와 사회구조 등의 거시 사회적 요인, 기존의 사회학습 과정, 비행친구와의 교제 등을 제시하고 있다(Agnew, 1992: 70-74). 따라서 애그뉴가 제시한 조건변인들을 살펴보면 개인적 특성과 관련하여 기존의 범죄학이론들이 제시한 요인들이 사실상 총망라되어 있음을 알 수 있다.

3) 일반긴장이론에 대한 비판과 수정

일반긴장이론은 기존의 긴장이론에서 제기된 긴장의 원인에 더해서 부정적 사회관계와 관련된 긴장의 원천을 고려함으로써 긴장의 유형을 크게 일반화하였다. 그 과정에서 애그뉴는 스트레스와 관련된 심리학연구들을 상당히 많이 참고하며 그 내용에 상당히 의존하고 있다(Agnew, 1992). 애그뉴의 이론은 '긴장이론'이라기보다는 '스트레스이론'으로 불리는 것이 오히려 더 적절해 보일 정도이다. 또한 결과적으로 사람들에게 스트레스와 부정적 감정을 유발할 수 있는 주위의 모든 것들이 사실상 긴장의 원인으로 포함된다. 이론의 일반성에 치중하다보니 또 다른 미덕인 이론의 간결성(parsimony)을 크게 훼손하게 되었다고 할 수 있다.

애그뉴는 이러한 문제를 인정하고, 긴장을 겪는 개인이 비행을 저지르지 않을 가능성에 대한 이론적 설명이 보완될 필요성을 계속 고민한 것으로 보인다. 긴장이 비행으로 나아가는 과정에서 조건적 효과를 미칠 수 있는 요인들을 이론 도식에 포함시키려 한 것이 그 예이다(Agnew, 1992). 여기서 한 걸음 더 나아가서 애그뉴는 다양한 긴장요인들 중 특히 비행에 큰 영향을 미치는 긴장의 유형을 특정하려고 했다(Agnew, 2001).

애그뉴는 긴장의 유형을 크게 확대했다는 이론의 장점이 또한 가장 큰 약점이 되었다고 인정하면서, 일반긴장이론의 포괄성으로 인해 이론의 경험적 반박가능성이 희박해지는 문제가 있다는 점을 스스로 지적하였다(Agnew, 2001: 320). 애그뉴는 이에 대한 해결 방안이 범죄나 비행으로 나아갈 가능성을 높이는 유형의 긴장을 명확하게 특정화하는 것이라고 보았다. 방법론적으로도 이러한 접근이 요구되었다. 기존의 경험적 연구들이 긴장의 축적적 특성을 고려하여 복합척도로 긴장을 측정한 결과, 비행에 대한 영향력에서 다양한 차이를 보이는 긴장요인들을 한꺼번에 뭉뚱그려 그 효과를 검토하였고, 그래서 긴장의 효과가 그다지 강하게 드러나지 않았다고 애그뉴는 진단했다.

애그뉴는 특히 범죄에 큰 영향을 미치는 유형의 긴장을 4가지로 제시했다(Agnew, 2001: 326-338). 첫째는 '부당한 것으로 인지되는 긴장'이다. 부당함은 분노처럼 범죄친화적인 감정을 불러일으킬 가능성이 높기 때문이다. 둘째는 '긴장의 크기'로 정도가 심한 긴장, 오래 지속되거나 자주 발생하는 긴장, 최근에 발생한 긴장, 개인에게 중요한 목표나 요구, 가치 등 중심적 요소를 위협하는 긴장이 범죄행동을 유발할 가능성이 높다고 보았다. 셋째는 '낮은 사회통제와 관련된 긴장'으로 변덕스러운 훈육, 부모의 거부, 이차 노동시장, 노숙 등이 이에 해당한다고 제시했다. 이는 사회통제이론의 애착과 관여 등의 개념을 활용한 것으로 볼 수 있다.[5] 마지막으로 '범죄적 대처를 조장하는 긴장'으로, 범죄나 비행에 대한 모방, 강화, 긍정적 정의 등의 출처가 되는 사람에 노출됨으로써 겪는 긴장을 의미한다. 이는 사회학습이론의 논리와 개념을 활용한 부분으로 볼 수 있다.[6]

---

5) 사회통제이론과 애착 및 관여 개념에 대해서는 이 책의 5장을 볼 것.

6) 사회학습이론에 대해서는 이 책의 4장을 볼 것.

일반긴장이론에 대한 경험적 연구와 평가

애그뉴와 화이트(Agnew and White, 1992)는 37개의 설문지 항목을 사용하여 여덟 개의 긴장변인을 조작화하고 그 효과를 검증하였다. '부정적인 생활사건' 변인은 폭행과 절도 피해, 친한 친구의 사망, 심각한 질병이나 부상, 부모의 이혼이나 실직 등을 포함한 15개 항목으로 구성되었다. '생활의 골칫거리' 변인은 시간적 여유가 없음, 남들이 자신의 의견을 존중하지 않음, 반 친구가 자신을 좋아하지 않음, 가족과 잘 지내지 못함, 체구가 작음 등 9개 항목을 사용하였다. 이상의 두 가지 변인은 스트레스 관련 연구로부터 도출했다. 나머지 변인은 '어른과의 부정적 관계', '부모의 싸움', '동네의 안전 문제', '이성에게 인기 없음', '직업 긴장(자신이 원하는 직업을 갖지 못할 가능성)', '옷 긴장(원하는 옷을 부모가 사주지 않음)' 이다. 종속변인은 비행과 약물사용이었고, 사회유대 정도를 측정한 일곱 개의 사회통제 변인과 비행친구 변인을 모형에 포함하였다.

분석 결과 대체로 긴장요인의 효과가 발견되었다. 부정적인 생활사건, 생활의 골칫거리, 부모의 싸움 변인은 비행과 약물사용 모두에 통계적으로 유의미한 영향을 미쳤다. 어른과의 부정적 관계 변인은 비행에, 동네의 안전 문제는 약물사용에 통계적으로 유의미한 효과가 있음을 발견했다. 나머지 세 개의 긴장변인은 비행과 약물사용 모두에 통계적으로 유의미한 영향이 없었다. 긴장과 비행 사이의 관계에 조건적 영향을 미치는 요인들의 효과는 일반긴장이론의 중요한 가설 중 하나이다. 이 가설을 검증하기 위해 종합 긴장변인을 조작화했는데, 앞서 분석에서 통계적으로 유의미하게 나온 긴장변인을 해당 회귀계수를 가중치로 하여 합하는 방식을 취했다. 상호작용효과에 대한 분석 결과, 비행과 약물사용 모두에서 비행친구가 긴장의 영향을 증가시키는 조건적 효과를 보임을 발견했다.

이외에도 많은 경험연구들이 있으며, 이 연구들에서 일반긴장이론의 경험적 타당성은 대체로 긍정적으로 보고된다고 할 수 있다. 하지만 앞서 언급했듯이 '긴장' 개념이 지나치게 포괄적이어서 당연히 경험적으로 지지될 수밖에 없다는 문제점이 지적된다(Bernard *et al*., 2012: 245-246). 청소년비행의 경우 긴장요인에 부모 및 친구와의 관계와 학교에서의 문제가 중요한 부분을 차지하기 때문에, 결국 사회통제이론과 경험적으로 크게 구분되지 않는다는 비판도 있다(이성식, 1999: 192).

7. 제도적 아노미이론[7)]

머튼의 아노미이론은 미시적 수준에서 긴장이론으로 불리며 일련의 경험적 연구의 대상이 되었으며, 그 과정에서의 많은 비판과 수정을 거치면서 일반긴장이론으로 계승되었다고 할 수 있다. 그런데 그 과정에서 머튼이 애초에 강조했던 거시적 차원은 부당하게 무시되어 버렸다(Menard, 1995: 139; Cohen, 1997: 60; 신동준, 2004: 35). 메스너와 로젠펠드(Messner and Rosenfeld, 1994)의 제도적 아노미이론은 머튼의 이론이 갖고 있던 본래의 거시적 관심을 부활시켰다는 점에서 그 의의가 크다.[8)]

머튼은 미국사회에서 경제적 성공을 지나치게 강조하는 문화와 사회의 불평등구조가 낳는 문제를 지적했다. 메스너와 로젠펠드 역시 '사회학적 지식과 원칙의 체계적 적용'을 통해 '범죄의 국가 간 변이'에 대한 설명을 해야 한다는 입장에서(Messner and Rosenfeld, 2007: ix), 문화와 사회구조에 주목하여 미국의 비정상적으로 심각한 범죄 문제의 거시적 원인을 규

7) 이 부분은 신동준(2006)의 논문을 토대로 그 내용을 일부 수정 및 보완을 하였다. 제도적 아노미이론에 대한 심층적 논의로는 신동준(2011)을 참조할 수 있다.

8) 메스너와 로젠펠드가 그들의 이론을 제시한 *Crime and The American Dream*은 1994년에 1판이 출간되었다. 그 이후 계속해서 개정판이 나오고 있는데, 여기에서는 2007년에 출간된 4판을 인용한다.

명하려고 했다. 문화의 측면은 상당 부분 머튼의 생각과 유사하다. 반면 사회구조의 측면에서는 머튼의 이론과 많은 차이를 보인다. 문화의 측면과 사회구조의 측면을 나누어서 제도적 아노미이론의 내용을 살펴보겠다.

1) 문화 : 아메리칸 드림

메스너와 로젠펠드도 경제적 성공을 모든 사회구성원들에게 유일한 목표로서 지나치게 강조하는 문화가 낳는 아노미적 경향에 대해 전적으로 동의하는 것으로 보인다. 그러나 그들은 한 걸음 더 나아가서 이러한 문화의 기원을 파헤쳐 보고, 그 문화의 핵심 차원을 찾고 그 구체적인 요소들을 분석하였다. 메스너와 로젠펠드는 미국문화의 핵심이 '아메리칸 드림(American Dream)'에 있다고 보았고, 이것을 예외적으로 심각한 미국의 범죄 문제의 뿌리로 지목한다.

아메리칸 드림은 "개인들의 열린 경쟁이라는 조건하에서 사회의 모든 이들이 추구해야 할 물질적 성공이라는 목표에 대한 헌신을 낳는 문화 사조"로 정의된다(Messner and Rosenfeld, 2007: 6). 이 문화적 사조의 저변에는 구체적으로 네 가지의 가치들이 서로 얽혀 있다(Messner and Rosenfeld, 2007: 68-71). 메스너와 로젠펠드는 이러한 가치 지향들이 문화적 목표만을 지나치게 강조하고 상대적으로 합법적 수단에 대해서는 경시하는 아메리칸 드림의 아노미적 성격을 낳는다고 주장한다.

첫 번째 가치는 강력한 '성취 지향'으로 성공 여부가 사람의 가치에 대한 궁극적인 척도가 되는 경향을 지칭하고 있다. 사회적으로 성공하지 못한 사람은 사회에 기여 못하는 실패자로 쉽게 간주된다는 것이다.

두 번째는 '개인주의'로 개인의 권리와 자율성에 대해 지나치게 집착하는 가치 지향을 의미한다. 개인주의는 앞서 제시된 성공지향주의와 결합됨으로써 개인의 성공만을 추구하고 동료 사회구성원들을 모두 경쟁자로 보는 경향을 낳는다. 이처럼 성공을 향한 치열한 개별적 경쟁은 행동에 대한 규범적 제약을 무시하라는 압력을 사회구성원들에게 가하게 된다.

세 번째는 '보편주의'이다. 이는 기회의 평등이라는 개념과 연결되는 민주주의의 중요한 가치이다. 그러나 보편주의는 머튼이 적절히 지적했듯이 성공목표에 대한 문화적 의무로부터 사회구성원들 중 그 누구도 자유롭지 못하게 만든다. 성공으로의 길을 가로막고 있는 공고한 사회경제적 불평등의 장벽 앞에서 많은 사회구성원들이 겪는 딜레마가 바로 보편주의라는 가치에 기인한다는 점을 메스너와 로젠펠드는 환기시키고 있다.

마지막으로 '물신주의'라는 가치는 문화적으로 강조되는 성공이란 결국 물질적 성공을 의미하는 경향과 관련이 있다. 제도적 아노미이론의 관점에서 볼 때 물신주의는 아메리칸 드림의 가장 핵심적인 요소이기도 하다. 돈이 성공의 척도가 됨으로써 성공이 수량적으로 측정이 되고, 일찍이 뒤르켐이 지적했듯이 결국 이는 목표의 달성에 끝이 없음을 의미한다. 사람들은 잡히지 않는 끝없는 목표를 갈망함과 동시에 그러한 목표를 성취할 것을 계속적으로 강요받는 상황에 처하는 것이다.

이상과 같이 네 가지의 주요 가치 지향으로 특징지어지는 아메리칸 드림은 미국사회의 구성원들로 하여금 수단과 방법을 가리지 않고 물질적 성공을 추구하라는 강력한 문화적 압력을 가한다. 그리고 이 아메리칸 드림이 바로 머튼이 이야기한 경제적 성공을 지나치게 강조하는 문화의 핵심이라고 메스너와 로젠펠드는 보고 있다. 그런데 이들은 이러한 문화 사조와 범죄율과의 관계를 적절히 파악하기 위해서는 다른 사회제도들과의 총체적인 관련성을 상정해야 된다고 보았다. 특정한 문화적 사조는 사회구조 전반에 영향을 미치게 되고, 이는 구체적으로 사회의 제도적 짜임새(institutional arrangement)와 불가분의 관계에 있다고 메스너와 로젠펠드는 주장한다.

2) 사회구조 : 제도적 힘의 균형

제도적 아노미이론에서 핵심적인 개념은 '제도적 힘의 불균형' 이다. 앞서 살펴보았듯이 문화의 측면에서는 머튼의 이론을 상당 부분 그대로 받아들였다고 할 수 있다. 그러나 사회구조에 대해서는 독창적으로 개념화하고 있다. 메스너와 로젠펠드는 사회구조가 '사람 사이와 집단 사이의 유형화된 관계로 구성' 되며 이러한 관계는 '사회제도를 통해 정의되고 조직' 된다고 본다(Messner and Rosenfeld, 2007: 49). 머튼이 불평등구조에 주목한 데 비해, 이들은 제도적 구조, 혹은 제도들의 짜임새로서 사회구조를 개념화하고 있는 것이다(Messner and Rosenfeld, 2007: 71-74).

대표적인 사회제도들로 경제, 정치, 가족, 교육을 들 수 있는데, 각각의 사회제도들은 주요 기능에서 구별이 되지만 동시에 그 기능들은 서로 상호 의존적일 뿐만 아니라 중첩적이다. 사회가 제대로 작동하기 위해서는 이 제도들 간의 조화와 협조가 필수적이라고 할 수 있다. 그런데 자본주의의 논리에 충실한 아메리칸 드림은 경제가 정치, 가족, 교육과 같은 다른 사회제도들을 지배하는 제도적 불균형 상태를 낳았다는 것이 메스너와 로젠펠드의 주장이다. 그들에 따르면 다른 사회제도들에 대한 경제제도의 지배는 평가절하(devaluation), 적응(accommodation), 침투(penetration)라는 세 가지 상호연관된 방식을 통해서 나타난다(Messner and Rosenfeld, 2007: 76-84).

'평가절하' 란 비경제적인 목표나 활동들의 가치가 인정받지 못하게 되는 상황을 의미한다. 다시 말해서 지식의 추구(교육)나 자녀 양육(가족), 그리고 정치적 참여와 정책(정치) 등이 경제적 잣대에 의해 그 가치가 결정되고, 경제적 가치가 없는 목표나 활동은 상대적으로 무시되면서, 결과적으로 여타 사회제도들의 주요 기능들에 대해 경시하게 되는 사회적 분위기가 만연하게 된다는 것이다. 지식의 추구 자체는 더 이상 목적이 되지 않는다. 경제적 이득을 가져오지 못하는 학문은 가치를 인정받지 못하고, 교육은 단지 경제적 보상을 주는 직업 확보를 위한 수단 정도로 취급된다. 자녀 양육에 대한 가장 기본적이고 중요한 결정들도 경제적 잣대에 의해 내려지고, 경제적인 보상 차원에서 더 나은 다른 대안들에 비해 뒷전으로 밀려나게 된다. 뿐만 아니라 투표와 같은 정치적 참여는 경제적 활동에 비해 그 가치를 인정받지 못하며, 국민의 경제적 필요를 충족시켜 주지 못하는 정치나 정부는 결코 좋은 정치나 정부로 평가받지 못하는 상황을 예로 들 수 있다.

두 번째로 '적응' 은 사회제도들 스스로 경제적인 요구와 고려에 따라 작동하는 경향을 일컫는다. 유급 육아휴가가 일반화되어 있는 다른 나라들과 미국을 비교하면서, 실직의 위험을 감수하지 않고서는 육아휴가를 신청할 수 없는 현실은 이러한 제도적 불균형을 반영한다고 메스너와 로젠펠드는 주장한다. 뿐만 아니라 대학은 외부 기업의 기부를 받으며 그 영향력하에 놓이게 되고, 이윤창출을 극대화할 수 있는 노동력을 생산하라는 경제영역으로부터의 압력에 굴복하게 된다. 정치가들은 선거에 이기기 위해서 돈의 힘과 타협해야 한다. 그리고 중앙 정부와 지방 정부 모두 경제와 관련성이 있는 정책들에만 주목하여 자본 유치에 총력을 기울여야 하는 실정이다. 제반 사회제도들의 이러한 행태는 사회제도들이 경제제도의 논리에 충실히 '적응' 하는 과정을 극명하게 드러내고 있다.

마지막으로 경제의 논리와 규범이 여타 사회제도들의 영역에 깊숙이 '침투' 함으로써 경제제도의 지배는 완성이 된다. 교육 현장은 개별화된 경쟁과 객관적 결과를 중시하는 성적제일주의로 점철되고, 심지어 교육이 너무도 자연스럽게 '상품' 으로 간주된다. 뛰어난 정치가는 상품가치가 큰 정책을 제시하고 관철하는 정치인이라는 인식이 지배하게 되고, 사업가적 수완이 정치가의 덕목이라고 공공연히 받아들여진다. 가족의 영역에서는 여성들이 임금 노동에 나서는 경향이 지배적인 반면, 남성들이 자녀 양육과 가사의 역할을 맡는 경향은 상대적으로 매우 미미한 현실이 가족제도에서 나타나는 '침투' 현상의 예로 제시된다.

사회제도의 기능은 본질적으로 사회의 구성원들을 어떠한 방식으로든지 조직화하는 것이다. 제도들 안에서 사회적 관계들은 불가피하게 개인을 제약하게 되고, 제도의 역할은 바로 개인에 대한 속박이라고 할 수 있다(Messner and Rosenfled, 2007: 86). 그런데 경제제도가 다른 사회제도를 지배하는 상황으로 말미암아 사회의 통제력을 확보하는 데 중요한 기능을 담당하는 사회제도들이 약화된다는 것이다. 경제는 그 속성상 개인을 구속하는 기능에서 가장 취약한 제도이고, 이러한 취약성은 특히 자본주의사회에서 극명하게 나타난다.

메스너와 로젠펠드는 자본주의적 속성을 지닌 현대사회 경제제도의 특징과 아메리칸 드림의 핵심적 가치들 간의 유사성을 제시한다. 경쟁과 효율성, 그리고 이윤 추구와 금전적 보상에 대한 강조 등이 그것들이며, 특히 미국사회에서 극단적인 형태로 나타난다고 지적한다. 이러한 문화적 메시지는 기술적으로 가장 효율적인 수단 외의 다른 모든 것의 가치를 폄하하며, 이는 비경제적인 제도의 신념, 가치, 헌신 등의 가치 역시 무시되는 결과를 낳는다(Messner and Rosenfeld, 2007: 84-85). 이처럼 메스너와 로젠펠드는 사회 규범의 내재적 규제력이 사회제도의 외부적 통제력의 문제와 불가분의 관계에 있다고 본다(Messner and Rosenfeld, 2007: 87). 아노미가 팽배한 사회에서는 사회구성원의 행동에 대한 사회적 통제력을 행사하기가 어렵다는 것이다. 무한 경쟁을 통해 가장 효율적으로 이윤을 창출할 것을 재촉하는 결과지향적인 자본주의의 시장 논리가 지배할 때, 경제제도는 다른 사회제도들을 지배하게 되며 제도를 통한 사회통제력의 확보는 어려워진다는 점을 제도적 아노미이론은 지적하고 있는 것이다.[9)]

9) 이는 아노미적 자살에 대해 논의하면서 경제의 탈규제적 효과에 대해 언급했던 뒤르켐의 생각과 일치하는 입장이다. 뒤르켐은 정부가 경제적 활동을 규제하기보다는 그것의 도구와 하인이 되었으며, 욕망의 분출은 산업의 발전과 시장의 거의 무한정한 확장에 의해서 한층 악화되었다고 지적하였다(Durkheim, 1951: 255).

3) 문화와 사회구조의 조건적 관계

메스너와 로젠펠드는 아메리칸 드림이라는 문화적 차원과 제도적 힘의 균형이라는 사회구조적 차원이 상호의존적임을 강조한다(Messner and Rosenfeld, 2007: 84-87). 아메리칸 드림은 경제적인 성공목표를 지나치게 강조하는 문화적 풍조를 조장함으로써 경제제도의 힘을 강화한다. 그래서 경제제도의 힘이 지나치게 강해지고 다른 사회제도의 힘은 약해지는 제도적 힘의 불균형을 낳게 된다. 반대로 경제제도가 다른 사회제도를 지배하는 제도적 힘의 불균형은 아메리칸 드림의 문화적 정당성을 강화시켜 주는 제도적 · 구조적 기반을 제공해 줄 것이다. 따라서 아메리칸 드림의 문화적 위치와 영향력은 더욱 공고해질 것이다. 이러한 되먹임 작용을 통하여 범죄유발적인 문화적 · 사회구조적 특징들은 상승작용을 일으키면서 범죄율을 높이게 된다는 것이 메스너와 로젠펠드의 주장이라고 볼 수 있다.

아메리칸 드림은 미국사회의 핵심적인 문화 사조이기는 하지만, 합법적 수단과 관련된 규범적 행동을 강조하는 다른 문화 요소들이 사회 전반에 물론 존재한다. 그리고 이러한 문화 요소들은 아노미 상황을 야기하는 아메리칸 드림의 문화적 영향력을 상쇄시키는 중요한 역할을 할 수 있다. 그 역할을 수행할 수 있는 중심 거점은 바로 경제제도 이외의 다른 사회제도가 될 것이다. 그러나 아메리칸 드림과 제도적 구조의 순환적 관계로 인해, 사회제도의 힘을 통한 아메리칸 드림의 아노미적 효과를 제어할 가능성은 미국사회에서 요원하다는 것이 메스너와 로젠펠드의 현실 진단이라고 할 수 있겠다.

이러한 이론적 도식에 미루어 볼 때, 경제제일주의 문화에서 비롯된 범죄유발적인 아노미 상황은 비경제적 사회제도의 힘을 통해 제어할 수 있다는 추론이 가능하다. 즉 아메리칸 드림으로 표상되는 문화적 차원과 제도적 힘의 균형으로 개념화되는 사회구조 사이의 상호작용효과 내지는 비경제적 사회제도의 조절효과가 이론적으로 예측된다는 것이다. 따라서 메스너와 로젠펠드는 미국사회의 심각한 범죄문제에 대한 대책으로 가족, 교육, 정치 등의 사회제도 강화를 핵심으로 하는 근본적인 사회 변화와 재조직화를 주문한다(Messner and Rosenfeld, 2007: 112). 따라서 제도적 아노미이론의 이론적 도식을 일반화해 보면, 경제지상주의의 범죄유발적 효과를 다른 사회제도의 힘을 통해서 제어할 수 있을 것이라는 가설이 가능하다. 반대로 다른 사회제도의 힘이 약한 사회에서는 경제지상주의의 범죄유발 효과는 더욱 강할 것이다.

4) 제도적 아노미이론에 대한 경험적 연구와 평가

메스너와 로젠펠드(Messner and Rosenfeld, 1997)는 자신의 이론적 입장을 경험적으로 검증하기 위해서 국제 비교연구를 수행하면서 에스핑-앤더슨(Esping-Andersen, 1990)의 '탈상품화(decommodification)' 개념을 활용하였다. 이 개념은 개인이나 가족의 시장경제 참여와 무관하게 사회적으로 받아들일 만한 수준의 생활을 영위할 수 있는 정도를 말하는 것으로, 이 연구에서 탈상품화 정도를 정부의 사회복지 지출 정도로 측정했다. 그들은 이 개념으로 경제제도와 정치제도 사이의 힘의 균형을 측정했는데, 탈상품화 정도가 높은 사회일수록 경제제도에 대한 정치제도의 상대적 힘이 강하다고 볼 수 있다는 것이다. 분석 결과 경제적 불평등, 경제적 차별, 사회경제적 발전 정도 등을 통제했을 때에도 탈상품화 지수는 살인율과 일관되게 통계적으로 유의미한 부(-)적 관계가 있는 것으로 나타났다. 즉 탈상품화 정도가 높을수록 살인율이 낮아진다는 것으로, 경제제도의 힘을 상쇄하는 정치제도의 힘이 살인율을 낮출 수 있다는 점을 간접적으로 보여주는 결과라고 할 수 있다.

제도적 아노미이론의 이론적 도식은 사회제도의 힘이 갖는 조건적 효과가 핵심 가설을 구성할 것임을 보여준다. 제도적 아노미이론에 대한 많은 경험적 연구들은 바로 이 조건적 효과의 검증에 주력했다. 메스너와 로젠펠드의 이론적 주장을 경험적으로 검증하려 한 최초의 시도는 챔린과 코크란의 연구이다(Chamlin and Cochran, 1995). 이들은 미국의 자료를 바탕으로 빈곤이 재산범죄율에 미치는 효과가 가족, 종교, 정치 등의 비경제적 제도의 힘에 따라 달라지는지를 분석하고, 비경제적 제도의 조건적 효과를 발견했다.

그러나 그들의 연구는 미국의 50개 주를 분석 단위로 했으며, 빈곤을 경제제도의 지표로 상정했다는 문제가 있다. 메스너와 로젠펠드는 미국사회 전반의 문화적 · 사회구조적 특징을 논의한 것이기 때문에, 미국사회 안의 지역을 분석단위로 경험적 연구를 수행하는 것은 적절하지 않아 보인다. 그들의 이론적 논의를 검증하기 위해서는 미국과 다른 사회를 비교하는 국제 비교연구를 수행하는 것이 적절할 것이다. 또한 제도적 아노미이론은 아메리칸 드림이라는 문화적 차원의 주효과와 이에 대한 사회제도의 조건적 효과를 강조했다. 사실 빈곤은 그들이 고려한 사회적 요인이 아니다. 오히려 미국처럼 부유한 사회가 왜 심각한 범죄 문제에 시달리는지가 그들의 문제의식인 것이다.

김상원과 프라이드모어(Kim and Pridemore, 2005a, 2005b)는 러시아 자료로 제도적 아노미이론을 검증하는 일련의 연구를 발표했다. 미국사회 이외의 사회에서 이론의 타당성을 검증하였고, 러시아와 같이 급격한 사회변동을 겪는 사회의 사회경제적 변화 지표를 주요 변수로 삼고 있다는 점에서 의미가 있는 연구라 할 수 있다. 이 연구에서도 가족, 교육, 정치 등의 사회제도의 힘이 갖는 조건적 효과를 검증하는 전략을 취하였다. 하지만 조건적 효과의 대상이 되는 주효과를 사회경제적 변동 지표가 강도율에 미치는 효과(Kim and Pridemore, 2005a)와 빈곤이 살인율에 미치는 효과(Kim and Pridemore, 2005b)로 상정하고 있다는 동일한 문제를 보인다. 그리고 두 연구 모두 사회제도의 조건적 효과를 발견하지 못했다. 역시 러시아 자료를 사용하여 사회변동의 영향에 대한 사회제도의 조건적 효과를 분석한 또 다른 연구에서는 가족제도만이 살인율에 조건적 효과가 있음을 보고했다(김상원, 2006).

또 다른 연구들은 제도적 아노미이론을 검증하기 위해 불평등변인의 효과를 주효과로 상정하고 이에 대한 사회제도의 조건적 효과를 확인하는 전략을 취한다. 세볼라이넨(Savolainen, 2000)의 국제 비교연구에서는 소득불평등 및 경제적 차별과 탈상품화 지수의 상호작용효과를 분석했다. 여기서 경제적 차별과 소득불평등이 살인율에 미치는 영향에 탈상품화 지수가 통계적으로 유의미한 조건적 효과를 보이고 있음을 보고했다. 즉 불평등이 살인율을 증가시키는 효과가 탈상품화 정도가 높을수록 약해진다는 것이다. 이와 유사한 국제 비교연구에서는 GDP 대비 보건지출 비율로 사회적 지지(social support) 정도를 측정하고, 이 변인이 경제적 불평등과 살인율 사이의 관계에 조건적 효과를 보이고 있음을 역시 발견했다(Pratt and Godsey, 2003).

이 연구들에 대해서도 동일한 문제를 지적할 수 있다. 사회제도의 조건적 효과의 대상이 되는 주효과에서 경제적 성공문화나 경제제도의 지배 정도를 변수로 상정한 것이 아니라 불평등을 상정한 것이다. 머튼의 이론과 제도적 아노미이론의 가장 큰 차이는 불평등의 이론적 위치로, 머튼의 이론에서와 달리 제도적 아노미이론에서는 경제적 불평등이 부차적인 중요성만을 갖고 있다(Bernburg, 2002; 신동준, 2011). 실제로 메스너와 로젠펠드가 자신의 이론을 검증하는 경험연구에서도 경제적 불평등에 통제변수로서의 역할만을 할당했다(Messner and Rosenfeld, 1997).

제도적 아노미이론을 제대로 검증하기 위해서는, 메스너와 로젠펠드가 그들의 경험연구에서 했듯이 '탈상품화 지수'와 같은 제도적 힘의 균형 정도를 직접 측정할 수 있는 변수를 발굴하거나, 경제적 성공을 강조하는 문화나 경제제도의 힘을 적절히 조작화하는 방안을 개발하는 것이 선행되어야 할 것으로 보인다. 그리고 국제적 비교연구나 종단연구를 통해서 관련 문화 변수와 사회구조 변수의 주효과와 상호작용효과를 함께 확인하는 작업이 필요할 것이다.

8. 국내 연구 동향 및 향후 전망

머튼의 이론에 대한 우리나라의 경험연구로 일찍이 한완상(1971)의 연구가 있었다. 이 연구는 일반학생과 소년원생 표본을 비교하였는데, 여기에서도 머튼의 이론에서 도출한 미시적 가설은 지지되지 않았다. 우선 일반청소년이 비행청소년보다 통계적으로 유의미한 수준으로 교육적 · 직업적 · 물질적 열망[10] 정도가 더 높은 것으로 나타났다. 열망의 평균치와 기대의 평균치를 비교했을 때에도 일반청소년 집단이 비행청소년 집단보다 그 차이가 더 컸다. 개별적으로 열망과 기대의 격차를 계산했을 때에도, 일반청소년의 평균격차점수가 비행청소년의 점수보다 더 높은 것으로 나타났다. 따라서 열망의 수준과 열망과 기대 간의 격차 정도 모두에서 일반청소년이 비행청소년보다 더 높은 것으로 나타나, 머튼의 이론이 한국사회에서는 지지되지 않는다고 이 연구는 결론내렸다. 그런데 이는 앞서 미국에서의 연구 결과들과 일관되는 결과라고 볼 수 있다.

김준호(1990)는 우리나라에서 청소년비행을 설명하기 위해서는 지나친

10) 이 논문에서는 '희구(希求)'라는 개념을 사용하였다. 열망(aspiration)은 '원망(願望)'이라고 칭했으며, 현실적인 원망을 기대(expectation), 이상적인 원망을 희구(wish)로 개념화하였다. 하지만 이 논문에서 사용한 희구라는 개념이 일반적으로 사용되는 열망 개념에 해당한다고 보았기 때문에, 이해의 편의를 위해 '열망'으로 해당 개념을 대체하였다.

교육열과 가족주의를 고려해야 한다고 주장했다. 그래서 '공부에 대한 압력'이 중요한 비행의 요인이 된다고 보는데, 이는 본인의 성적에 대한 열망과 기대 사이의 격차보다는 부모의 열망과 본인의 기대 간의 격차로 조작화하는 것이 바람직하다고 제안했다. '공부에 대한 압력'은 자기 반에서의 석차와 부모가 바라는 석차 사이의 격차(재학생), 작년도 대입학력고사 점수와 부모가 바라는 올해 학력고사 점수 사이의 격차로 조작화했다. 그리고 '심리적 아노미'는 다른 형제들에 비해 공부를 얼마나 잘하고 있는가, 얼마나 부모에게 인정을 받고 있다고 생각하는가 등으로 측정했다.

분석 결과 공부압력은 직접적 · 간접적으로 모든 유형의 비행가능성을 증가시키는 것으로 나타났다. 재산비행의 경우 재수생과 재학생 표본 모두에서 직접적인 영향을 미쳤으며, 재학생의 경우는 지위비행과 전체비행의 설명 모형에서도 직접적인 영향을 보여주었다. 그 외의 모형에서 공부압력은 심리적 아노미나 비행친구 변인을 통해서 간접적으로 비행의 가능성을 증가시킨다는 일관된 결과가 발견되었다.

머튼의 아노미이론은 거시적 이론이라는 입장에서 신동준(2004)은 세계가치관조사(World Values Surveys)자료를 활용하여 경제적 성공문화 변인을 조작화한 국제 비교연구를 수행했다. 분석 결과 '경제성공문화'는 일관되게 살인율을 증가시키는 것으로 나타났다. 지니계수로 측정한 소득불평등의 효과는 발견되지 않은 반면, 인종이나 민족에 따른 경제적 차별로 측정한 불평등변인이 살인율을 증가시키는 효과는 일관되게 나타났다. 이 연구에서 머튼의 이론을 검증하기 위한 핵심 가설은 경제적 성공을 강조하는 문화가 살인율에 미치는 영향이 불평등 수준이 증가할수록 강해진다는 것이었다. 흥미롭게도 분석 결과 가설과 반대되는 상호작용효과가 일관되게 통계적으로 유의미했다. 경제적 차별이 심할수록 오히려 경제성공문화가 살인율을 증가시키는 경향이 약화된다고 나타난 것이다. 이러한 결과에 대해, 객관적 불평등 정도에 대한 주관적 인식에 따라 기대 수준이 결정되기 때문이라는 해석이 제시되었다. 구조적 불평등이 심할수록 기대 수준이 낮아지기 때문에 경제적 성공문화의 영향이 오히려 약화될 수 있다는 것이다.

하위문화와 관련된 국내 연구로는 비행청소년을 심층 면접하여 우리나라 청소년 비행집단의 특성과 활동 등을 기술한 김준호(1995)의 연구 등이 있으나, 비행 하위문화의 실체와 발생 요인 등을 우리나라의 맥락에서 구체적으로 파악하는 작업은 아직 이루어지지 않고 있다. 하위문화이론에 착안하여 우리나라 청소년 비행의 원인을 통계적으로 분석한 김준호와 이성식(1987)의 연구에서는 악의성, 부정성, 자율성 등 하위문화이론가들이 제시한 일부 가치 지향이나 태도가 여러 가지 유형의 비행에 영향을 미친다는 결과를 보고하고 있다. 하지만 이러한 가치 지향이 하위문화적 요소로서 존재하는지는 파악되지 않았으며, 무엇보다도 이러한 가치 지향이나 태도에서 계층에 따른 차이가 나타나지 않는다는 것을 발견했다.

따라서 최소한 우리나라의 경우에는 하층의 청소년 사이에 지배규범과 명확히 구별되는 비행 하위문화가 존재하지 않을 가능성이 큰 것으로 보인다. 하지만 앞으로 불평등구조가 고착화되는 시점에서는 과연 우리나라에서 어떤 변화가 나타날지 귀추가 주목된다. 지금까지 우리나라에서는 성공적인 경제성장과 활발한 사회이동으로 불평등구조의 효과가 크게 나타나지 않았을 수 있다. 하지만 앞으로 경기침체가 장기화되고 양극화가 지속되면서 계층 간 거주지 분리가 뚜렷하게 나타나는 시점에는 미국사회에서 발견되는 형태의 비행 하위문화가 나타날 사회구조적 여건이 조성될 가능성이 있다. 비행 하위문화의 존재와 그 발생 원인에 대한 질적 연구가 충실하고 활발하게 진행된다면 하위문화이론이 우리나라에 갖는 함의를 좀 더 깊이 있게 논의할 수 있을 것이다.

일반긴장이론의 타당성을 보여주는 경험적 연구들은 국내에서도 많이 존재한다. 이성식(1999)의 연구에서는 "현재의 여건상 내가 추구하는 목표나 일을 달성하지 못할 것 같다"는 항목으로 기회제약인지를 측정하여 '구조적 긴장'을 조작화했고, 또한 부모와의 관계와 친구와의 관계를 통해 긴장을 측정했다. 서울의 남녀고등학생 표본에 대한 분석 결과 이 세 가지 긴장요인이 모두 부정적 감정을 유발하고, 부정적 감정은 다시 범죄의 의도와 가능성을 증가시키는 것으로 나타났다. 이는 긴장이 부정적 감정으로 통해 간접적으로 비행과 범죄의 가능성을 높인다는 것으로 일반긴장이론을 부분적으로 지지하는 결과로 볼 수 있다.

대구 · 경상지역 남자 고등학생 표본을 사용한 이성식의 또 다른 연구에서는 부모와의 관계에서의 갈등 정도로 가정긴장을, 학업성적 부진과 학교생활에 대한 불만 정도로 학교긴장을, 거주지역의 무질서 인지 정도로 지역사회긴장을 측정하고, 또래와의 갈등 상황을 시나리오로 제시하여 분노 정도를 측정하였다(이성식, 2003). 이 연구에서도 가정긴장, 학교긴장, 지역긴장이 또래와의 갈등상황에서 폭력의도를 증가시키는 것으로 나타났다. 상황분노 변수 역시 폭력의도를 증가시켰으며, 이 변수가 모형에 포함되었을 때 가정긴장과 지역긴장의 효과가 사라졌기 때문에 폭력비행에 대한 긴장의 효과가 일부 분노라는 부정적 감정을 통해 매개되는 것으로 해석됐다. 뿐만 아니라 부모애착과 비행친구 변인이 분노 변인과 상호작용하는 것으로 나타났다. 분노가 폭력의 가능성을 증가시키는 효과가 부모와의 애착이 적을수록, 비행친구가 있을수록 커짐을 발견한 것이다. 이는 일반긴장이론의 조건적 효과에 대한 가설을 일부 지지하는 결과이다.

사이버비행에 대해서도 일반긴장이론이 일부 지지되는 것으로 나타났다(이성식, 2004). 서울지역의 남녀중고등학생을 대상으로 분석한 결과, 부모긴장, 학업긴장, 친구긴장이 대체로 우울과 화를 유발하는 것으로 나타났다. 하지만 이러한 부정적 감정이 현실에서의 비행에 영향을 미친다는 일관된 결과는 발견되지 않았다. 남자 청소년의 경우 화 변인이 사이버비행에 통계적으로 유의미한 영향을 미쳤지만, 비행친구와 자기통제 변인 등을 통제했을 때 $p<.1$ 수준에서만 통계적으로 유의미했다. 반면 여자 청소년의 경우는 우울이 사이버 비행에 통계적으로 유의미한 효과를 갖는 것으로 나타나, 사이버비행에 대한 긴장의 간접적 효과가 부분적으로 지지되었다고 할 수 있다.

전반적으로 국내에서는 일반긴장이론에 근거한 연구들은 많이 찾아볼 수 있는 반면에 머튼의 아노미이론이나 제도적 아노미이론과 같은 거시적 관점의 연구와 하위문화이론에 근거한 연구들은 거의 이루어지고 있지 않다. 이러한 경향은 외국의 경우도 비슷한 것으로 보인다. 최근 신자유주의와 양극화의 심화로 우리 사회의 사회구조와 문화는 큰 변화를 겪게 될 가능성이 있다. 특히 불평등구조의 경직성과 경제지상주의 문화의 영향력이 갈수록 커진다면, 머튼의 이론과 제도적 아노미이론에서 보여주는 심각한 범죄 문제는 미국사회의 이야기만이 아닌 바로 우리 사회의 이야기가 될 수 있다. 그리고 앞서 언급했듯이 우리 사회에서도 이러한 사회구조적 · 문화적 변화에 따라 비행 하위문화가 사회의 특정 부분에서 뚜렷이 드러나게 될 수도 있다. 그러므로 좁게는 우리 사회의 일탈과 범죄 문제의 진단에, 넓게는 사회 문제에 대한 분석에 뒤르켐으로부터 이어지는 아노미이론의 지적 자원은 매우 유용하게 활용될 것이다.

제 4 장

사회관계와 범죄의 학습

| 박형민(한국형사정책연구원) |

1. 차별접촉이론과 사회학습이론의 배경과 주장

긴장이론, 해체이론 등의 사회구조적 이론은 저소득층 집단 혹은 저소득층 거주지역의 범죄율이 높다는 것을 발견하여 사회경제적 취약집단에서 범죄가 발생할 가능성이 높다는 것을 확인하였다. 그러나 아무리 취약한 집단이라 하더라도 그 집단 전체가 비행집단이거나 범죄집단이 아니라, 대부분의 사람들은 사회의 규범을 준수하는 사람들이라는 사실을 설명하지 못하였다. 사회경제적으로 취약한 집단의 사람들은 다른 집단과 비교해 상대적으로 높은 비행률과 범죄율을 보이고 있을 뿐, 절대다수는 범죄자가 아니었던 것이다. 그리고 한편으로는 중상류계층에 속해 있는 사람들이라 하더라도 그들 중 일부는 범죄행위에 가담하고 있다는 사실도 구조이론의 설명력의 한계를 나타내는 것이었다. 특히 청소년을 대상으로 한 자기보고식 조사들에 따르면 중상류계층의 청소년들은 하류계층 청소년들 못지않게 여러 가지 범죄와 일탈행위에 노출되어 있었는데, 이러한 현상에 대해서는 구조이론이 설명하기 어려웠던 것이다.

또한 사회구조이론은 서구에서 발견되는 성장효과(muturation effect)에 대해 설명하지 못하는 한계도 가지고 있다. 즉, 사회경제적 취약집단에서 보여지는 사회구조적 문제는 그들이 성장하더라도 자연스럽게 해결되는 것이 아니기 때문에 일정 연령 이상이 된다 하더라도 범죄가 감소할 이유가 없었기 때문이다.

이와 같이 동일한 사회구조적 조건을 갖춘 사람들이 동일한 행동을 하는 것이 아니며, 특정인의 행위도 고정된 것이 아니라 변화할 수 있다는 현상을 설명하고자 하는 시도를 사회과정이론이라 구분할 수 있으며, 사회과정이론 중 대표적인 이론이 차별접촉이론과 사회학습이론이다.

차별접촉이론과 사회학습이론에서는 범죄적 행위가 다른 사람과의 상호작용을 통한 학습에 의해 발생한다고 생각한다. 사회구조이론에서 제시하는 여러 가지 조건들은 사람들이 상호작용하는 조건을 형성해 주기는 하지만, 그 자체가 범죄행위를 유발하는 것은 아니라는 것이다. 또한 범죄적 행위는 유전이나 개인적 특성과 같은 생물학적 요인에 의해서 필연적으로 발생하는 것도 아니다. 범죄적 행위는 오로지 범죄의 기술, 범행 동기, 법에 대한 태도 등을 습득하는 학습을 통해서만 일어난다.

이러한 학습은 다른 사람의 행동을 모방하는 것으로부터 시작하며, 행위에 대한 보상과 처벌의 양상, 범죄적 행위에 대한 호의적 정의나 비호의적 정의와의 접촉 등에 의해 일어난다. 그리고 일차적으로는 부모나 친구집단과 같은 친밀한 일차적 접촉에 의해 주로 발생하지만, 미디어와 같은 이차적 접촉에 의해 형성된 준거집단에 대한 모방을 통해서도 일어난다.

2. 서덜랜드의 차별접촉이론

차별접촉이론(differential association)을 주장한 서덜랜드(Sutherland, 1947)의 이론적 질문은 "왜 집단에 따라 범죄율이 다른가?"라 할 수 있다. 이 질문에 대해 사회구조이론은 경제적 취약성이나 사회의 병리적 형태라는 개념으로 대답을 할 수 있으나, 차별접촉이론에서는 구조적 특성보다는 그 집단을 이루는 사람들의 구성이 다르기 때문이라고 대답한다. 이러한 구성의 차이를 차별적 사회조직화(differential social organization), 차별적 집단조직화(differential group organization)라 부르는 것이다.

이것은 사회경제적 취약집단에 속해 있는 사람들이라 하더라도 대부분의 사람들이 범죄나 일탈행위를 하지 않지만, 일부 사람들이 범죄나 일탈행위를 하게 되는지도 설명한다. 또한 서덜랜드는 범죄가 하류계층에 속하는 사람들에게만 전유되는 것이 아니라, 어떠한 집단에서도 범죄적 가치를 학습하면 범죄가 발생할 수 있다고 본 것이다.

서덜랜드는 범죄는 유전되는 것이 아니라, 오로지 학습된다고 주장한다. 특히 범죄행위는 의사소통과정에 있는 다른 사람들과의 상호작용에 의해서 학습된다. 사람은 범죄적 특성을 지니고 태어나는 것도 아니며, 단순히 범죄환경에 사는 것으로 범죄행위를 설명할 수는 없는 것이다.

상호작용을 통한 범죄의 학습은 주로 친밀한 개인적 집단 안에서 일어난다. 물론 학습은 영화나 TV와 같이 간접적인 상호작용을 통해서도 가능하지만, 주요한 부분은 가족, 친구, 동료 등과 같은 친근한 개인적 집단과의 접촉에서 일어나는 것이다.

범죄행위에 대한 학습의 내용은 단지 구체적인 범행 기술의 전수라는 형태로 일어나기도 하지만, 더욱 중요한 것은 범죄에 대한 동기, 욕망, 합리화, 태도 등에 대한 학습이다. 이것은 범죄행위가 다른 행위와 구별되는 행위가 아니라 다른 일반적인 행위와 크게 다르지 않다는 것을 의미한다.

범행 동기에 대한 학습은 법률을 호의적으로 보느냐 그렇지 않느냐 하는 다양한 관점으로부터 시작한다. 사회적 규율이나 법에 대한 반응이 일률적일 수 없고 법에 관한 합의도 있을 수 없기 때문에 사람은 항상 법을 준수하는 데 대한 상이한 관점을 지니게 된다. 따라서 그 사람의 인생에 있어서 중요한 사람의 범죄행위에 대한 태도가 그 사람의 범죄행위에 대한 태도의 발전에 중요한 영향을 미친다. 사람들이 범죄자가 되는 시점은 법을 어겨도 된다는 가치가 법을 반드시 준수해야 한다는 가치를 넘어서는 순간이다. 사람들은 이처럼 법에 대한 다양한 태도를 이러한 가치를 지니고 있는 집단과의 접촉을 통해 습득하게 된다.

접촉을 통한 학습은 빈도, 기간, 우선순위, 강도에 따라 다양하게 개인에게 영향을 미친다. 사람들의 모든 접촉은 동일하지 않으며, 가치와 태도를 학습하게 되는 접촉의 영향은 사회적 상호작용의 질에 따라 다양하게 발생하는 것이다. 사회적 상호작용의 질은 자주 접촉할수록(빈도) 오래 접촉할수록(기간), 어릴 때 시작될수록(우선성), 상호작용 대상을 중요하게 생각할수록(강도) 강해진다.

이 같은 범죄행위의 학습은 다른 학습의 과정과 동일하며, 범죄행위나 비범죄행위 모두 일반적 욕구와 가치의 표현이기 때문에 근본적으로 구별되지는 않는다. 예를 들면 돈에 대한 욕구를 가지고 있다는 것은 도둑이나 일반범죄자가 다르지 않으나, 어떤 사람은 훔치고 다른 사람은 열심히 일한다. 이것은 범죄행위를 단순히 욕구로만 설명할 수 없다는 것을 말해준다.

3. 사회학습이론의 기본개념

에이커스(Akers, 1973)는 서덜랜드의 차별접촉이론을 기반으로 하고 사회구조론적 설명과 심리학적 강화이론의 개념으로 보완을 하여 사회학습이론이라는 체계를 구성하고자 하였다.

1) 차별 교제

먼저 사회구조적 요소는 사람들의 학습환경을 규정한다. 사회구조 안에서 사람들은 연령, 성, 인종, 계급 등과 같은 특성을 보유하는데, 이러한 특성들은 사람들이 소속될 수 있고 상호작용할 수 있는 집단을 결정한다. 사람들은 이렇게 결정된 학습환경 안에서 차별 강화를 경험하며 모방할 모형을 선정하는 것이다.

에이커스에 따르면 최초의 법 위반은 옳고 그름에 대한 생각 없이도 발생할 수 있다고 주장한다. 또한 이 최초의 행위는 법 위반행위일 수도 있고 법 준수행위일 수도 있는 것이다. 그런데 이 최초의 행위에 대한 타인의 평가는 사람들의 그 이후의 행위를 결정하는 것이다.

2) 정 의

사회학습이론에서 말하는 정의(definition)는 주어진 행위에 대해 사람들이 부여하는 의미와 태도를 말한다. 이것은 특정한 행위에 대한 옳고 그름을 포함하여, 일반적인 행위에 대한 바람직하거나 바람직하지 않음 등을 규정하는 도덕적이고 평가적인 태도이다. 사람들이 어떠한 정의를 가지고 있는지는 향후 그가 범죄행위를 지속할지의 여부를 결정할 수 있다. 즉, 개인이 어떤 행위를 거부하는 태도를 가지고 있다면 그러한 행위를 지속적으로 행할 가능성은 낮아지는 반면, 어떤 행위에 대해 긍정적인 태도를 가지고 있다면 그러한 행위를 지속할 가능성은 증가하는 것이다. 특히 법 위반에 대한 태도는 범죄적 또는 비범죄적 집단과의 접촉 여부에 따라 단순히 결정되는 것이 아니라, 접촉의 '양상'에 따라 다양하게 나타날 수 있다. 즉, 법 준수 정의보다 법 위반 정의에 먼저(우선성), 자주(빈도), 오랫동안(지속성), 강하게(중요성) 노출된다면 개인은 법을 위반할 가능성이 높게 될 것이다.

정의는 일반정의와 특수정의로 구분할 수 있는데, 일반정의는 범죄나 법에 대한 일반적인 태도를 의미하며, 특수정의는 사람들의 구체적인 행위에 대한 태도를 의미한다. 일반정의와 특수정의는 상황에 따라 다르게 작동할 수 있다. 예를 들면 일반적으로 법은 지켜져야 하고 범죄는 나쁘다고 생각하면서도, 못된 사람을 때려서 혼내 주는 것에 대해서는 그럴 수 있다고 생각할 수도 있는 것이다.

또한 정의는 적극적 정의와 중화적 정의로 구분할 수도 있다.[1] 적극적

1) 중화이론은 일반적으로 사회통제이론으로 분류되기 때문에 중화적 정의와 중화의 기술은 제5장을 참조하라.

정의는 일반적인 행위에 대한 긍정적인 태도 또는 부정적인 태도를 보유하여 앞으로의 행위를 결정하는 반면, 중화(neutralizing)적 정의는 이미 저지른 행위에 대한 평가 과정에서 회고적으로 형성될 수도 있다. 자신이 저지른 범죄적 행위에 대해서 스스로 변명이 가능하고 정당화가 이루어져서 타인에 의한 부정적인 평가가 감소되고 자기 스스로의 처벌을 완화시키게 되면 중화적인 정의가 작동한 것이라 할 수 있으며, 이러한 중화가 효과적으로 이루어진다면 이후의 범죄적 행위를 반복시킬 수 있는 좋은 이유가 될 수 있는 것이다.

3) 차별 강화

강화란 행위의 결과로 나타나는 보상이나 처벌에 대한 반응을 의미한다. 최초의 범죄적 행위는 우연히 발생할 수도 있고 차별접촉에 의해 시작할 수도 있다. 그런데 그 행위가 지속될 것인지의 여부는 행위에 대한 타인의 보상과 그것을 받아들이는 반응에 달려 있다는 것이다. 즉, 특정한 행위에 대해 승인, 금전, 즐거운 감정 등이 제공되고 이것이 긍정적으로 경험된다면 그 행위가 지속될 것이고, 반대로 고통, 처벌, 불쾌한 감정 등이 제공되어 이것이 부정적으로 경험된다면 그 행위는 중단될 가능성이 높다. 이러한 경험이 반복될 때 사람들은 특정 행위에 대한 기대구조가 형성되며, 이것이 학습의 과정인 것이다. 이러한 기대구조의 형성은 단순히 이분법적으로 작용하지 않으며, 각 행위에 부여되는 보상과 처벌의 가능성과 변화와 관련 있다.

4) 모 방

모방은 다른 사람의 행위를 관찰한 후에 그것과 유사하게 행위하는 것을 의미하는데, 이것은 학습의 중요한 과정 중 하나이다. 자신의 행위모형을 형성하는 데 있어 다른 사람의 행위는 중요한 준거가 되기 때문에, 이를 통해 자신과 타인의 행위를 평가하는 것을 배울 수 있는 것이다.

이때에도 모든 다른 사람의 행위가 동일하게 의미 있는 것은 아니며, 다른 사람의 행위를 모방할 것인가 아닌가의 여부는 모방 대상의 특성에 따라 달라진다. 사람들은 자신이 중요하다고 생각하는 집단의 행위만을 모방하는 것이다. 이것을 차별적 동일시(differential identification)라 한다. 중요한 집단이란 자신이 차별적으로 접촉하는 그 집단을 말하는데, 가족, 친구, 동료집단 등이 일차적 모방 대상이 되고, 실제 접촉하지 않는다 하더라도 자신이 중요하게 여기는 사람이나 집단이 있는 경우에도 모방의 대상이 될 수 있다. 따라서 실제로 범죄자와 접촉하지 않은 사람이라도 범죄자와 자신을 동일시한다면 범죄행위를 학습하는 것이 가능하며, TV나 영화의 범죄적 주인공을 모방하고 흉내내는 것을 통해 범죄행위가 가능할 수도 있는 것이다.

4. 사회학습이론 검증을 위한 경험연구들

차별접촉이론과 사회학습이론에 대한 검증은 주로 청소년을 대상으로 한 경험적 연구를 통해 이루어지고 있다.

쇼트(Short, 1957, 1960)는 서덜랜드의 주요 개념인 상호작용의 빈도, 기간, 우선순위, 강도를 경험적으로 측정하기 위해 우선성은 그가 기억하는 최초의 친구, 빈도는 가장 많이 만나는 친구, 기간은 가장 오래된 친구, 강도는 가장 친한 친구로 조작적으로 정의하고, 이들 친구들의 비행행위와 응답자의 비행행위를 비교함으로써 차별접촉이론이 지지되고 있음을 경험적으로 드러내었다.

글룩 부부(Glueck and Glueck, 1957)의 연구에서 비행행위자와 비비행행위자를 비교하여 비행행위자의 대부분(98%)이 비행친구가 있었던 반면, 비비행자는 비행친구가 거의 없었다(7%). 그리고 엔논과 레클레스(Eynon and Reckless, 1961)의 연구를 통해 비행소년의 약 3/4이 공식적인 주목을 받게 하는 첫 번째 비행을 범할 때 비행친구와 같이 행한다는 사실을 확인하여 비행친구의 존재가 비행을 유발할 수 있다는 차별접촉이론을 지지하는 결론을 내었다(김준호 외, 1990).

이처럼 비행행위를 처음 저지를 때 처음 기회를 제공하는 요인이 또래집단이라는 점을 강조하는 연구들이 다수 존재하는데, 워(Warr, 2002)는 비행친구의 수가 비행을 예측하는 가장 중요한 요인이라고 주장하였으며, 헤이니(Haynie, 2002)는 비행친구의 비율이 높을수록 비행을 저지를 확률이 증가하고 있다는 것을 밝혔다.

에이커스와 셀러스(Akers and Sellers, 2004)는 사회학습 요인 변수들이 동일한 자료를 사용하여 다른 이론과 비교하는 검증작업에서 높은 설명력을 보이거나 다른 이론들보다 더 지지되는 것으로 나타난다고 주장한다. 특히 사회학습 변수들과 다른 이론의 변수를 동시에 분석한 통합 모형에서 사회학습 변수들이 가장 강한 주효과와 순효과를 나타내고 있다고 한다.

사회학습이론에 대한 검증이 가장 빈번하게 시도되는 영역은 청소년의 흡연이나 음주와 같은 지위비행을 설명하고자 하는 데에 있으며, 이때 사회학습 변수가 많은 설명력을 가지고 있음이 지속적으로 보고되고 있다.

코부스(Kobus, 2003)는 청소년 흡연이 사회학습 변수와 밀접한 관계에 있으며, 특히 친구집단이 흡연을 시작하게 하는 데에 크게 영향을 끼치고 있다고 주장한다. 청소년들의 흡연은 주된 접촉을 하는 집단 내에서 이루어지는 모방을 통해 시작되는데, 접촉 빈도와 지속기간과 높은 연관성을 가지고 있음을 밝혔다. 그리고 청소년들이 일단 흡연을 시작하면 흡연과 관련된 처벌이나 보상에 따라 흡연에 대한 태도가 형성된다는 것을 또한 확인하였다.

이와 같은 결과는 다른 연구에서도 반복되어 나타나는데, 대부분의 연구에서 청소년의 흡연 시작은 친구집단의 흡연과 깊은 연관성을 가지고 있었으며, 특히 가장 친한 동성친구의 영향력이 가장 큰 것으로 나타나고 있었다(Donaldson, 1995; Eiser and van der Pligt, 1984; Friedman *et al*., 1985; van Roosmalen and McDaniel, 1989; Urberg *et al*., 1997; Urberg *et al*., 1991; Urberg *et al*., 1990; Wang *et al*., 1997) 친구집단의 중요성은 여자 청소년에게 있어 더 강하게 나타난다는 연구도 있었으며(Lucas and Lloyd, 1999; van Roosmalen and McDaniel, 1989), 이렇게 시작된 흡연은 즐거운 경험을 통해 지속될 수 있다(Friedman *et al*., 1985). 친구집단뿐 아니라 부모나 형제의 흡연도 청소년의 흡연에 영향을 끼치는 것으로 나타났으며, 이들이 중요한 타자로 기능할 때 영향력은 더욱 강해진다는 것이 확인되었다(Avenevoli and Merikangas, 2003; Chassin *et al*., 1986; Flay *et al*., 1994).

크론 등(Krohn *et al*., 1982)은 미국 중서부 3개 주의 8개 지역에서 자기보고식 설문조사를 통한 청소년 약물남용 조사에서, 흡연뿐 아니라 청소년 약물남용에 대한 설명력 역시 차별교제, 차별강화, 모방, 정의 등의 사회학습 변수들이 높게 나타나고 있었음을 드러냈다.

한편으로 직접적인 접촉에 의한 학습이 아닌 간접적인 접촉에 의한 모방도 흡연이라는 지위비행을 야기할 수 있다는 연구도 있었다. 웨이크필드 등(Wakefield *et al*., 2003)은 담배광고와 판촉행사, 영화나 TV에서의 흡연 장면이 청소년 흡연에 영향을 끼칠 수 있다고 주장한다. 미디어에서의 흡연장면은 사회의 흡연에 대한 가치를 반영하고 정보를 제공하며, 모방의 대상이 되고 흡연에 대한 담론을 증가시킴으로써 청소년 흡연을 증가시킬 수 있다는 것이다.

5. 국내 연구 동향 및 향후 전망

우리나라에서 사회학습이론에 대한 경험적 연구 역시 서구에서와 마찬가지로 청소년비행을 중심으로 연구가 진행되고 있는데, 대표적으로 이성식(1993, 2011a, 2011b)과 황성현(2009), 황성현과 이강훈(2013)의 연구가 있다.

이성식(2011a)은 일반이론의 요인들과 사회학습이론의 요인들이 상호작용효과를 나타낸다는 것을 검증하기 위해 서울시 중학생을 대상으로 한 자료를 분석하였다. 연구 결과는 낮은 자기통제력과 더불어 사회학습이론의 요인 중 비행친구와의 차별접촉과 비행태도가 각각 비행에 독립적인 유의미한 영향력을 나타냈으며, 그 외에도 낮은 자기통제력은 비행친구와의 접촉 및 비행태도와 유의미한 상호작용효과를 나타내었다. 이를 통해 일반이론과 사회학습이론이 통합적으로 고려될 필요가 있다고 주장한다.

이성식(2011b) 역시 일반이론과 사회학습이론에서 제시하는 주요 요인들의 영향력을 살펴보고, 이론 통합의 필요성에서 두 이론의 요인들의 상호작용효과를 살펴보고자 했다. 연구 결과는 사회학습이론은 크게 지지하는 반면, 일반이론에서의 낮은 자기통제력의 독립효과는 유의미하지 않은 것으로 나타났다.

황성현(2009)은 갓프레드슨(Gottfredson)과 허쉬(Hirschi)의 자아통제이론, 허쉬(Hirschi)의 사회통제이론, 에이커스(Akers)의 사회학습이론을 적용하여 청소년의 음주 · 흡연행위를 보다 잘 설명하는 요인들을 찾아내고자 하였다. 자료는 한국청소년패널자료를 사용하였다. 분석 결과, 1년 이상 지속적으로 청소년 음주 · 흡연행위 여부에 통계적으로 유의미한 영향을 미친 변인으로는 사회유대이론의 친구애착, 자아통제이론의 육체적 활동 선호, 사회학습이론의 친구 음주 · 흡연변인으로 밝혀졌다. 그런데 5차연도 시점에서 청소년 음주 · 흡연행위에 상대적인 영향력을 미치는 독립변인들을 살펴본 결과, 사회유대이론과 자아통제이론은 종속변인을 잘 설명하지 못한 반면, 사회학습 변인들은 청소년 음주행위와 흡연행위를 설명할 수 있었던 것이다. 특히 세 가지 독립변인들의 상대적인 영향력을 밝힌 회귀방정식에서 사회학습 변인들이 제외된 모델과 포함된 모델을 비교했을 때, 사회학습 변인들이 제외된 회귀방정식의 결정계수가 현격하게 떨어지는 것을 발견함으로써 사회학습 변인들이 청소년 음주 · 흡연행위를 가장 잘 설명하는 것으로 드러났다. 이를 통해 세 가지의 이론에 기반한 요인 중, 사회학습이론에 기반한 요인의 설명력이 상대적으로 크다는 것이 드러났다.

황성현과 이강훈(2013)에서도 유사한 결과가 도출되었는데, 한국청소년정책연구원이 2009년과 2010년도에 수행한 아동청소년패널조사자료를 분석하였을 때에도 사회유대이론의 변인들은 청소년비행을 거의 설명하지 못했으며, 일반긴장이론의 일부 독립변인들과 사회학습이론의 두 가지 독립변인 모두는 청소년비행을 잘 설명하는 것으로 나타났다. 특히 세 가지 이론에서 추출된 독립변인들 중에서 사회학습이론의 친구와의 차별적 접촉변인이 청소년비행을 가장 잘 설명하는 것으로 드러났다.

한편 차별접촉이론 및 사회학습이론의 요인이 미국과 같은 다른 나라와는 어떻게 다르게 나타나는지를 비교하는 연구도 있었다.

이성식(1993)은 사회통제이론과 차별접촉이론을 중심으로 한 한국과 미국의 비교연구에서, 이질적인 미국사회에서는 사회통제이론보다는 차별접촉이론이 설명력이 강한 것으로 나타났으며, 동질적이고 집합주의 분화를 가진 한국사회에서는 차별접촉이론보다는 사회통제이론이 강한 설명력을 가진 것으로 분석하였다. 그러나 이 양자의 이론이 어느 정도 한계가 있음을 지적하면서 모든 문화권에 적용될 수 있는 일반이론이 요구된다고 주장한다.

황성현(2008) 역시 에이커스의 사회학습 변인들(정의, 차별강화, 모방, 차별접촉)이 한국과 미국 청소년들의 음주행위에 미치는 영향을 비교 분석하기 위해 한국과 미국 청소년들을 대상으로 한 자기기입식 설문지를 분석하여, 한국과 미국 모두 사회학습이론의 변인들이 청소년들의 음주행위를 잘 설명해 준다는 것을 확인하였다. 또한 사회학습 변수들은 미국 청소년들의 음주행위보다는 한국 청소년들의 음주행위를 더 잘 설명해 주는 모델이라는 결론을 맺는다. 이를 통해 사회학습이론이 미국과 서구사회에만 적용되는 것이 아니라 한국사회에도 적용되기 때문에 문화적 장벽을 초월한 비행 일반이론으로 자리잡을 수 있을 것이라는 전망도 함께한다.

이처럼 위의 두 연구는 서로 상이한 결론을 내리고 있는데, 이성식(1993)은 차별접촉이론이 미국사회에 더 잘 적용된다고 결론을 낸 반면, 황성현(2008)은 사회학습 변인이 미국 청소년들보다 우리 청소년들의 음주행위를 더 잘 설명하고 있다는 것이다. 물론 15년이라는 연구의 시점 차이로 인해 두 연구를 직접 비교하는 것이 부적절하다는 것을 고려하여야 할 것이다.

그 밖에 미디어를 통한 간접 경험이 폭력적인 행위나 자살행동에 영향을 미친다는 연구도 있었는데, 유상미(2010)는 TV 시청을 통해 폭력적인 행위에 대한 모방 충동이 발생할 수 있음을 주장하였고, 배준성과 허태균(2010)은 자살보도가 자살생각에 미치는 영향을 통해 미디어를 통한 모방이 자살이라는 일탈행위를 야기할 수 있음을 지적하였다.

지금까지 살펴본 바와 같이 사회학습이론은 흡연이나 음주와 같은 청소년 지위비행의 시작이나 지속을 설명하기 위해 사용되는 경향이 크다. 그러나 성인을 대상으로 한 사회학습이론의 적용이나, 중범죄에 대한 경험적인 연구는 거의 없다고 해도 과언이 아닌 상황이다. 이것은 연구자들의 자료접근의 한계에 기인한 바가 크다고 보여지는데, 청소년을 대상으로 한 대규모 조사가 상대적으로 많이 진행되고 있으며, 특히 청소년정책연구원의 패널 데이터 등 양질의 데이터가 연구자들에게 제공된다는 장점으로 인해 청소년을 대상으로 한 다양한 이론의 검증이 가능한 환경이 마련될 수 있었던 것이다. 또한 청소년들은 학교라는 공간에 모여 있기 때문에 연구자들의 노력 여하에 따라 자기보고식 조사를 수행할 수 있는 여건 역시 성인에 비해 유리하다고 할 수 있다.

그러므로 이제는 청소년을 대상으로 한 자료를 넘어서서, 성인들을 대상으로 적극적인 자료수집이 요청된다 할 수 있을 것이다. 사회학습이론이 청소년 비행이론이 아니라 범죄이론이 되기 위해서는 보다 폭넓은 대상으로 한 분석이 필수적인 것이다.

그럼에도 불구하고 사회학습이론의 설명체계는 청소년비행에 대해서는 이미 설명력을 확보하고 있기 때문에, 사회학습이론을 기반으로 한 다양한 청소년비행 예방 프로그램들이 기획되어야 할 것이다.

제 5 장

사회유대와 범죄통제

| 이성식(숭실대학교 정보사회학과) |

1. 사회통제이론의 가정과 주장

사회구조와 문화, 학습과정에서 범죄의 원인을 찾는 것과는 다른 시각의 이론이 등장하였다. 그 이론은 사회통제이론으로, 이 이론에서는 기존 이론들과는 달리 왜 사람들이 일탈과 범죄를 저지르는가보다는 왜 많은 대다수의 사람들이 규범을 따르고 법을 준수하는가의 질문에 답을 하려고 했다. 사회통제이론가로는 레이스(Reiss, 1951), 나이(Nye, 1958), 레클레스(Reckless, 1961) 등이 있지만 허쉬(Hirschi, 1969)의 사회통제이론(social control theory)이 가장 대표적 이론이라고 볼 수 있으며 여기서는 이 이론을 중심으로 설명하고자 한다.

허쉬의 사회통제이론은 기존의 범죄학이론들과는 여러 가정에서 차이점을 갖는다. 기존 범죄학의 입장은 일반인과 범죄자는 분명 구분되는 특성이 있다는 것을 강조하면서 그 차이는 범죄자가 범죄성향 혹은 범죄동기를 갖는다고 본다. 예를 들어 아노미/긴장이론에 따르면 사회구조의 불평등 속에서 긴장, 좌절, 소외를 경험하게 되는 사람들이 범죄동기의 생성으로 범죄를 저지르며, 그리고 차별접촉/사회학습이론에 따르면 비행친구와 어울리고 비행가치 및 태도를 학습하는 사람들이 비행과 범죄를 하게 된다고 본다. 이와 같이 기존 이론들이 다수가 아니라 일부의 사람들이 왜 범죄동기가 생성하는지에 관심을 가졌다면, 허쉬의 사회통제이론에서는 기존 입장과는 달리 사람들 모두 누구나가 범죄의 동기와 성향을 갖고 있다고 가정했다. 즉 인간의 본성에 성악설의 입장을 지닌 사회통제이론에서는 범죄동기는 누구나에게 주어지는 것이라고 가정했다.

그러면 범죄의 원인은 무엇인가? 그리고 모두가 범죄동기를 가지고 있음에도 왜 대부분의 사람들은 법과 규범을 지키는 것일까? 그리고 일부 범죄를 저지르는 범죄자의 특성은 무엇인가? 사회통제이론에서 보면 모든 개인은 누구나 범죄동기를 가지고 있기 때문에 범죄에 정(+)적으로 작용하는 그 동기는 범죄를 설명할 수 있는 원인이 못 된다. 그 대신 개인의 범죄 여부는 범죄 동기나 성향이 아니라 이러한 범죄동기를 통제해 줄 수 있는 통제기제의 여부에 달려 있다고 본다. 허쉬는 대부분의 사람들이 범죄 동기와 성향을 갖지만 그것을 통제할 수 있는 사회와 유대를 맺고 있기 때문에 범죄를 저지르지 않고 법을 준수한다고 주장했다.

그는 사회를 인습적이라고 가정함으로써 사회의 가정, 교육기관, 종교 등 다양한 기구와 제도들이 그러한 통제기제로서 작용한다고 보았고, 인간이 선천적으로 범죄성향을 가졌다는 것과는 달리 사회는 반일탈적이고 인습적이어서 이러한 동기와 성향을 통제해 줄 수 있다고 보았다. 다행히 대다수의 사람들은 인습적인 사회와 유대가 강해 자신의 범죄성향을 통제할 수 있게 되어 범죄를 안 하지만, 그렇지 못한 일부 사회유대가 약한 사람들은 범죄 동기와 성향이 통제되지 못해 범죄의 가능성이 높다고 주장한다. 결국 사회통제이론에 따르면 범죄의 설명요인은 범죄동기가 아니라 그것을 통제해 줄 수 있는 사회유대의 여부가 된다고 보았다. 즉 범죄와 정(+)적이 아니라 부(-)적으로 작용하는 요인을 원인으로 제시한 점에 특징이 있으며, 범죄자는 사회유대가 부족한 특성이 있다고 주장했다.

2. 사회유대의 요소와 기존의 경험연구들

1) 사회유대의 네 요소

허쉬는 사회유대의 주요 요소로 애착(attachment), 관여(commitment), 참여(involvement), 신념(belief)을 제시했다. 그리고 애착, 관여, 참여, 신념이 높을수록 범죄를 안 하게 되지만 그렇지 못할 경우 범죄의 가능성이 높다는 명제를 제시한다.

애착은 청소년을 주 대상으로 해 온 연구에서 부모, 친구, 학교선생 등 사회의 중요한 타자와의 애정적 결속관계를 말한다. 즉 부모, 친구, 선생과의 애착이 높을수록 비행이 통제되어 비행을 안 하지만 그렇지 않은 청소년은 비행가능성이 높다고 주장한다. 애착은 실제 경험연구에서, 예컨대 가장 중요한 요소인 부모와의 애착의 경우 부모와의 애정관계, 상호작용 및 대화의 정도, 동일시 정도 등으로 측정되어 부모를 좋아하고, 부모와 많은 대화를 나누고, 앞으로 부모와 같은 사람이 되고 싶은 청소년들이 비행가능성이 낮다고 본다. 한편 부모와의 관계에서 애착 이외에 부모의 적절한 감독이 비행을 통제한다고 보아 부모의 감독을 또 다른 요인으로 강조하기도 했다.

관여는 사회에서의 주요 활동에 대한 관여 혹은 헌신도를 말하는데, 비행과 범죄를 저지름으로써 잃어버릴 수도 있는 사회에서의 일에 대한 투자분이라 할 수 있다. 예를 들어 청소년의 경우 학업성적이 좋고 앞으로의 성공을 위해 학업을 열심히 하는 청소년들은 비행으로 잃을 수도 있는 그것 때문에, 성인의 경우도 좋은 지위의 직장인의 경우도 범죄로 잃을 수 있는 지위 때문에 범죄를 안 한다는 것이고, 그만큼 사회에서의 자신의 어떠한 일에 관여할수록 범죄가능성이 낮다고 주장한다. 그 대신 그러한 이유로 학업성적이 낮거나 대학진학을 포기한 청소년이나 성인의 경우 무직자는 범죄로 잃어버릴 수 있는 것이 적어 비행과 범죄가 통제되지 못한다고 본다.

참여는 그러한 인습적 사회활동에 시간적으로 얼마나 참여하고 있는가의 정도를 말한다. 가정, 직장일, 학업, 과외활동 등 인습활동에 참여와 시간이 많을수록 그만큼 범죄를 저지를 시간이 없기 때문에 사회의 일로 통제되어 범죄를 하지 않는다고 보는 것이다.

마지막으로 신념은 사회의 인습적인 가치, 규범을 얼마나 받아들이고 있는가의 정도를 말한다. 허쉬는 사회에 인습적인 도덕적 가치만이 존재한다고 가정했기 때문에 사회와 유대를 맺을수록 인습적 가치와 도덕적 신념을 받아들이게 되고 범죄를 저지르지 않게 된다고 보았다. 즉 법과 도덕적 규칙이 옳다고 믿으며, 일반적이고 전통적 가치를 인정하고 받아들이는 사람이 범죄의 가능성이 낮다고 본다. 하지만 그러한 사회의 신념이 적은 사람은 범죄동기가 통제되지 못하여 범죄를 저지른다고 주장한다.

2) 기존의 주요 경험연구들

기존의 연구결과를 보면 애착 중에서는 부모와의 애착이 상대적으로 비행의 주요 요인으로 작용하고 있다는 것이 일반적인 견해이다. 즉 부모와의 애착이 낮은 청소년들이 비행의 가능성이 높다고 한다(Wiatrowski *et al*., 1981; Liska and Reed, 1985; Cernkovich and Giordano, 1987). 그러나 상대적으로 학교선생과의 애착과 친구와의 애착은 비행에 대해 미약한 영향력을 가질 뿐이며, 특히 친구와의 애착은 비행과 정(+)적인 관계마저 나타낸다는 것을 제시한다. 실제로 허쉬는 비행친구라도 친구와 애착을 가지면 비행가능성이 낮을 거라고 했지만 이후 연구들에서는 인습적 친구와 애착을 가질 때에만 비행이 통제될 수 있고, 비행친구와의 애착이 높은 경우는 비행가능성이 높다는 것을 제시한다(Warr, 2002).

관여는 청소년을 대상으로 하는 연구에서 학교공부를 얼마나 열심히 하는지, 학교공부가 얼마나 중요하다고 생각하는지 등의 '학교공부에 대한 관여'를 통해 연구되어져 왔다. 허쉬는 본래 미래의 직업, 교육에 대한 열망과 기대 정도로 관여를 측정하였고, 긴장이론에서는 열망은 높은데 기대가 낮은 청소년들이 긴장과 좌절로 비행을 저지른다고 하였지만 허쉬는 열망이 높은 것은 그 자체가 관여가 높은 것이라 보아 비행을 통제한다고 했고 오히려 열망이 낮은 청소년들이 관여가 낮음으로 해서 비행을 한다고 보았다. 하지만 관여를 열망과 기대로 다루었던 기존의 연구에서는 비행과의 연관성이 미약했던 반면(Krohn and Massey, 1980; Wiatrowski *et al*., 1981; Agnew, 1985), 현재 학교공부를 얼마나 열심히 하고 중요하게 생각하는지로 관여 정도를 직접적으로 사용했던 연구 결과를 보면 비록 심각한 비행이 아니라 사소한 경비행이긴 하지만 이는 부모와의 애착과 더불어 비행에 있어 주요 설명요인으로 작용한다는 결과를 제시한다(Cernkovich and Giordano, 1992).

관여와 참여는 개념적으로 구분되고 있기는 하지만, 거의 구분 없이 사용되며 흔히 관여에 포함되어 다뤄지고 있다. 특정 사회활동에 시간적으로 많이 참여하고 있다는 것은 그만큼 그 활동에 투자, 관여하고 있다는 것과 동일하다고 보기 때문이다(Krohn and Massey, 1980). 그러나 공부 관여와 참여는 비행과 연관성이 어느 정도 있지만 따로 참여를 공부시간 이외에 아르바이트나 취미, 여가활동 등으로 다루었던 연구 결과들을 보면 그 영향력은 다소 애착과 관여보다는 미약하다는 연구 결과를 제시한다.

신념과 비행과의 관계는 상대적으로 사회통제이론가들에 의해 많이 다뤄지지는 않았다. 그것은 한편으로 신념이 차별접촉이론에서 주요 요인으로 강조하는 '위반에 대한 태도' 혹은 '비행가치'와 동전의 앞뒷면과 같은 개념이어서 상대적으로 주목하지 않았기 때문이다. 그래서 그동안 사회통제이론가들은 개인의 도덕적 신념보다는 가정, 학교와 같은 제도적인 사회의 통제기제에 관심을 가져 왔다. 오히려 신념과 관련해서는 비록 허쉬가 애초에 다루지는 않았지만 종교적 신념을 주 원인으로 다룬 연구가 있어 종교적 신념과 활동이 많을수록 비행을 막아주는 통제역할을 한다는 연구가 있었다(Baier and Wright, 2001).

3. 사회통제이론의 한계와 논쟁

기존 연구들에서 보면 사회유대요인들과 비행과는 어느 정도 연관성이 있어 보인다. 이처럼 사회통제이론은 그동안 여러 연구에서 지지를 받아 왔다. 하지만 그럼에도 사회통제이론은 극단적 가정 때문에, 다른 이론들과의 논쟁에서 여러 비판을 받아 왔다. 사회통제이론에 따르면 사회유대만이 범죄의 원인이 되며 범죄성향 및 동기요인은 범죄를 설명할 수 없다고 하지만 긴장이론의 요인이나 대표적인 범죄원인으로서 비행친구와의 접촉은 그동안 많은 연구들에서 비행의 중요한 요인으로 제시되어 왔는데 사회통제이론은 이러한 요인들의 작용을 설명할 수 없게 되는 약점을 갖기 때문이다. 결국 사회통제이론은 범죄에 대해 부(−)적으로만 작용하는 통제요인만을 제시하게 됨으로써 범죄를 유발하는 정(+)적 요인들을 고려하지 못하는 단점을 지니게 되는 것이다. 사회통제이론에 따르면 청소년의 경우 가정, 학교, 친구와의 유대 정도가 청소년비행의 주요 설명요인으로 작용해야 하는 데도 불구하고, 기존의 연구들에 의하면 그 설명력은 다소 약하며, 비행친구와의 접촉과 같은 비행유인요인들을 동일한 연구모델 속에서 고려하게 될 때 사회유대요인들의 설명력은 약화되고 간접적인 영향만을 갖는다는 것을 밝히고 있어 어느 정도 한계가 있음이 제시되어 왔다.

사회통제이론과 차별접촉이론의 논쟁을 직접적으로 다룬 마쓰에다(Matsueda, 1982; Matsueda and Heimer, 1987)의 연구는 사회통제이론에 따르면 애착, 관여, 신념 등의 사회유대의 요인들이 모두 비행에 직접적으로 영향을 미칠 것이지만 차별접촉이론에 따르면 위반에 대한 태도 혹은 그것의 동전의 앞뒷면이라 할 수 있는 도덕적 신념만이 궁극적인 비행의 원인이라고 보면서 두 이론을 검증했다. 즉 차별접촉이론대로라면 가정, 학교, 친구와의 유대관계를 나타내는 애착과 관여와 같은 요인은 위반에 대한 태도(혹은 도덕적 신념)를 통제했을 때 비행에 대해 직접적인 요인은 되지 못한다고 보며 단지 위반에 대한 태도를 통해 간접적인 영향력을 갖는다고 본다. 기존의 사회통제이론 연구에서 그나마 부모와의 애착과 학교공부에의 관여가 비행에 있어 중요한 요인이 되었던 것은 도덕적 신념 혹은 위반에 대한 태도를 연구모델 안에 포함시키지 않고 검증했기 때문인 경우가 많았던 것을 지적하면서, 차별접촉이론가들의 연구나 통합모델의 연구에서와 같이 이 연구에서는 비행친구와의 접촉이나 위반에 대한 태도를 모델 안에 고려했을 때 부모, 학교, 친구의 애착과 관여 요인들은 위반에 대한 태도를 통해 비행에 간접적으로 영향을 준다는 것을 제시한다. 이러한 결과는 이후의 다른 연구들에서도 제시되는데(Agnew, 1993), 이는 사회통제이론의 한계를 나타내는 것이며 실제로 차별접촉이론이 더 우위에 있음을 나타내는 결과라 할 수 있다.

더욱이 사회통제이론에서 제시하는 가정, 학교와의 사회유대요인은 단지 사소한 경비행만을 설명할 뿐 다소 심각한 범죄행위에 대한 설명력은 약하다는 것이 기존 연구들의 일반적인 견해이다. 부모와의 애착이 낮거나 학교공부에 소홀한 아이들은 음주나 흡연 등의 사소한 지위비행을 저지를 수는 있지만 그 이유로 심각한 범죄를 저지르지는 않으며 심각한 범죄자들은 비행친구와 사귀거나 하는 경우가 많다는 것이다. 즉 보다 심각한 비행이나 범죄를 설명하기 위해서 사회통제이론은 한계가 있고 차별접촉이론으로부터의 보완이 필요하다는 지적이 있게 된다.

또한 사회통제이론은 사회를 인습적이라고 본 극단적 가정이 단점으로 평가된다. 사회에는 평범한 가정도 있지만 폭력가정도 있고, 학교 환경이 유해한 곳도 있으며, 평범한 친구 이외에 비행친구도 존재하기 때문이다. 모든 사회에의 유대가 비행을 통제하지는 않으며 인습적이지 않은 사회환경에 유대를 갖게 되면 오히려 비행가능성이 높다고 할 것이다. 즉 사회통제이론은 비행친구와의 접촉과 같은 요인이 왜 범죄에 원인으로 작용하는

지를 설명하지 못한다. 물론 사회통제이론에서는 비행친구는 비행의 원인이 아니고 비행의 결과라고 주장하기도 하지만 그럼에도 기존의 많은 연구들에서 비행친구가 비행의 원인으로 작용한다는 결과를 제시하는 것을 보면, 이 점을 간과한 것이 사회통제이론의 한계라고 볼 수 있다.

그러한 점에서 가정이 완화될 필요가 있는데 하나의 대안으로 하이머와 마쓰에다(Heimer and Matsueda,1994)가 제시한 차별사회통제이론(theory of differential social control)에서 보면 그러한 극단적 가정 없이 개인마다 범죄에 대한 통제 정도가 차별적이라고 보면서, 사회에는 인습 및 비행가치가 혼재한다고 보아 사람들이 인습 및 비행가치 중 상대적으로 어떠한 가치에 더 접촉하고 유대를 맺게 되는가가 범죄통제를 결정하고 그것이 범죄를 설명하게 된다고 본다. 그리하여 인습적 부모와 유대를 갖는 청소년은 범죄가 통제되지만, 비행친구와 접촉하는 사람들은 범죄가 덜 통제되어 범죄를 저지른다고 주장한다. 이러한 가정에서 보면 사회유대와 차별접촉 요인을 모두 포괄할 수 있다는 점에서 장점을 갖는다고 할 수 있다.

4. 중화이론

1) 가정과 주장

또 다른 이론으로 사회통제이론으로 분류되기도 하면서도 사실 그 경계가 모호한, 언급하지 않을 수 없는 주요 이론으로 중화이론이 있다. 사이크스와 맛짜(Sykes and Matza, 1957)의 중화에 대한 논의는 코헨(Cohen, 1955)의 하위문화이론에 대한 비판에서 시작되었다. 코헨의 비행하위문화이론에 따르면 비행자는 지배적인 문화와는 상반되는 하위문화에 속해 있으며, 그 문화에서 비행가치와 태도를 바람직한 것으로 학습하면서 그 내면화로 비행을 저지른다고 보았다. 맛짜가 *Delinquency and Drift*(1964)에서 언급했듯이 기존 전통이론들은 비행소년과 일반소년의 차이와 그럴 수밖에 없는 구속의 측면을 강조했다. 즉 비행자는 분명 어쩔 수 없는 내외적 조건과 환경에 구속되어 비행을 저지른다는 것이다. 하지만 사이크스와 맛짜는 그렇다면 비행청소년들은 매시간 비행을 저질러야 하지만 대부분 상당시간 일상적인 활동을 하고 이따금씩만 비행을 저지른다는 점을 지적했다. 중화이론에서는 대부분의 비행소년들이 비행가치를 옳다고 믿는 것이 아니라 비행이 나쁘다는 인습가치를 갖고 있다는 점을 강조했다. 비행자들이 실제로 체포, 검거 시 죄책감과 수치심을 보이는 것을 보면 자신의 행동을 도덕적으로 옳지 않다고 생각한다는 증거가 된다고 보았다. 비행자들은 법을 지키는 사람을 존경하고 적어도 그를 비도덕적이라 보지는 않으며, 비행에 대해서는 부정적인 태도를 갖고 있다고 주장했다.

중화이론에서는 이처럼 대부분의 비행소년들이 일반소년들처럼 인습가치를 받아들인다고 보았다. 따라서 비행자와 일반인에는 인습가치와 태도, 도덕적 신념을 받아들이는 수용에 있어서는 차이가 없다고 본다. 즉 차별접촉이론이나 사회통제이론에서 강조하는 비행 혹은 법 위반 태도나 도덕적 신념은 비행을 설명할 수 있는 원인이 되지 못한다고 본 것이다. 맛짜는 청소년들이 완전히 인습 환경에도, 그렇다고 완전히 비행 환경에도 구속되어 있지 않고 상대적으로 자유롭게 표류하고 있다고 보았다. 표류(drift)란 평소에는 인습적 가치를 갖고 있어 비행을 해서는 안 된다는 생각을 갖고 있으면서도 어느 순간에 인습가치에 벗어나 비행을 저지르는 것을 말한다. 그래서 평소 비행을 나쁘게 보던 청소년들도 그것을 할 수밖에 없는 일정 상황이 되면 표류하여 비행을 하게 된다고 보았다.

그런데 평소 법을 위반해서는 안 된다고 생각하는 비행자들도 비행을 하는 것은 사회에 잠재적 가치(subterranean value)가 있기 때문이라고 했다. 즉 그것은 일종의 사회통제가 약한 상황을 말하는 것으로 사회에 인습

가치가 확고하다면 청소년들이 표류하지 않을텐데 그렇지 못해 청소년들에게 비행의 빌미를 제공할 수 있는 사회 환경의 상태를 말한다. 이 상태에 있게 되는 청소년들은 비행을 함에 있어 자신의 행동을 정당화 또는 합리화하기 쉽다. 중화이론을 사회통제이론에 분류하는 것도 이 때문인데 결국은 사회통제가 약한 것이 청소년들에게 중화하게끔 하는 것이고 그 중화가 비행의 원인이라고 보았기 때문이다. 청소년들은 비행의 순간 중화를 한다. 평소 법을 위반해서는 안 된다고 생각하는 청소년이 자신이 평소 지녀 왔던 가치와 태도를 위반하면서까지 비행을 하게 되면 죄책감을 느끼게 되고 자신의 자아상에도 부정적인 이미지를 갖게 되는데, 따라서 자신의 행위를 중화할 필요가 있다. 즉 중화란 비행 시 자신의 행위를 합리화하는 것으로, 이를 통해서 자아이미지의 큰 훼손 없이도 자유롭게 비행을 할 수 있게 되며, 이렇듯 비행에 있어서 그러한 중화가 비행의 원인이 된다고 보았다.

2) 중화의 기술

사이크스와 맛짜는 그러한 중화에 있어 다섯 가지의 중화의 기술(technique of neutralization)을 제시했다. 첫째, '책임의 부인(denial of responsibility)' 은 비행의 상황이 술에 취했거나 제정신이 아닌 상황, 그리고 어쩔 수 없는 환경 상황에서 그럴 수밖에 없었다고 자신의 책임을 전가하는 것이고, 둘째, '피해자 부인(denial of the victim)' 은 비행의 상대 피해자가 비행의 빌미를 제공했고 피해를 당할 만했다는 것이며, 셋째, '손상의 부인(denial of injury)' 은 돈 많은 사람에게서 돈을 훔치는 것은 큰 손해가 아니라는 식으로 피해자의 피해손상을 부인하는 것, 넷째, '비난자의 비난(condemnation of the condemners)' 은 자신들의 비행을 나무라는 어른이나 경찰들도 법을 위반하기 때문에 자신들만이 잘못된 것은 아니라는 것, 그리고 다섯째, '충성심 요구(appeal to higher loyalties)' 는 돈이 없어 어려움에 처한 친구를 위해서라면 돈을 훔칠 수도 있다는 식으로 친구와의 의리를 강조하는 것 등을 말한다. 그들은 이와 같은 중화의 기술이 비행의 원인으로 작용할 수 있다고 보았는데, 이후 연구들에서는 그것을 경험적으로 검증해 왔다.

3) 경험연구들

그동안 중화의 기술은 경험연구를 통해 다양한 일탈 영역에 적용되어 왔다. 하지만 기존 연구에서는 중화의 기술의 영향력이 어느 정도 지지되기도 하였지만 그 영향력은 다소 약하다는 결과와 함께 일관되지 못한 복합된 결과를 제시해 왔다. 그와 같이 일관되지 못한 경험연구의 결과는 여러 이유가 있다.

그 이유 중 하나는 중화이론이 일반청소년의 간헐적이고 우연적인 비행을 잘 설명할지는 몰라도 일부 위험청소년의 비행을 설명하기엔 한계가 있다는 점이다. 실제로 중화이론은 비행청소년을 포함해 모든 청소년들이 인습가치를 받아들이고 있다는 점을 강조하고 있으나 일부 심각한 범죄자는 인습가치를 받아들이지 않고 있기 때문에 그들에겐 중화가 불필요하다. 그러한 지적은 초기 힌덜랭(Hindelang, 1970)이 제기했고 그러한 점에서 그들에겐 중화가 아니라 도덕적 신념이나 태도의 부족이 원인이 된다고 보았다. 토팔리(Topalli, 2005)도 주장하기를 실제로 지속적이고 폭력적인 거리의 소위 '하드코어' 소년범죄자들은 그들이 비행이나 범죄로 죄책감이나 수치심을 느낄 필요도 없고 오히려 비행을 안 하는 것이 자신의 자아이미지를 훼손하는 것이어서 그들에게 중화는 비행의 원인으로 작용할 가능성이 낮다고 보았다. 그러한 이유로 심각한 비행을 설명하려는 연구나 연구대상이 시설 내에 수용되어 있는 청소년을 포함하는 연구에서는 중화의 설명력은 약했다(Ball, 1966; Hindelang, 1970; Minor, 1981; Agnew and

Peters, 1986).

그 대신 평소에는 법을 준수하는 대학생 등을 연구대상으로 하는 연구에서는 중화이론이 어느 정도 지지를 받았으며 여러 유형의 일탈 중에서도 전통적인 심각한 범죄보다는 어느 정도 경계가 모호하고 표류할 수 있는 일탈, 예컨대 대학생의 음주행동이나 시험부정행위 등에 잘 적용되는 결과를 보인다(Mitchell *et al.*, 1990; Dodder and Hughes, 1993). 즉 그 행동은 바람직하지 않다고 생각하지만 주위에 많은 사람들이 어느 정도 해서 중화하기 쉬운 행위이기 때문이다. 그리고 중화이론이 평소 법을 위반해서는 안 된다고 생각하는 청소년이 중화를 하여 비행을 한다고 보았기 때문에, 단순히 중화의 영향력보다는 도덕적 신념(혹은 법 위반에 대한 태도)과 중화의 상호작용효과를 살펴보아야 한다는 주장이 있었고, 실제로 중화는 도덕적 신념이 높은 사람들에 한해 비행에 원인으로 작용하는 연구 결과가 있다(Agnew, 1994).

그런데 중화이론의 검증에서 중화가 비행의 원인이 되어야 하는데, 자칫 비행을 한 후 중화를 할 수 있기 때문에 그 인과관계를 명확히 해야 한다. 그래서 그동안의 연구 결과는 조사자료가 횡단적 자료인지, 종단적 자료인지에 따라 달랐다. 1차연도의 자료만 사용한 횡단적 조사자료에서는 현 시점에서는 중화의 경향을 질문하고, 비행은 지난 1년간의 경험을 질문하기 때문에 인과관계가 뒤바뀔 수 있는데, 즉 그 결과는 비행을 할수록 중화를 더 한다는 것이다. 또 그러한 연구에서는 중화와 도덕적 신념과의 상호작용효과에서도 중화이론과 반대로 중화는 도덕적 신념이 낮은 청소년에 한해 비행에 영향을 준다는 연구들이 있었는데, 이 또한 도덕적 신념이 낮은 비행소년들일수록 중화를 더 한다는 것으로 볼 수 있다. 중화의 비행에 대한 인과관계를 명확히 하기 위해서는 종단적 패널자료를 사용하는 것이 바람직한데 이 경우에는 중화이론의 주장대로 중화는 도덕적 태도가 높은 청소년에 한해 비행에 영향을 준다는 연구 결과가 있어(Agnew, 1994),

이처럼 중화이론의 검증 시 그 연구 자료와 방법에 따라 결과가 달라 인과 관계에 유의할 필요가 있다.

5. 국내 연구 동향 및 향후 전망

1) 사회통제이론의 검증

사회통제이론의 검증에 대한 연구는 여러 연구가 있지만 사회통제이론과 차별접촉이론의 논쟁을 다룬 대표적 국내 연구로는 이성식(1994)의 연구가 있다. 이 연구에서는 사회통제이론과 차별접촉이론을 한국사회와 미국사회에 각각 적용하면서 미국사회는 차별접촉이론이, 한국사회는 사회통제이론이 더 적절할 수 있는지를 검증하였다. 이 논문에 따르면 미국사회는 여러 인종이 살고 있어 문화이질적이고 규범의 갈등이 존재하기 때문에 단일한 인습가치만을 가정하는 사회통제이론의 설명력은 약한 대신 사회규범의 갈등을 전제로 하는 차별접촉이론의 설명력이 강할 수 있으며, 결국 이러한 이유로 기존의 연구들(Matsueda, 1982)에서는 애착, 관여의 요인들이 비행에 직접적인 영향력을 갖지 못하고, 그 영향력은 미약하거나 단지 위반에 대한 태도를 통해 간접적인 영향을 준다고 보았다. 반면 우리 사회는 서구사회보다는 상대적으로 문화동질적이라는 점에서 단일한 인습가치만을 가정하는 사회통제이론의 가정과 보다 근접하기 때문이기도 하지만, 또한 우리 사회는 개인주의보다는 집단 혹은 집합주의가 우세하기 때문에 개인의 가치, 태도보다는 가정, 학교, 친구와의 관계를 나타내는 애착, 관여의 영향력이 상대적으로 서구사회에서보다는 클 것이기 때문이라고 주장했다. 국가 간 비교연구를 통해 살펴본 연구 결과에서 미국에서는 위반에 대한 태도만이 직접적으로 비행의 원인으로 작용하여 차별접촉이론의 적용가능성이 높은 것을 보인 반면, 우리 사회에서는 사회유대요인들, 특히 학교공부에의 관여가 비행에 직접적인 영향력을 갖는다는 것을 보임으로써 차별접촉이론이 부적당하며 그보다는 사회통제이론의 적용가능성이 높음을 제시하였다. 그럼에도 불구하고 이 연구에서는 애착요인들의 영향력은 미약하거나 비행친구와의 접촉이 주요 영향력을 갖는 것으로 나타나 단지 부분적으로만 사회통제이론을 검증하였다.

김상원(2007)은 청소년패널자료를 통해 사회통제이론을 아동과 청소년층에 각각 적용해 보았는데, 사회유대의 요소들은 아동과 청소년의 경우 주로 지위비행을 잘 설명한다는 결과를 제시했다. 아동의 경우 사회유대 요소 중에서는 학교성적(관여)이 중요했지만, 청소년의 경우는 학교성적 이외에 부모와의 애착과 감독의 요소 또한 중요함을 제시했다. 하지만 이 연구에서는 기존 외국연구에서와 같이 선생 및 친구와의 애착이나 참여의 영향력은 낮았고, 도덕적 신념은 자료의 한계로 포함시키지 못했다. 이 연구에서는 비록 비행친구와의 접촉과 같은 차별접촉요인의 설명력이 가장 컸지만 비행친구와의 접촉변인을 통제한 후에도 사회유대요인들이 직접적인 영향력을 갖는다는 결과를 제시함으로써 사회통제이론의 중요성을 강조했다.

이성식(2006)은 청소년패널자료를 이용해 사회통제이론을 차별접촉이론 및 긴장이론 등과 견주어 그 설명력을 살펴보았다. 그 결과에 의하면 사회유대요인은 다른 이론들의 요인에 비해 그 직접적 영향력은 다소 낮다는 것을 제시했다. 하지만 비행친구와의 접촉과 같은 요인을 함께 고려했음에도 그 영향력은 어느 정도 직접적이어서 비행친구와의 접촉에 매개되지 않아 앞서 연구들과 일관된 결과를 제시했고, 더구나 총효과를 보면 학교공부에의 관여는 비행친구와의 접촉보다도 그 영향력이 더 크다는 결과를 제시해 사회통제이론이 차별접촉이론보다 우위에 있을 수 있음을 강조했다. 이 연구에서는 패널자료를 사용해 이전의 비행경험을 통제할 수 있었는데 그러한 이유로 비행친구의 영향력은 작았던 것으로 보이며, 즉 비행친구가 비행에 영향을 주기보다는 사회유대의 약화로 비행을 하다가 비행친구를 사귈 수 있다는 사회통제이론 논의에 주목할 필요가 있음을 제시했다.

하지만 황성현(2010)의 지위비행에 관한 연구에서는 애착, 관여, 참여 등의 사회유대변인들의 설명력이 직접적이지도 않고 매우 약했으며 비행친구와의 접촉만이 중요하다는 결과를 제시했다. 그러나 이 연구는 지위비행만을 다뤘기 때문에 이 결과를 갖고 사회통제이론이 부적절하다고 볼 수는 없을 것이다.

한편 이성식(1995)은 허쉬의 사회통제이론을 좀 더 면밀히 검증해 볼 것을 주장하면서 단순히 사회유대의 영향력보다는 행위자의 내적 유대작용을 살펴보아야 한다고 보았다. 이 연구에서는 허쉬가 부모와의 애착이 강한 청소년이 비행을 안 한다고 할 때 그 이유가 부모가 행위자의 마음 속에 심리적으로 존재하여 비행을 통제하기 때문이라고 보았다는 점에 주목해야 한다고 하면서 그러한 내적 인지적 유대과정이 비행을 통제할 수 있음을 강조했다. 실제로 그 연구에서는 단순히 부모와의 애착이나 관여보다는 그러한 내적 작용을 고려한 측정으로 검증한 결과 사회유대요인들의 영향력이 경비행에서 뿐만 아니라 중비행에서도 크다는 것을 제시했고, 최근의 연구(이성식, 2011)에서는 부모와 애착이 높은 청소년은 그러한 내적 통제의 작용으로 비행을 저지르지 않는다는 것을 제시함으로써 비행친구나 긴장요인들과 독립적으로 청소년비행의 주요 설명요인이 된다는 것을 제시해 사회통제이론을 우리나라에서는 간과할 수 없음을 강조했다.

2) 중화이론의 검증

한편 중화이론에 대한 국내의 대표적 연구로는 이성식(2012)에 의해 이루어진 연구가 있다. 이 연구는 대학생들의 인터넷상의 저작권 침해행위의 원인을 파악하기 위한 노력으로 중화이론을 검증하였고 아울러 중화의 작용을 중심으로 차별접촉 및 사회통제 이론과의 논쟁을 다뤘다. 중화이론을 대학생의 인터넷 저작권 침해에 적용한 이유는 대학생들은 법을 잘 준수하고 침해행위를 바람직하지 않은 행위로 생각하는 집단이면서도 그들의 인터넷 저작권 침해행위는 어느 정도는 다소 빈번하게 일어나고 있어 중화하기 쉬운 행위이기 때문이다. 이 연구는 또한 시나리오의 방법으로 중화와 침해행위 간의 인과관계를 잘 설정하였다.

이 연구는 중화이론 및 차별접촉이론과 사회통제이론의 비교를 다룬 점에 의의가 있는데, 세 이론의 주장이 다르다고 했다. 중화이론대로라면 비행자를 포함한 대부분의 청소년들이 도덕적 신념 혹은 법 위반에 부정적 태도를 지니고 있다는 점에서 비행소년과 일반소년 간에 도덕적 신념(혹은 법 위반 태도)에 있어서는 차이가 없으며, 따라서 그것이 비행의 설명요인은 아니고 대신 중화의 기술이 비행의 주된 원인이 된다고 본다. 그리고 중화이론에 의하면 도덕적 신념이 높은 청소년들이 비행을 하기 전에 중화의 기술을 사용하는 것이며, 결국 중화의 기술은 도덕적 신념이 높은 청소년들에 한하여 비행에 작용하는 것이라고 보았다. 하지만 사회통제이론에 근거하는 입장에서는 도덕적 신념이 강한 사람은 비행의 가능성이 매우 낮기 때문에 중화의 필요성이 없고, 오히려 도덕적 신념이 낮은 사람이 중화를 하여 비행을 한다고 보기 때문에, 중화의 기술은 앞서와 반대로 도덕적 신념이 낮은 청소년들에 한해서 비행의 원인으로 작용한다고 보았다. 한편 차별접촉이론의 입장에서는 앞서와 같이 중화와 법 위반의 태도(혹은 도덕적 신념)의 상호작용보다는 법 위반에 대한 정의 혹은 태도의 학습이 비행의 주 원인이라고 보면서 법 위반의 정의에는 태도, 동기, 기술, 합리화가 포함되고 그러한 점에서 중화의 기술도 법 위반 태도와 함께 비행의 주 원인이 된다고 보았다. 즉 이 입장에서 보면 중화의 기술과 법 위반 태도(도덕적 신념)가 각기 모두 비행의 원인이라고 보는 점에서 중화이론과는 그 입장이 구분된다고 하였다.

위 연구에서는 이렇게 세 이론의 검증에서 중화이론의 예측대로 중화가 인터넷 저작권 침해행위에 있어 가장 중요한 설명요인임을 제시했다. 또한 중화의 기술과 저작권 침해에 대한 긍정적 태도 간의 상호작용효과가 저작권 침해에 부(−)적으로(즉 중화와 도덕적 신념의 상호작용은 정(+)적으로) 유의미한 영향력을 갖는 것을 제시해 중화의 기술은 인터넷 저작권 침해에 대한 긍정적 태도가 낮고 도덕적 신념이 높을 때 저작권 침해에 영향을 줄 것이라고 본 중화이론을 지지하는 결과를 제시했다. 하지만 중화이론과는 달리 저작권 침해태도가 직접적으로 저작권 침해에 영향을 준다는 결과 또한 제시해 침해태도와 중화기술 모두가 중요했다는 점에서 차별접촉이론을 지지하기도 했다. 그리고 비록 중화와 태도 간의 상호작용효과가 사회통제이론의 주장과 반대 방향이긴 했지만 그럼에도 태도 혹은 도덕적 신념의 영향력이 나왔다는 점에서 사회통제이론과 어느 정도 일치하기도 해 전체적으로 복합적이지만 그럼에도 상호작용의 효과의 방향이나 중화의 기술이 가장 큰 직접적 영향력을 갖는다는 것을 제시해 중화이론을 더 지지했다.

3) 향후 전망

사회통제이론은 국내외에서 크게 지지를 받아 온 대표적인 이론이긴 하지만 앞서 지적했듯이 다소 사소한 일탈만을 잘 설명한다는 한계가 있다. 그래서 이 이론이 더욱 더 보강이 되려면 보다 심각한 범죄를 설명해야 할 것이고 그런 점에서 비행친구와의 접촉과 같은 범죄에 정(+)적으로 작용하는 요인을 간과할 수는 없다. 그러기 위해선 사회통제이론이 갖는 극단적인 가정이 좀 더 수정될 필요가 있다. 즉 사람은 누구나 범죄동기를 갖고 태어났다거나 혹은 사회는 범죄를 통제할 수 있는 인습적인 것으로만 본다면 사회에 비행친구와 같은 존재가 있고 그것이 영향력을 갖는다는 것을 설명할 수 없게 된다. 사람이 누구나 범죄동기를 갖는다고 가정하지만 누구나 사소한 일탈의 동기를 갖는다고 가정할 수 있을지는 몰라도 누구나 심각한 범죄의 동기를 갖는다고 하는 것은 지나친 가정이라 볼 수 있으며, 더구나 사회를 단지 인습적이라고 보는 것은 비행친구와의 접촉과 같은 요인의 존재를 간과하는 결과를 낳는다.

어찌되었든 그럼에도 사회통제이론은 상대적으로 우리나라에서는 더 많이 지지를 받고 있는 이론임에는 분명해 보인다. 그것은 우리나라가 그만큼 사람들과의 관계와 유대를 중시하기 때문일 수 있고, 또 사회통제이론에서 중시하는 부모와의 유대는 우리나라의 가족주의 및 정서에 가깝기 때문이라고 할 수 있다. 사회통제이론을 비롯한 모든 이론이 모든 사회에 적용될 것이라는 일반성을 주장하고 있지만 국가와 문화마다 그 적용성은 차이가 있을 수 있는데 사회통제이론은 우리 사회에 적합한 이론이다.

우리나라에서 많은 연구가 이루어지진 않았지만 앞서 이성식의 연구(2012)에서 보듯이 중화이론의 적용가능성도 꽤 높아 보인다. 하지만 앞서 설명했듯이 이 이론은 심각한 범죄자보다는 일반인의 사소한 일탈에 보다 잘 적용될 수 있다는 점에서 허쉬의 사회통제이론과 같은 한계를 갖는다고 볼 수 있다. 따라서 앞으로는 중화이론이든 사회통제이론이든 보다 심각한 범죄를 설명할 수 있는 이론의 보완이 필요하다. 물론 그 이론들이 사소한 일탈자나 초기 일탈자를 잘 설명할 수만 있어도 그 의의는 충분하다고 볼 수는 있다.

마지막으로 허쉬의 사회통제이론이나 중화이론이 안고 있는 또 다른 한계는 그 이론이 거시적인 사회구조의 측면을 고려하지 못했다는 점이다. 그 이론은 개인적인 수준에서만 파악될 수 있는 이론으로 사회 간, 지역 간의 비행 및 범죄율의 차이를 고려하지 못하게 되며, 또한 행위자의 사회구조적 성격에 따른(예를 들면 계층, 성, 연령, 거주지역 등) 비행이나 범죄의 차이를 설명하지 못한다. 이러한 점에서 사회통제이론의 거시적 측면의 이론이라 할 수 있는 사회해체이론과의 연계를 통해 보다 확대된 논의의 전개가 필요한 것도 사실이다.

제 6 장

공식처벌과 범죄억제

| 이성식(숭실대학교 정보사회학과) |

1. 억제이론의 배경과 주장

범죄학에서 관심을 가졌던 주제 중의 하나는 국가 공식기관에 의한 처벌의 범죄억제효과에 관한 것이었다. 즉 공식처벌은 과연 범죄를 줄이는 데 공헌할 수 있는가 하는 것이다. 처벌을 통해 범죄를 감소, 예방할 수 있다고 보는 정책수립에 있어 그 이론적 근간이 되는 범죄학이론은 억제이론(deterrence theory)이다. 억제이론은 고전주의 범죄학에 근거하여 처벌에 따르는 고통이 범죄자에게 위협적 존재로 작용함으로써 범죄를 억제하게 한다고 본다.

기존의 범죄학에서 주류를 이루어 왔던 이론들은 실증주의 범죄학에 기반한 논의들이 대부분이었다. 실증주의 범죄학에서는 인간을 자신들의 의지와는 상관없이 무언가에 의해 결정되고 구속되며 좌지우지되는 그러한 존재로 파악한다. 따라서 범죄성을 선천적으로 타고 태어났든지, 후천적으로 습득하게 되든지, 외부 사회 환경 때문에 범죄를 할 수밖에 없는 처지에 놓이게 되든지 간에 그러한 내·외적 요인들이 사람들로 하여금 범죄를 하도록 한다고 본다. 특히 그러한 처지에 놓이게 되는 사람들은 전체인구 중 일부로 내·외적 요건에서 일반인과는 구별된다고 한다. 즉 인간의 의지와는 관계없이 그러한 일부 특정인들은 선천적 혹은 환경적 요인에 의해 범죄를 한다고 보았다.

실증주의 범죄학에서는 범죄대책으로 그러한 사람의 범죄성향과 환경요건을 바꾸어야 할 것이라고 본다. 그러나 사실 그 대표적인 방안으로 교정정책은 억제이론이 등장할 당시 실패했다는 평가를 받았다. 그것은 교정정책이 제대로 이루어지지 않았기 때문인지, 아니면 실제로 교정의 효과가 미흡한 것인지 모르지만, 범죄학자들은 실증주의 범죄학에 의문을 품게 되었고 교정과는 다른 범죄대책방안에 눈을 돌리게 되었다. 특히 교정과 같은 사후의 대책보다는 사전적 예방대책에 주목하게 되었고 그 대안의 하나로서 처벌을 강화하자는 주장이 일부 제기되게 되었다. 이러한 배경에서 범죄학자들은 실증주의와 다른 고전주의 범죄학에 관심을 가졌고 이에 억제이론이 등장하게 되었는데, 억제이론의 논의는 미국에서 1970~80년대 당시에 보수주의 정권의 등장과 함께 부흥기를 맞았다.

억제이론은 공리주의 철학과 고전주의 범죄학의 기반하에 인간을 잠정적 범죄자로 보고 사람은 누구나 쾌락을 추구하고 따라서 언제든지 범죄를 저지를 가능성이 높다고 가정한다. 그리고 합리적 존재로서 인간은 이득과 쾌락을 추구하지만 손실과 고통을 최소화하려 한다고 가정한다. 특히 억제이론은 처벌이라는 손실과 고통의 측면에 주목하는 이론이다. 따라서 사람들은 언제든지 범죄를 저지를 가능성이 높지만 처벌을 강화하게 된다면 합리적인 인간들은 자신의 범죄행위의 결과로 처벌이라는 고통이 있을 것이라 판단할 것이기 때문에 범죄를 삼가하게 될 것이라고 본다.

억제이론은 범죄의 원인을 범죄자의 특성에서가 아니라 외부 여건의 상황에서 찾는다. 외부 여건의 여하에 따라 범죄는 발생할 수도 있고 그렇지 않을 수도 있다고 보는 것이다. 억제이론은 특히 외부 여건 중 공식기관의 처벌의 여부와 강약에 주목하는데, 처벌을 강화하게 될 때 고통과 두려움이 합리적인 인간으로 하여금 범죄를 억제할 것이라 본다. 반대로 처벌과 통제가 느슨하다면 쾌락을 추구하려는 인간은 범죄의 가능성이 높을 것인데, 이처럼 처벌 여하에 따라 범죄발생 여부를 설명할 수 있다고 본다.

억제이론은 공식기관의 처벌을 통해 범죄를 예방하고 범죄를 줄일 수 있다고 보는 대표적인 이론이다(Gibbs, 1975). 공식처벌로 처벌의 고통을 일반시민들에게 알림으로써 잠정적 범죄자들의 범죄를 사전에 억제, 예방할 수도 있고, 실제 범죄자들에게 가혹한 처벌을 함으로써 그 당사자가 다시는 범죄를 안하게 할 수도 있다. 여기서 일반인 다수에 대한 처벌의 억제효과에 관심을 갖는 전자의 경우를 일반억제효과라 하고, 범죄자 당사자에 대한 처벌의 재범억제효과에 관심을 갖는 후자의 경우를 특수억제효과라 하여 구분을 하기도 한다.

억제이론가들은 처벌의 신속성(celerity), 확실성(certainty), 엄중성(severity)이 범죄의 설명요인이라고 보았다. 처벌의 신속성은 범죄가 발생하는 즉시 지체됨이 없이 신속하게 처벌하는지, 처벌의 확실성은 범죄를 빠짐없이 확실하게 처벌하는지, 그리고 처벌의 엄중성은 처벌을 보다 엄중하게 처벌하는지를 말한다. 즉 처벌의 신속성, 확실성, 엄중성이 높을수록 범죄는 낮게 발생하고, 그것이 낮을수록 범죄가 높게 발생한다고 주장한다.

2. 억제이론 검증에 있어 기존의 경험연구들

1) 거시연구

억제이론가들은 처벌의 신속성, 확실성, 엄중성에 주목하여, 처벌이 신속하게, 확실하게, 엄중히 이루어질 때 과연 범죄의 가능성이 줄어들 것인가에 관심을 가졌다. 초기의 연구(미국의 경우 1960년대 말부터 70년대 초까지)는 깁스(Gibbs, 1968)의 연구 등 공식통계자료를 이용한 거시연구를 통해 이루어지기 시작했다. 즉 지역별로 체포검거율, 기소율, 형량 등을 살펴보고 이러한 요인들이 지역별 범죄율의 차이에 어떠한 설명력을 갖는가에 관심을 가졌다. 초기의 연구는 지역별로 처벌의 확실성의 차이가 범죄율과 어느 정도 밀접한 관계가 있다는 결과를 제시했다(Tittle, 1969; Logan, 1972; Tittle and Rowe, 1974). 즉 검거 및 기소율이 높은 지역이 그렇지 않은 다른 지역보다 상대적으로 범죄발생이 적다는 결과를 제시했다. 이러한 연구 결과로 억제이론이 보다 관심을 받았고 개인을 단위로 하는 미시연구까지 확산하게 되었다.

그러나 이 초기 거시연구들을 보면 기소율 등 처벌 관련 요인만을 사용하고 다른 이론에서의 요인들과 비교하지는 않았는데, 이후 여러 이론의 요인들을 함께 고려한 연구들을 보면 처벌 관련 요인은 사회경제나 불평등 수준, 그리고 이혼율 등의 사회지표요인과 비교할 때 그 영향력은 매우 낮아 그 지지도는 낮은 편으로 평가된다(Pratt and Cullen, 2005). 그 외 처벌 관련 연구로 캔자스시에서 경찰순찰의 억제력에 관한 실험연구에서도 경찰력의 차이가 범죄율에 영향을 주지 못한다는 것을 제시했으며(Kelling *et al.*, 1974), 사형제도가 살인범죄율을 낮추는지의 효과에 대한 여러 연구가 있었지만 대체로 미약하다는 결과가 제시되듯이(Radlelet and Akers, 1996), 거시연구에서 억제이론은 대체로 지지받지 못했던 것으로 볼 수 있다.

2) 미시연구

억제이론을 검증하려 했던 많은 연구들은(미국의 경우 1970년대 중반부터) 개인을 단위로 하여 질문지 등의 자기보고식 응답자료를 통해 연구되었다. 즉 처벌에 대한 개인 지각도에 주목함으로써 과연 처벌이 신속하게, 확실하고 엄중하게 이루어진다고 지각하는 사람일수록 그들의 범죄의 가능성이 적은지에 관심을 가졌다. 그동안 많은 연구들은 특히 처벌의 확실성에 대한 지각이 범죄에 부(–)적으로 영향을 미치게 된다고 봄으로써 억제이론을 증명하여 왔다(Waldo and Chiricos, 1972; Silberman, 1976; Erickson *et al.*, 1977; Jensen *et al.*, 1978). 즉 자신이 범죄를 하게 될 때 분명 처벌을 받게 될 것이라고 지각한 사람들은 범죄의 가능성이 적다는 것이다. 그러나 1980년대 들어서면서부터 그동안의 억제이론의 미시연구 및 주장들은 여러 면에서 비판과 논쟁을 겪게 된다.

3) 방법론적 논쟁

우선 방법론적으로 보면, 기존 연구들은 주로 1차 조사의 횡단적 자료를 사용하였기 때문에, 독립변인인 처벌의 확실성 지각도와 종속변인인 범죄행위와는 인과적 관계에 문제가 있다는 지적이 제기되었다. 즉 설문조사 시 독립변인은 현재의 처벌 지각도를 측정하지만 종속변인은 지난 1년간의 범죄경험을 통해 측정하기 때문에, 처벌의 지각도와 범죄와의 관계가 부(−)적인 관계를 갖는다는 결과는 처벌의 확실성을 더 지각하는 사람이 범죄를 덜 한다는 결과가 아니라 그 역의 해석이 가능하다는 것이다. 이는 억제효과가 아니라 경험효과로서, 즉 범죄를 많이 한 사람일수록 처벌의 확실성을 덜 지각한다는 결과라고 비판을 한다(Saltzman *et al*., 1982).

그러한 인과관계의 문제점 때문에 이후 연구에서는 1차 조사 시에는 처벌의 지각도를, 그리고 6개월 혹은 1년 후의 2차 조사 시에는 그동안의 범죄경험을 묻는 종단적 연구방법을 통해 억제이론을 검증하기 시작했다(Paternoster *et al*., 1983; Paternoster, 1989). 하지만 종단적 연구방법을 사용했던 연구 결과를 보면 초기의 연구 결과와는 달리 처벌은 범죄를 설명하는 중요한 요인이 되지 못한다는 결과를 제시했다.

그러나 그러한 종단적 연구에 의문을 갖는 연구들이 이후에 제시되었다. 억제이론에 따르면 사람들은 범죄를 하려는 순간 그 상황에서 처벌의 작동에 대한 판단을 하고 그것에 따라 범죄를 할지 말지를 결정하는데, 처벌의 지각도를 조사하고, 범죄는 그 1년 이후에 측정한다면 시간적 간격이 너무 길 뿐만 아니라 상황적이고도 순간적으로 이루어지는 처벌과 범죄의 관계를 명확히 다루지 못하게 된다는 지적이 제기된 것이다. 따라서 이 문제를 해결하기 위해서는 횡단적 연구방법을 사용하면서 시나리오 설계의 방식으로, 처벌은 현재의 지각도로, 그리고 종속변인인 범죄는 앞으로 범죄를 할지의 향후 범죄의도로 하여 그 관계를 살펴보는 것이 바람직하다는 주장이 제시되었다. 종단적 연구가 억제이론을 증명하지 못했던 것과는 달리 그와 같이 범죄의도를 사용한 이후 연구에서는 처벌의 억제효과를 증명해 보이고 있다(Klepper and Nagin, 1989; Grasmick and Bursik, 1990).

4) 사회통제이론과의 논쟁

기존의 억제이론의 연구가 비판을 받았던 또 다른 점은 주로 기존 처벌의 억제효과 연구들이 처벌과 범죄와의 관계만을 다루었지 다른 이론들의 변인들을 고려하지 못했다는 것이었다. 억제이론과 대립되었던 대표적인 이론으로는 허쉬(Hirschi, 1969)가 제시했던 사회통제이론을 들 수 있는데, 사회통제이론가들은 사람들이 주위 사람들과의 애착과 유대, 학업과 직장일에 대한 관여, 그리고 평소 생각하는 도덕적 신념 때문에 범죄를 안 하는 것이지, 공식기관의 처벌로 통제되는 것은 아니라는 주장을 한다. 즉 처벌과 범죄와의 관계만을 보면 처벌의 영향력이 있는 것처럼 보이지만 사회유대요인(예컨대, 부모와의 애착이나 학업에의 관여도, 신념)을 함께 고려하면, 처벌의 효과는 나타나지 않고 사회유대요인들이 중요한 설명요인으로 나타날 것이라고 하는데, 이후 여러 연구 결과에서는 그러한 주장들을 지지하였다(Tittle, 1980; Paternoster *et al*., 1983; Thomas and Bishop, 1984; Paternoster, 1989). 이러한 결과는 공식기관에 의한 처벌보다는 비공식기관에 의한 범죄통제가 얼마나 중요한 것인가를 보여주는 것으로 억제이론이 한계가 있음을 나타낸다. 즉 처벌의 억제효과를 엄밀히 증명하기 위해서는 다른 이론들의 변인들을 함께 고려한 연후에도 그 효과가 나타나는지를 밝혀야 한다는 것이며, 이럴 때 대부분 억제효과는 부정된다는 주장을 제시한다.

3. 억제이론의 수정과 확대억제이론

1) 주요 논의

이후 억제이론가들은 자신들의 주장과 논의를 다소 수정했다. 억제이론가들은 사회통제이론과의 논쟁에서 열세에 있게 되자 사회통제이론을 어느 정도 받아들이면서 자신들의 주장을 계속 견지해 나가려고 했다. 예컨대 처벌은 억제효과가 분명히 있는데, 그것은 처벌이 사회와의 유대를 손상시킬 수 있기 때문에 위협적이라는 주장을 제시했다. 그 대표적 논의가 윌리암스와 호킨스(Williams and Hawkins, 1986)의 논의로 그들에 따르면 공식기관에 의한 처벌은 단순히 처벌 그 자체의 확실성이나 위협 혹은 고통 때문에 범죄의 감소 및 억제를 가져오는 것은 아니라고 하면서 처벌의 억제효과는 사회유대와 관련해서 나타난다고 주장했다. 처벌은 처벌의 결과로 사회유대에 있어 많은 손실을 가져오기 때문에 행위자에게 위협적이라고 본 것이다. 즉 범죄를 하고 처벌을 받으면 주위 사람들의 비난이 있게 되고, 주위 사람과의 관계에서 문제가 발생하며 부모나 친지들이 크게 상심할 것이라는 점에서 처벌은 위협적이라는 것이다. 마찬가지로 범죄로 인해 처벌을 받게 되면 학업을 중단하게 되고 현재 직장을 잃게 될지도 모른다는 두려움, 그리고 앞으로도 직장을 갖지 못하고 성공할 수 없을 것이라는 두려움이 범죄를 억제할 수 있다고 보았다. 또한 처벌을 받게 되면 전과자라는 낙인으로 결과될 수치심이나 자기부정 등의 절망감 등 일련의 결과가 행위자에게 큰 두려움으로 작용한다고 보았다. 윌리암스와 호킨스는 이를 애착손실(attachment cost), 관여손실(commitment cost), 체포로 인한 낙인(stigma of arrest)이라는 개념으로 설명했다. 애착손실이란 처벌로 결과될 주위 사람과의 관계에서 나타날 수 있는 손실을, 관여손실은 처벌로 결과될 자신의 현재 투자하고 있는 사회활동과 앞으로의 일에서 있게 될 손실을, 그리고 체포로 인한 낙인은 처벌로 인해 야기되는 주위 사람들의 낙인으로 있게 될 자아손실 혹은 자아훼손 등에 대한 두려움을 말한다.

이 주장에 따르면 범죄에 대한 처벌과 사회유대의 영향력이 반드시 상호독립적으로 작용하지는 않을 것이라고 본다. 처벌의 위협은 사회유대요인과 관련하여 행위자에게 범죄를 하지 못하도록 하는 억제효과를 나타낼 수 있기 때문이다. 이는 처벌이 범죄억제에 중요하지 않다는 기존의 연구자들에게는 새로운 확대된 억제이론으로 제시할 수 있는 주장이 된다. 사실 이러한 논의는 초기의 억제이론가들(Zimring and Hawkins, 1973: 174)의 논의에서도 발견되어지나 보다 구체적인 논의는 윌리암스와 호킨스(1986)에 의해 제기되게 된 것이다. 그들은 사회유대요인과 관련하여 나타나는 처벌의 효과를 처벌의 간접억제효과라 부르고 있으며, 이후 나긴과 패터노스터(Nagin and Paternoster, 1991)는 이를 '확대된 억제이론'으로 명명했다. 확대억제이론은 기존의 억제이론과 사회통제이론의 논쟁을 피하면서 새로운 대안을 제시한다. 즉 처벌이 범죄에 억제효과를 갖는 것은 그것이 사후에 사회유대나 그 밖의 일에 중대한 손실을 가져올 것이라 인식될 때에만 가능하다는 새로운 주장이 제기되는 것이다.

2) 경험연구들

확대억제이론에 대한 초기 검증은 성인 남성을 대상으로 윌리암스와 호킨스(1989)의 아내 구타에 대한 연구에서 시도되었다. 그들은 아내 구타가 체포와 처벌에 대한 직접적인 두려움에 의해 억제될 수 있는지, 아니면 확대된 논의에서처럼 처벌 이후에 있게 될 애착손실이나 관여손실 혹은 낙인에 따르는 자아손실에 비추어서 억제될 수 있는지를 경험적으로 접근하였다. 그들의 연구결과에 따르면 처벌의 영향력으로 엄중성이나 확대된 논의의 애착손실 그리고 관여손실 등의 요인들은 범죄억제에 영향을 미치지 못한 반면, 처벌에 따르는 자아훼손의 두려움이 아내 구타 여부에 유의미한 영향력을 보이고 있다고 밝히고 있다.

이후 나긴과 패터노스터(1991)의 연구에서도 확대억제이론을 검증하려는 시도를 했다. 청소년을 대상으로 절도 등의 재산범죄나 마약남용 등의 범죄에 초점을 두었던 그들의 연구에서는 특히 관여손실의 범죄억제효과에 주목했다. 처벌로 있게 될 학업에 있어서의 장애나 앞으로 좋은 직업을 얻지 못하게 될 두려움으로 그 영향을 살펴본 그들 연구 결과는 관여손실이 범죄억제에 유의미한 영향력을 갖지 못함을 밝혀 확대억제이론의 검증에 실패를 했다.

한편 그라스믹과 버식(Grasmick and Bursik, 1990)은 확대억제이론을 검증함에 있어 특히 처벌에 따르는 자아훼손의 두려움이 범죄를 억제하는 데에 중요한 요인이 되는지에 주목했다. 그들에 따르면 확대억제이론은 처벌에 따르는 손실 요인들에 지나치게 주목했다고 보고 도덕규범적 요인들 또한 고려해야 할 것이라고 본다. 그들은 자아훼손을 수치심으로 간주했다. 그들에 따르면 수치심이란 규범의 내면화에 비추어 법을 위반함으로써 느끼는 자기 처벌의 감정, 즉 자책감 혹은 죄책감으로 정의한다. 성인을 대상으로 세금포탈, 절도, 음주운전 등에 주목했던 그들의 연구 결과는 처벌로 기대되는 자책감 혹은 자아훼손이 범죄억제에 중요한 요인으로 작용함을 밝혔다.

바흐만과 동료들(Bachman *et al*., 1992)의 성폭력에 대한 연구에서는 처벌로 있게 되는 주위 사람들의 비난과 같은 애착손실과 처벌 이후 낙인에 따르는 자아훼손 등 그 두려움의 범죄억제효과를 살펴보았는데, 그러한 요인들은 범죄에 유의미한 영향력을 갖지 못한다는 연구 결과를 제시했다. 그들은 그 연구에서 처벌과 같은 합리적 선택 요인들보다도 도덕적 신념과 같은 규범적 요인이 범죄 여부를 결정하는 보다 중요한 요인이 된다고 지적하고 있다.

4. 공식처벌의 조건적 효과와 세 입장

억제이론가들은 이후 공식처벌은 효과가 없는 것이 아니라 어떤 조건에서는 억제효과가 존재한다는 논의를 제시함으로써 발전을 했다. 즉 처벌의 억제효과는 조건적으로 혹은 차별적으로 작동할 수 있다는 것으로, 일부 대상자에게는 처벌의 억제효과가 작동하지 않을지 모르지만 다른 특정의 대상자에게는 처벌이 범죄의지를 억제한다고 주장했다. 그렇다면 누가 처벌에 의해 억제되는가? 이를 상세히 살펴볼 필요가 있는데, 그동안의 논의는 여러 상반된 입장이 존재해 왔다. 여기서는 첫째, 합리적 선택론, 둘째, 잠재적 범죄자론, 셋째, 중도대상론 등 세 입장으로 구분하여 정리해 보기로 한다.

우선 첫째의 합리적 선택론의 입장에 따르면 공식처벌은 나름대로 위협적일 수 있는데, 그것은 공식처벌이 사회의 여러 손실을 유발할 수 있기 때문이라는 주장이다. 이는 앞서 윌리암스와 호킨스(1986)의 논의에 기초한 것으로 공식처벌은 사회유대 등 여러 손실을 유발할 수 있기 때문에 억제효과가 가능하다고 주장한다. 이 입장에서 보면 처벌의 억제효과는 사회유대가 어느 정도 있는 사람에게 조건적으로 나타날 수 있는데, 그들은 처벌로 인해 사회에서 잃어버릴 것이 있는 사람이며 그러한 여러 손실을 합리적으로 염두에 두고 범죄 여부를 판단하기 때문이다. 하지만 이미 부모 등 주위와의 유대관계가 낮거나 학업에서 중도 탈락하거나 학업성적이 낮은, 그리고 낙인으로 자아가 훼손된, 그리고 성인의 경우 이혼하고 직장도 없는 사람은 더 이상 처벌로 잃어버릴 손실이 없기 때문에 그들에게 처벌은 위협적이지 않고 그들에게 억제효과는 낮다고 볼 수 있다(Williams and

Hawkins, 1989; Sherman and Smith, 1992). 즉 이 입장에서 보면 처벌의 억제효과는 사회유대가 어느 정도 높은 사람에게 작동될 수 있으며 공식처벌은 사회손실 우려가 높은 사람의 범죄를 억제할 가능성이 높다고 할 수 있다.

그러나 두 번째 잠정적 범죄자론에 따르면 오히려 그 반대로 처벌의 억제효과는 사회유대가 낮은 사람들에게서 나타날 수 있다. 실제로 고전주의에 근거한 억제이론은 모든 사람을 잠정적 범죄자로 가정하고 논의를 하며, 그렇기 때문에 그것을 저지할 수 있는 처벌의 효과에 주목했고, 그래서 처벌이 미약하다면 그 대다수는 범죄를 할 것이라고 보았다. 하지만 실증주의자들의 주장처럼 사회구성원 모두가 아니라 일부만이 범죄가능성이 높은 잠정적 범죄자라고 가정한다면 처벌의 억제효과는 그들 일부에게만 작동될 수 있다. 사실 그러한 측면을 고려하지 않았기에 기존 연구에서 억제이론의 지지도는 낮았던 것이고 좀 더 실질적인 잠정적 범죄자들을 대상으로 처벌의 효과를 살펴본다면 그들에게서 처벌의 억제효과는 더욱 가능하다고 볼 수 있다. 그러한 점에서 사회유대가 낮은 사람이 더 잠정적 범죄자라고 한다면 사회유대가 강한 사람에게서보다는 약한 사람에게서 처벌의 억제효과가 더 나타날 수 있다(Grasmick and Green, 1980). 사실 그러한 이유로 일반대상보다는 이전의 범죄경험자에게, 그리고 사소한 일탈자보다는 보다 심각한 범죄자에게 처벌의 억제효과가 더 잘 나타난다는 연구결과가 있는데(Piquero and Rengert, 1999; Piquero and Pogarsky, 2002), 이처럼 억제이론은 잠정적 범죄자를 대상으로 할 때 더 지지될 가능성이 높다. 포가스키(Pogarsky, 2007)는 집중보호관찰을 받고 있는 성인들을 대상으로 한 연구에서 처벌의 억제효과가 강하게 작용한다는 결과를 제시하기도 했다.

이와 같은 논쟁은 처벌의 효과가 자기통제력이 높은 혹은 낮은 사람에게서 더 작용하는지의 관심을 불러오기도 했다. 11장에서 소개할 갓프레드슨과 허쉬(Gottfredson and Hirschi, 1990)가 제시한 일반이론(일명 자기통제이론)은 최근 들어 가장 주목받는 이론으로, 낮은 자기통제력의 충동적인 성향의 아이들이 어려서부터 문제행동을 일으키고 그들이 비행이나 범죄를 저지르게 된다는 주장을 제시했고, 큰 지지를 받아왔다(Pratt and Cullen, 2000). 물론 일반이론에 따르면 처벌과 같은 요인은 중요하지 않으며 어려서 형성된 안정적 개인성향으로서 자기통제력만이 주요 설명요인이라고 본다. 그런데 처벌의 효과에 주목했던 억제이론가들은 자기통제력을 다룸에 있어 그것에 따른 처벌의 조건적 효과에 주목했는데, 그에 대한 논의는 앞서와 같이 상반되는 두 입장이 있다. 즉 합리적 선택론에 따르면 처벌의 효과는 충동적이지 않고 합리적으로 분별력이 있는 자기통제력이 높은 사람들이 처벌로 인한 손실을 더 고려하기 때문에 그들에게서 더 나타날 것이라고 볼 수 있다(Nagin and Pogarsky, 2001). 하지만 잠정적 범죄자론에 따르면 자기통제력이 높은 사람은 처벌과 관계없이 법을 준수하여 범죄를 저지르지 않을 것이기 때문에 그들에게 처벌의 억제효과가 나타나지는 않는 반면, 자기통제력이 낮은 잠정적 범죄자들에게서 그 효과는 더 작용한다고 본다(Wright *et al*., 2004).

또 다른 논의로 세 번째 중도대상론의 입장에서는 위와 같은 앞의 두 입장의 논쟁에서도 알 수 있듯이 처벌의 억제효과는 사회유대와 자기통제력이 높은 사람에게서도 아니고, 또 사회유대와 자기통제력이 낮은 사람에게도 작용하지 않고 그 중간 정도에 해당되는 사람들에게서 작동할 가능성이 높다고 본다(Pogarsky, 2002). 사회유대와 자기통제력이 높은 사람은 처벌이 없이도 어차피 법을 준수하는 사람들이기 때문에 그들에게 처벌이 있고 없고가 중요하지는 않다. 그리고 사회유대와 자기통제력이 낮은 사람들도 처벌과 관계없이 그 특성 때문에 범죄가능성이 높고 또한 그들에게 합리적 결정력에 결함이 있다고 본다면 그 이유에서라도 이 대상자들은 처벌에 의해 좌우되지는 않을 것이라고 볼 수 있다(신동준, 2009). 따라서 오히려 처벌의 효과는 사회유대와 자기통제력이 높지도, 그리고 그것들이 낮지도 않은 중간 정도의 대상자에게 더 작동할 것이라는 주장이 제기된다.

5. 특수억제효과의 연구들

일반억제이론과 달리 특수억제이론은 이미 범죄를 하여 처벌을 받은 범죄자에 대한 처벌의 효과를 다룬다. 일반억제이론에서는 공식처벌의 효과를 둘러싸고 주로 사회통제이론과 논쟁을 했다면, 특수억제이론은 처벌이 범죄자의 재범을 줄이는 억제효과보다는 오히려 이후 범죄의 증가를 낳는 결과를 초래한다고 보는 낙인이론과 논쟁이 있었다. 특수억제이론에 따르면 공식기관에 의한 처벌은 범죄자들에게 위협과 두려움을 주게 되어 결국 재범의 감소 혹은 중단을 가져온다고 보지만, 7장에서 소개할 낙인이론가들은 처벌이 사회낙인을 가져와 범죄자로서의 부정적인 자아를 형성하게 하여 지속적인 그리고 보다 심각한 범죄의 가능성을 높인다는 주장을 하기 때문이다.

특수억제이론과 낙인이론 간의 논쟁을 직접적으로 검증한 대표적인 연구로는 셔먼과 벅(Sherman and Berk, 1984)의 연구를 들 수 있다. 그들의 관심사는 아내에게 폭력을 사용한 남편들에 대해 처벌을 할 경우 그 이후 남편들은 억제효과로 인하여 더 이상 아내에게 폭력을 사용하지 않게 되는지 아니면 낙인효과로 인하여 계속적으로 폭력을 사용하게 되는지에 있었다. 미국 미니애폴리스에서 경찰과 협조를 통해 이루어진 이 실험연구에서는 아내에게 폭력을 사용한 사람들에게 무작위로 일부는 체포를 하도록 했고 일부는 충고와 훈방을 하도록 하였다. 집단 간의 비교를 통해 체포의 여부가 이후의 폭력에 어떠한 영향을 주었는가를 살펴보았는데, 그들의 결과는 체포당한 집단이 충고나 훈방을 받은 집단보다 이후 눈에 띄게 폭력의 사용이 줄어들었다는 결과를 보여줌으로써 특수억제이론을 지지하였다. 아내의 폭력에 대한 연구는 이후 지속되었다. 그러나 그 결과는 일관적이지 못했다. 체포가 아내에 대한 폭력을 줄인다는 연구 결과가 있는가 하면(Berk *et al.*, 1992), 그 반대의 결과를 보여 낙인이론을 지지하는 연구 결과도 있다(Dunford *et al.*, 1990; Sherman et al., 1992). 이후에도 미니애폴리스 이외에 다섯 지역에서 동일한 연구가 시행되었는데 특수억제이론을 지지하지는 못했다(Maxwell *et al.*, 2001).

특수억제이론과 낙인이론의 중심 메커니즘으로서 처벌의 위협 혹은 사회낙인 및 자아개념이라는 요인들을 고려하여 비교한 연구도 있었다. 이러한 요인들을 고려한 초기연구로 버켓과 히크만(Burkett and Hickman, 1982)은 처벌을 받은 청소년비행자들이 처벌의 위협을 느낌으로 해서 비행을 중단하게 되는지 아니면 부정적인 자아개념의 형성으로 인해 계속적인 상습비행자가 되는지에 관심을 가졌다. 이 연구에서는 부분적으로 낙인이론을 증명하였는데, 처벌의 경험이 처벌의 위협이나 두려움에는 영향을 주지 못하고 부정적인 자아형성에 영향을 주었지만 이러한 자아의 형성은 이후의 범죄 여부에 크게 영향을 주지 못했다는 결과를 제시하였다. 또 다른 연구로 토마스와 비숍(Thomas and Bishop, 1984)은 고등학교 학생을 대상으로 공식기관 혹은 학교에서의 처벌의 경험을 묻고 이러한 처벌이 처벌의 확실성 지각도와 비행자로서의 자아개념에 어떠한 영향을 주었는지를 살펴보았는데, 처벌의 경험은 어떠한 요인에도 영향을 주지 못하였다고 하여 특수억제이론과 낙인이론 모두를 증명하지 못한 결과를 제시한 바 있다. 한편 와드와 티틀(Ward and Tittle, 1993)은 대학생 대상의 연구에서 처벌은 처벌의 위협에는 아무런 영향을 미치지 못하고 오히려 주위 사람들의 낙인을 가져오고 이러한 낙인은 일탈자로서의 자아형성에 영향을 미침으로 해서 결국에는 이후의 일탈에 영향을 준다는 것을 밝혀 억제이론보다는 낙인이론을 증명해 보이고 있다.

특수억제효과는 굳이 낙인이론과 비교를 하지 않더라도 그것은 대체로 미약하다는 것이 그동안의 연구들에서의 결과이다. 즉 처벌은 범죄자에게는 별 억제효과가 없으며 오히려 초범자에게는 낙인효과로 지속적으로 범죄를 하게 할 가능성이 높다고 할 수 있다. 처벌은 단기적으로 보면 범죄를 억제하여 재범가능성을 낮추는 듯 보이기도 하지만 장기적으로 보면 그 억제효과는 미약하다는 것이 학자들의 공통된 견해라고 할 수 있다(Dejong, 1997).

6. 국내 연구 동향 및 향후 전망

1) 일반억제연구

국내에서도 1980년대 들어 억제이론에 대한 검증이 이루어졌지만, 여기서는 처벌의 억제요인들과 더불어 사회통제이론의 요인들을 함께 다룬 연구들을 중심으로 주요 연구들을 소개하기로 하겠다. 그 대표연구로 이성식(1998)은 청소년을 대상으로 하는 연구에서 억제이론을 검증했는데, 처벌의 확실성과 처벌의 엄중성을 독립변인으로 상정한 모델의 결과에서 처벌의 확실성 지각도가 비행 여부를 결정하는 중요한 요인이 됨을 제시했다. 그러나 사회유대 등의 요인을 추가한 분석 결과를 보면 기존 연구들에처럼 비행에 대한 처벌의 확실성의 영향력은 매우 약해 공식처벌의 억제효과는 사회유대요인들이 포함될 경우 약화된다는 것을 제시했고, 사회유대요인들 중에는 특히 학교공부에의 관여가 비행을 설명하는 데 있어 매우 중요한 요인임을 제시했다. 또한 기광도(2004)는 남녀성인들 대상의 연구에서 기초질서위반의 경우는 공식처벌과 사회통제이론의 비공식통제(주위사람들의 관계나 반응)가 모두 중요했지만 사회유대의 비공식통제요인이 더 중요했고, 그 외의 범죄항목에서는 공식처벌의 영향력은 유의미하지 않았고 비공식통제요인만이 중요했다는 결과를 제시했다. 이러한 연구 결과는 우리나라의 경우 사람들이 처벌이 무서워서가 아니라 주위와의 유대나 혹은 그것이 옳지 않다는 도덕적 신념 때문에 범죄나 비행을 저지르지 않는다는 것을 제시하는 것으로 억제이론의 논의가 한계가 있음을 제시한다.

그와 같은 억제이론의 한계로 이성식(1998)은 그 보완된 논의로 청소년을 대상으로 확대억제이론을 검증했었다. 처벌에 따르는 애착손실, 관여손실, 그리고 낙인의 두려움의 영향력을 살펴본 결과에서는 기존의 외국 연구 결과에서처럼 관여손실은 비행 여부를 결정하는 데 중요한 요인이 되지 못했으나 처벌로 인한 애착손실과 처벌로 인한 낙인에 따르는 자아훼손 혹은 수치심 등의 두려움은 비행을 억제하는 중요한 요인이 됨을 나타냈다. 이 연구에서는 도덕적 신념의 비행에 대한 영향력 또한 매우 크다는 것을 제시했다. 그러나 애착손실은 중비행에서, 그리고 중비행의 경우는 오히려 애착손실이 도덕적 신념보다도 상대적으로 비행을 설명하는 중요한 요인이 됨을 제시했다. 이와 같은 연구 결과는 확대억제이론의 논의가 지지받지 못하고 오히려 도덕적 신념의 개인가치가 중요했던 외국연구와 다르며 이는 개인의 가치나 소신보다는 타자와의 인간관계를 중시하는 우리나라의 문화구조적 특성에서 비롯되는 결과라 할 수 있다. 이 연구에서는 자아훼손의 경우도 실제로 죄책감에 주목했던 외국연구와 달리 수치심에 초점을 두었고 그 영향력이 높다는 결과를 제시했는데 수치심이 다른 사람에 비춰진 자아에서 비롯된 것이라고 볼 때 이 또한 타자와의 관계와 관련된 요인이 중요하다는 것을 나타내는 것이다.

이후 국내에서 2000년대 중반부터는 처벌의 조건적 효과에 대한 논의가 진행되었다. 이성식(2007)의 약물사용 연구에서는 처벌의 억제효과가 사회유대가 약한 사람에게서 더 나타난다는 연구 결과를 제시했다. 그리고 처벌의 억제효과는 자기통제력이 낮은 잠정적 범죄자들에게서 더 작용한다는 결과를 제시했다. 이 결과와 일관되게 이성식(2008)의 사이버범죄에 대한 연구에서는 처벌의 억제효과가 도덕적 신념과 윤리의식이 낮은 청소년들에게서 더 크게 작용한다는 결과를 제시했다. 이는 처벌의 조건적 효과에 대한 세 입장 중 잠정적 범죄자론을 지지하는 결과이다. 하지만 청소년대상의 연구에서 김정규(2010)는 처벌의 억제효과는 도덕적 신념과 자기통제력에서 높지도, 낮지도 않은 보통의 일반대상자들에게서 더 나타난다는 결과를 제시해 중도대상론을 지지했다.

최근 이성식(2012)은 청소년대상의 연구에서 사이버 범죄의도를 사용하여 공식처벌의 효과를 다룸에 있어 처벌의 확실성 지각도가 높은 청소년이 사이버 범죄의도가 낮다는 결과를 제시했다. 그리고 처벌의 억제효과는 오히려 주위유대, 도덕적 신념, 그리고 자기통제력보다도 큰 것으로 나타나 억제이론의 논의를 지지했다. 이는 종속변인을 실제 범죄보다는 범죄의도로 사용했을 때 크게 지지될 수 있음을 제시한다. 이 연구에서는 공식처벌의 조건적 억제효과에 주목했는데 처벌의 억제효과는 주위와의 유대, 도덕적 신념, 자기통제력이 낮은 청소년에게서 더 나타난다는 결과를 제시해 합리적 선택론이나 중도대상론보다는 잠재적 범죄자론이 더 설득력이 있다는 것을 제시했다.

2) 특수억제연구

범죄자에 대한 처벌의 재범억제효과를 다루는 특수억제효과에 관한 연구는 상대적으로 우리나라에서는 부족했다. 여기서는 이성식(1997)의 연구를 소개하기로 하는데, 이는 특수억제이론과 낙인이론 간의 상대적인 설명력의 우위에 대한 검증으로, 비행소년들을 대상으로 하여 그들이 사회 내 처우 혹은 시설 내 처우의 처벌을 받았는지에 따라 재범의 가능성이 다른지를 살펴본 연구이다. 즉 시설 내 처우와 같은 보다 엄중한 처벌을 받은 집단이 처벌의 위협으로 인해 이후의 비행의 감소를 가져오는 억제효과를 갖는지, 아니면 주위 사람들로부터의 낙인으로 부정적 자아가 형성되게 되고 결국 앞으로도 비행의 가능성이 높은 낙인효과를 갖는지를 살펴보았다. 이 연구에서 억제이론과 낙인이론은 모두 단지 부분적으로만 검증되었다. 보다 강한 처벌을 경험한 시설 내 처우 소년범들은 사회 내 처우 소년범들보다 처벌의 위협을 보다 지각하게 됨으로써 재범의 가능성이 낮은 것을 보인 반면 또 다른 한편으로는 주위 사람들로부터 문제아라는 낙인이 찍히게 되어 재범의 가능성이 높다는 복합적인 결과를 제시했다.

3) 향후 전망

공식기관에 의한 처벌의 억제력을 다룬 억제이론은 그 지지도가 낮아 보이지만 초기의 논의와 달리 이후의 발전된 모습들을 보면 어느 정도 설득력을 얻어가고 있다. 즉 공식처벌의 효과는 그 자체는 미약할지 모르지만 적어도 어느 대상자에게는 효과가 있을 수 있으며, 그 연구가 많지는 않아 결론을 내리긴 어렵지만 우리나라의 연구 결과를 보면 그것은 범죄의 우려가 많은 잠정적 범죄자에게는 억제력을 갖는다고 할 수 있다. 즉 처벌정책은 일반인이 아닌 어느 정도 우범자에게 적용될 때 효과가 있으며 이는 위험청소년 등에게 처벌의 위협을 알리는 방안이 필요하다는 것을 제시한다. 그렇지만 기존 연구들에서 특수억제효과가 한계가 있듯이 이미 범죄를 저지른 범죄자에 대한 억제효과는 크게 기대하기 힘들지만 범죄가능성이 높은 우범자에 대한 예방적 차원에서의 처벌의 효과를 기대할만 하다.

그러나 사실 억제이론을 제대로 검증하는 것이 어려운 작업이다. 처벌과 범죄의 인과관계를 증명하기 위해 논란도 있었고, 또 결국 그 억제효과를 알기 위해서는 실제 범죄보다는 범죄의도를 통해 간접적으로 파악하는 것이 바람직하다는 주장도 있지만 그러한 경험연구들은 실제 범죄를 사용하지 않았기 때문에 그 결과해석에 신중해야 할 필요가 있다.

그럼에도 어쨌든 그동안의 연구 결과들도 그렇고 처벌의 억제력보다는 사회와의 유대나 도덕적 신념과 같은 요인들이 더 중요해 보인다. 즉 사람들은 처벌이 무서워서가 아니라 다른 이유 때문에, 즉 그것이 옳지 않은 행동이라 생각하기 때문에 범죄를 하지 않는 것 같다. 따라서 처벌에 의한 통제보다는 우선적으로 도덕적 교육이나 비공식적 통제가 더 필요할 것 같다. 처벌 그 자체로는 효과가 미약할 수 있으며, 범법자에 대한 처벌은 낙인 등의 부정적 효과가 우려된다고 할 때 보다 신중해야 할 것이다. 처벌은 그야말로 최후의 보루여야 할 것이다.

제 7 장

사회적 상호작용과 낙인

| 박형민(한국형사정책연구원) |

1. 낙인이론의 배경과 주장

대부분의 범죄학이론에서는 "범죄자들이 왜 범죄를 저지르는가(혹은 저지르지 않는가)?"에 대한 질문에 답하고자 하는 것이 일반적이었으나, 낙인이론에서는 주요 질문을 "어떤 사람이 범죄자가 되는가?"로 전환하여 이론을 전개하고 있다. 이는 유사한 행위를 한 모든 사람이 범죄자로 규정되는 것이 아니라 그중 일부만이 범죄자로 규정되는 현상을 설명하고자 하는 것이다. 이처럼 낙인이론은 범죄학의 주요 관심사를 동기(motivation)의 문제로부터 정의(definition)의 문제로 전환하여 특정한 개인이 범죄자가 되는 과정에 관심을 기울인 것으로서(한인섭, 1996), 1960년대 주류범죄학에 대한 비판적 입장을 견지하면서 태동하였다 볼 수 있다.

낙인이론과 극명하게 대비되는 범죄학이론은 억제이론이라 할 수 있는데, 억제이론은 고전주의 범죄학에 기반하여 범죄의 이득이 처벌에 따르는 고통을 넘어설 때 범죄가 발생한다고 보아, 강력한 처벌을 통해 범죄를 감소시킬 수 있다고 보았다. 그러나 낙인이론은 처벌이 행위에 상응하여 부여되는 것이 아니라 그 행위를 한 사람이 누구인가에 따라 그 사람이 범죄의 여부가 규정된다는 것이며, 이렇게 범죄자로 규정된 사람은 자기가 규정받은 대로 범죄자로서의 정체성을 가지고 지속적으로 범죄행위를 저지를 수 있다는 것이다. 이처럼 처벌은 범죄를 감소시키려는 목적을 가지고 부여되지만, 오히려 범죄를 증가시킬 수 있다는 것이다.

낙인이론은 상징적 상호작용이론의 '거울자아(looking-glass self)' 개념과 밀접한 관련을 가지고 있다. 상징적 상호작용이론에서는 개인의 정체성과 자아개념을 획득하는 과정을 사람들이 거울을 통해 자신을 인식하는 과정과 유사하다고 주장한다. 사람들은 자신의 얼굴을 직접적으로 인식할 수 없으며, 다만 거울을 통해 반영된 대상으로서만 인식할 수 있을 뿐이다. 이처럼 사람들은 자신의 자아(I)는 직접적으로 인식할 수 없으며, 거울을 통해 보듯이 다른 사람들이 자신을 어떻게 생각하는지에 따라 반영된 자아(me)만 인식할 수 있다는 것이다. 결국 개인의 정체성과 자아개념은 다른 사람들이 자신을 어떻게 생각하는지에 따라 형성되는 것이며, 이것은 다른 사람들과의 상호작용이라는 사회적 맥락 안에 놓여 있는 것이다.

특히 중요한 타자(Significant Other)가 어떤 사람을 특정한 성격을 가진 사람이라고 여기면서 그와 상호작용하게 된다면, 그 사람은 자신을 중요한 타자가 규정한 대로 생각하게 되어 결국에는 실제 그러한 성격을 가진 사람이 되어가는 것이다.

낙인이론은 상징적 상호작용 과정에서 자아가 형성되는 과정이 범죄와 비행행위에도 동일하게 일어난다고 보고 있는데, 범죄자 또는 일탈자는 그 사람이 실제 무슨 일을 했는지보다는 그 사람이 어떻게 규정되는지에 따라 결정된다고 하는 것이다. 그리고 이렇게 부여된 낙인은 기회구조를 제한하고 부정적인 자아관념을 형성하여, 그 이후의 범죄행위를 유발할 가능성을 높이게 된다.

이러한 의미에서 낙인이론은 기존의 사회구조에 비판적 입장을 근저에 지니고 있다고 할 수 있다. 사회집단은 일탈을 규정하는 규칙을 제정하여 일탈의 개념을 형성하고, 이를 위반한 사람들에게 규칙을 적용하여 일탈자로 낙인찍게 되는데, 일탈자 혹은 범죄자는 일탈의 낙인이 성공적으로 씌워진 사람이다. 이처럼 일탈을 저지른 모든 사람에게 일탈자라는 낙인이 부여되지 않는다는 것은 어떤 사람은 일탈행위를 저지른다 하더라도 낙인에서 벗어날 수도 있다는 것이다.

이러한 상황에 대해 낙인이론에서는 어떤 사람이 범죄자로 낙인찍히는 것은 그가 무슨 행위를 하였는가보다는 그가 누구인가에 달렸다고 설명하고 있다. 유사한 법률위반행위를 저질렀을 경우 비교적 약자에 속하는 개인은 공식적으로 범죄자가 되어 처벌받을 확률이 높은 반면, 강자에 속하는 개인은 성공적인 변호와 협상을 통해 범죄자라는 낙인에서 벗어날 가능성이 높다는 것이다. 그리하여 범죄자라는 낙인이 부여되는 과정에서는 주로 낮은 계층, 소수인종, 어린 연령과 같은 기존의 편견의 영향력이 강하게 작용한다고 할 수 있다.

낙인이론의 비판적 시각은 기존의 범죄학이론이나 형사정책적 범죄통제 활동에도 적용된다. 낙인이론의 관점에서 범죄에 대한 통제는 범죄와 일탈행위를 규제하기보다는, 오히려 추가적인 범죄를 야기할 수도 있는 것이다. 특히 공식기관이 일탈자를 처벌하는 과정에서 부여되는 사회적인 낙인은 범죄와 일탈을 줄이기보다는 증가시키는 방향으로 기능하게 된다.

2. 낙인이론의 주요 개념

1) 악의 극화

악의 극화(The Dramatization of Evil)라는 개념은 낙인이론의 선구자라 할 수 있는 탄넨바움(Tannenbaum, 1938)이 범죄자가 만들어지는 과정을 설명하기 위해 사용한 개념이다. 범죄자는 어떤 행위를 한 사람을 다르게 대하기 시작하면서 만들어지는데, 다른 사람과 다르게 취급받은 사람은 세계를 다르게 경험할 수밖에 없고, 그렇게 경험한 다른 세계 속에서 자신을 인식하게 되는 것이다. 이처럼 범죄자가 되는 과정은 꼬리표를 붙이고, 정의하고, 분리하고, 설명하고, 의식하는 과정이며 이 과정에서 범죄자 자신도 범죄자로서의 자기의식을 만들어 가게 되는 것이다. 탄넨바움은 "사람은 묘사되는 대로 되어 간다"는 명제를 통해서, 사람들이 특정인을 범죄자로 묘사하고 기술하면 그는 범죄자가 되어간다고 주장한다. 바로 그렇기 때문에 부모나 형사사법기관에서 나쁜 행동을 고치도록 열심히 일하면 일할수록 나쁜 행동은 더 많이 이야기되는 것이며 결국에는 악을 점점 키우고 강화시키는 일이 되고 만다는 것이다. 이것은 형사사법기관이 좋은 의도를 가지고 있는지의 여부와는 상관이 없다.

2) 일차적 일탈과 이차적 일탈

일차적 일탈(primary deviance)은 처음으로 사회적 반응을 불러일으키는 최초의 일탈행위로서 다양한 사회적 · 문화적 · 심리적 상황에 의해 야기될 수 있는 행위이다. 일차적 일탈은 개인의 자아관념에 거의 영향을 미치지 않으며, 청소년들의 초기 일탈은 그들의 정상적인 일상활동으로 볼 수 있는 여지도 있다. 이러한 일차적 일탈은 개인의 심리구조에 별다른 영향을 끼치지 않으며, 자아상과 사회적 역할을 재규정할만큼 중요한 일로 여겨지지 않는다. 그런데 이러한 일상활동이 부정적인 행위로 간주되어 일탈행위로 규정되면, 그 사람은 '일탈자'로 낙인찍히게 되고, 스스로도 자신은 일탈자라는 사회적 지위를 받아들이게 되는 것이다(Lemert, 1951).

이차적 일탈(secondary deviance)은 그들이 일탈자로 낙인찍히지 않았더라면 저지르지 않았을 추가적 일탈을 말하는 것으로서, 이차적 일탈 이후에 일탈적 행위유형이 지속되어 일탈자로서의 자아관념이 고정되는 것이다. 이차적 일탈은 일차적 일탈자에 대해 공개적으로 일탈자라고 낙인찍는 부정적인 반응을 획득했을 때에만 발생하는 것이다. 특히 낙인을 찍은 주체가 사회규범이나 법규범을 집행할 권한을 가진 사회의 공식적인 기관(경찰, 검찰, 법원 등)일 때 그 효과는 더욱 커지는데, 공식 기관의 낙인은 '범죄경력'이라는 꼬리표를 개인에게 부여하여 그 이후의 개인의 삶을 강하게 규정하게 되는 것이다. 일탈자라는 공식적인 낙인은 지속적으로 사회의 감시의 대상이 되게 하는 한편, 합법적 기회구조로부터 제외되어 미래의 일탈의 기회가 증가할 수밖에 없는 것이다. 공식적인 낙인은 차별적 기회구조를 형성하여 자신과 유사한 낙인소유자들과의 접촉을 증가시키게 되고, 이러한 접촉을 통해 스스로를 그들과 동일시하여 일탈자로서의 정체성을 획득하게 된다는 것이다. 이렇게 일탈자로 규정되는 것은 사회적 지위가 부여되는 것과 유사한 효과를 가져오게 되고, 사회적 지위는 사회적 상호작용의 과정과 유형에 영향을 미칠 수 있는 것이다. 그 결과 일탈자로서의 정체성을 획득한 사람들은 사회적 청중이 예측한 바대로 행동하게 되는데, 이를 자기성취적 예언(self-fulfilling prophecy)이라 한다.

3) 외부인

외부인(outsider)이라는 개념은 누군가를 일탈자로 낙인찍거나 특정 행위를 일탈이라고 규정하는 것이 사회적 지위를 부여하는 것과 유사한 효과를 준다는 것을 드러내기 위해 베커(Becker, 1963)가 사용한 개념이다. 베커의 주장에 따르면 "사회집단은 규칙을 만들어내는 것을 통해 일탈도 만들어낸다." 즉, 사회는 "어떤 행위를 일탈이라고 규정하고 그것을 특정인에게 적용하여" '외부인' 이라는 낙인을 찍는 것이다. 이때 외부인이 되는 것은 그 사람이 실제로 저지른 행위때문이 아니라 단지 그 사람에게 낙인이 성공적으로 부여된 것 때문이다(Becker, 1963). 그렇기 때문에 사람들이 외부인으로 낙인찍은 범죄자는 '실제 범죄자' 도 있지만, '억울한 범죄자' 도 있을 수 있는 것이다. 마찬가지로 범죄를 저질렀지만 낙인이 부여되지 않은 '숨은 범죄자' 도 존재할 수 있다. 그런데 실제 범죄를 저질렀는지의 여부와는 상관없이 '외부인' 으로 낙인이 부여되면 그것은 사회적으로 중요한 지위(master status)로 기능하게 되고, 그 이후의 사회적 상호작용에 결정적인 영향을 미치게 된다. 사회가 외부인으로 보기 시작하게 되면 그는 합법적인 영역에서는 활동이 제약되는 반면, 비합법적 영역에서의 활동은 용이해질 수 있는 것이다.

4) 재통합적 수치

낙인이론에서는 범죄자의 행위를 기술하고 그를 비난하는 것은 사회적 낙인을 야기하여 부정적인 효과를 가져온다고 생각해 왔으며, 그리하여 범죄행위에 대한 기술은 적으면 적을수록 좋다는 입장을 견지해 왔다. 그런데 브레이스웨이트(Braithwaite, 1989)는 범죄행위의 비난을 통해 범죄자가 수치를 느끼는 것은 낙인을 통해 범죄를 증가시키는 요인이 되기도 하지만, 때로는 범죄자가 자신의 행위에 대한 수치심을 느끼게 함으로써 향후의 범죄를 중지하는 기능을 하기도 한다고 주장한다.

브레이스웨이트는 수치를 '수치를 당하는 사람에게 양심의 가책을 느끼게 하는 효과를 가진 사회적 불승인 또는 타인의 비난' 이라고 정의하고, 수치에는 해체적 수치(disintegrative shaming)와 재통합적 수치(reintegrative shaming)가 있다고 생각하였다. 해체적 수치는 기존 낙인이론에서의 낙인과 비슷한 효과를 유발하는 것으로서 수치를 당한 범죄자가 공동체와 화해하기 힘들게 하여 미래의 추가적인 범죄를 야기하게 하는 것이지만, 재통합적 수치는 범죄자의 비난에 그치는 것이 아니라 그가 진심으로 잘못을 뉘우치는 경우 그를 다시 공동체에 편입시키려는 노력을 수반하는 것이라 규정하였다. 이처럼 공동체는 재통합적 수치를 통해 그를 용서하고 범법자라는 낙인을 벗겨 주는 의식을 진행함으로써 범죄를 궁극적으로 억제할 수 있도록 노력할 수 있는 것이다.

재통합적 수치라는 개념은 회복적 사법(restorative justice) 이념으로 연결되어, 범죄자의 입장에서는 잘못을 용서받고 공동체에 다시 진입하는 한편, 피해자는 자신이 원하는 방식으로 피해를 회복하여 범죄의 부정적인 효과를 최소화할 수 있는 방향의 범죄통제가 이루어져야 하는 생각으로 발전한다. 범죄자의 사회봉사, 피해자에 대한 직접사과, 손해배상, 갈등관리, 해결훈련참여, 피해자 옹호, 피해자-가해자 조정(VOM: victim-offender mediation) 등의 프로그램은 회복적 사법의 이념에 의해 이루어지는 프로그램들이다.

3. 낙인이론 검증에 있어 기존의 연구

사회적 낙인이 범죄를 실제로 증가시키는지에 대한 검증은 억제이론과의 논증을 통해 이루어지고 있다고 할 수 있다. 즉, 억제이론가들은 범죄자에 대한 처벌이 그 후의 범죄를 중단하거나 감소시키는 효과가 있다고 주장하는 반면, 낙인이론가들은 처벌이 오히려 범죄를 증가시킨다는 결과를 제시하고자 하는 것이다.

낙인이론을 지지하는 실증적 연구들을 살펴보면, 골드와 윌리암스(Gold and Williams, 1969)는 경찰에 의해 체포된 청소년비행자들과 체포되지 않은 비행자들의 재범을 비교하여, 체포된 비행청소년들이 보다 계속적인 비행을 하게 된다는 것을 보여주었으며, 리버만 등(Liberman *et al*., 2014) 역시 청소년기의 체포경험이 미래의 체포가능성을 높여 주어 첫 번째 체포경험이 재범행과 재체포에 영향을 끼친다고 주장하였다. 그 밖에도 청소년기의 체포경험과 사회적 낙인이 이후의 범죄를 증가시킨다는 연구들이 낙인이론을 지지하고 있다(Bernburg and Krohn, 2003; Farrington *et al*., 1978).

형사사법기관의 공식적인 처벌을 받은 학생이 학교에서 배제되고 분리되어 부정적인 영향을 미치거나 졸업하는 데에 방해가 되어 기회구조를 제한하기도 한다는 연구도 있었으며(Kirk and Sampson, 2013; Sweeten, 2006; Pager, 2003), 공식적인 처벌이 부정적인 자아형성에 영향을 주고 있다는 연구도 낙인이론을 지지하는 입장이라 할 수 있다(Burkett and Hickman, 1982; Ward and Tittle, 1993).

반면 티틀(Tittle, 1975)의 연구와 같이 처벌이 이차적 일탈을 야기하기보다는 범죄를 감소시킨다는 억제이론을 지지하는 연구를 비롯하여, 윌리 등(Wiley *et al*., 2013)의 연구와 같이 형사사법기관과의 접촉의 영향이 성별로 다르게 작동하여 여성에게는 통제이론이 적용되고 남성에게는 낙인이론이 적용된다는 연구와 같이 낙인이론을 일부만 지지하는 연구들도 수행되었다.

한편으로는 형사사법기관의 공식적 낙인보다는 비공식적인 낙인을 강조하는 입장이 있는데, 이들 연구에서는 부모, 교사, 친구, 학교 등의 낙인이 비행의 주요한 원인이 될 수 있으며(Matsueda, 1992; Adams *et al*., 2002), 학교에서의 처벌이 청소년들에게 낙인효과를 발생시켜 부정적인 효과를 낳을 수 있다고 주장한다(Schafer and Polk, 1967).

4. 국내 연구 동향 및 향후 전망

국내에서 낙인이론에 대한 연구는 공식적 낙인에 대한 연구보다는 비공식적 낙인이 청소년들에게 미치는 영향을 살펴보는 경향이 강하게 나타난다고 할 수 있을 것이다.

최인섭과 이성식(1996)은 처벌의 낙인효과가 있는 것은 사실이나 이것은 공식기관에 의한 처벌에 의해서라기보다는 과거의 행위에 대한 주위 사람들을 비롯한 비공식기관에서의 낙인을 통해 발생한다는 것을 발견했으며, 처벌은 낙인의 형성 및 자아의 변화를 일으켜 비행의 증가를 가져온다기보다는, 비행친구와의 접촉이라는 다른 경로를 통해 비행의 증가를 가져온다는 것을 확인하였다. 그러나 이 연구에서는 처벌이 반드시 낙인효과라는 부정적인 결과만을 초래하는 것은 아니며, 행위자의 사회유대가 높을 때에 처벌은 억제효과를 나타낼 수도 있다는 것을 지적하였다.

최수형(2008)의 연구에서는 비행으로 인해 발생한 비공식적 낙인의 경험이 이후의 비행을 유발할 가능성이 높음을 발견하였으며, 이성식(2007)의 연구에서도 부모와의 유대나 학교성적이 낮을수록, 그리고 비행경험이 있고, 비행친구가 있는 청소년들이 비공식적 낙인을 매개로 비행을 저지를 가능성이 높은 것으로 나타났다. 진혜민 외(2011)의 연구 역시 비공식적 낙인이 공격성과 자아존중감을 매개로 비행에 영향을 미치고 있다는 것을 발견하였다.

박현수 외(2009)의 연구에서는 전통적인 낙인이론을 일부만 지지하는 결론을 도출하였는데, 낙인이 독립적으로 발생한다기보다는 비행의 결과로서 낙인이 부여되지만, 낙인의 차별적 효과에 있어서는 낙인이론가들의 주장대로 사회적 약자, 경제적 약자, 문화적 소외계층일수록 비행청소년으로 낙인이 찍힐 가능성이 더 크며, 더욱 심각한 것은 한 번 각인된 낙인은 시간이 지나도 쉽게 지워지기 어렵다고 주장한다.

그러나 낙인이론보다는 통제이론의 주장을 지지하는 연구도 한편으로 존재한다. 민수홍(2006)은 수형자들의 교도소 내 징계경험을 분석하여 수형자들이 교도소에서 받는 징계는 그들이 소내 규율을 위반한 결과로 주어지는 것이지 규율위반과 상관없이 그들의 사회경제적 지위에 의해 일방적으로 주어지는 낙인의 결과가 아니라고 결론맺으면서, 낙인이론의 주장은 경험적인 지지를 받지 못하는 반면 자기통제이론의 주장은 모두 경험적인 지지를 받았다고 주장한다. 이수진(2006)의 연구 역시 남학생에게는 직접통제요인이 비행을 감소시키고, 여학생에게는 낙인통제요인이 비행을 감소시킨다고 분석하였다.

그 밖에도 질적인 접근을 통해 낙인이론의 주장을 지지하는 연구들도 있었다. 강세현(1994)은 제주지역 청소년들에 대한 심층면접을 통해 '공식 낙인단계에 있는 청소년들이 초기에는 낙인으로 인한 대인관계의 어려움으로 인해 친구관계가 소원해짐으로써 외톨이 신세에 처해 있다가 점차 끼리끼리, 패거리 유형의 친구관계로 되돌아 가는' 현상을 포착하였다. 그리고 '그들 중 일부분은 낙인으로 인해 발생하는 여러 가지 어려운 환경에 직면하여 보다 손쉽게 자신을 인정해 주는 동료들과 접촉하고 자신의 존재를 내보이기 위해서 이미 여러 명의 성원으로 구성되어 있고 일정한 규칙도 존재하는 패거리 유형의 친구집단에 참여할 가능성'이 높다는 것을 발견하였다. 낙인이론에 기반한 또 다른 질적 연구는 정혜숙과 김수경(2010)의 연구이다. 이 연구에서도 교사에게 낙인을 부여받은 학생들이 부당한 제재행위를 경험하여 이에 대한 스트레스가 있었다는 점을 드러내었으며, 이로 인하여 학교에 대한 부정적인 인식이 형성되어 학교생활에 적응하지 못하는 모습이 나타나고 있다는 점을 묘사하였다.

이처럼 낙인이론에 대한 경험적 연구는 비공식적 낙인의 효과에 집중되고 있으며 공식적인 낙인에 대한 연구는 매우 부족한 것이 사실이다. 그러나 낙인이론의 주장은 경험적인 연구에 비해 형사사법체계에 적극적으로 받아들여지고 있는 것으로 보인다. 특히 소년사법분야에서는 경미한 일탈이나 범죄를 저지른 청소년들에게 부여되는 공식적인 낙인을 감소시키기 위한 여러 가지 방안들이 시도되고 있다. 따라서 이제는 낙인이론에 근거하여 소년사법분야에서 시도되고 있는 여러 가지 프로그램과 제도들의 효과에 대한 실증적인 연구가 시도되어야 할 시점이라고 보여지며, 실증적인 근거를 기반으로 소년사법 프로그램에 대한 검토가 필요하다고 할 수 있겠다. 이를 위해서는 비공식적인 낙인에 대한 효과뿐 아니라 공식적인 낙인이 미치는 효과에 대한 연구들도 함께 수행되어야 할 것이다.

제 8 장

사회갈등과 범죄

| 황지태(한국형사정책연구원) |

1. 갈등론적 범죄이론들의 공통성

여러 형태의 갈등론적 범죄이론, 급진적 범죄이론, 비판범죄론, 맑스주의 범죄이론 등을 모두 포괄하여 범죄학에서 넓은 의미의 갈등범죄이론으로 분류할 수 있는 이론들은 몇 가지 중요한 점에서 여타의 범죄이론들과 뚜렷하게 구별되는 공통의 특성을 가지고 있다. 그 이론들은 다른 범죄이론들에 비해 범죄와 범죄자에 대한 규정부터가 훨씬 역동적이다. 이는 갈등론적 범죄이론가들이 특정 행위를 범죄나 일탈로 결정하는 기준인 법과 규범의 보편성을 당연시하지 않기 때문이다. 법과 규범의 내용은 누군가에게는 좀 더 유리하게 만들어져 있고 다른 누군가에게는 불리하게 만들어져 있다. 법의 집행과 규범의 작동방식은 그것이 적용되는 사회 내 각 집단들 혹은 계급 사이의 역학관계에 의해 결정된다. 집단이나 계급들 사이의 힘의 차이는 그 사회의 법과 규범에 반영되기 때문에 상대적으로 힘없는 집단이나 피지배계급이 범죄자로 규정될 가능성이 더 높아지게 된다. 그러한 역학관계의 총체를 사회구조라고 인식할 경우엔, 범죄나 일탈은 불평등한 사회구조를 통해 설명되기도 할 것이다. 이러한 논리는 결국 불평등한 사회구조적 역학관계의 변화가 특정 범죄의 증감뿐만 아니라 전반적인 범죄 발생 양상의 변화에도 결정적인 영향을 미치게 된다는 함의를 갖는다.

여러 종류의 다양한 갈등이론들이 공유하는 이와 같은 기본적인 논리의 틀은 1930년대 셀린(Thorsten Sellin)의 문화갈등이론(cultural conflict theory)에서부터 1950년대 볼드(George Vold)의 집단갈등이론(group conflict theory)을 거쳐 미국의 급진 시대였던 1960~70년대 터크(Austin Turk), 챔블리스(William Chambliss), 퀴니(Richard Quinney) 등의 급진적 갈등범죄이론들뿐만 아니라 1970년대 후반 및 80년대 초반 퀴니의 자본주의 비판범죄이론, 1980년대 후반 및 90년대 영국 좌파 현실주의(left realism) 이론가 영(Jock Young)의 비판이론, 최근 프랑스 범죄학자 바캉(Loic Wacquant)의 신자유주의 형사정책 비판이론에 이르기까지 두루 관통되고 있는 공통의 설명원리라고 할 수 있다.

이와 같은 기본적인 공통성에도 불구하고, 갈등이론이라는 범주에 속하는 이론들이 모두 서로 동일한 지적 근원이나 이론적 배경을 가지고 있는 것은 아니며 간단한 몇 가지의 원리로 환원될 수 있는 것은 더더욱 아니다. 현대 갈등이론의 많은 부분이 맑스(Karl Marx)의 사회이론에 그 기원을 두고 있다는 주장(Brown *et al*., 2010[1991])이 아주 틀린 이야기는 아니지만, 맑스의 사회이론과 상당히 유사한 갈등이론들의 경우라 할지라도 그 기원이 반드시 맑스라고만 할 수는 없다. 셀린의 문화갈등이론으로 상징되기도 하는 미국의 초창기 갈등이론은 맑스주의와의 연관성이 적었으며[1)]시카고학파의 영향권 내에서 파생하여 발전하였고, 1950~60년대 볼드의 이론 역시 직접적으로 맑스주의의 영향을 받은 이론은 아니다.[2)] 미국에서 1970년대에 나타난 급진적인 성향의 갈등이론들의 경우에도, 적어도 그 초창기엔 맑스주의 이론보다도 낙인이론의 영향을 더 많이 받았으며 낙인이론의 한 분파로 간주되기도 하였다(Williams and McShane, 1988). 급진범죄학이론의 전성기에도 맑스주의의 영향은 여전히 간접적인 수준인 경우가 많았다. 미국 급진적 갈등이론의 전성기에 보다 직접적인 영향을 미친 이론은 베버(Max Weber)의 권력이론과 맑스의 계급이론을 접합시켰던 다렌도르프(Ralf Dahrendorf)의 갈등이론(Dahrendorf, 1958, 1968)이었다. 또한 맑스주의의 영향력이 좀 더 확대된 시기의 경우라 할지라도 비판범죄

---

1) 초창기 맑스주의 범죄이론의 시조격에 해당된다고도 볼 수 있는 네덜란드인 봉거(Willem Bonger)의 1905년 출간 저작(Bonger, 1905[1916])은 1916년에 영어로 번역되었으나, 봉거의 이론이 미국 초창기 갈등이론에 어느 정도 영향을 미쳤는지 가늠하기는 쉽지 않다. 미국에서 봉거의 저술이 재조명되고 크게 영향을 미쳤던 시기는 1960년대 이후이다(Lilly *et al*., 2011: 169).

2) 볼드의 이론은 짐멜(Georg Simmel)의 갈등사회학에 주로 기초하였다(Bernard *et al*., 2010[1986]).

이론에 미친 여타 다양한 범죄이론들의 영향들을 과소평가할 수는 없다. 맑스주의적 관점을 여전히 강하게 견지하고 있는 최근 비판범죄론의 경우에서조차도 범죄피해자이론 등 여타 범죄이론 학파의 성과들을 적지 않게 수용한 흔적들(Lea and Young, 1984; Young, 1988; DeKeseredy, 2010)을 발견할 수 있다. 좁은 의미의 맑스주의 비판범죄론이든 넓은 의미의 갈등범죄이론이든 어떤 특정한 도그마에 협소하게 얽매여 있어야 할 이유는 없다. 동시에, 지나치게 협소한 틀에 맞춰 그 이론들을 가두어 놓은 다음 그에 대해 해석하거나 평가해야 할 이유도 없는 것이다.

2. 갈등범죄이론과 맑스 사회이론 사이의 친화성과 차별성

사실 맑스 자신은 범죄 문제에 관해 특별히 두드러진 언급을 한 적이 많지 않다. 그 때문에라도, 비판범죄론에 미친 맑스의 영향은 거의 대부분 간접적인 수준이었다고 말할 수 있는 것이다. 또한 범죄 문제와 관련된 얼마 되지 않는 맑스의 언급들조차도 한때 맑스주의 비판범죄론의 대명사처럼 여겨졌던 이론가들의 견해와 크게 어긋나기도 한다. 일례로, 퀴니는 범죄행위가 자본주의적 생산조건에 대한 적극적인 저항의 의미를 갖기도 한다고 주장하였지만[3](Quinney, 1977), 맑스는 프랑스의 나폴레옹 3세가 파리 시민의 저항을 제압하기 위해 동원했던 여러 종류의 범죄자들을 비난[4]

3) 퀴니는 다음과 같이 표현한 바 있다. "범죄행동은 … 무의식적 반응에서부터 정치적 반항으로 진전되게 한다. 결국 범죄는 궁극적으로 의식적인 정치적 행동에서 최상의 단계인 혁명에 다다를 수 있다"(Quinney, 1977, 심정택 · 김철수 역, 1992: 63). 퀴니는 룸펜프롤레타리아의 기생적 형태의 이른바 약탈형 범죄를 여타의 범죄와 구별하긴 하였지만, 그것들조차도 자본주의 질서에 대해 적대적인 것으로 보았다(*Ibid*.: 59).

4) 맑스는 다음과 같이 표현한 바 있다. "(루이 나폴레옹 보나파르트 장군의) 주변에는 … 방랑

했던 바 있다(Marx, 1852). 현대 맑스주의 범죄이론가들이 모두 퀴니와 같은 입장을 취하고 있는 것은 더더욱 아니다. 특히 좌파 현실주의(left realism) 이론가들은 퀴니와 같은 1970년대 미국 급진적 범죄학자들의 범죄자 미화에 대해 비현실적인 낭만주의라고 비판한 바 있기도 하다(Schwartz and DeKeseredy, 1991). 이는 넓은 의미의 갈등이론이든 좁은 의미의 맑스주의 비판범죄이론이든 간에, 비록 직간접적으로 많든 적든 맑스주의의 영향을 받았거나 혹은 결과적으로 볼 때에 맑스주의적 관점과의 친화성이 있다고 하더라도, 그 각각의 이론들을 맑스주의의 원리[5]로 환원하여 설명하는 것이 적절치 않음을 보여주는 단면들이다. 범죄문제와 관련해서는 맑스의 일반화된 이론이 사실상 없다. 맑스주의 비판범죄론 중의 일부는 범죄의 원인이 자본주의 그 자체라고 주장하거나 자본주의의 종식만이 범죄 문제를 해결하는 궁극적인 대안이라고 주장하기도 하였지만[6](Quinney, 1977), 정작 맑스는 범죄가 자본주의에 고유한 현상이라고 말한 적도 없고 심지어 자본주의 자체가 범죄의 궁극적 원인이라고 말한 적도 없다. 결국 비판범죄론이나 갈등이론에 미친 맑스의 영향은 많은 경우 맑스의 이론 그 자체가 아니라 일종의 맑스주의적 상상력이라고 표현해도 크게 틀리지 않은 것이다.

비판범죄학자들의 맑스주의적 상상력에 가장 큰 영향을 미친 범죄 혹

자, … 전과자, 노예선 탈주자, 사기꾼, … 소매치기, 넝마주의, … 거지 등이 모였다. … 그는 모든 계급의 쓰레기이자 폐물인 이들 속에서만 무조건적인 자기의 기반을 발견할 수 있었다. … (그는) 사회적 무질서와, 매춘부, 도둑들을 데리고 다녔다"(Marx, 1852: Chapter Ⅴ, 도서출판태백편집부 역, 1987: 69-70).

5) 맑스의 이론에 대한 해석도 사실은 매우 다양하므로, 맑스주의의 원리가 하나라고 보는 것조차도 엄밀히 말하자면 옳지 않은 것이다.

6) 이에 관한 퀴니의 언급을 그대로 옮겨보자면 다음과 같다. "범죄의 본질적인 의미는 사회주의 사회를 위한 욕구이다. … 범죄는 본질적으로 자본주의의 물질적, 정신적 모순의 산물이다"(Quinney, 1977, 심정택 · 김철수 역, 1992: 65). "확실히 자본주의 틀 내에서 해결책은 없다"(*Ibid.*: 125). "자본주의에 의해 발생된 사회 문제들이 해결될 수 있다는 생각은 부질없는 짓이다"(*Ibid.*: 127).

은 범죄를 규정하는 법제도에 관한 맑스(혹은 엥겔스)의 언급들은 대략 크게 세 가지 정도로 분류해 볼 수 있다.[7] 그중 하나는 맑스 생존 당시 영국의 비참한 노동 현실이 범죄인의 증가와 맞물려 있기도 하다는 산발적인 언급들[8]이고(Marx, 1867; Engels, 1845), 두 번째는 (범죄 혹은 범죄인 여부를 규정하는 기준이 되기도 하는) 법률이란 것은 상부구조의 하나로 물질적 생활

---

7) 물론 이 세 가지 외에 앞서 언급했던 룸펜프롤레타리아에 관한 언급 부분도 있고, 언뜻 보기에 자본주의 사회에 대한 범죄의 기능론적 설명 같아 보이기도 한 다음과 같은 언급들도 있다. "범죄자는 범죄를 생산한다. … 범죄자는 범죄만을 생산하는 것이 아니라 형법과 형법에 대해 강의하는 교수 역시도 생산해낸다. … 범죄자는 부르주아적 삶의 단조로움과 일상적인 안전을 깨뜨린다. 그런 식으로 범죄자는 불편한 긴장과 흥분을 초래하면서 경쟁의 자극이 무뎌지지 않도록 해 준다. 그렇게 범죄자는 생산력을 자극한다. … 다른 한편으로, 범죄자는 노동시장에서의 잉여인구의 일부분을 담당하면서 노동자들 사이의 경쟁을 감소시켜 주기도 하여 어느 정도까지는 임금 수준이 최하 수준으로 떨어지는 것을 막아 주기도 한다. … (후략) … "(Marx, 1988: 306-307). 1861년에서 1863년 사이에 집필된 맑스 생전의 미출판 자료에 언급된 이 내용들은 맑스의 저작들 중에서 범죄 및 범죄자에 관해 가장 긴 지면을 할애한 부분이기도 하다.

8) 『자본론』 1권에서 맑스는 당시 아동노동조사위원회의 보고서를 인용하여 아동노동이 장기적으로 범죄에 미치는 영향을 언급하였다. "(열악한 환경에서 아동노동을 하며) 이렇게 자라온 주민들이 무지와 악습에 젖게 되는 것은 결코 이상한 일이 아니다. … 그들의 도덕성은 최저수준에 있다. … 많은 여성이 사생아를 가지고 있으며, 범죄통계학에 정통한 사람도 놀랄 만큼 미성숙한 나이에 사생아를 낳는다"(Marx, 1867, 김수행 역, 1989: 593). "그들은 아동노동에 적합한 연령을 넘기만 하면, 즉 많아도 17세가 되기만 하면 인쇄업에서 해고된다. 그들은 우범자가 된다. 그들에게 그 무슨 다른 직업을 주려는 약간의 시도가 있었지만 그들의 무지 · 난폭 · 육체적 및 정신적 타락 때문에 실패하였다"(*Ibid.*: 612). "이 제도의 결함은 아동과 미성년자들의 과도한 노동, … 그리고 노동부대의 풍기문란이다. … 13~14세의 소녀들이 같은 나이 또래의 사내아이들에 의해 임신하게 되는 일이 빈번하다. 노동부대의 보충지인 개방촌은 소돔과 고모라로 되며, 영국의 나머지 지방의 2배나 되는 사생아를 낳고 있다. 이러한 환경에서 교육을 받은 소녀들이 부인으로 되었을 때 도덕적으로 어떻게 되겠는가에 대해서는 이미 앞에서 지적한 바 있다"(*Ibid.*: 875). 한편, 맑스는 당시 영국의 사회 극빈층 및 농업노동자의 생활이 감옥의 죄수보다 못하다는 자료를 인용하면서 그러한 환경이 범죄자를 양산해 낼 수 있다는 암시를 하기도 하였다. "농업노동자는 이렇게 말할 것이다. '나는 고되게 일하고도 충분히 먹지 못한다. 내가 형무소에 있었을 때는 그렇게 고되게 일하지 않고도 배불리 먹었다. 그렇기 때문에 나는 여기에 있는 것보다 다시 형무소에 가 있는 편이 좋다' 고"(*Ibid.*: 855). 엥겔스의 경우엔, 1805년에서부터 1842년까지의 형사소송 건수의 증가를 표로 제시하면서 급격한 산업화가 영국의 범죄를 증가시키고 있다는 주장을 한 바 있기도 하다(Engels, 1845[1968]: 146).

양식 혹은 시민사회의 역학관계를 통해 설명할 수 있다는 언급들[9]이며(Marx and Engels, 1846; Marx, 1859), 세 번째로는 그러한 법률들의 형성과정은 지배층의 이익과 긴밀하게 관련될 수 있다는 언급들[10]이다(Marx and Engels, 1846, 1848; Marx, 1867). 이 세 가지 종류의 언급들과 대체로 유사한 논리의 틀을 가진 이론들이 갈등이론 전반에 걸쳐 나타나는 경향이 있으며, 특히 세 번째의 종류의 언급들은 갈등론적 범죄이론들과의 친화성이 상대적으로 더 강한 편이라고 할 수 있다. 하지만, 위 세 가지 종류의 언급들은 추상 수준이 매우 높고 모호한 성격을 가지고 있는 것들이기도 해서, 구체적인 수준으로 내려올 때 서로 상이하거나 다양한 해석으로 갈라질 개연성이 의외로 많을 수 있다. 첫 번째 언급의 경우엔, 자본주의의 전반적인 모순이 범죄의 증가를 초래할 것이란 식의 확대해석으로 이어질 수도 있지만, 절대적 빈곤과 일부 길거리범죄(street crime)들 사이의 연관 가능성 정도로만 엄밀하게 국한해서 해석할 수 있는 여지도 많다. 두 번째 및 세 번

9) "각종의 이론적 생산물인 의식 형태, 철학, 종교, 도덕 등을 이 시민사회를 근거로 하여 설명하고, 또한 시민사회라는 토대를 근거로 하여 그것들의 형성과정을 추적하는 것이다"(Marx and Engels, 1846, 박재희 역, 1988: 73). "인간은 그들 생활의 사회적 생산에서 그들의 물적 생산제력의 일정한 발전수준에 조응하는 일정한, 필연적인, 그들의 의사와는 무관한 제관계, 생산관계를 맺는다. 이 생산 제관계 전체가 사회의 경제적 구조, 현실적 토대를 이루며, 이 위에 법적이고 정치적인 상부구조가 세워지고 일정한 사회적 의식형태들이 그 토대에 조응한다"(Marx, 1859, 김호균 역, 1988: 7).

10) 예나 지금이나 한 사회의 법률은 보편적인 일반 이익 중의 하나라고 여기는 경우가 많다. 하지만, 맑스와 엥겔스는 보편적 일반 이익이라는 것이 사실은 정치권력을 장악한 계급의 자기 이익의 위장된 형태라고 주장한다. "무릇 지배권을 획득하려고 하는 그 모든 계급은 자기 계급의 이익이야말로 보편적 일반 이익이라고 선언할 수 있기 위해서는 무엇보다도 먼저 정치권력을 장악하지 않으면 안 된다"(Marx and Engels, 1846, 박재희 역, 1988: 63). 다음의 인용문은 법제도를 포함하는 국가의 권력이 지배계급의 이익을 위해 봉사하는 기능을 한다는 그 유명한 공산당 선언에 나오는 주장이다. "현대의 국가권력은 부르주아 계급 전체의 공동업무를 관장하는 위원회에 지나지 않는다"(Marx and Engels, 1848). 한편, 『자본』 제1권의 제28장 '15세기 말 이후의 피수탈자에 대한 피의 입법' 부분에서는 지배적 권력층의 이익과 특정한 내용의 형법 제정(특히 16세기 부랑자에 대한 처벌 및 범죄화) 사이의 관계가 역사적인 사례로 제시되기도 하였다(Marx, 1867, 김수행 역, 1989: 923-932).

째 종류의 언급들의 경우엔, 맑스가 말했던 법률이란 것이 범죄를 다루는 형법만을 겨냥했던 것이 아닐 뿐더러 좀 더 일반적인 의미의 법률조차도 그것들 하나하나가 지배계급의 이익과 일일이 부합하는 것은 아니라는 사실을 맑스 자신의 저작 내에서도 발견할 수 있다는 점[11] 등에서, 다양한 해석의 여지가 더욱 크다고 할 수 있다. 맑스의 저작 자체에 대한 이러한 다양한 해석의 가능성에 덧붙여, 갈등이론가들이 살았던 시대에 유행했던 다양한 범죄학이론들 및 사회이론들, 가령 시카고학파의 이론, 서덜랜드의 학습이론, 머튼의 아노미이론, 범죄하위문화이론, 다렌도르프의 갈등이론, 낙인이론, 사회통제이론, 범죄피해자학 등이 직간접적으로 미친 영향들까지 고려하면, 갈등적 범죄이론들이 가질 수 있는 구체적인 차원의 다양성의 폭이 사실은 매우 넓다는 사실을 이해할 수 있게 될 것이다.

---

11) 단적인 예로, 맑스 생존 당시 영국에서 아동노동을 점차적으로 제한하고 결국은 금지하게 되는 법률들(공장법 혹은 공장입법의 일부)이 제정되었고 맑스 역시 아동노동금지에 관한 입법들을 적극적으로 옹호했던 바 있는데, 아동노동을 제한하는 법률들은 당시 개별 부르주아들에게 그 자체로 유리한 것이 아니었다. 따라서 당시 영국의 부르주아들은 그 입법 자체에 반대하거나 혹은 여러 방법을 동원하여 입법을 지연시키거나 혹은 이미 제정된 관련 법률들을 교묘하게 어기는 행위들을 반복하기도 하였다. 이러한 입법과 그 집행이 가능해지게 되었던 것은, 당시 노동단체들의 지속적인 요구와 투쟁, 인도적 차원에서 아동노동을 반대했던 소부르주아 및 일부 부르주아들의 협력, 곡물법 제정을 위해 노동자들과의 타협이 필요했던 당시 부르주아들의 상황, 기계도입이 확대되고 있던 당시의 사회적 추세(아동노동을 제한하는 공장법의 도입은 기계도입을 더욱 확대시키는 결과를 낳았음), 그리고 공장주들의 위반행위를 열심히 고발했던 공장감독관들과 아동노동조사위원회의 노력 등이 총체적으로 결합된 결과였다고 할 수 있다(Marx, 1867, 김수행 역, 1989: 475-636). 물론 아동노동입법이 좀 더 일반적인 차원의 지배계급 혹은 총자본의 입장에서 장기적으로 득이 되었기 때문이라는 해석도 가능하다. 하지만, 지배계급의 이득이라는 것이 어떤 특수한 형태로 미리 정해져 있는 것은 아니고, 그 단기 이익과 장기 이익이 일치하는 것도 아니며, 때로는 지배계급조차도 자신들에게 장기적으로 유리한 것을 제대로 파악하지 못할 수도 있는 게 구체적인 현실의 양상이다.

3. 문화갈등이론과 집단갈등이론

범죄이론 분류에서 셀린(Sellin)의 문화갈등이론은 많은 경우 미국 초창기 갈등이론의 하나로 분류되지만 때때로 시카고학파로 분류되기도 할 정도로(Williams and McShane, 1988) 시카고학파의 영향을 크게 받은 이론이다. 또한 이 이론은 서덜랜드(Edwin Sutherland)의 이론으로부터도 큰 영향을 받았다. 셀린의 이론은 유럽에서 대량의 이민자들이 미국으로 삶의 터전을 옮겼던 시대의 상을 반영하고 있는 측면이 강하며, 셀린 그 자신부터가 스웨덴 이민자 출신이었다(Laub, 1983). 이민자에 관한 이야기는 셀린이 인용한 구체적인 범죄 사례들에서도 나타나는데, 가령 뉴저지로 이민 온 시칠리아 출신의 아버지가 자신의 딸을 유혹한 젊은이를 살해한 예를 들 수 있다. 이 사례에서 시칠리아 이민자인 아버지는 전통적인 방식으로 가족의 명예를 지키기 위해 그러한 일을 저질렀을 뿐 그것이 범죄가 된다는 생각을 하지 않았다(Sellin, 1938). 이는 특정한 문화권에서는 범죄가 되지 않은 일이 다른 문화권에서는 범죄가 될 수 있다는 예시의 하나이며, 동시에 지배적인 문화권에 속한 집단이 지배력이 없거나 약한 문화권에 속하는 소수자들이 행한 특정한 행위들은 범죄로 규정할 수 있는 힘을 지닌다는 예시의 하나이기도 하다. 셀린은 이런 종류의 사례들을 서로 다른 문화권에서 학습(사회화)을 통해 습득된 행위규범들 사이의 충돌현상이라는 시각으로 바라보았다. 그는 이민이나 식민지 개척 등에서 나타나는 두 개의 서로 다른 문화 간의 갈등을 1차적 문화갈등(primary cultural conflict)이라는 용어로 설명하고, 이에 덧붙여 하나의 문화가 각기 다른 행위규범이 있는 여러 개의 하위문화로 발전할 때 나타나는 문화갈등을 2차적 문화갈등(secondary cultural conflict)이라는 용어로 설명하였다. 이때 범죄현상과 관련하여 의미 있는 것은, 문화갈등이 존재하는 경우 법은 전체 사회성원들 사이에 어떤 식으로든 합의된 법이라기보다는 지배적인 문화의 규범을 주로 반영하는 법이 된다는 점이다. 즉 법은 주류문화집단에게 유리하게 제정되고 집행된다는 것이다. 이 논리를 연장하면, 결국 비주류문화집단의 구성원들이 범죄자가 될 개연성이 적어도 주류집단 구성원들에 비해 상대적으로 높아지게 된다는 말이 될 것이다. 이 같은 설명은 범죄현상에 대한 훌륭한 통찰 중의 하나임에 분명하지만, 온전한 의미의 범죄원인론이라고 보기는 어렵다. 혹시라도 만약에 동질적인 하나의 문화만 존재하고 그 속에서 모든 구성원이 합의하여 만든 법을 제정했을 때에도 법을 위반하는 자가 나타날 경우 그에 대한 설명을 할 수 없게 될 것이기 때문이다. 굳이 무리하게 가정할 필요도 없이, 앞서 들었던 사례 속의 시칠리아인이 그의 고향에서 시칠리아의 규범을 어기고 그에 따른 처벌을 받는 경우는 문화갈등이론으로 설명하기 어려워진다는 말이다. 하지만, 문화갈등이론이 범죄의 일반적 원인을 규명하는 이론은 아니라는 사실은 셀린 스스로가 인정하는 것이며, 이 이론의 가치는 셀린 자신의 말대로 "범죄에 대한 새로운 관점과 영감을 범죄학분야에 제공하기 위한 시도"(Laub, 1983: 174)에 있다고 할 수 있다.

셀린의 이론은 하위문화이론에 큰 영향을 미쳤다. 하위문화이론은 하위문화의 지속성이 학습과정을 통해 이루어진다는 점에서 학습이론의 한 종류로, 혹은 그 일부는 아노미이론의 한 종류로 분류되기도 하는 경우가 많지만,[12] 넓은 의미에서는 갈등이론의 기본적 논리의 틀을 어느 정도 공유하고 있다. 특히 셀린의 2차적 문화갈등 개념은 하위문화이론(subculture theory)과의 연관성이 높다. 폭력의 하위문화(subculture of violence)에 관한 연구를 수행했던 울프갱(Marvin Wolfgang)은 셀린의 제자(protege)였으며

12) 특히 밀러(Walter Miller)의 하위문화이론은 학습이론의 한 종류로 분류되는 경우가 많다. 이에 비해, 클로워드(Richard Cloward)와 올린(Lloyd Ohlin)의 하위문화이론 및 코헨(Albert Cohen)의 하위문화이론은 아노미이론으로 분류되는 경우가 많다.

(Brown *et al*., 2010[1991]), 울프갱이 제시했던 이론은 지배문화와 하위문화 간의 가치갈등[13]을 전제로 한 것이다(Wolfgang, 1958; Wolfgang and Ferracuti, 1981). 이러한 가치갈등에 관한 전제는 여타의 하위문화이론들(Cohen, 1955; Cloward and Ohlin, 1960; Miller, 1958; Anderson, 1999)의 경우에도 어느 정도까지는 해당될 수 있다.[14] 셀린의 문화갈등이론 이후에 나타난 하위문화이론들가들은 셀린의 소박한 시도를 넘어 하위문화 개념을 가지고 범죄에 관한 보다 일반적인 이론을 구축하고자 시도하였다. 하지만, 그러한 시도를 하게 된 시점부터 하위문화이론들은 여러 가지 난점에 부딪히게 되었다. 그러한 난점은 기본적으로 하위문화의 가치를 학습한 사람들의 경우라 할지라도 실제 범죄자가 되는 것과는 일정한 거리가 있을 수 있다는 점(Bernard, 1990, Matsueda *et al*., 1992)에서부터 시작하여, 주류 지배문화권에 속한 백인 중산층 출신의 청소년들이 비행과 범죄에 빠져들게 되는 현상을 설명하기는 어렵다는 점(Hirschi, 1969)에서 거의 절정에 이르렀다. 비교적 최근의 하위문화이론가인 앤더슨(Elijah Anderson)의 이론에 이르러서는 이 같은 난점을 해결함에 있어서 적어도 어느 정도까지는 성공적이었다고 평가해 볼 수 있다. 앤더슨의 이론은 낙후지역에 거주하는 흑인 청년들이 저지르는 폭력범죄의 양이 흑인 전체 인구 수준에 비해 과도하게 많다는 사실에 대한 설명으로(Anderson, 1999), 하위문화이론을 사회구조론적 설명과 결합한 것이다(Bernard *et al*., 2010[1986]). 앤더슨이 자신의 이론적 설명에서 사용한 길거리규약(code of street)이라는 개념은 미국 중산층의 가치를 반영하는 시민적 규약(civic code)과 대비되는 개념으

13) 그러한 예로 울프갱은 하류층에서 발생하는 살인사건에 주목하였다. 그는 하류층에서 발생하는 살인의 상당 부분이 사고방식에 관한 서로의 기대가 다른 데서 발생한 사건에서 비롯된 것이라 보았다(Wolfgang and Ferracuti, 1981).

14) 그중에서도 밀러의 이론은 상대적으로 합의이론적 성격이 강한 코헨 및 클로워드와 올린의 이론보다 상대적으로 더 갈등 지향적인 성격을 가지고 있다(Williams and McShane, 1988). 코헨 등의 이론은 상대적으로 갈등이론적 성격이 약하며, 합의이론적 전제를 가진 아노미이론에 좀 더 가깝다고 볼 수도 있다.

로, 낙후지역의 길거리에서 통용되는 하위문화적 행위규범이라고 할 수 있다. 이와 같은 길거리의 법칙은 도시 빈민지역 기주자들의 총체적 절망감, 그리고 그 결과 지배집단의 정의와 질서를 신뢰하지 못하는 데서 나온 산물로서, 예를 들자면, 남자의 자존심을 지키기 위해서라면 폭력에 의존하는 위험도 무릅쓸 것을 요구받는 하위문화적 규범이라고 할 수 있다. 이는 울프갱과 페라쿠티(Franco Ferracuti)의 명예(honor)[15] 개념과도 대략 유사하다(Brown *et al*., 2010[1991]). 하지만, 그러한 유사성에도 불구하고 앤더슨의 하위문화이론은 길거리규약의 수용 정도에 영향을 미치는 사회적 조건에 대한 설명을 하였다는 점에서 여타의 하위문화이론들과 구별된다. 가령 직업을 얻지 못하는 상황에 처해 있고 직업을 얻기에 용이한 사회적 자본도 취약한 계층의 사람들은 그들의 사회적 취약 상태가 지속되면 될수록 어떻게 행동하더라도 자신의 삶이 그다지 나아지는 게 없다는 절망감을 느끼기 때문에 시민규약(혹은 품위 있는 행동규범)을 엄수해야 할 필요성을 덜 느끼게 되고 그만큼 상대적으로 길거리규약의 수용 정도가 높아질 수 있게 된다. 또한 그 과정에서 '그들'과 '우리'를 나누는 경계선이 갈수록 분명해지고, 그들이 '우리'를 경멸에 찬 눈으로 바라보면 바라볼수록 길거리규약에 대한 의존도는 더욱 커지게 된다. 그 결과는 이들의 폭력범죄 증가로 나타나고, 이는 다시 길거리규약을 가진 이들에 대한 중산층의 적대감을 증폭시킨다. 그 과정은 악순환의 과정인 것이다(Anderson, 1998). 한편, 앤더스의 논리에 따르자면, 중산층 청소년들도 필요에 따라 혹은 여러 가지

---

15) 울프갱과 페라쿠티에 의하면, 폭력 하위문화에 속하는 사람은 지배적 문화에 속하는 사람들보다 명예를 더 중시한다고 보았다(Wolfgang and Ferracuti, 1981). 이때 그 명예란 특정한 하위문화의 규범을 지키지 않으면 그 하위문화 내 다른 구성원들에게 비난과 조롱을 받고 잘 지킬 경우엔 반대로 존경의 대상이 되는 상황에서 결국 하위문화를 따르는 게 더 낫다는 쪽으로 의사결정을 하게 되는 기제라고 할 수 있다. 지배문화를 더 따른다고 해서 특별히 더 얻을 것도 없는 상황에서 이렇듯 하위문화를 위반했을 때 얻는 제재가 크다면, 결국 하위문화의 규칙을 따르기 위해 지배문화의 규범을 어기는 위험을 감수할 가능성이 높아지게 될 것이다.

경로를 통해 길거리규범의 행동양식을 수용할 수 있으나 이들은 상대적으로 쉽게 지배층(혹은 중산층)의 행동규범으로 복귀할 수 있다. 그에 비해 이른바 취약한 사회적 구조에 갇혀 있는 '거리의 아이들'은 길거리규약에서 빠져나오기가 어렵게 된다. 이렇듯 사회구조론적 설명과 문화갈등론적 설명이 결합된 앤더슨의 하위문화이론은, 비록 폭력범죄에 대한 설명에 주로 국한된다는 제약이 있기는 하지만, 셀린 이후 문화갈등이론 계보에서 최근에 가장 주목되는 이론이며, 이를 경험적으로 지지해 주는 후속 연구들(Brezina *et al*., 2004; Stewart and Simons, 2006)도 나오고 있다.

셀린의 문화갈등이론은 볼드(Vold)가 제창했던 집단갈등이론(group conflict theory)의 선구적 이론이라고도 할 수 있다. 하지만, 볼드의 집단갈등이론(Vold, 1958)은 셀린의 이론과 비교할 때, 법률이나 규범의 적용과정을 어떤 집합적인 수준의 갈등 혹은 충돌이라는 시각에서 바라본 점은 같지만, 그 외의 여러 성격에 있어서는 매우 이질적인 이론이다. 그 차이점은 볼드의 이론이 주로 정치적 성격의 범죄로 규정되는 사건들에 대한 설명에 좀 더 치우쳐 있다는 점이다.[16] 이는 이론의 핵심 요소가 권력의 분배(distribution of power)를 놓고 벌어지는 집단들 사이의 경쟁 및 갈등이기 때문이다. 볼드에 따르면, 사회집단은 사회 내 각 개인들이 집단의 힘을 통하여 효과적으로 얻어낼 수 있는 공통 이해관계를 가질 때 형성되며, 그러한 각 사회집단은 다른 집단과의 경쟁 속에서 공동의 이익을 유지하거나 향상시키기 위해 노력한다. 각 사회집단들 간의 이익이 충돌할 경우엔, 각각의 이해관계를 조정하려는 노력이 아주 없지는 않겠지만, 기본적으로는 사회집단들 간의 이익 다툼에서 승리하거나 유리한 고지를 점한 사회집단의 이익이 우선적으로 관철된다. 이는 법률의 제정과 집행 과정에도 적용된다. 즉 법률은 비록 외관상 한 사회의 보편적이고 합의된 공동이해를 반

16) 또한 볼드의 이론은 셀린이 강조했던 문화적 규범 갈등의 요소가 약해지고 대신 그 자리에 집단 간 이해관계의 갈등이 들어선 것이라고 볼 수 있다.

영하는 것처럼 보일지라도 그 실상은 결국 권력투쟁에서 승리한 집단의 이해가 반영된 결과물 중의 하나인 것이다. 그리고 이 지점에서 볼드의 이론은 맑스가 법을 바라보았던 관점과도 매우 유사해진다. 어쨌든, 볼드의 논리를 따를 경우, 범죄와 범죄자는 권력투쟁의 지형에 따라 상대적으로 결정되며, 이는 특히 정치적 쟁점이나 노동쟁의 등과 관련하여 발생하는 범죄 혹은 인종적 · 민족적 충돌 때문에 발생하는 범죄들의 경우에 좀 더 적합한 설명이 될 수 있다. 역으로 말하자면, 볼드의 이론은 강도나 강간 등과 같은 종류의 범죄들의 경우엔 상대적으로 설명력이 떨어진다는 말이기도 하다. 그 점을 잘 알고 있었음에도 불구하고, 볼드는 정치적 성격의 범죄가 아닌 길거리범죄의 경우에도 주류집단의 규칙과 규정에 의해 수동적으로 지배받는 소수집단(minority group)의 행동으로 바라보면서(Vold, 1958: 211) 그의 갈등이론을 범죄 일반에 대한 설명으로 확장하고자 하는 시도를 포기하지는 않았다. 하지만, 갈등이론적 설명 틀을 가지고 정치적 성격의 범죄와 길거리범죄를 모두 설명해 내고자 하는 좀 더 본격적인 시도는 볼드 이후 세대의 몫으로 남겨졌다.

4. 1960~70년대 미국의 급진적 갈등이론

인권운동과 반전운동 등으로 상징되는 1960~70년대 미국의 격동기에 나타난 급진적 갈등이론들은 한편으로는 당시 시대적 상황을 반영하는 이론들이면서도 다른 한편으로는 이론적 차원에서 셀린 계통의 문화적 갈등이론과 볼드 계통의 정치적 집단갈등이론을 하나의 틀로 융합하여 바라보고자 시도했던 이론들이기도 하다. 그리고 그 융합의 실마리는 낙인이론(labeling theory)이 제공해 주었다고 볼 수 있다. 인간의 의식과 관련되는 일종의 문화론적 설명 논리(상징적 상호작용론)의 강점을 지니고 있음과 더불어 길거리범죄(street crime)를 설명할 수 있는 도구로서의 유용성도 갖추고 있는 낙인이론은 셀린의 이론에 비해 볼드의 집단갈등이론과의 접합가능성이 훨씬 더 큰 이론이라고 할 만하다. 앞서도 언급했듯이 문화갈등이론은 범죄현상이 서로 다른 문화 사이의 충돌과 관련된다는 통찰력을 보여주긴 했지만 지배문화에 속하지 않는 문화가 곧바로 범죄로 규정되는 것은 아니라는 사실을 설명하기는 어려운 이론이다. 한편 볼드의 집단갈등이론은 권력분배를 둘러싼 집단적 갈등에만 주로 초점을 맞추다 보니 길거리에서 일어나는 개인들의 충동적인 범죄에 대해서는 설명력이 그다지 높지 않았다. 이에 비해 낙인이론은 지배집단에 속하지 않는 소수집단 내 개인들의 행동이 범죄화되는 과정까지도, 더 나아가 지배집단이 저지르는 범죄의 경우엔 좀처럼 범죄화되지 않는 맥락까지도 설명할 수 있는 논리를 제공한다. 비록 낙인이론이 지배적 집단 및 지배적 문화와 지배집단에 속하지 않는 집단 및 그 문화 사이의 갈등현상에 직접적으로 커다란 비중을 두었던 이론은 아니긴 하지만, 낙인이론은 그 이론에다가 갈등이론의 논리를 끼워넣어도 될 만큼 갈등이론과의 친화성이 있는 이론인 것만은 분명하다. 이는 특히 범죄 혹은 범죄자에 대한 상대적 규정의 측면에서 그러하다. 즉 낙인이론으로 보완이 될 때 집단갈등이론은 볼드의 집단갈등이론에서는 상대적으로 취약했던 문화론적 설명뿐만 아니라 이익집단과는 거리가 먼 길거리범죄에 대한 설명력도 어느 정도 갖출 수 있게 되는 것이다. 특히 터크의 갈등이론(Turk, 1969a)과 퀴니의 초기 갈등이론(Quinney, 1965, 1970b)이 낙인이론과 매우 유사해 보이는 것은 이 때문이라고도 볼 수 있다.

1) 오스틴 터크

터크의 갈등이론은 다렌도르프의 갈등이론을 수용하고 볼드의 갈등범죄이론을 계승하면서도 낙인이론의 영향을 받아 문화적 · 사회적 규범

(cultural and social norms)의 문제를 그 이론의 핵심 요소의 하나로 삼고 있다.[17] 그러면서 그는 지배집단과 피지배집단(dominants and subjects)[18] 사이의 격차가 갈등으로 귀결되는 조건과 함께 그로 인해 범죄화(criminalization)가 진행되는 과정을 설명하는 범죄화이론(theory of criminalization)을 제창했다(Turk, 1966, 1969a). 그 이론에서 터크는 지배집단과 피지배집단 사이의 문화적인 차이가 법적인 갈등으로 전환되는 조건 및 그러한 법적 갈등이 심화되는 조건과 더불어, 지배집단의 규범을 위반한 사람이 최종적인 범죄자로 규정되는 조건에 대해 설명하고자 하였다.[19] 터크의 논리에 따르면, 피지배집단의 문화나 규범이 그 자체로 범죄화되는 것은 아니다.[20] 하지만, 그 문화나 규범의 일부가 실제 행위들로 발현됨과 동시에 그 행위들이 지배집단의 이해관계와 직접적으로 충돌하는 경우가 많아지면, 이를 규제하는 법률들이 지배집단에 의해 제정되거나 강화되고 그에 따라 이를 둘러싼 법적 갈등이 증대될 수 있다. 또한 그러한 갈등은 지배집단이 금지하는 행위를 범하는 자들이 매우 가시적인 형태로 군집하거나 조직화(organization)[21]되었을 때, 그리고 그들의 행동을 정당화하는 논리와 방법

---

17) 터크의 갈등이론은 경제적 설명보다는 권력갈등에 큰 비중을 두고 있다는 점에서 맑스주의적이라기보다는 다렌도르프적인 것으로 평가되는 경우가 많다. 하지만, 그가 맑스의 경제이론으로부터 영향을 받지 않은 것은 아니다. 적어도, 맑스의 경제이론을 범죄학에 접목시켰던 20세기 초 네덜란드인 맑스주의 범죄학자이자 미국에서 1960년대에 본격적으로 조명을 받기 시작한 봉거(Willem Bonger)의 저작(Bonger, 1905[1916])으로부터 터크가 큰 영향을 받았던 것만은 확실하다(Lilly *et al.*, 2011; Turk, 1969b).

18) 터크의 지배-피지배집단 개념은 맑스의 계급이론보다는 다렌도르프의 권력이론과의 친화성이 높다. 즉 "터크는 맑스처럼 권위를 생산수단의 소유 또는 경제적 지위와 관련지어 생각하는 것이 아니고 다렌도르프처럼 제도 내에서의 지배-피지배관계를 고찰하고 있으며, 여러 제도 간에 중복되는 지배-피지배관계에는 별로 관심을 가지고 있지 않다" (Liska, 1981, 장상희 외 역, 1986: 263).

19) 터크는 범죄란 자신의 행위 결과를 예측함에 있어 사회규범과 현실에 대한 인식이 불충분한 규범 저항자에게 부여되는 신분이라고 보았다(Turk, 1966).

20) 예를 들어, 미국에서 1950년대 이전에는 동성애자들과 이성애자들 사이에 뚜렷하게 구별되는 문화적 · 행위적 차이가 있었음에도 불구하고 그 자체로 동성애자들이 범죄화되지는 않았다.

이 세련화(sophistication)[22]되어 있지 못할 때 더욱 증폭된다. 한편, 그러한 갈등이 전제된 상황에서 지배집단의 규범을 위반한 자가 실제 범죄자로 규정될 가능성은, 법을 좌우하는 집단과 법률 위반자 사이의 권력 차이가 클수록,[23] 그리고 위반된 행위가 통상적인 예측의 범위를 크게 넘어설수록, 즉 비현실적인 행위일수록[24] 커지게 된다.

이와 같은 내용을 가진 터크의 범죄화이론은 때때로 급진적 갈등론과 대비되는 의미로서의 보수적 갈등론으로 분류되기도 하는데(Williams and McShane, 1988), 이는 터크의 범죄화이론에 대해 영국의 비판범죄학자들인 테일러(Ian Taylor) 및 그의 동료들이 가한 비판적 평가와도 무관치 않다. 그리고 그러한 평가의 핵심에는 터크가 말한 조직화(organization) 개념

---

21) 혹시라도 조직화(organization)의 개념을 누군가가 결국 범죄자로 규정되는 과정(최종적인 범죄화)에 대한 설명과 직접적으로 연결시킬 경우엔 논리적인 문제가 발생할 수도 있다. 왜냐하면 경우에 따라 피지배집단의 조직화(특히 이익집단의 형태를 갖출 경우)는 지배집단과의 권력 격차를 줄이는 수단이 될 수도 있고 그럴 경우 터크의 이론상으로는 오히려 범죄화 확률을 낮추는 데 기여할 것이기 때문이다. 심지어 세련화(sophistication)되지 못한 조직화의 경우라 할지라도, 가령 정부군도 함부로 통제하지 못할 정도로 강력한 반군을 조직했을 경우에는, 비록 갈등이 심화되기는 하겠지만, 그들을 실제 범죄자로 만들어 처벌할 가능성은 낮아질 수 있다. 리스카(Allen Liska)의 설명방식과 마찬가지로(Liska, 1981, 장상희 외 역, 1986: 263-265), 필자가 법적 갈등의 증폭 조건과 최종적인 범죄화의 조건을 나누어서 정리한 것도 이와 관련된다(그 외의 범죄학 교과서들에서는 이를 나누어 설명하지 않는 경우가 더 많다). 즉 조직화(특히 제도화된 조직화 이전 단계)는 지배-피지배집단 간의 법적 갈등을 증폭시키는 요인임에는 대체로 분명해 보이지만, 최종적인 범죄화와 관련해서는 가변적인 조건이 될 수도 있다는 해석이다.

22) 이때의 세련화(sophistication)란 타인과의 갈등 시 타인의 행동양식을 잘 파악하여 극심한 갈등은 되도록 피해가면서도 자신의 목적을 달성하는 기술이라고 할 수 있다(Turk, 1969a).

23) 가령, 환경오염 문제로 공장소유주가 범죄자로 될 가능성은 길거리범죄에 비하면 매우 크게 낮을 수도 있다.

24) 터크는 이를 갈등행동의 현실성(realism of the moves during the conflict)이라는 개념으로 명제화하였다(Turk, 1969a). 비현실성의 예를 들어보자면 이렇다. 불법으로 규정된 행위들 중의 일부는 사법기관에서도 어느 정도 묵인하는 경향이 있는데, 가령 예전 우리나라의 사창가 성매매 행위 등이 이에 포함될 수 있다. 그러나 그런 경우라고 하더라도, 만약 어느 날 이들 사창가의 포주들이나 매춘부들이 중산층 주택가에 고객 유치용 홍보전단을 뿌리고 다니는 일이 생긴다면, 사법기관이 이를 묵인하기는 어려워지게 될 것이다.

이 있다. 테일러 등은 지배집단과 갈등하는 피지배집단의 조직화 정도가 높아질수록 갈등이 증가한다는 터크의 논리가 결국엔 지배집단으로 하여금 갈등을 감소시키기 위해서는 결국 피지배집단의 조직화를 방해해야 함을 암시한다고 보았던(Taylor *et al*., 1973) 것이다. 하지만 테일러 등의 평가에는 부당한 측면이 없지 않다. 왜냐하면 터크는 지배집단과 피지배집단 사이의 권력 격차가 클수록 범죄화의 가능성이 높아진다고도 보았으므로 결국 범죄화를 줄이려면 피지배집단의 역량이 커져야 바람직하다는 암시 역시도 하고 있기 때문이다. 사실 터크의 이론에서 더 큰 문제는 그것이 보수적이냐 아니냐의 문제라기보다는 조직화 개념과 전체 범죄화과정 간 관계의 모호성과 모순성의 문제이다. 현실적으로, 피지배집단의 역량이 커지려면(혹은 권력격차를 줄이려면) 조직화의 정도가 높아져야 한다. 이 때문에 터크의 이론에서는 때때로 조직화의 문제와 권력 격차의 문제가 서로 반대방향으로 설정되어 있는 것처럼 보이기도 한다. 이 문제를 해결하기 위해서는, 이 글에서 시도하고 있는 바와 같이, 갈등의 심화과정과 최종적인 범죄화과정을 분리하여 조직화는 갈등심화에 영향을 미치는 조건으로, 권력격차는 최종적인 범죄화과정에 영향을 미치는 과정으로 각각 나누어 볼 수도 있다. 하지만 어떻게 하든 여전히 터크이론에서 조직화 개념과 범죄화과정 사이의 관계에 대한 설명에는 모호한 성격이 있다고 할 만하다.

2) 리처드 퀴니

터크(Turk)의 범죄화이론이 처음 제기되었던 시기와 비슷한 시기에 나온 퀴니(Quinney)의 초창기 이론(Qunniney, 1965, 1969, 1970a, 1970b)과 챔블리스(Chambliss)의 초기 이론(Chambliss, 1964, 1969)은 터크의 범죄화이론(Turk, 1966, 1969a)과 상당히 유사한 이론이다. 이 시기 세 사람은 모두 낙인이론에 공감하면서 법과 범죄의 상대성(relativity of law and crime)에 크게 주목하였고, 맑스의 계급이론보다는 주로 다렌도르프(Dahrendorf)와 볼드(Vold) 식의 권력(power) 개념을 통해 갈등이론을 전개하였다. 퀴니의 초기 갈등이론에서 제시되었던 '범죄의 사회적 실재(the social reality of crime)' 라는 개념은 권력집단이 사실은 자신들의 이익을 증진시키기 위해 법을 만들고 범죄를 생산하면서도 공동의 이익이라는 명분으로 그들의 권위를 정당화하는 과정(Quinney, 1970b)을 개념화한 것이라고 할 수 있다. 이 같은 논리는 맑스의 논리와도 일맥상통하기는 하지만, 기본적으로 볼드의 설명방식과 거의 같은 논리이며, 터크와 챔블리스와도 공유하는 논리이다. 그렇지만 퀴니의 초기 이론이 볼드의 집단갈등이론 및 동시대의 다른 급진적 갈등이론과 구별되는 특성을 간과할 수만은 없을 것이다. 퀴니의 관심은 특히 볼드의 집단갈등이론에서 잘 설명되지 않는 범죄들, 즉 조직화 또는 집단화되지 않은 개인들의 비이성적 · 충동적 범죄들을 갈등이론에 포섭하여 보다 일반화된 갈등범죄이론을 구축하는 데 있었다.[25] 그러한 관심은 앞서 살펴보았던 터크(Turk)에게도 있었지만, 터크가 차용한 다렌도르프식 권력갈등 개념은 근본적으로 집단화 · 조직화되지 않은 사람들의 범죄를 설명하기에는 적절치 않은 성격이 내재되어 있다. 그에 따라 퀴니는 볼드가 강조했던 조직화된 이익집단 사이의 갈등을 사회 분파 간 갈등으로까지 확장하는 시도를 했다. 즉 조직화되어 있지 않은 사회적 범주, 가령 부랑자나 정신병자 등과 같은 사회적 분파(Quinney, *Ibid.*)를 갈등이론에 포섭하고자 했던 것이다. 하지만, 이를 위한 초기의 시도들은 여전히 만족스럽지 않은 데가 있었고, 결국 퀴니는 맑스주의의 계급이론과 국가론, 경제사회이론을 본격적으로 끌어들여 좀 더 설명력이 높은 일반화된 갈등

25) 퀴니는 기존의 이론에서 설명되지 않는 부분들을 설명해내기 위해 지속적으로 여타의 이론들을 끌어들여 자신의 이론을 변형시켜 나가는 경향이 있었다. 이는 퀴니 자신도 인정하였다. "어떤 하나의 이론을 적용하고 나면, 이전의 이론에서 빠져 있던 것들을 흡수하기 위해 또 다른 이론이 필요하다는 것을 깨닫게 되었고, 그러한 과정은 계속 이어졌다" (Bartollas, 1985: 230).

이론을 만들고자 한 듯하다.

대략 1971년 이후로 퀴니의 이론(Quinney, 1974, 1975, 1977)은 맑스주의적 관점에 더욱더 가까워졌다. 미국의 급진적 갈등이론 및 비판범죄학에 미친 맑스주의의 영향은 그 경로가 다양했다. 그 간접적인 경로부터 보자면, 다렌도르프(Dahrendorf)도 그 경로 중 하나이긴 했지만, 봉거(Bonger)의 영향도 무시할 수 없다. 20세기 초반에 이미 영어로 번역되긴 하였으나 1960년대에 들어서야 본격적으로 미국 갈등범죄이론에 영향을 미쳤던 봉거의 이론(Bonger, 1905[1916/1969])은 퀴니뿐만 아니라 터크 등 다른 동시대 갈등이론가들에게도 영향을 미쳤던 이론이다. 봉거에 따르면, 자본주의 사회구조는 타인에 대한 배려를 결여한 채 어떤 수단을 동원해서라도 자기만족(특히 돈을 벌려는 욕구)을 추구하도록 만드는 경향이 있다. 그러한 구조 속에서 인간의 본성은 극심한 이기주의(egoism)로 뒤틀리게 되며, 이는 결국 타인을 해치는 범죄가 증가하게 되는 결과를 초래한다. 그는 자본주의 체계로 인한 이기주의의 확산이 지배층과 피지배층에서 모두 발생한다고 보았다. 그는 많은 범죄가 자본주의 경제구조에 의해 발생되는 프롤레타리아계급의 빈곤과 직간접적으로 연관된다고 보면서도, 부르주아들 또한 도덕성의 약화와 더불어 (특히 그들의 권력을 이용한) 범죄를 저지르게 된다고 보았다. 하지만 자본주의 사회의 법은 지배계급의 이익을 반영하고 있기 때문에, 그 이익과 배치되지 않는 부르주아들의 범죄행위는 합리화되어 좀처럼 처벌을 받지 않게 되는 반면 프롤레타리아계급 내에서 저질러지는 범죄행위들은 적극적으로 처벌되는 경향이 있다는 것이 봉거의 설명이다. 퀴니가 자신의 이론에 본격적으로 맑스주의를 도입하는 과정에서 봉거뿐만 아니라 맑스의 원전 및 당시의 현대적 맑스주의자들의 이론으로부터도 영향을 받은 것이 사실이긴 하지만, 퀴니의 이론은 봉거의 논리와 매우 닮았다. 특히 지배계급이나 피지배계급이나 사실은 똑같이 범죄를 저지르지만 주로 범죄로 인정되는 것은 피지배계급의 범죄라는 봉거의 주장은 퀴니식 맑스주의 범죄이론의 가장 두드러진 특징 중 하나이다. 그리고 그러한 특징은 1960~70년대 미국 급진주의 범죄학 전체의 공통된 특징이라고도 볼 수 있다.[26)]

아무튼 맑스주의를 본격적으로 수용하면서 퀴니는 갈등론적 관점에서 충동적 범죄들까지 포함하고 더 나아가 현실적으로 좀처럼 처벌되지 아니하는 지배계급의 범죄들까지도 포함하는 모든 종류의 범죄를 설명해낼 수 있는 도구를 찾아냈다고 생각했을 수 있다. 특히 맑스의 상대적 과잉인구 개념, 즉 자본주의에서의 산업예비군의 창출과 그 기능에 관한 설명(Marx, 1867, 김수행 역, 1989: 793-816)은 우선적으로 길거리범죄에 대한 설명을 위해 매우 유용한 도구일 수 있다. 맑스에 따르면, 자본주의는 임금 수준을 낮추기 위한 잉여인구를 필요로 한다(*Ibid.*: 796-797). 퀴니는 맑스 자신도 어느 정도까지는 그러했듯이,[27)] 이러한 잉여인구 개념을 범죄 문제와 연관시켰다. 퀴니는 잉여인구의 발생, 즉 다른 말로 실업이 범죄성을 생산한다는 것에 이의를 제기하지 않았다. 그는 실업이 어쩔 수 없는 생계형 범죄를 촉발하는 조건이 될 뿐만 아니라, 장기실업에 따른 욕구 좌절이 자신에 대한 파괴적 행위를 야기할 수 있다는 점에서 충동적 성격의 폭력범죄를 촉발하는 조건도 된다고 보았다(Quinney, 1977, 심정택 · 김철수 역, 1992: 61-62). 이에 덧붙여 퀴니는 구조주의 맑스주의자를 포함한 현대적 신맑스주

---

26) 미국의 급진시대 맑스주의 범죄학은 비록 몇 가지 점에서 낙인이론을 비판하였음에도 불구하고 낙인이론의 틀 안에 있었다고 할 수 있다. 그리고 그 점에서 보자면, 봉거의 이론도 낙인이론적 성격이 매우 강하다. 이는 당시 맑스주의 범죄학자들이 범죄행위 자체의 발생에 대한 관심보다는 범죄에 대한 규정과 처벌 기제에 대한 관심이 훨씬 더 컸다는 점에서 크게 두드러진다. 이런 특징은 그들이 범죄의 발생 자체는 계급별로 차이가 없을 수 있고 주로 낙인과정에 있어서 차이가 있다는 주장을 하는 경우가 특히 많다는 점(가령, Black and Reiss, 1970; Chambliss, 1973a; Thornberry, 1973 등)에서 나타난다.

27) 19세기 초반 영국의 아동노동 관행도 산업예비군 창출과 연관되는 것이다. 왜냐하면, 아동이 노동시장으로 편입되면 될수록 잉여노동인구가 증가하기 때문이다. 앞서도 인용했듯이, 맑스는 아동노동이 부도덕성의 증대 및 범죄자 증가에 미치는 영향에 대해 언급한 바 있다(Marx, 1867, 김수행 역, 1989: 593, 612, 875).

의자들의 현대 독점자본주의 사회계급론 및 국가론 등(가령, Miliband, 1969; Braverman, 1974, 1975, Poulantzas, 1968[1973], 1974[1975])을 기존의 갈등이론적 관점과 융합하여 현대 독점자본주의사회 형사사법체계의 잉여인구 통제에 관한 이론을 전개하였다(Quinney, 1977, 심정택 · 김철수 역, 1992: 126-132). 앞서 언급한 자본주의체계의 상대적 과잉인구 창출에 관한 논리는 주로 범죄행위 자체가 발생하는 조건과 관련되는 것에 비해, 이른바 국가독점자본주의체제 형사사법체계의 잉여인구 통제에 관한 논리는 범죄자를 규정짓는 과정, 즉 범죄화과정에 대한 설명에 해당된다. 그리고 퀴니의 이론의 중심축은 후자(범죄화과정) 쪽으로 더 기울어져 있다. 퀴니에 따르면, 자본주의 후기 단계에서는 상대적 잉여인구의 성장이 가속화되고 그러한 추세가 종종 체제에 과중한 부담을 주거나 비용부담이 큰 사회혼란을 야기하는 경향을 만들어내기 때문에, 자본가계급의 이익을 대변하는 국가는 형사사법제도라는 수단을 통해[28] 그러한 잉여인구를 통제하고자 한다는 것이다(*Ibid*.: 126). 그는 또한 그러한 통제가 불경기나 공황 등의 자본주의 경제위기 상황에서 더 심화된다고 하였으며, 그 같은 통제의 가장 단순하고도 직접적인 방법은 투옥(imprisonment)이라고 하였다(*Ibid*.: 128). 그 예로 퀴니는 잔코비치(Ivan Jankovic)의 경험적 연구 결과를 인용하여(Jankovic, 1977) 실업률이 증가할 때 감옥에 수감되는 인구가 증가한다는 사실을 지적했다(Quinney, *Ibid*.: 129). 아울러 그는 수감인원 계산에서 때때로 사회에 훨씬 더 큰 손실을 입히기도 하는 자본가계급의 범죄는 잘 포함되지 않고, 주로 절도범이나 강도범, 폭력범 등만, 그들 중에서도 특히 흑인들 위주로만 수감되는 경향이 있다는 점에서 감옥이 노동계급의 잉여인구를 통제하기 위한 제도임을 역설하였다(*Ibid*.: 130).

---

28) 퀴니는 잉여인구에 대한 통제가 오로지 형사사법제도만을 통해 이루어진다고 말한 것은 아니다. 퀴니의 언급 중에는 다양한 사회복지정책들도 그 통제수단이 될 수 있다는 암시가 있기도 하다(Quinney, 1977, 심정택 · 김철수 역, 1992: 126).

참고로, 미국의 급진시대 맑스주의 범죄학자들 중에서 자본주의 사회의 상대적 잉여인구 문제를 범죄 문제와 연관지어 설명한 학자는 퀴니 말고도 스핏처(Steven Spitzer)가 있다. 스핏처는 자본주의 사회의 문제적 잉여인구를 몇 가지 유형으로 나누어 분석하였다.[29] 그가 분류한 유형들 중 몇몇 유형은 지배집단에게 당장의 위협을 가하지 않을 수도 있는데, 그럴 경우 지배집단은 특별히 자원을 동원하여 그들을 통제할 필요성을 느끼지 못한다. 하지만 이들이 본격적으로 지배계급의 이익에 반하거나 지배계급에게 위협이 되기 시작할 경우엔, 지배계급의 입장에서 이들을 통제하는 일이 매우 중요해지게 된다는 것이 스핏처의 설명이다(Spitzer, 1975).

3) 윌리엄 챔블리스

퀴니 및 터크와 동시대 인물이자 미국의 급진적 범죄이론가의 또 다른 대표주자 중의 한 사람을 더 꼽으라면 챔블리스(William Chambliss)일 것이다. 챔블리스는 초기의 낙인이론적 갈등이론에서 시작하여(Chambliss, 1969; Chambliss and Seidman, 1971) 이후 좀 더 본격적인 맑스주의 비판범죄론의 성향(Chambliss, 1973b, 1975)으로 옮겨갔다는 점에서 퀴니와 유사한 경로를 거쳤다고도 볼 수 있지만, 형사사법기관의 작동에 관한 경험적 연구를 주로 수행했다는 점에서 퀴니와는 좀 다르다. 챔블리스는 한국과도 인연이 있는 학자이다. 그가 범죄 문제 및 비판범죄학에 관심을 갖게 된 직접적인 계기는 1955년에 주한미군의 일원으로 한국에서 복무했을 때의 경험과 관련된다. 그는 주한미군에 복무하면서 미군과 한국 정부의 군인들이 한국인 민간인들을 강간하고, 폭행하고 위협하고, 그들로부터 물건을 훔치고 빼앗는 사실과 더불어 그들이 힘을 가지고 있다는 이유로 그 누구도 처

---

29) 일하기를 거부하는 사람, 약물이나 술에 의존하여 도피하는 사람, 절도 등의 범죄를 저지르는 사람, 현 사회를 부정하고 새로운 사회를 제안하는 사람 등이다(Spitzer, 1975).

벌을 받지 않는다는 사실 역시도 알게 되었다고 한다(Chambliss, 1987: 5-6). 이런 경험 덕에 챔블리스는 특히 권력과 법 집행 사이의 관계에 대한 연구에 집중하게 된 듯하다. 그리고 그러한 관심의 집중은 그의 초기 논문인 영국의 부랑자법(vagrancy laws)에 관한 역사적 연구(Chambliss, 1964)에서부터도 나타나고 있다. 이 논문에서 챔블리스는 부랑자들에게 자선을 베푸는 것을 금지한 12세기 영국의 부랑자법이 지주귀족들이 필요한 때에 노동력을 공급받기 위해 노력한 결과라고 분석했다. 그의 논문에 따르면, 이 법의 시행은 세기가 지나면서 노동력이 늘어나며 느슨해졌다가 16세기에 들어 신흥 상업계층의 이익과 맞물리며 다시 부활되었다. 이는 법률의 제정과 집행이 지배층의 이익을 반영한다는 갈등이론적 혹은 맑스주의적 명제를 역사적으로 검토한 것이며, 논문의 구체적인 내용들은 맑스의 『자본』 제1권 제28장의 내용들(Marx, 1867, 김수행 역, 1989: 923-932)과도 어느 정도 중첩된다. 큰 틀에서 볼 때, 이 논문과 유사한 주제는 이후의 그의 저작들에서도 지속되었다. 1969년에 출간된 『범죄와 형사절차(*Crime and Legal Process*)』에서 챔블리스는 동시대 갈등이론가들과 유사하게, 형사처벌은 주로 권력을 지니지 못한 세력 혹은 집단에게 주로 집중되는 반면, 권력을 가진 집단의 범죄나 화이트칼라 범죄(white-collar crime)에 대해서는 가혹한 처벌이 가해지지 않는 경향이 있다고 지적하였다. 챔블리스는 그러한 경향이 발생하게 되는 구체적인 현실적 기제에 대해서도 설명하였는데, 그에 따르면 형사처벌에 대한 선택과 집중은 형사사법과 관련된 현대 자본주의적 관료체제의 조직 긴장 회피(avoiding organizational strains) 행위의 결과로 나타난다(Chambliss, 1969). 조직의 긴장(organizational strains) 및 조직 긴장 회피에 관한 좀 더 상세한 논리는 시이드먼(Robert Seidman)과 함께 저술한 저서(Chamliss and Seidman, 1971)에 잘 제시되어 있다. 이 책에서는 여타의 관료제 기관과 마찬가지로 법을 집행하는 기관 역시도 기관의 공식목표를 현실적 필요에 맞게 조정하는 경향이 있음을 지적한다. 그리고 그와 같은 조정은 대체로 조직의 긴장을 최소화하고 보상은 극대화하는 쪽으로 이루어진다. 문제는 법 집행 기관들에 필요한 자원은 정치조직에 의존하여 공급받는다는 점이다. 그 때문에 정치적 권력자에 대해서는 좀처럼 처벌하지 않는 대신, 정치적으로 약한 사람들에게로 그 처벌대상을 한정하거나 집중하는 것은, 결국 조직의 보상은 최대화하고 조직의 긴장은 최소화하는 결과를 만들게 된다는 것이다(Chambliss and Seidman, 1971: 269). 조직 차원의 긴장 회피와 보상 극대화는 결국 형사사법기관 종사자들의 행위에서 구체적으로 나타나게 될 것임은 물론이다. 가령 이는 판사의 판결에도 영향을 미칠 수 있다. 미래의 고위직 판사가 될 가능성이 있는 젊은 법관은 부자들이 높은 법률비용을 지불할 수 있기 때문에 그들과 관련된 사례에 집중하는 경향이 생기게 된다. 즉 그는 나중에 중요한 직책을 얻고 부유하고 권력 있는 사람들과 친하게 될 것이기 때문에 그들의 필요에 관심을 갖게 된다는 것이다. 법관의 승진은 일정 정도 정치적 과정과 맞물려 있고, 결국 정치권력과 적절히 타협하는 판사가 고위직까지 승진할 가능성은 높아진다. 결론적으로, 그런 여러 가지 미묘한 이해관계들은 법원의 판결이 부유하고 권력 있는 자들의 필요와 이익을 반영하도록 만든다는 것이다(Chambliss and Seidman, 1971: 95-115).

5. 좌파 현실주의이론과 신자유주의 형사정책비판이론 등

한편, 터크는 미국의 사회적 갈등현상이 어느 정도 진정된 시기에 이르러서는 지배집단과 피지배집단 사이에 일어나는 갈등의 상대적 감소현상에 주목하기도 하였다(Turk, 1976, 1982). 그는 시간이 경과함에 따라 구세대들이 죽거나 사회적 활동성을 잃게 되면서 강압적인 시기가 지나가고 새로운 규칙에 적응하는 세대가 나타나고 있음을 관찰하였다. 새로운 세대는 현재와 비교할 수 있는 과거의 경험을 알지 못하기 때문에 현 질서를 당연시하는 태도가 강해지고 그에 따라 사회의 질서 혹은 지배집단의 권위에 대한 회의가 약해지거나 없어진다는 것이다. 이는 1970년대 말과 1980년대 초에 나타난 현상인 1960~70년대 미국 비판범죄론의 쇠퇴를 알리는 신호탄과도 같은 설명이다. 그 즈음에 비판이론은 다양한 경로로 분화되어 나아갔다(Michalowski, 1996). 또한, 미국이 아닌 영국이나 유럽으로 비판이론의 중심이 바뀌어 나아가게 되었다.

그렇게 분화된 이론 중의 하나로 우선 영국의 좌파 현실주의(Left Realism)를 들 수 있다. 좌파 현실주의 이론가들은 1970년대 퀴니(Quinney)류의 비판이론의 낭만성, 특히 길거리범죄자들이 마치 혁명적 성격을 지니고 있는 것처럼 주장해 왔던 점을 비판하면서, 길거리범죄도 권력자들의 범죄만큼 사회에 악영향을 준다는 관점을 강조하였다. 매튜와 영(Matthews and Young, 1986)은 급진적 비판범죄학이 범죄자의 낙인과정에 대한 강조를 통해 주로 국가의 역할과 영향에만 집중해 오고, 범죄가 피해자에게 미치는 악영향에 대해서는 소홀해 왔다고 주장하였다. 따라서 비판범죄학도 범죄자와 국가, 그리고 피해자 모두에게 정당한 관심을 가져야 한다고 보았다. 좌파 현실주의란 이름은 그 이론가들이 범죄의 현실적인(real) 측면을 강조한 데서 얻어진 것이다. 이러한 전환은 이론적 쟁점에서 뿐만 아니라 범죄의 원인과 결과에 대한 조사연구 및 통계적 분석방법에서도 이루어졌다. 구체적인 수준에서, 좌파 현실주의는 노동계급(working class) 안에서 발생하는 범죄의 기원과 성격, 그리고 그 영향에 관심을 두었다. 그들은 가난한 사람들이 범죄자이면서 동시에 범죄피해자들도 역시 가난한 사람들이라는 점에 큰 관심을 두었다. 이는 노동계급 지역공동체 내 지리적 사회적 차원에서의 취약영역에 대한 강조이면서, 전방위적인 범죄피해자로서의 노동계급에 대한 고려이기도 하다. 노동계급은 길거리범죄의 피해자뿐만 아니라 화이트칼라 범죄의 피해자도 되기 쉽다는 것이다(Young, 1986). 즉 좌파 현실주의는 사회구조적 차원에서의 노동계급의 범죄피해 취약성을 말하면서 동시에 범죄자 개인들의 악행을 간과하지도 않는 관점인 것이다. 그에 따라 좌파 현실주의자들의 범죄통제 정책은 사회적 불평등의 문제와 개인의 악행 모두에 역점을 둔다. 한편으로는, 사회적 불평등을 감소시키고 범죄자들의 구금 대신 범죄자들이 사회에 재통합될 수 있도록 하는 방안에 초점을 두면서, 다른 한편으로는 범죄와 범죄자를 억제하고 범죄피해자를 보호하는 전통적인 범죄통제 정책을 용인하기도 한다. 이처럼 좌파 현실주의이론은 몇 가지 점을 제외하면 전통적인 범죄학적 이론과 유사하며, 그 이유로 인해 비판범죄론의 본류로부터 지나치게 후퇴한 이론이라는 평가를 받기도 하였다(Cohen, 1986).

1980년대 이후 미국에서 쇠퇴한 비판범죄론의 빈자리를 채운 것은 영국의 좌파현실주의와 더불어 기타 유럽 내의 새로운 비판범죄론적 시각들이었다고도 할 수 있다. 프랑스의 사회학자 바캉(Loic Wacquant)은 협소한 의미의 범죄학자는 아니지만, 20세기 후반 미국에서 시작되어 유럽과 라틴 아메리카 등 전 세계로 퍼져나간 신자유주의 형벌정책을 비판한 바 있다. 그는 신자유주의 세계체제의 성립과 더불어 1990년대 미국의 사회복지 정책의 후퇴와 맞물린 도시빈민 형벌강화 정책 사이의 연관성을 분석하였으며, 그러한 정책이 20세기 후반에서 21세기 초반에 걸쳐 전 세계로 확대되어 나가고 있는 상황을 묘사한 바 있다(Wacquant, 1999, 류재화 역). 그는 1980년대 이후 미국과 유럽에서 감옥이 팽창하고, 구금인원이 증가하는 등 강력한 형사정책(톨레랑스 제로, Tolérance zéro)이 점점 더 확산되게 된 배경을 분석하였다. 그의 논리는 신자유주의적 정책으로 복지국가가 쇠퇴하면서 빈곤층이 증대하고 사회적 위기가 도래할 때, 즉 서구사회의 계급구조가 불안정해지는 위기가 발생하자 그에 대한 돌파구로 강경한 형벌정책이 추진되게 되었다는 것이다. 요컨대, 1970년까지 서구사회에서 사회적 빈자들에게 주어지던 사회복지가 1980년대 이후 빈자들에 대한 투옥과 구금으로 대체되었다는 것이다. 이는 20세기 후반 이후에 변화된 세계상을 반영하는 비판이론이기도 하지만, 실은 그 기본논리에 있어서는 1970년대 퀴니가 생각했던 것과 크게 다르지 않다. 앞서도 언급했듯이, 퀴니는 자본주의체제하의 잉여인구를 통제하기 위한 수단 중의 하나로 국가가 사용했던 방법 중의 하나가 투옥이라고 주장한 바 있다(Quinney, 1977). 다른 점이 있다면, 그 범위와 정도의 차이일 것이다.

6. 국내 연구 동향 및 향후 전망

최근 국내에서는 갈등이론이나 비판범죄학이론에 근거한 연구가 거의 없다고 해도 지나친 말은 아니다. 1970년대 미국의 전형적인 급진 범죄학이론을 떠올릴 경우 더욱 그러할 것이다.

1980년대에 우리나라에서 한때 '새로운 범죄학'(안진, 1988)으로 소개되기도 하였던 비판범죄학이론은 1980년대 후반 및 1990년대 초반의 사회주의권 붕괴 상황에서 국내에 그 얼굴을 들이밀자마자 빛을 잃기 시작하였다. 1980년대는 우리나라에 범죄학이라는 학문 자체가 미국에서 본격적으로 도입되기 시작한 시점이라고도 할 수 있다. 하지만 우리나라에서 좌파이념의 홍수 시대였던 1980년대에 미국에서는 좌파이념 및 급진주의 범죄학의 본격적인 퇴조기였다. 그 때문인지, 1970년대 후반 및 80년대 초반부터 우리나라에 비판범죄론에 대한 소개(심영희, 1979, 1981, 1988; 안진, 1984, 1988)와 관심이 있었지만, 1980년대 이후 1990년대 초반까지 국내에서 일반적인 좌파 사회이론이 대단히 크게 유행했던 것에 비해서는 매우 협소한 수준의 연구 성과에 그쳤는지도 모른다. 초창기 국내 비판범죄론 중 심영희의 연구(심영희, 1981)에서는 비판이론을 나름대로 소화 · 변형하고 실증적 조사자료와 결합하여 우리나라 실정에 맞는 설명을 시도하기도 하였다. 하지만, 1990년대 이후로는 얼마 되지도 않던 관련 연구조차도 찾아보기가 매우 힘들어졌다. 굳이 있다고 말한다면, 전통적인 형태의 급진범죄학이론이라기보다는 여러 가지 범죄학적 관점이 혼재된 혹은 여성학적 관점이나 포스트모던적 관점이 융합된 변형적 비판이론들의 영향은 존재한다고도 할 수 있다.

향후에도, 정체성이 아주 뚜렷한 급진적 형태의 비판범죄론이 우리나라에서 갑자기 성행하거나 하지는 않을 듯싶다. 하지만, 주류 범죄학이론에 대한 반성 및 범죄학 바깥의 비판적 사회이론과의 융합 등을 통한 소극적 비판범죄론의 각개전투는 충분히 일어날 공산이 있다고 본다.

제 9 장

여성과 범죄(여성주의 범죄학)

| 장안식(고려대학교 사회학과) |

1. 서 론

전통적으로 범죄와 일탈에 대한 연구분야는 사회과학분야에서도 가장 남성 중심적인 분야의 하나라고 할 수 있다. 범죄와 일탈에 대한 대부분의 연구와 이론들은 남성의 범죄성과 남성 범죄자에 대한 형사사법기관의 대응에 기초하였다. 범죄와 일탈의 연구에 있어서도, 여성의 범죄와 일탈은 여성 고유의 전통적이고 적절한 역할에 부합하지 못하였다는 역할 실패에 초점을 두는 측면에서 대단히 부정적이고 편견적인 방법으로 다루어져 왔다. 지금까지의 범죄와 일탈에 대한 연구는 공식자료라든지 대규모 설문을 이용한 객관적이고 실증적인 연구에 천착했었다. 또한, 범죄와 일탈에 대한 과도한 남성주의적 연구 결과는 범죄(의 종류), 피해경험, 그리고 처벌에 있어 남성과 여성의 중요한 차이를 고려하지 못한 우를 범하게 되었다. 이러한 상황에서, 페미니스트 범죄학은 남성과 여성의 범죄뿐만 아니라 그들의 범죄에 대한 형사사법체계의 대응이 어떻게 이루어지는지 혹은 다른지에 대한 우리의 이해를 증진시킴을 통해서 기존의 한계를 극복하고자 하였다. 페미니스트 범죄학자들은 우리가 사는 세상을 이해하는 데 있어서, 여성의 관점을 도입함을 통해서 범죄학적 담론의 중심에 젠더를 위치시키고자 하였다.

페미니스트 범죄학에 있어 범죄를 설명하는 일반이론은 없지만, 일상적인 여성들의 삶으로부터 파생되어서 나오는 범죄와 관련된 다양한 형태의 경험들이 존재한다. 범죄학에서 페미니스트적 관점은 젠더화된 경험이 제공하는 다양한 관점들을 존중하고 이해하는 방법들에 더 많은 관심을 기울인다. 지금까지의 범죄학적 지식 그 자체가 남성주의적 · 보편주의적인 것이 자연스럽다고 여겨지기 때문에 범죄학적 질문들이 구성되는 방법과 연구 결과가 해석되는 방식은 페미니스트 학자들이 주된 관심을 기울이는 부분이다. 큰 틀에서 페미니스트 범죄학은 두 가지의 양상으로 나뉠 수 있다. 우선, 페미니스트 범죄학은 범죄가 성(생물학적인 성)과 젠더(남성과 여성에 부여된 속성)에 의해서 구조화되는 방법들에 초점을 둔다. 인종, 연령, 사회적 계급, 그리고 지정학적 위치 또한 남성과 여성의 범죄와 처벌에 영향을 준다. 이러한 맥락에서, 페미니스트 범죄학은 또한 젠더와 범죄가 교합/상호작용하는 방법들을 분석한다.

페미니스트 범죄학의 주요 이론가인 델리(Kathleen Daly)는 현대 페미니스트 범죄학 연구는 다음의 네 가지로 구분할 수 있다고 말한다(Daly, 1994). 첫 번째는 범죄와 관련된 성(gender)의 본질, 예를 들면 범법이나 체포에 있어 남성과 여성의 성비 차를 설명할 수 있는 요인들인 성별 차이라고 할 수 있다. 두 번째로, 범법행위에 이르는 여자청소년과 남자청소년의 서로 상이한 경로라고 할 수 있다. 세 번째 페미니스트 연구의 주요 초점은 다양한 비합법적인 행위들이 어떻게 정의되는가와 젠더(gender)와 관련해서 행위의 심각성이 어떻게 순위 매겨지는지와 같은 범죄행위의 사회적 구성에서의 젠더 차이이다. 네 번째 주요 연구분야는 범죄성의 효과를 남성과 여성이 자기 자신을 돌보는 방식과 먹고사는 방식을 포괄하는 삶의 보다 확장된 삶의 영역에서의 젠더의 역할과 관련시키는 것이다.

페미니스트적 연구들은 전통적인 범죄학적 질문들과 차별적인 방식으로 연구질문을 구성해 왔다고 할 수 있다. 여성주의적 연구자들은 젠더를 하나의 자연적 사실로서 정의한 것이 아니라 사회제도들과 사회적 삶의 모든 양상들을 배열시키는 데 주요한 역할을 하는 복잡한 사회적 구성체로 정의했다. 가부장적 사회에서, 젠더관계들과 남자다움의 구성들과 여성다움은 균형을 맞추고 있다기보다는 사회적, 경제적, 정치적 독점을 유지하는 남성에 우호적이고 편파적이다. 결과적으로, 범죄학을 포함한 지식의 체계는 남성의 관점을 반영한다고 할 수 있다. 즉, 지식의 생산은 항상 성차별적이다. 이러한 측면에서, 여성주의적 연구자들은 여성이 범죄학적 질문에 있어 주변적이고 눈에 띄지 않는 존재이거나, 남성의 범죄행위에 대한 이론들에 하나의 부수적인 추가 구성물이 아니라 범죄학적 질문의 중심에 서야 한다고 주장한다.

페미니스트 범죄학은 전통적인 범죄학에 대한 비판으로부터 시작했다. 그러한 비판의 첫 번째는 범죄학이 전통적으로 여성을 주변화했고 간과했다는 것이다. 그 결과는 왜 사람들이 범죄를 저질렀을까를 설명할 때 전통적인 범죄학은 단지 왜 남성들이 범죄를 저질렀는지를 설명할 뿐이라는 것이다. 즉 범죄를 설명함에 있어 지나치게 과도한 남성주의적으로 일반화한 접근으로 점철되었다는 것이다. 전통적인 범죄학은 남성들에 대한 이론들을 가지고 여성들의 경험을 설명하게끔 했을 뿐 아니라 젠더(gender)가 남성의 범죄를 구조화하는 방식에 대해서도 애써 무시했다. 요약하면, 전통적인 범죄학은 편견을 양산했고 범죄행위의 설명을 한쪽으로만 제한하였다. 이렇듯, 페미니스트적 비판의 또 다른 목표는 전통적인 범죄학이 여성들에 관심을 가질 때 만들어냈던 여성 범죄자에 대한 고정관념에 관한 비판이었다. 역사적으로, 범죄학에서의 여성들은 수동적이고, 약해 빠지고, 과도하게 감정적이고, 그리고 무성(無性)적인 존재로 보아 왔다. 초기의 범죄학자들은 남성들의 범죄행위에 대해서는 범죄를 유발하는 외재적이고 사회적인 힘의 속성에 관심을 기울이면서도 여성들의 범죄행위에 대해서는 개인적인 병리와 감정적인 문제로 치부했다. 이러한 관점에 의하면, 여성 범죄자들은 병리적인 개인들이었고 남성 범죄자들은 사회적 환경의 피해자였다고 할 수 있다.

범죄학에서 페미니스트 범죄학이 하나의 인정받는 관점으로 발전한 것은 단지 지난 30여 년밖에 되지 않았다. 그러나 페미니스트 범죄학이라는 용어는 어떤 면에서는 독자들을 오도하는 면이 있는데, 페미니스트 범죄학 '들' 이라고 말하는 편이 더 나을지 모른다. 페미니스트 범죄학은 연구질문의 중심에 작동하는 젠더적 구성과 여성으로서의 경험의 문제에 대한 다양한 범위의 이론적 관점들과 방법론적 관점들을 관통하고 포괄한다. 즉, 페미니스트적 사고는 하나의 동질적인 접근이 아니다. 페미니스트적 사고는 여성에게 평등적 기회에 초점을 두는 자유주의적 페미니스트, 여성 압제의 원천으로서의 자본주의와 계급관계에 초점을 두는 맑스주의적 관점, 불평등의 근원으로서 사회 내의 경제/정치적 구조의 남성 독점에 대한 사회주의적 페미니스트, 그리고 가장 잘 알려진 분파라 할 수 있는 여성에 대한 가부장적 독점에 초점을 두는 급진주의적 페미니스트 등을 모두 포괄한다. 그러나 이러한 페미니스트 접근들은 사회의 젠더화된 구조가 범죄와 관련이 있다는 관점을 공통적으로 공유한다.

여전히 대부분의 범죄에 대한 연구는 남성 범죄자들과 남성 범죄에 편중되어 있다. 여성 범죄(행위)에 대한 관심 부족은 아마도 대다수의 범죄가 남성들에 의해서 저질러진다는 사실에 기인할 것이다. 그러나 범죄의 연구에서 페미니스트적 경향은 기존의 사고를 뒤흔들고 있다. 여성의 범죄는 증가했으며 소녀들과 여성, 범죄, 그리고 형사사법체계에 대한 연구관심은 증가하고 있다. 때문에, 이러한 변화를 추동했던 페미니스트 범죄학의 뿌리들은 어떻게 시작되었는지 살펴볼 필요가 있다.

2. 여성주의 관점의 등장과 진화

특별히 범죄학이라는 학문에서 관심을 갖는 범죄행위들에 있어 남성이 여성보다 훨씬 더 많은 범죄를 저지른다는 것은 명백하다(Daly and Chesney-Lind, 1988). 이러한 사실은 부분적으로는 범죄학과 사법(교정)시스템과의 관계에 기인한다고 할 수 있다. 여성들은 범죄를 덜 저지를 뿐만 아니라 그들이 저지르는 범죄들은 우리의 공공안전을 그리 크게 위협하는 것 같아 보이지도 않는다. 때문에 여성의 범죄(여성의 문제)는 범죄학에서뿐만 아니라 사법시스템에서도 광범위하게 무시되었다.

역사적인 페미니스트적 시각의 첫 번째 물결(1st wave)은 19세기 중반에 출현했는데, 1848년의 세네카 폴스(Seneca Falls)에서 개최되었던 여성운동으로 소급할 수 있다. 여성주의 관점의 첫 번째 물결은 노예제의 폐지와 같은 해방운동의 한 부분으로 이루어졌다. 노예제의 폐지와 같은 해방운동과 여성의 해방은 19세기 해방운동의 한 묶음이라고 할 수 있다.

범죄학이 본격적으로 등장했던 19세기 후반부터 20세기 초반까지 단지 몇몇의 학자들만이 여성과 범죄에 대한 문제를 다루었다. 여성과 범죄에 대한 초창기의 분석은, 비록 엄밀하지는 않았지만, 여성과 범죄에 대한 초기의 사고를 유추해 볼 수 있는 좋은 기회가 된다. 여성과 범죄에 대한 초기 학자들의 사고는 주로 여성의 범죄를 그들의 개인적, 심리적, 신체적 특성의 결과로 간주하고 있다(Klein, 1973). 즉, 여성의 범죄는 여성에 내재된 어떤 개인적인 특성에 기인하고 있다고 여겼다. 초기 생물학적 접근은 범죄의 원인이 개인의 내재적 특성에 기인한다고 여기고, 범죄자와 비범죄자의 차이를 구별해내고자 했다. 이러한 관점은 여성의 범죄에도 적용되어, 좋은 여성은 비범죄자이고 범죄를 저지르는 여성은 나쁜 여성이라고 여기는 이분법적 사고를 견지하게 되었다(Klein, 1973).

여성 범죄에 대한 첫 번째 저서는 롬브로소와 페라로의 *Criminal Women*(1893)이라고 할 수 있다. 이 책에서 그들은 여성 범죄자와 일반적인 여성을 비교하면서 둘 다 남성에 비해서 덜 떨어지고 타고나기를 일탈적이라고 주장했다. 이들의 연구는 한 세기 동안 여성 범죄에 대한 설명에서 준거적 위치를 담당했는데, 범죄 여성은 단지 일반적인 여성들보다 더 성적이고, 거짓말을 잘하고, 유치하고 또한 남성 중범죄자들보다도 더 피에 굶주려 있다고 설명했다. 현대 범죄학의 아버지라 불리며 생물학적 인과론의 적용에 지대한 영향을 끼친 롬브로소는 『여성 범죄자(*The female offender*, 1903/1920)』에서, 이전에 자신이 주장했던 '격세유전' 적 설명을 여성 범죄자에 적용하였다. 즉, 여성 범죄자는 신체적으로 비도덕적이고,

심리적으로 수동적이고, 무심/무감하여 굉장히 냉혈적인 범죄자가 되기도 한다고 주장했다. 범죄 여성은 좋은 여성들이라면 절대 할 수 없는, 마치 자신들이 남성인 것처럼 생각하고 여성성보다는 남성성이 더 넘쳐나는 사람들이라고 묘사했다. 롬브로소는 또한 여성 범죄자는 남성보다 훨씬 더 정신적 혹은 육체적 고통에 잘 적응하는 성질을 가진다고 주장했다.

토마스(W. I. Thomas)는 롬브로소가 제기한 여성 범죄자에 대한 생리적 설명에 대한 수정을 시도했지만, 여전히 여성에 대한 가부장적인 관점에서 전통적이고 적절한 여성의 역할에 부합하지 못한, 실패에 초점을 두는 것과 같이 부정적이고 편견적인 방법으로 구성하였다(Lilly *et al.*, 2011). 폴락(Otto Pollak)은 여성에게는 내재적/태생적으로 기망하고 속이는 속성이 있어 잘 드러나지 않는 범죄를 많이 저지른다고 주장했다(Klein, 1973). 많은 초기 학자들은 지나치게 생리적 동기나 정신적 문제에 천착하여 여성의 범죄를 설명하였기 때문에, 여성의 범죄가 다른 사회적 요인에 의해서 발생할 수 있다는 점을 간과했다. 이러한 상황에서, 1950년대 중반에는 기사도 가설(chivalry thesis)이 등장하는 것을 목도할 수 있다. 기사도 가설에 의하면 여성은 그들 범죄의 빈도나 심각성과는 상관없이 형사사법체계에서 남성보다 더 관대한 처분을 받는다. 이러한 기사도적 설명이나 초기의 설명들은 거의 모두가 남성들에 의해서 구성되어졌고 여성의 범죄를 단순히 성(sexuality)과 생물학, 그리고 병리학의 관점에서 설명했다. 이러한 상황에서, 페미니스트 범죄학의 주요 공헌은 범죄학의 토대에 나타나는 편견들을 드러내는 것이었다.

3. 초기의 여성주의 관점 : 성평등 가설

현대적 의미의 범죄학적 연구에서 여성의 문제를 가장 처음 제기한 사람은 레클레스(Reckless, 1961)일 것이다. 이후 약 10여 년이 지난 후에야 본격적으로 범죄의 연구에서 여성의 문제가 제기되기 시작했다(Bertrand, 1969; Heidensohn, 1968). 범죄를 설명하는 이론에서의 여성의 배제를 지적했던 초기 학자들의 문제제기는 충격적이었고, 선도적이었다(Daly and Chesney-Lind, 1988; Young, 1992). 초기의 연구질문은 범죄를 연구하는 데 있어 페미니스트적 접근의 발전에 중요한 두 가지 문제를 제기했다. 첫 번째는 범죄이론의 일반화의 문제이다. 주로 남성(남자 청소년과 아이)들을 상대로 경험적으로 검증되고 만들어졌던 수많은 범죄이론들이 과연 여성에게도 동일하게 적용될 수 있을 것인가의 문제이다. 두 번째는 인간사회에서의 남녀의 비는 일정한데, 왜 범죄는 주로 남성들에 의해서 저질러지는가와 관련된 범죄발생에 있어서의 성비 문제이다.

범죄의 연구에서 여성의 문제가 주요 문제로 자리 잡는 데 가장 큰 영향을 준 것은 여성주의 운동의 물결이라고 할 수 있다. 제 1차 여성주의 물결은 19세기 후반에 시작하여 1920년대 여성에게 참정권이 부여되면서 막을 내렸다. 두 번째 여성주의 물결은 사적이면서 가족 내의 여성에 대한 억압적인 상황에 대한 개선과 공적인 공간에서의 여성의 평등을 쟁취하기 위한 운동이었다고 할 수 있다. 1960년대의 다양한 운동의 홍수 속에서 여성에 대한 이데올로기적 전환은 여성에 대한 범죄학적 연구에도 적용되어져 확산되기 시작했다. 여성 범죄에 대한 편견적 설명에 대한 첫 번째 페미니스트적 반응들은 해방운동 시기인 1960년대 후반에 나타나기 시작했다.

1960년대 후반과 70년대 초 여성운동의 두 번째 물결이라 불릴 만한 발전이 일어나면서, 여성의 범죄에 대한 편견적인 설명에 대한 최초의 페미니스트적 시도들은 해방운동의 시기인 1960년대 후반에 등장하기 시작했다. 원래 19세기의 페미니스트와 구분하기 위한 2세대(2nd wave) 페미니스트들은 동일노동 동일임금, 아동보육, 낙태권, 그리고 가족 내 폭력과 성폭력의 피해로부터 여성의 권리를 지켜내기 위해 투쟁했다. 당대 유행했던 "개인적인 것이 정치적이다"라는 말과 같이, 여성의 개인적인 문제들은 사회적이고 정치적인 문제로 전환되기 시작했다. 여성의 사회적, 정치적, 경제적 평등에 대한 주장의 일부로 등장했던 이러한 여성운동의 두 번째 물결은 여성의 사회적 권리 신장에 도움을 줬을 뿐 아니라 범죄연구에서의 여성 문제를 제고하도록 영향을 주었다. 이러한 발전이 있기 전까지, 범죄학자들은 단순히 여성은 남성보다 범죄를 덜 저지른다거나 남성과는 다른 범죄를 저지를 뿐이라고 간주했다. 하지만 여성의 보다 많은 사회적 진출과 등장은 늘어가는 여성의 범죄와 함께 새로운 설명방식을 요구했다고 할 수 있다.

버트란트(Marie-Andree Bertrand), 하이든손(Fraces Heidensohn), 그리고 클라인(Dorie Klein) 들은 주류 범죄학의 가부장적 가정들에 대해서 도전한 초창기 페미니스트들이었다. 그 뒤를 이어 두 명의 이론가들—애들러(Freda Adler)와 사이먼(Rita Simon)은 여성 범죄에 대해서 처음으로 체계적인 페미니스트적 설명을 시도했다. 1970년대 중반 여성과 범죄에 관한 두 편의 논쟁적인 애들러의 *Sister's in Crime*(1975)과 사이먼의 *Women and Crime*(1975)은 모두 1960년대부터 70년대까지의 여성의 검거 추세를 기반으로 여성의 범죄성에 대해서 분석하였다. 두 권의 책은 서로 다른 결론에 이르렀지만, 여성 해방과 평등의 관점에서 그동안 다루어지지 않았던 여성과 범죄의 문제에 접근하고 새로운 관심을 불러일으켰다는 공통점을 가진다.

애들러와 사이먼은 해방 가설(liberation/emancipation thesis)을 제시했다. 해방 가설에 의하면, 여성인권운동은 여성 범죄의 증가를 가져왔다. 두 저작은 여성의 사회적 지위가 남성의 역할과 보다 동등하게 되면서 그들의 범죄행위도 그만큼 증가한다는 것을 암시한다. 애들러(1975)에 의하면, 여성에 대한 제약이 철폐되고 늘어난 시장에서의 기회는 여성으로 하여금 남성들처럼 탐욕스럽고, 폭력적이고, 범죄친화적인 성향을 가질 수 있는 기회를 제공하였다고 주장했다. 그 결과, 여성의 폭력범죄의 비율이 증가하게 되었다고 주장했다. 하지만 사이먼(1975)은 노동시장에의 여성의 참여가 보다 늘어남에 따라 여성이 범죄를 저지를 기회가 늘어났으며 이로 인해 여성의 재산범죄가 증가하게 되었다고 주장하였다. 또한, 사이먼은 여성의 해방이 형사사법체계에서 여성을 보다 남성과 동등하게 처벌적으로 대한 것은 아닌지 질문했다.

비록 그들의 관점이 달랐고 어떤 면에서는 다른 결론에 도달했을 수 있지만, 둘 다 공히 20세기 중반 여성운동이 여성 범죄에 대한 인식을 바꿨다고 할 수 있다. 두 작업의 공통된 논지는 여성해방의 결과로서 여성들이 범죄에 더 많이 참여할 수 있다는 것이었다. 또한 동일처우라는 측면에서 여성 범죄에 대한 형사사법의 대응은 더욱 더 엄격해지고 덜 관대해(기사도 정신의 약화)질 것이라는 것이었다.

여성 범죄에 대한 여성해방 관점의 설명은 여성의 범죄에 초점을 두었고 상당한 관심을 끌었지만, 보다 깊게 고민하는 페미니스트들은 해방이론이 암시하는 바가 대단히 부정적이라는 것을 인식했다. 두 권의 책은 여성 범죄와 여성 범죄에 대한 형사사법제도의 반응(대처)에 대한 더 많은 관심을 불러일으켰다는 점에서 중요했지만, 여성들에게 증가된 범죄기회가 평등에 대한 갈망으로부터 나온다는 점은 페미니스트 범죄학자들로부터 비판받았다. 대표적으로 두 가지의 비판이 부상했다. 첫 번째는 과연 하층계급 여성 범죄자들이 남성 범죄자들과의 평등을 성취하기 위한 것인지 혹은 여성 범죄의 증가가 가난의 여성화(feminization of poverty)에 기인한 것은 아닌지에 대해서 의문을 제기했다. 그 이유는 빈곤가구의 구성에서 여성가구(female headed households)가 기하급수적으로 늘어난 상황에 기인했다. 몇몇 논자들은 저소득 여성 범죄자들이 여성의 역할에 대해서 더욱더 편견적(상투적)인 관점을 견지한다는 것을 지적했고, 이러한 여성 범죄자들이 범죄현장에서 남성들과 경쟁하고 있다는 식의 사고에 의문을 제기했다(Daly and Chesney-Lind, 1988). 두 번째로는 실증적 연구에서 범죄를 저지르는 성차의 비율이 좁혀질 것이라는 것을 검증하지 못했다는 점이다(Steffensmeier and Allan, 1996).

또 다른 비판으로, 스테픈스마이어(1978, 1980)는 여성들이 남성적인 폭력범죄를 보다 더 많이 저지르게 되었다는 관점을 비판하였다. 비판의 요지는 여성의 범죄로 인해 체포율이 늘어난 것은 사실이지만, 여성과 남성의 범죄율의 격차는 실제로 줄어들지 않았다는 것이다. 역사적으로 여성의 범죄가 낮았기 때문에 여성의 범죄의 증가가 상대적으로 부각되어 나타난 것이라고 주장했다. 스테픈스마이어(1980)는 또한 여성의 노동시장 참여로 인해 화이트칼라 범죄에서의 여성 비중의 증가가 일어날 것이라는 점에 대해서도 반박했다. 여성의 노동시장 참여로 인해 여성의 화이트칼라 범죄 증가를 주장했던 사이먼의 주장은 대부분의 여성들이 여전히 단순 절도 등에 집중되어 있다는 점을 고려하면 그들의 범죄가 그들의 직업적 성취에 기인한 것이 아니라는 것이다.

또 다른 비판은 여성해방 테제에 대한 본질적인 측면과 관련이 있다. 델리와 체스니린드(1988)는 과연 여성해방운동이 일어났는가를 질문했다. 과연 가난한 여성이 저지른 절도범죄가 애들러가 주장했듯이 공적인 공간에서 남성과의 평등을 추구하는 과정에서 나타난 것인가? 혹은 이러한 범죄가 과연 사이먼이 주장했듯이 여성의 기회가 늘어남에 따라 나타난 결과인가? 즉, 자유주의적 페미니스트 관점은 젠더를 남성성과 여성성의 단순한 구분으로 혹은 여성성의 태도 혹은 역할의 차이 등의 단순한 구분에 의지하였다. 그 결과, 남성이 여성의 노동과 성에 대해서 통제하도록 허락하는 사회구조를 배태한 가부장적 사회 내의 권력관계의 영향을 간과했다고 할 수 있다. 다시 말해서, 남성과 비교해서 여성의 공적인 기회와 평등에 함몰되어, 자유주의적 페미니스트들은 가부장적 사회로 대변되는 남성 독점적 사회구조의 중요한 특징을 고려하는 데 실패했다고 할 수 있다.

해방테제는 여성 범죄에 대한 관심을 불러일으키는 데 지대한 영향을 주었으나, 여성의 범죄성에 대해서는 심도 있는 분석을 하지 못했다. 애들러와 사이먼의 선도적인 작업에 뒤이어, 새로운 세대의 페미니스트 범죄학자들은 가부장제에 대한 해방에 초점을 두기 시작했다. 이후의 여성과 범죄에 대한 관심은 가부장적 사회에서의 남성의 독점과 여성에 의해서 저질러지는 범죄와 여성에 대해서 행해지는 범죄에 대한 가부장적 사회의 영향에 천착하기 시작했다. 그 결과 페미니스트 범죄학적 사고의 초점은 사회경제적 구조가 여성의 삶과 그들의 범죄 참여를 구성한다는 방식으로 전환되기 시작했다.

4. 현대 여성주의 관점 : 비판/급진 범죄학과의 조우

1970년대 페미니스트 범죄학의 성장과 발전에 영향을 주었던 것은 신범죄학들, 혹은 범죄연구에 대한 급진적, 갈등적, 비판적 접근들의 출현이었다. 갈등이론과 마르크스주의이론에 지적 뿌리를 두면서, 이러한 관점들은 범죄를 성, 인종, 그리고 계급적 압제의 결과로 보았다. 급진 범죄학과 페미니스트 범죄학은 정치적이고 사회적으로 민감했던 1960년대와 70년대에 출현했다. 미국은 물론 대다수의 서구 국가에서 이 시기는 급격한 사회변화와 정치적 불안의 시기였다. 기존의 사상들과 권력구조들은 도전받았고 반전운동, 시민운동, 그리고 여성해방운동과 같은 사회운동들이 출현했다.

대부분의 비판범죄학자는 남성의 범죄성을 규명하는 것에 집중해 있다. 이런 이론적 불완전성을 바로잡기 위해 몇몇 비판범죄학자는 비판여성주의(critical feminism) 관점에서 범죄의 원인과 범죄에서 나타나는 성차, 여성 범죄피해자에 대한 억압을 설명하기 위해 노력하였다. 비판여성주의 학자들은 성 불평등은 자본주의 사회에서 여성과 남성의 불평등한 권력 때문에 생겨나며, 결과적으로 아버지와 남성에 의한 여성 착취를 낳게 된다고 주장한다. 이런 체제에서 여성은 토지나 돈처럼 가치를 지닌 상품으로 전락하고 만다. 때로는 지나치게 이상주의적이라는 비판과 여전히 남성주의적이라는 비판을 받았던 급진/비판 범죄학으로부터 페미니스트 범죄학자들은 점차 이탈하여 새로운 관점을 견지하기 시작했다. 범죄자를 국가권력과의 투쟁에 참여하는 숭고한 전사로 보는 관점은 여성에 대한 폭력의 위협과 성폭력의 고리를 끊고자 하는 급진적 페미니스트들의 분노를 샀다(Young, 1979). 따라서 페미니스트 범죄학은 기존의 급진적 관점을 넘어 여성을 착취하게끔 만드는 가부장적 사회의 방식에 초점을 두기 시작하였다. 이러한 가부장제가 만들어내는 결과와 과정에 초점을 두는 급진적 페미니즘은 페미니스트 범죄학 연구의 싹을 틔우는 데 공헌했다.

1970년대 초반 급진적 페미니스트 학자들과 운동가들은 가족 내 폭력(intimate violence)이나 강간과 같은 범죄들에 대한 사회적 대응방식을 개혁하고자 힘썼다. 이러한 범죄에 대한 정책과 법률이 개정되기 전까지, 성폭력 피해자들은 종종 그들의 범죄피해에 대한 비판을 오롯이 짊어져야 했다. 페미니스트 범죄학의 발전에 대한 급진적 페미니즘은 두 가지 차원에서 공헌하였다. 첫 번째는 급진적 페미니스트 학자들은 사회변화에 영향을 줄 수 있었다. 여성에 대한 폭력연구는 대중적으로 관심을 불러일으켰고, 매맞는 여자들을 위한 쉼터들은 전국적으로 출현하기 시작했으며, 형사사법체계에서 피해자들을 보호할 수 있는 조치들이 강구되기 시작했다. 두 번째로, 강간과 가족 내 폭력에 대한 페미니스트 학자들의 연구는 주류 범죄학에 영향을 주었다. 예를 들어, 여성들은 그들과 가까운 사람들에 의해서 보다 더 많은 범죄피해를 당한다. 급진적 페미니스트적 관점에서 보면, 이것은 사회 제도와 규범들이 여성의 범죄피해를 가능케 했기 때문이라고 할 수 있다.

1) 남성성과 범죄 : 성 역할에 따라 행동하기

페미니스트 범죄학이 발전함에 따라, 이론가들은 그들의 연구질문을 구성하는 데 있어 보다 더 조심스러워졌다. 혹자는 범죄행위에서 나타나는 성차를 설명함에 있어 여성은 남성적 규범으로부터 일탈적일 수밖에 없다고 주장하겠지만, 페미니스트 범죄학자들은 범죄에 대한 여성(남성) 참여의 본질을 연구하는 데 이러한 문제들에 접근하는 보다 나은 방법에 대해서 질문하기 시작했다. 페미니스트 학자들은 과거와 다른 범죄학적 질문들을 구성했다. 예를 들면, 범죄행위의 패턴을 설명하는 남자됨과 여자됨은 무엇인가 혹은 어떻게 남자와 여자는 각각이 'do gender(성 역할에 따라 행동하기)' 하는가이다. 다시 말해서, 남성과 여성은 어떻게 젠더화된 방식으로 행위하는가에 대한 질문을 던지기 시작했다. 이러한 방식으로 프레임을 구성하면서, 우리는 남성과 여성에게, 소년과 소녀에게, 스트레이트와 게이에게 의미를 부여하고 지배하는 문화적 규범과 사회적 인과론의 역할을 보다 잘 볼 수 있게 되었다. 범죄는 이러한 사회적 역할이 작동하는 하나의 경로가 된다. 이러한 종류의 질문방식은 왜 남성은 강도와 강간 등을 보다 더 많이 저지르고 여성은 다른 범죄들, 예를 들면 길거리 성매매와 같은 범죄에 참여하게 되는지에 대해서 보다 나은 이해로 이끌었다. 강도와 강간은 남성으로 하여금 돈과 권력 그리고 남성 지배에 기반한 특정한 형태의 남성성을 구현하도록 해 준다. 비슷하게, 매춘이나 다른 형태의 성 노동은 여성이 남성의 쾌락을 위해 성적 대상이 된다고 설파하는 역할정의에 들어맞는다고 할 수 있다.

비판여성주의학자들은 범죄행동을 자본주의 사회에서 일반적으로 나타나는 경제적/사회적 갈등의 연장선에서 성 갈등(gender conflict)과 관련시키기도 한다. 메서슈미트는 『자본주의, 가부장제, 그리고 범죄(*Capitalism, Patriarchy, and Crime*, 1986)』에서 자본주의 사회는 가부장제와 계급 갈등이라는 특징을 가진다고 주장한다. 자본가는 노동자의 노동력을 통제하지만, 남성은 여성을 경제적/생물학적으로 통제한다. 이 '이중적인 주변성(double marginality)'이 자본주의 사회에서 왜 여성의 범죄가 남성보다 적은지를 설명한다. 여성은 가정 내에 고립되어 화이트칼라 범죄나 경제범죄 등을 저지를 기회가 적다. 물론 기득권층의 남성과 여성은 모두 화이트칼라 범죄를 저지르지만 여성의 행동은 자본주의 체제의 가부장적 성격에 의해 제한되기 때문에 여성의 범죄율은 낮다. 또한 여성은 남성이 월등히 많은 거리범죄에 대한 접근이 제한되어 있다. 때문에 이러한 맥락은 자본주의 하류층 여성을 더욱더 무력하게 만들어 그들에게 덜 심각하고, 비폭력적이고, 자기 파괴적인 범죄, 예를 들어 약물 남용 등의 범죄를 저지르도록 강요하고 있다.

또한 무력감(powerless)은 여성이 폭력행위의 피해자가 될 가능성을 높인다. 하류층의 남성이 경제 기회구조로부터 축출당하면 그들은 자신들의 자아상을 남성다움(machismo)을 통해 달성하려고 한다. 대표적인 예가 배우자 구타로, 배우자가 애인 등 파트너에 의해 공격받은 여성 피해자의 비율이 높다는 사실을 설명해 줄 수 있다.

남성성의 헤게모니와 남성성의 지배에 대한 그의 고전적 연구에서, 메서슈미트(James Messerschmidt)는 행위자들이 'do gender' 하는 방식들을 분석하였다. 『남성성과 범죄(*Masculinities and Crime*, 1993)』의 논의에서, 남성은 끊임없이 무언가를 성취하여야 하거나 그들의 남성성을 지배적인 문화적 기초와 관련해서 드러내야만 한다. 모든 문화권에서 남성은 '이상적인' 남성적 행동을 추구한다. 서구 문화에서 이상적 남성성이란 권위 있고, 책임감이 강하고, 경쟁의식이 강하고, 통제력이 있는 것을 나타낸다. 이런 역할을 수행하지 못하는 남성은 여성스럽고 남자답지 못하다고 느끼게 된다. 남성다움을 입증하기 위해 여성을 지배하려는 이런 남성의 노력을 우리는 '성 역할에 따라 행동하기(doing gender)' 라고 부른다.

범죄는 남성이 이상적인 남성의 성 역할을 충족할 수 있는 통로가 되는데 범죄는 남성을 약한 상태에서 벗어나게 해 주고, 육체적 용감성을 드러나게 해 주기 때문이다. 여성에게 폭력을 사용하는 것은 남성성을 과시하기 위한 매우 경제적인 방법이다. 약하고 여성스러운 남성이 여성을 공격하는 것을 본 적이 있는가? 이러한 문화적 코드는 노동, 여성의 복종, 그리고 성욕과잉과 같은 전통적인 남성적 가치들의 수행을 지지한다. 만약 이러한 수행행위들에 대한 그들의 길이 막힌다면, 소년과 남성들은 그들의 남성성을 드러낼 수 있는 다른 방법을 찾아야만 하고 범죄는 아주 주요한 자원이 된다. 폭력은 '진짜 사나이' 로서 그들 자신을 정의하는 방법이 될 수 있다. 결과적으로, 그러한 행위들은 가부장적 사회구조들을 재생산한다. 따라서, 젠더—남성성의 특정한 형태 속에서의 젠더는 범죄원인을 이해하는 데 있어 중추가 된다.

여성주의 학자들은 남성은 여성을 희생시켜 남성성을 달성하고 있다는 점에서 앞선 논의에 동의하고 있다. 남성은 자신이 전혀 여성적이지 않으며, 여성적인 특성을 가지고 있지 않다는 것을 다른 사람에게 확신시켜 줘야 한다. 그들은 구질구질한 행동을 하거나 요리나 집안일을 하지 않는다. 그런 일은 '여성적인' 것이기 때문이다. 이보다 좀 나쁜 행동은 여성을 배제하고, 상처를 주고, 착취하고, 학대하는 경우다. 남성으로만 이루어진 집단 내에서도 가장 약한 남성을 '여자' 처럼 대하고 그들을 못살게 굴어 남성성을 입증하려고 한다. 남성은 여성성으로 오염되지 않도록 자신을 방어해야 하며, 이런 노력은 어린 아이의 놀이집단에서 시작하여 성인기와 결혼을 통해 지속된다.

2) 젠더화된 삶 : 인종, 계급과 성의 상호작용

미 흑인 소년들과 여성들이 젠더행위에 참여하는 방식들에 초점을 두면서, 밀러(Jody Miller)는 'do gender' 한다는 것이 그들에게 어떤 의미인지를 탐구하였다. 그녀는 젠더의 'doing' 을 연구함을 통해서, 우리가 행동에서 나타나는 개인적(혹은 행위자) 선택의 역할과 범죄의 생산에서 그들의 선택을 제약하는 사회적(구조적) 제약 모두를 볼 수 있다고 말한다. 범죄는 아마도 감정을 표출하는 데 있어 가장 강력한 원천일 수 있다. 즉, 범죄는 비록 젊은 여성들의 삶을 피폐하게 만들기도 하지만 문화적 제약으로부터 여성을 해방시키기도 한다. 갱 멤버의 범죄는 그들의 삶의 환경에 배태되어 있고 때때로 그들의 사회구조적 기회구조의 제약에 대한 개인적—그러한 제약으로부터 해방시키는 개인적 행위를 반영한다. 범법행위에 대한 그러한 젠더화된(gendered) 경로들을 분석하면서, 델리(Daly), 메서슈미트(Messerschmidt), 그리고 밀러(Miller)와 같은 페미니스트 범죄학자들은 생애과정에 걸쳐 나타나는 사회적 맥락—그러한 사회적 맥락이 어떻게 성에 의해서 형성되는지에 대한 사회적 맥락과 범죄로부터 벗어나는 혹은 빠져들게 되는 인생의 전환점에 대해서 연구했다.

페미니스트 범죄학의 발전에서 또 하나의 주요 공헌은 피해자와 가해자가 때때로 겹치고 함께 피흘리는 방식에 초점을 맞추고 있다는 것이다. 범죄와 범죄피해에 대한 풍부한 실증적 연구는 대부분의 여성 범죄자들이 그들이 범죄를 저지르기 전에 학대를 당했다는 사실을 지적한다. 이러한 피해자와 가해자 사이의 흐릿한 경계에 대한 대표적인 예가 배우자를 결국에는 죽이게 되는 매맞는 아내의 예라고 할 수 있다. 범죄피해의 효과들에 대한 이해를 넓히기 위한 노력의 일환으로, 연구자들은 범죄피해자들에게 관심을 돌렸고 그들의 학대 이력과 범죄에 대해서 묻기 시작했다. 델리(Kathleen Daly)와 마허(Lisa Maher)(1997)는 페미니스트 어젠다의 중요 부분은 전문가들에 의해서 구성되어지는 담론상의 여성과 실제 여성 범죄자들의 매일매일의 삶에서 나타나는 비극적 실재를 연결하는 것이라고 주장한다.

체포된 많은 여성들은 그들의 성, 인종, 그리고 가난으로 인해 주변화된 삶을 살아 왔다. 대부분은 마약에 쉽게 노출되고 많은 친척들은 교도소를 드나드는 굉장히 불안정한 가정으로부터 왔다. 감정적, 성적, 그리고 육체적 학대는 술, 마약에 대한 의존이나 나쁜 인간관계와 같은 의존적 패턴으로 이끈다. 몇몇의 경우, 여성은 그들의 집안에서 벌어지는 폭력을 회피하기 위해서 마약의 세계로 혹은 길거리로 뛰쳐 나가게 된다. 덜 배우고 무직인 상태로 이러한 소녀들과 여성들은 범죄학자들이 말하는 주변화된 삶의 소용돌이에 위치하게 된다. 즉, 만성적인 학대는 범죄로 이끌고, 범죄는 약물 중독/남용으로, 약물 남용/중독은 보다 심각한 범죄 혹은 또 다른 형태의 학대적인 관계의 발전 등과 같은 식으로 전개된다.

5. 권력-통제이론과 여성주의 제3의 물결

헤이건과 그 동료들(Hagan *et al.*, 1985)은 범죄에서 나타나는 성차를 설명하기 위해 급진적인 여성주의 시각을 도입하였다. 그들이 보기에 범죄율은 계급적 권력과 가족 내 권력에 의해 결정된다. 이 두 변수 사이에는 다음과 같은 관계가 있다. 부모는 가족 내에서 자신들의 직장 내 권력관계를 재생산한다. 직장에서 권력을 행사하는 위치에 있다는 것은 가족 내에서 통제력을 행사하는 것을 의미한다. 따라서 부모의 직업과 지위가 자녀의 범죄성에 영향을 준다.

가부장적 가정에서 아버지는 생계부양자로서 전통적인 역할을 수행하며, 어머니는 하찮은 직종에 종사하거나 아니면 가사를 전담하게 된다. 가부장적 가정에서 어머니는 딸의 행동은 통제하는 반면 아들에게는 상당한 자율을 준다. 이런 가정에서 부모와 딸의 관계는 순종을 내면화하는 과정이라고 할 수 있으며, 이런 경우 딸은 비행을 저지를 가능성이 거의 없는 반면 아들은 어머니의 통제와 간섭을 받지 않아서 비행을 저지를 가능성이 상당히 높다.

가부장적 가정에서 자란 딸은 아들보다 법적 처벌을 더 두려워하도록 사회화된다. 따라서 아들은 딸보다 높은 비행가능성을 갖게 된다. 결과적으로 아들은 비행과 같은 반사회적 행동에 더 가담할 뿐 아니라 아르바이트를 하거나 자동차를 운전하는 등 합법적인 행동의 기회도 더 많이 가지게 된다. 이와 대조적으로 합법적인 배출구가 없는 딸은 상황에 대해 좌절하거나 실망하게 되어 역할 탈출(role exit)을 위한 위험한 행동을 하게 되는데, 가출이나 자살 시도 등을 예로 들 수 있다.

부모가 직장이나 가정에서 비슷한 권력을 소유하고 있는 평등 가정에서 딸은 더 많은 자유를 누리게 되고, 이것은 부모의 통제력이 감소되었음을 의미한다. 이런 가정에서 딸은 남자 형제의 비행행동을 모방하여 비행을 저지르게 된다. 평등 가정의 딸은 합법적인 성인행동을 할 수 있는 기회를 더 가지고 있으며, 따라서 역할 탈출의 욕구를 덜 가지게 된다.

이런 관계는 아버지가 없는 여성가구에서도 나타난다. 헤이건은 만약 아버지나 어머니가 비슷한 관리직에 종사한다면 딸의 비행과 아들의 비행은 매우 비슷한 수준일 것이라고 주장한다. 그의 이런 주장에서 암묵적으로 중산층 가정의 딸이 하류층 가정의 딸보다 통제를 덜 받아서 더 많은 비행을 저지를 거라고 예상할 수 있다. 부모가 비슷한 권력을 소유하고 있는 가정에서 딸은 남자 형제와 비슷하게 직업적 성공에 대한 기대감을 가지고 있을 것이다. 그리고 결과적으로 성별에 관계없이 위험 추구적 행동이나 비행을 저지르도록 사회화될 것이다.

범죄에 대한 페미니스트적 관점에서 그리 많은 부분을 차지하지는 못하지만, 포스트모더니즘적 관점 또한 여성과 범죄의 문제를 다루는 중요 관점이라고 할 수 있다(Lilly *et al.*, 2011). 기존의 포스트모더니즘적 논의와 동일 선상에서, 범죄연구의 포스트모더니즘적 관점은 서구 문명이 만들어 낸 인종, 계급, 그리고 성의 계층적 구분을 해체하고자 한다(D'Unger, 2005). 문화범죄학적(Cultural Criminology) 접근과 그 궤를 같이하여, 포스트모더니즘적 여성주의는 범죄의 구성적 이미지와 그 안에서의 여성 범죄자의 이미지들에 대해서 관심을 가진다. 현재 구성되는 여성 범죄자의 이미지는 현 사회의 기득권자와 권력자들의 관점을 가장 잘 반영한다고 할 수 있다(Chesney-Lind and Faith, 2001). 이러한 측면에서 포스트모더니즘적 여성주의 관점은 범죄와 일탈 연구에서 새로운 사고의 관점을 제공해 준다고 할 수 있다. 따라서 혹자들은 이러한 포스트모더니즘적 관점을 제3의 물결이라고 부르기도 한다(Daly, 2010).

6. 국내 연구 동향 및 향후 전망

범죄학에서 여성의 문제가 간과되었고 주변화되었던 역사적 사실을 대변하듯이, 여성에 대한 국내연구 역시 비교적 최근에야 이루어지기 시작했다. 하지만, 대부분의 연구들은 대부분 공식통계를 근거로 하여 여성 범죄의 추이와 특성을 탐색적으로 살펴본 연구들이었다(심영희, 1987; 장상희, 1996; 최인섭 · 전영실, 1993; 전영실, 2003). 따라서 여성 범죄에 대한 페미니즘적 접근 혹은 여성의 관점을 적용하여 심도 있는 분석이나 인과적 분석 등은 미비하였다고 할 수 있다. 그럼에도 불구하고, 몇몇의 국내 연구들은 여성과 관련된 범죄, 예를 들면 가정폭력 등에서 나타나는 가부장적 사회의 영향에 대해서 분석하고 있으며, 가부장적 사회의 성 역할 사회화의 결과로 나타나는 범죄행위의 차이에 대해서 분석하고 있다.

김익기와 심영희(1991)는 『가정폭력의 실태와 대책에 관한 연구』에서 가정폭력은 일반적인 대인폭력과 구별되어서 나타나며 사회의 가부장적 성격이 중요한 발생요인으로 나타난다는 것을 보여줬다.

김준호와 김은경(1995)은 『여자 청소년의 비행실태에 관한 연구』에서 여자 청소년의 비행실태와 특성을 현실인식과 이론구성이라는 두 차원에서 검토하였다. 즉, 현실인식이라는 측면에서 여자 청소년의 비행이 주로 성적인 문제와 관련되는지를 살펴보았고, 이론구성의 측면에서 여자 청소년의 비행에 대한 성 중심적인 이론화 작업이 필요함을 인지하고 인과원인을 규명하고자 하였다. 청소년의 비행에 있어 '성적 차이'를 생물학적인 차원으로 환원시키는 논의를 넘어 사회적 맥락 속에서 성 역할 사회화론의 기반에서 살펴보았다. 그 결과, 기존의 주요 비행이론의 설명들—예를 들면, 차별교제나 사회통제의 요인들—은 여전히 여자 청소년의 비행에도 유용하지만, '가정적' 요인들은 여자 청소년의 비행을 설명하는 데 보다 더 적절한 설명요인이 된다는 것을 보여주었다. 즉, 비행의 성 차이는 성역할 사회화기제에 따라 차별적으로 형성되는 태도와 인성, 행위양식에 의한 것일 수 있다는 것을 경험적으로 보여주었다.

심영희와 김혜선(2001)은 "아내 구타자의 폭력과 통제 양식에 관한 연구"에서 아내 구타자의 폭력과 통제 양식은 가부장적 테러리즘이라는 관점에서 이해될 수 있음을 주장하였다. 그들에 의하면, 가해 남편들의 폭력과 통제 양식은 단순한 부부싸움이라기보다는 통제적 전략에 더 가까운 신체 · 언어적 폭력, 경제적 · 정서적 통제, 그리고 위협과 협박 등을 사용함을 보여줬다. 또한, 가해 남편은 공식적 권력으로부터의 무권력으로 인해 일상적 권력에 더욱 집착하는 경향을 보이는 것으로 나타나고, 대다수의 가해 남편과 배우자들이 가부장적 문화와 가족관계, 성 역할 관념에 묶여 있다는 것을 보여주었다.

권력-통제이론의 관점에서, 이성식과 전신현(2001)은 서울시 518명의 여자 고등학생을 대상으로 성평등가설과 성불평등가설에 대한 검증을 시도하였다. 그 결과, 가부장적 가정과 여자 청소년비행의 관계에 있어, 이성식과 전신현(2001)의 연구는 권력-통제이론 등에서 강조되었던 성평등가설보다는 성불평등가설이 더 지지되는 결과를 제시했다. 즉, 가부장적 가정의 여자 청소년은 보다 억압적인 가정에서 갈등과 긴장의 경험을 통해서 비행친구와의 어울림이나 비행 유발적 환경에의 노출로 이어지게 될 수 있다는 것을 보여주었다. 다시 말해서, 권력-통제이론의 예측과는 반대로, 한국적인 상황에서, 가부장적 가정의 여자 청소년은 평등적 가정의 여자 청소년보다 부모로부터의 폭력을 더 경험하고, 부모와의 갈등을 더 자주 겪으며 가출이나 비행친구와의 어울림 증가와 함께 비행을 저지를 가능성이 높아짐을 확인하였다. 또 다른 연구에서, 이성식(2011)은 상대적으로 남자 청소년에 비해서 그 영향력은 낮지만, 여자 청소년의 경우도 가부장적 가정의 영향은 비행유발의 환경요인이 될 수 있다는 것을 제시하였다.

하지만, 가부장적 가족이 여자 청소년의 비행에 미치는 영향에서 가부장적 가족구조에 대한 측정의 타당성을 제기한 김정규(2005)의 연구도 있다. 김정규(2009)의 연구는 가부장 가족이 남자 청소년의 비행에는 유의미한 영향을 미치지만, 여자 청소년의 비행은 오히려 감소시키는 것으로 나타나 권력-통제이론을 지지하는 결과로 나타난다고 보고했다. 권력-통제이론을 지지하는 또 다른 연구는 신동준(2011)의 연구에서 찾을 수 있다. 신동준(2011)은 구조적 차원에서 가부장적 특징을 보이는 가정의 여자 청소년이 비행을 덜 저지른다고 보고했다. 즉, 신동준(2011)은 부모의 가부장 태도 자체가 여자 청소년의 비행에 유의미한 영향을 주지 않을 수 있지만, 그러한 가부장적 태도를 사회화한 여자 청소년에게 있어서 비행의 가능성은 낮아진다는 것을 제시하였다.

최현주(2010)는 강호순 연쇄살인사건에 대한 매스미디어의 보도행태의 분석을 통해서, 범죄보도가 피해자인 여성을 비난함으로써 젠더편향적 시각을 가졌던 데 반해서, '여성의 행실'에 대한 책임을 전가할 여지가 없는 강호순 사이코패스 사건에서는 '희생자 비난'과 같은 젠더편향적인 시선의 내재화가 아닌, 젠더 관점의 부재를 통해 이미 확립된 남성 중심적 성(gender) 질서를 그대로 수용하고 있음을 보여주었다.

페미니스트 범죄학은 전통적인 범죄학에 대한 비판으로부터 시작했다. 그러한 비판의 첫 번째는 범죄학이 전통적으로 여성을 주변화했고 간과했다는 것이다. 여성을 주변화한 결과는 사람들이 범죄를 왜 저질렀을까를 설명할 때 전통적인 범죄학은 단지 남성들이 왜 범죄를 저질렀는지를 설명하게 되었다. 다시 말해서, 전통적인 범죄학은 범죄를 설명함에 있어 과도하게 남성 위주로 일반화한 접근으로 점철되었다는 것이다. 전통적인 범죄학은 남성들에 대한 이론들을 가지고 여성들의 경험을 설명하게끔 했을 뿐 아니라 성(gender)이 남성의 범죄를 구조화하는 방식에 대해서도 애써 무시했다. 그 결과, 전통적인 범죄학은 편견을 양산했고 범죄행위의 설명에는 한계가 있었다.

페미니스트적 비판의 또 다른 목표는 전통적인 범죄학이 여성들에 관심을 가질 때 만들어냈던 여성 범죄자의 고정관념적 범죄행위에 대한 비판이었다. 여성과 범죄에 대한 초기 학자들은 남성들의 범죄행위는 외재적이고 사회적인 힘의 속성에 관심을 기울이면서도 여성들의 위법행위/탈법행위는 개인적인 병리와 감정적 성적 문제로서 설명했다. 여성 범죄자들은 병리적인 개인들이었고 남성 범죄자들은 사회적 환경의 피해자였다. 초기의 여성주의 학자들은 여성에 대해서 눈 감고 있던 범죄연구를 깨웠다고 할 수 있다.

페미니스트 범죄학이 주류 범죄학, 즉 남성지배적인 범죄학에 대한 도전과 근본적인 비판에 천착하고 전통적인 남성 권위주의적 관점으로 여성 피해자와 범죄자들을 재단하지 못하도록 도전했듯이, 여성주의 관점은 향후 범죄학 연구 분야에서 간과되고 감추어졌던 것들에 대한 비판적 사고를 증진시킬 것이라 기대된다. 주류 범죄학에 대한 페미니스트의 비판이었던 권력에 대한 비판적 사고는 여전히 한국사회에서 여성의 범죄와 드러나지 않았던 범죄를 연구하는 데 있어 중요한 자양분이 될 것으로 기대할 수 있다.

제 10 장

범죄기회와 범죄피해

| 박성훈(한국형사정책연구원) |

1. 범죄피해의 중요성과 연구배경

범죄의 동기나 원인을 설명하는 범죄사회학이론은 대부분 가해자, 특히 청소년을 대상으로 자료를 수집하여 이론을 검증하는 논의가 주를 이루어 왔다. 즉 범죄자 혹은 일탈자는 정상인과는 다른 생물학적 · 심리적 특성을 가지고 있을 것으로 가정하고, 사회구조적 혹은 문화적 위치에 따라 어떤 차이가 있는지를 밝히고자 한다. 반면, 이론을 구축하는 데 있어 범죄의 대상이 되는 피해자에 대해서는 상대적으로 관심이 낮았다. 일부 연구자들은 범죄피해 및 피해자에 대한 무관심은 전통적인 범죄사회학의 인식론적 문제 및 방법론적 문제 때문이라고 주장한다. 일례로 기능주의 범죄사회학(아노미이론, 통제이론)은 범죄자 개인에 대한 관심보다 범죄/통제가 사회에 기능하는 구조의 측면에 관심이 있었기 때문에 상대적으로 피해자는 관심 영역 밖이었고, 낙인이론의 경우 표면적으로는 피해자에 대해 관심을 보였지만 주로 피해자의 규칙위반에 초점을 맞추어 피해자를 부수적으로 다룸으로써 본격적인 피해자 연구로까지 이어지지 못하였다(박성훈, 2011).

그에 비해 형법학 및 형사정책학 분야에서는 일찍부터 피해자에 대한 논의가 있었다. '피해자' 에 대한 연구는 멘델손(Mendelshon, 1963), 헨티히(Von Hentig, 1940, 1948) 등이 범죄의 발생상황에서 피해자의 역할에 주목을 하면서 시작되었다. 이들은 범죄란 가해자와 피해자의 상호작용 속에서 발생하는 경우가 많은데 궁극적으로 피해자가 범죄발생의 원인 제공자가 되는 경우가 적지 않다는 점에 착안하여 '피해자 유발(victim-precipitation)' 이라는 개념을 제시하였다. 피해자 유발이론은 멘델손이 처음 주장하였는데, '피해자 유발' 이란 용어에는 범죄발생에 있어 피해자의 부분적 책임은 물론 범죄현상을 피해자와 가해자 간의 상호과정 또는 발전관계로 보려는 가정이 깔려 있다. 그러나 피해자 유발이론은 범죄피해의 상황을 왜곡할 수 있다는 사실, 즉 피해자는 가해자가 범죄를 저지르기를 바라고 범죄자는 피해자의 속임수에 빠진 것으로 묘사될 수 있다는 점에서 비판을 받았다(Rock, 2000: 41-44). 그럼에도 불구하고 피해자 유발이론은 피해자학 분야에서 꽤 각광을 받으면서 살인(Wolfgang, 1957, 1958; Luckenbill, 1977)이라든지 강간(Amir, 1967)에 관한 연구의 이론적 근거로 활용되기도 하였다.

초창기 피해자에 대한 관심은 점차 '피해행위'로 전환되었는데, 중요한 계기는 공식통계로 파악되지 않는 '범죄의 암수(dark figures of crimes)' 문제를 해결하려는 노력에서부터 시작되었다. 서덜랜드(Sutherland, 1939)를 비롯한 학자들은 공식통계의 문제점을 일찍부터 지적하였고, 이를 보완하기 위해 '범죄피해조사(victim survey)'가 하나의 대안으로 제시되었다.[1)]

원래 공식통계를 보완하기 위해 출발한 범죄피해조사는 범죄피해의 실태 및 상황을 보다 정확히 파악하는 데 그치지 않고 본격적인 범죄피해이론의 발전에도 기여를 하였다. 범죄피해조사를 통해 수집된 자료를 근거로 일부에서는 기존 가해자 중심의 설명과는 다른 피해자에 초점을 맞춘 다양한 가설을 제기하였고(Hindelang, Gottfredson and Garofalo, 1978), 이러한 가설을 검증하는 과정에서 새로운 이론이 제시되는 등 가해자 중심의 이론

---

1) 범죄피해조사를 실시하게 된 목적은 다음과 같은 몇 가지 이유에서 비롯되었다(최인섭, 1991: 61-62). 첫째는 정확한 범죄(피해)율의 파악이다. 즉 공식범죄통계가 신고한 범죄만을 다루고 있기 때문에 범죄학자 및 형사사법 관계자들은 공식범죄통계를 보완할 수 있는 대안적 자료를 필요로 하게 되었고, 그러한 새로운 자료를 작성하는 데 기여할 수 있는 방법으로 범죄피해조사가 적극 추진되었다. 둘째는 범죄피해자에 대한 특성을 파악하기 위한 것으로, 흔히 공식통계에서는 피해자에 대한 사항은 거의 나타나지 않는 것이 보통이다. 따라서 범죄피해조사에서는 범죄피해자의 인적 사항, 가족구성, 직업, 교육, 소득, 주거형태 등 사회경제적 배경 및 일상활동에 대한 정보를 수집하였다. 셋째는 범죄에 관한 일반인의 태도를 파악하는 것으로 범죄에 대한 일반인의 인식, 경찰 및 사법기관에 대한 신뢰, 특정 범죄유형에 대한 심각성의 인식 등을 알고자 하였다. 이와 같이 범죄피해조사는 피해규모에 대한 자료를 제시할 뿐만 아니라 공식통계를 통해 파악할 수 없는 상세한 범죄피해의 실태를 제공함으로써 범죄피해의 예방대책의 수립에 유용한 정보를 제공한다(이순래, 2004: 153).

에서는 배제되었던 중요한 요인이 각광을 받기 시작했다(김준호, 1991; 최인섭, 1991).

이 장에서는 범죄피해와 관련한 주요한 이론으로 피해자 유발이론, 상황적 전이이론, 생활양식/노출이론 및 일상활동이론, 두 이론을 보다 정교하게 발전시킨 구조적 선택이론, 그리고 최근 각광을 받고 있는 상황적 범죄예방이론에 대해 살펴보고자 한다.[2)]

2. 피해자와 가해자의 상호작용

1) 피해자 유발이론

울프갱(Wolfgang, 1958)은 필라델피아 지역에서 1948년부터 1952년 사이에 발생한 588건의 살인 가운데 26.0%에 해당하는 150건이 피해자의 도발에 의해 발생된 것이라고 주장하였다. 즉 살인사건의 상당수는 피해자가 가해자에 대해 먼저 물리적인 힘을 사용함으로써 살인이라는 결과를 가져올 수 있다는 설명이다.

이러한 논의는 살인과 같은 강력범죄에서 사건의 가해자보다는 피해자가 그 사건을 촉발시키는 첫 번째 당사자일 수도 있다는 것을 강조한다. 이

---

2) 범죄피해를 설명하는 이론은 크게 두 가지 유형으로 구분되기도 한다. 첫 번째 유형은 '가해자와 피해자의 상호작용(victim-offender interaction)'에 초점을 두며, 특정 사건에서 피해자가 어떠한 역할을 하며, 사회적 교환의 맥락에서 피해자와 가해자가 어떻게 상호영향을 주고받는지를 밝히려고 한다. 두 번째 유형은 '범죄기회(criminal opportunity)'에 초점을 두면서 범죄를 범죄자와 피해자가 특정한 시간과 공간에서 만남으로써 발생하는 사건으로 이해한다. 이러한 범죄기회의 관점에서는 어떤 사람이 범죄에 더 노출되고, 어떤 장소에서 범죄가 더 발생하는지를 연구한다. 이러한 분류에 따르면, 피해자 유발이론과 피해-가해중첩이론은 전자에, 생활양식이론 및 일상활동이론, 구조적 선택이론, 상황적 범죄예방이론은 후자로 분류될 수 있다.

러한 시각에 따르면, 살인은 가해자가 피해자를 죽이려는 의도에서 이루어진 단순한 결과가 아니라, 오히려 피해자가 무기를 사용하거나 공격적인 행위를 하고, 이에 과격히 반응한 범죄자 사이의 '상황적 역학(situational dynamic)'에 의해 발생되는 것으로 이해된다. 따라서 살인사건의 전적인 책임은 가해자이며, 피해자는 전적으로 결백하다는 기존의 주장은 받아들이기 힘들다고 본다(박순진, 1998). 울프갱에 의하면 피해자 유발은 많은 경우 가해자와 피해자가 사건 이전에 이미 알고 있고, 과거에 싸운 경험이 있으며, 부정 또는 배신한 부부나 내연관계, 빚을 제대로 갚지 못했을 때, 술에 취해 다투었을 때, 모욕이나 도발적인 언사를 당했을 때와 관련이 있다(Wolfgang, 1957).

피해자 유발은 살인뿐만 아니라 폭력이나 강간사건에 적용되기도 하였다. 특히 강간의 경우 강간을 당한 여성 피해자의 유책성과 관련하여 상당한 논쟁을 불러일으켰다. 대표적으로 아미르(Amir, 1967)는 600건의 강간사건을 분석한 결과, 피해자의 20.0%는 성적인 비행(성매매 혹은 청소년 성교)의 기록을 갖고 있었고, 또 다른 20.0%는 '나쁜 평판(bad reputation)'을 갖고 있다고 주장하였다. 블랙(Black, 1983) 역시 상당수 폭력범죄의 경우 피해자와 가해자가 서로 잘 아는 사이로 살인이나 폭행을 저지른 사람들은 자신의 범죄를 피해자가 자신에게 가한 행동에 대한 반응으로 이해한다고 보았다. 예를 들어, 수년 동안 학대를 당한 남편을 살해한 여성은 자신의 행동을 범죄로 보는 것이 아니라 위험하고 무기력한 상황을 바로 잡으려는 시도로 생각하지만, 형사사법기관에 의해 범죄사건이 처리되면 이러한 의미부여는 달라질 수 있다.

피해자 유발이론(victim-precipitated theory)은 범죄사건, 특히 폭력범죄를 분석함에 있어서 가해자만을 중심으로 접근하는 시각에 한계가 있음을 분명하게 보여주었다. 실제로 많은 폭력사건의 경우, 사건 당사자 간에 갈등이 전개되는 과정에서 피해자와 가해자의 역할이 순간적으로 뒤바뀌어 급속한 파국에 이를 수 있고, 때로는 가해자보다 피해자가 범죄사건의 개시와 전개에 중요한 역할을 수행할 수 있다. 사건에 따라서는 피해자가 그 정도의 역할까지는 아니더라도 가해자 중심의 사건진행에 결정적인 장애 혹은 사건진행의 종결을 가져오는 요인이 되기도 한다. 이러한 관점은 피해자와 가해자의 역할을 세심하게 분석할 필요성을 제기하고, 상황적 전이이론과 같이 범죄과정에서 피해자와 가해자의 상호작용에 대한 관심을 불러일으켰다(노성호 외, 2012).

2) 상황적 전이이론

상황적 전이이론(situated transaction theory)은 일련의 경험적 사례연구와 통계자료를 통해 도출되었다. 대표적으로 클렉과 맥엘라스(Kleck and McElrath, 1991)는 개인들 간의 관계가 적대적 혹은 위협적으로 진전되어 폭력 및 살인에까지 이르게 된다고 보고, 이를 '폭력의 위계(hierarchy of violence)' 라고 불렀다. 이들은 전미범죄조사와 FBI의 살인통계를 분석한 결과, 위협 또는 협박의 상황에서 실제로 공격이 일어나는 경우는 전체의 49.5%이고, 그 가운데 신체적 피해가 발생하는 경우는 52.2%이며, 신체적 피해가 발생한 중에서 피해자가 사망에 이른 경우는 1.4%라는 사실을 발견하였다. 이러한 분석 결과는 어떠한 위협적 상황이 항상 극단적이고 심각한 공격행위를 수반하는 것은 아니며, 실제 공격행동이 나타난다고 하더라도 늘상 신체적 피해가 뒤따르는 것도 아니라는 점을 말해 준다. 이들의 분석은 범죄발생이 가해자의 의도대로 나타나는 것이 아니며, 범죄발생 이후 전개되는 상황 또한 가해자와 피해자의 상호작용을 비롯해 여러 가지 요인에 따라 다양한 모습으로 나타날 수 있다는 점을 보여주었다.

이처럼 범죄의 진행과정을 분석한 연구 결과들은 살인을 포함한 폭행, 상해 등의 대인범죄는 전형적인 사건 전개과정이 있음을 보여준다. 대표적으로 루켄빌(Luckenbill, 1977)은 캘리포니아에서 발생한 70건의 살인사건을 분석하면서 '상황적 전이(situated transaction)' 라는 개념을 적용하였다. 그 역시 다른 학자들과 유사하게 살인사건이 주로 비공식적인 상황에서 발생하며, 서로 알고 있는 사람들 사이에서 발생하는 것으로 보았다. 그러나 루켄빌은 가해자와 피해자 사이의 상호작용을 설명하기 위해 '인격 투쟁(character contest)' 이라는 개념을 제시하였다. 인격투쟁이란 개인들 간의 갈등상황에서 당사자들 가운데 한 사람 이상이 자신의 체면을 반드시 지켜야 하는 상황을 말한다. 예를 들어, 부부싸움 중에 남편이나 아내가 자존심이 심각하게 훼손되었다고 여길 경우 자신의 체면을 지키기 위해 폭력이나 살인이 발생할 수 있다. 달리 말하면, 다른 사람의 모욕이나 공격으로부터 자신의 체면을 지키기 위한 노력이 심각한 폭력이나 죽음에까지 이르게 할 수 있다는 주장이다.

루켄빌에 따르면, 살인사건은 전형적으로 다음과 같은 여섯 단계의 진행과정을 거친다. 첫 번째 단계는 가해자의 입장에서 피해자의 행동이 가해자의 체면을 손상시키는 것으로 인식된다. 두 번째 단계는 가해자가 피해자의 말이나 제스처를 도발적이고 모욕적인 것으로 해석한다. 세 번째 단계는 가해자가 자신의 손상된 체면이나 명예를 지키기 위하여 구체적인 행동을 하는데, 이러한 행동에는 상대방의 모욕에 대한 언어적 · 물리적 보복이 포함된다. 네 번째 단계는 피해자가 가해자의 행동에 다시금 공격적으로 반응하고, 제3자에게는 이러한 상황이 폭력을 통해서만 해결될 수 있다는 신호를 보낸다. 이 단계에서 제3자는 응원이나 야유를 통해서 양측의 공격적 반응을 고무시킬 수도 있고, 가해자와 피해자가 그 상황에서 벗어나는 것을 물리적으로 봉쇄함으로써 폭력적인 상황을 보다 악화시킬 수도 있다. 다섯 번째 단계에서 가해자와 피해자는 서로 물리적인 폭력을 주고받는데, 이러한 행동은 대부분 짧고 정확하다. 끝으로 여섯 번째 단계에서는 피해자의 구체적인 피해가 발생하고, 가해자는 도망을 가거나 제3자에 의해 붙잡힌다.

루켄빌은 많은 살인사건이 치밀한 계획하에 이루어지기보다는 가해자와 피해자 간의 일상적인 관계 속에서 충동적으로 발생하며, 충동적인 살인사건의 경우 이러한 여섯 단계의 과정을 거치면서 발생한다고 보았다. 즉 일상적인 상호작용에서 치명적인 폭력이나 살인을 야기하는 원인은 모욕이나 체면과 같이 사소한 것이라는 주장이다(박순진, 1998: 노성호 외, 2012).

3. 범죄기회이론

1) 생활양식/노출이론과 일상활동이론

1970년대 후반부터 일부 학자들은 경험적 자료의 분석을 통해 범죄피해 가능성이 인구사회적 특성에 따라 다르다는 사실을 발견하였다(Hindelang *et al.*, 1978; Gottfredson and Hindelang, 1981). 비슷한 시기에 다른 학자들 역시 범죄피해율이 거시적 수준에서의 사회변동과 관련이 있다는 사실에 주목하고, 범죄피해를 인간생태학의 관점에서 논의하였다(Cohen and Felson, 1979; Felson and Cohen, 1980). 기존의 범죄사회학이론과는 달리 범죄피해현상에 주목한 이들의 논의는 각각 '생활양식/노출이론(lifestyle/exposure theory)'과 '일상활동이론(routine activity theory)'으로 불리면서 이후 범죄피해현상을 설명하는 주류 이론으로 자리를 잡아 갔다. 생활양식/노출이론이나 일상활동이론 모두 어느 정도 유형화된 잠재적 피해자의 일상활동이 잠재적 범죄자가 범죄를 저지를 수 있는 기회를 제공한다고 가정하는 점에서 큰 차이는 없다. 다만, 생활양식이론이 인구사회적 특성에 따른 범죄피해발생의 차이를 설명하려 한다면, 일상활동이론은 범죄율의 변화를 거시적 사회변동에 따른 범죄기회의 증가로 설명하려 한다는 점에서 차이가 있다(Meier and Miethe, 1993).

보다 구체적으로 생활양식/노출이론은 각 개인마다 성별, 연령, 인종, 수입, 교육, 직업 등 사회적 지위에 따라 기대되는 역할(expected role)이 다르다는 점에 주목하고, 이를 범죄피해와 관련지어 설명한다. 즉 선행요인들에 의해서 결정되는 직업활동 또는 여가활동 등 생활양식(lifestyle)이 시간과 장소에 따른 범죄피해위험의 '노출(exposure)' 정도에 영향을 미치며, 범죄를 저지를 가능성이 높은 사람과의 '접촉(association)' 빈도에 영향을 주어 개인의 범죄피해가능성을 결정하게 된다(Garofalo, 1987: 24-26). 예를 들어, 결혼한 가정의 남자는 가장으로서 돈을 벌어야 하는 역할이 있는 반면, 여자는 집에서 아이와 남편을 보살펴야 한다는 전통적인 기대역할이 존재한다. 그로 인해 남자들의 바깥 활동이 더 잦아지고 그만큼 범죄피해에 노출될 확률 또한 높아진다는 논리이다. 힌덜랭과 동료들(Hindelang *et al.*, 1978)은 경험적 자료를 분석한 결과 남성일수록, 나이가 젊을수록, 흑인일수록, 계층수준이 낮을수록, 기혼보다는 미혼에서 범죄피해를 당할 가능성이 높다고 주장하였다.

일상활동이론이 주목을 받게 된 이유는 범죄피해의 가능성을 가늠하는 세 가지의 핵심적 요인을 제시했기 때문이다. 코헨과 펠슨(Cohen and Felson, 1979)은 '동기화된 범죄자(motivated offender)', '적절한 범죄대상(suitable targets)', 범죄를 억제할 수 있는 '보호능력 부재(the absence of capable guardians)'라는 세 가지 요인이 공간적 · 시간적으로 수렴될 경우 '약탈범죄(predatory crime)'가 일어날 가능성이 높다고 주장하였다. 그 근거로 이들은 1960년부터 1971년까지의 범죄율을 비교하면서, 원거리 출퇴근 증가(가구의 분화), 여성가구주의 경제활동 증가, 가전제품(TV, 카세트, 개인컴퓨터)의 소형화 · 경량화, 여가활동의 증가(가구 중심의 활동감소)와 같은 일상생활의 변화가 범죄기회(criminal opportunities)의 가능성을 높였다고 보았다.

[그림 1] 일상활동이론

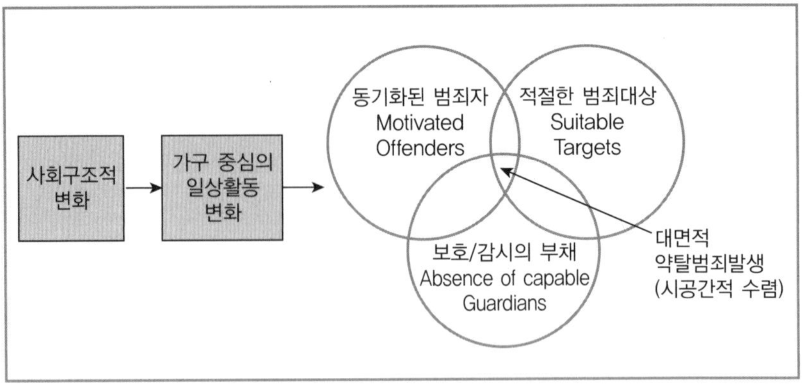

자료 : Bursik and Grasmick, 1993; Wilcox *et al*., 2003에서 재구성.

이처럼 일상활동이론은 미국에서 정책당국의 노력에도 불구하고 지속적으로 범죄율이 증가하는 원인을 거시적 수준의 '사회변동(social change)'과 관련지어 설명하려는 의도에서 출현하였다. 실제로 미이드와 동료들(Miethe, Huges and McDowell, 1991)은 미국 내 584개 도시의 종단자료를 분석하여 여성의 노동시장 참여, 대중교통이용의 증가, 가구원 수의 감소 등이 범죄율과 관계가 있다는 사실을 밝혔고, 최근 급격하게 변화하고 있는 중국 도시지역을 분석한 연구(Messner, Lu, Zhang and Liu, 2007)에서도 일상활동의 변화(외식의 증가, 여가활동 증가)가 재산범죄(소매치기, 강도)의 증가를 설명하는 것으로 나타났다.

그러나 일상활동이론에 대한 경험적 연구의 상당수는 거시적 분석보다는 미시적 분석에 초점을 맞추었다.[3] 초기 경험적 연구들에서는 개별 인구

3) 이러한 경향이 나타나게 된 데에는 일상활동이론을 처음 제시한 저자들의 책임도 크다. 왜냐하면, 코헨과 동료들(Cohen, Kluegel and Land, 1981)은 범죄피해와 관련한 일상활동의 요인을 범죄위험에의 노출(exposure), 범죄자와의 근접성(proximity), 잠재적 범죄피해자의 매력(attractiveness), 보호능력의 부재(absence of guardianship) 등 네 가지로 정리하였다. 그런데 네 가지 요인은 개념에 충실하게 조작적으로 정의되어 측정되기보다는 대부분 성, 연령, 인종, 학력, 수입 등 인구학적 특성을 통해 간접적으로 측정되었다. 이러한 대

학적 효과는 물론 인구학적 특성을 조합하여 상호작용효과를 분석하였다. 예를 들어, 코헨 등(Cohen, Cantor and Kluegel, 1981)은 직업상태, 인종, 연령, 세대구성, 수입 등의 효과를 살펴본 후, 5개의 요인을 조합하여 '젊고 직업이 없으며 수입이 낮은 혼자 사는 흑인' 집단과 '나이가 많고 주로 집에서 활동하며 수입이 많고 혼자가 아닌 백인' 집단의 주거침입강도 피해율을 비교한 결과, 후자에 비해 전자의 피해가능성이 무려 76배에 달하고 있음을 보여주었다. 다른 초기 연구(Miethe, Stafford and Long, 1987)에서도 별도의 일상활동요인(야간활동, 야외활동)을 측정하여 인구학적 특성과의 상호작용효과를 밝히고자 하였다. 이들은 재산범죄피해의 경우 동일한 수준에서 야간활동을 하더라도 흑인보다는 백인이, 동일한 수준의 비가구활동을 하더라도 나이든 기혼자보다는 젊은 미혼자의 피해가능성이 높다고 주장하였다.

생활양식/노출이론과 일상활동이론은 범죄사회학이론을 가해자 중심에서 피해자 중심의 시각으로 전환시켰다는 점에서 중요한 의의를 지님에도 불구하고, 개념과 측정 간의 모호성 때문에 비판을 받았다(Bursik 1988; Miethe, Stafford and Long, 1987). 예를 들어, 적절한 범죄대상으로 여겨질 수 있는 매력은 높은 수입으로 측정될 수 있는 동시에 수입이 높을수록 범죄를 억제할 수 있는 보호능력도 클 수 있기 때문에 경험적 분석에서 수입을 잠재적 피해자의 매력으로 볼 것인지 범죄피해로부터의 보호능력으로 해석할 것인지의 문제가 발생한다. 이러한 모호성은 이론과 조사를 연결하는 측정의 문제에서 비롯된 것으로 개념을 직접 측정하지 않고 공식통계 및 범죄피해조사 등의 '2차 자료(secondary data)'를 사용할 수밖에 없기 때문에 나타난 결과였다(Bursik and Grasmick, 1993). 그럼에도 불구하고

리변인(proxy variables)을 이용한 검증은 범죄피해조사를 이용해야만 하는 2차자료 이용의 한계와 분석의 편의성 때문이었다. 하지만, 이러한 시도는 일상활동이론을 미시적 수준의 이론으로 인식하게 만드는 원인으로도 작용하였다(Bursik and Grasmick, 1993; Miethe and Meier, 1994).

개인의 사회적 지위에 따른 범죄피해가능성을 강조한 생활양식/노출이론과 거시적 범죄기회요인을 강조한 일상활동이론은 합리적 관점의 전통 속에서 점차 하나의 범죄기회이론으로 통합되어 갔다(박성훈, 2011: 16-19).

2) 구조적 선택이론

일상활동이론에서 제시한 네 가지 요인, 즉 노출, 접근성, 매력, 보호능력은[4] 범죄발생의 기회를 설명하는 핵심 요인으로 개념화되기는 하였지만, 개념들 간의 관계와 성격에 대해서는 여전히 모호한 측면이 있었다. 미이드와 마이어(Miethe and Meier, 1990)는 바로 이 점에 착안하여 일상활동이론의 네 가지 요인을 개념적으로 보완하고, 개념들 간의 관계를 보다 명확히 하여 '구조적 선택이론(structural-choice model of victimization)' 으로 발전시켰다.

구체적으로 이들은 두 가지 명제를 통하여 일상활동이론에서 주장하는 네 가지 요인을 설명한다. 첫째로 노출과 접근성은 잠재적 가해자와 피해자 사이의 접촉을 만들어내는 기회구조를 창출한다. 둘째로 범죄피해대상에 대한 주관적 평가(매력)와 보호 및 감시의 수준(보호능력)이 누구를 범죄대상으로 선택할지를 결정한다. 즉 범죄자의 입장에서 보면, 행위에 대한 보상과 위험의 정도라는 합리적 판단에 의해 범죄대상이 결정된다는 것이

---

4) 코헨과 동료들(Cohen, Kluegel and Land, 1981: 507-508)에 따르면, '노출' 이란 어떠한 시간과 공간에서 동기화된 잠재적 범죄자에 대한 물리적 가시성(visibility)이나 접근가능성(accessibility)을 의미하고, '근접성' 은 잠재적 피해자가 사는 지역과 잠재적 범죄인구가 상대적으로 많은 지역 간의 물리적 거리(physical distance)를 의미하며, 범죄대상의 '매력' 은 잠재적 범죄자가 느끼는 물질적 · 상징적 보상의 정도뿐 아니라 잠재적 피해자의 저항력(inertia)을 의미하고, 끝으로 '보호능력' 은 범죄의 발생을 예방할 수 있는 사람이나 장치의 효과성(effectiveness)을 의미한다. 예를 들어, 집 밖의 외출이 잦거나 집을 비우고(노출), 우범지역에 거주하며(근접성), 문단속이 허술하고 경보장치가 없거나, 밤에 혹은 혼자서 귀가하는 경우가 잦은 경우(보호능력의 부재) 범죄피해가능성이 높다는 주장이다.

다. 달리 말하면, 범죄자와 피해자의 기회구조를 창출하는 노출과 근접성은 구조적으로 결정되는 반면, 매력과 보호능력은 범죄자의 평가에 따른 합리적 선택이라는 것이다. 따라서 구조적 선택이론에서는 근접성과 노출을 구조적 요인으로, 대상의 매력과 보호능력을 합리적 개인의 선택 요인으로 구분하여 구조적 요인을 '주어진(predisposing)' 조건으로, 선택 요인은 피해를 '유발하는(precipitating)' 조건으로 보았다(박성훈, 2011: 20).

[그림 2] 구조적 선택모형

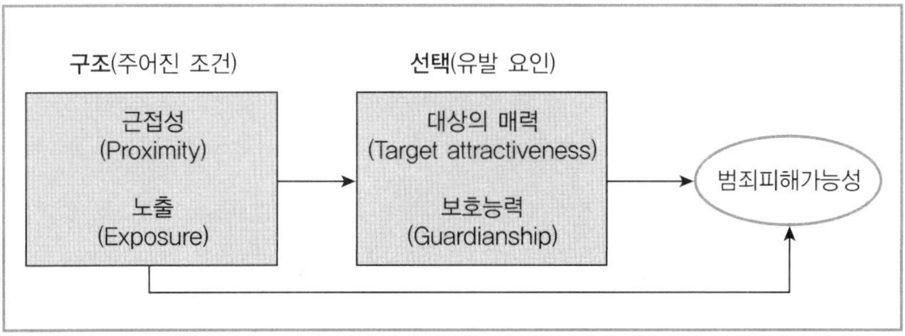

자료 : Miethe and Meier, 1990에서 재구성.

이들은 구조적 선택모형이 일상활동에서 제시한 네 가지 요인을 보다 정교화하여 범죄피해의 맥락효과(contextual effect)를 보여주다고 주장하였다(Meier and Miethe, 1993). 왜냐하면 네 가지 요인은 같은 수준에서가 아니라 구조적 수준의 요인이 개인 수준의 요인에 영향을 미치기 때문이다. 즉, 개인 수준의 요인(매력성과 보호능력)에 따른 범죄피해가능성의 차이는 구조적 요인(근접성과 노출)에 의해 다를 수 있다는 주장이다(Miethe and Meier, 1990: 246).[5] 그러나 미드와 마이어가 구조적 선택이론을 제시했음

5) 그러나 이에 대한 반론도 있다. 이성식(1998)은 이들의 주장처럼 노출과 근접성을 모두 구조적 요인으로 보기는 어렵다고 주장하는데, 비록 근접성은 지역의 구조적 특성과 관련이 있다고 말할 수 있을지 모르지만, 노출은 개인의 일상생활패턴과 더 관련이 있기 때문에 개인 수준의 요인으로 보는 것이 타당하다고 보았다.

에도 불구하고 이에 대한 경험적 연구는 거의 수행되지 않아 일상활동이론과의 차별화에는 성공하지 못하였다.

4. 상황적 범죄예방이론

'상황적 범죄예방(situational crime prevention)'은 현대 범죄학 영역에서 "중요한 아이콘(icon)으로 등장하고"(김성언, 2009: 1046) 있다. 클락(Clarke, 1992)이 처음 제시한 상황적 범죄예방은 전 세계적으로 범죄피해를 예방하기 위한 전략으로 각광을 받고 있다. 그에 따르면, 상황적 범죄예방이란 "사회나 사회제도의 개선에 의존하는 것이 아니라 단순히 범죄기회의 감소에 의존하는 예방적 접근"을 말한다(Clarke, 1992: 4). 그는 상황적 범죄예방이 일상활동이론, 합리적 선택이론, 범죄패턴이론과 같은 환경범죄학(environmental criminology)에 뿌리를 두고 있다고 주장한다. 그러면서 대부분의 범죄학이론이 왜 사람들이 범죄를 저지르는가를 설명하려고 하는데, 자신이 보기에는 범죄란 어떤 성향이나 기질이 아니라 하나의 행위나 사건이기 때문에 범죄동기와 범죄기회를 제공하는 상황 간의 '상호작용(interaction)'을 연구하는 것이 필요하다고 주장한다. 또한 그는 합리적 선택의 시각에서 범죄를 하나의 선택(choice)으로 간주하며, 이러한 선택은 범죄기회(opportunity)에 대한 판단을 근거로 이루어진다고 주장한다(Clarke, 2008: 178-179). 즉 상황적 범죄예방이론에서는 매우 특정화된 범죄에 초점을 맞추어 가능한 체계적이고 항구적인 방법으로 즉각적인 환경을 관리, 설계, 조정함으로써 범죄행동에 따르는 노력과 위험은 증대시키고 보상은 낮추고자 하는 범죄기회의 감소전략을 중시한다.

상황적 범죄예방이론에서는 범죄기회를 감소시킬 수 있는 매우 구체적인 다섯 가지 전략을 제시한다(Cornish and Clarke, 2003). 첫째는 범죄를 저지르는 데 요구되는 노력을 증가시키는 기법, 둘째는 범죄행위에 수반되는 위험을 증가시키는 방법, 셋째는 범죄로부터 얻을 수 있는 보상을 감소시키는 기법, 넷째는 도발적 자극을 감소시키는 방법, 다섯째는 범죄에 대한 변명을 제거하는 기법이다. 각각의 전략에는 다시 다섯 개씩의 세부적인 기법을 포함시켜 실행가들이 반드시 고려해야 할 25개의 구체적인 전략을 제시하였다(김성언, 2009: 1047-1048).

〈표 1〉 25개의 상황적 예방기법

노력증가	위험증가	보상감소	자극감소	변명제거
1. 표적강화	6. 보호확대	11. 표적 은폐	16. 좌절과 스트레스	21. 규칙설정
2. 시설접근통제	7. 자연감시 지원	12. 표적 제거	17. 분쟁 회피	22. 지시의 공시
3. 출구차단	8. 익명성 감소	13. 재물 감정	18. 유혹과 감정 자극 감소	23. 양심 환기
4. 범죄자 우회시키기	9. 장소관리자 활용	14. 시장 분쇄	19. 또래압력 중화	24. 응낙 지원
5. 도구/무기 통제	10. 공식적 감시강화	15. 이득 부인	20. 모방 단념시키기	25. 약물 · 술 통제

자료 : 김성언(2009: 1048).

상황적 범죄예방이론이 범죄예방 분야에 새로운 대안으로 급부상한 배경에는 "범죄의 일상성, 범죄 문제에 대한 정치적 반응, 소비자본주의의 발달과 삶의 질에 대한 사람들의 태도 변화, 그리고 새로운 예방기법의 구현을 가능하게 하는 기술공학의 발달 등 여러 요인이 복합적으로 작용"하였다(김성언, 2009: 1050).

5. 국내 연구 동향 및 향후 전망

1) 피해자와 가해자의 상호작용

강간 및 살인범죄와 관련하여 국내에서도 피해자 유발에 대한 단서가 일부 발견되고 있다. 강간범죄에 관한 연구(최인섭 · 전영실 · 이종택, 1992)에 따르면, 설문에 응답한 강간범죄자 189명 가운데 39.2%는 피해자가 강간을 당하도록 유도했다고 생각하는 것으로 나타났고, 이들이 피해자 유발요인으로 지적하는 요인은 '같이 유흥업소에서 놀고 가자는 데로 따라왔다' (28.4%), '야하고 노출이 심한 옷을 입고 있었다' (21.6%), '술에 취한 상태로 있었다' (16.2%) 순이었다. 또한 강간범죄자 189명 중 35.4%는 피해자가 '저항하지 않았다' 고 응답하였는데, 주로 피해자가 애인이나 친구, 선후배, 가족, 친척일수록 피해자의 저항이 없었다고 생각하는 경향이 있었다. 반면, 직장동료나 상사, 부하직원, 동네이웃, 전혀 모르는 사이일수록 적극적인 저항을 했다고 응답한 비율이 상대적으로 높게 나타났다. 흥미로운 점은 피해자가 저항을 했다고 생각하는 범죄자의 경우에도 피해자의 저항이 '진짜 저항이었다' (33.4%)는 응답보다 '겉으로만의 저항이었다고 생각했다' (50.9%)는 응답이 더 많다는 사실이다. 즉 강간범죄자의 상당수는 강간 시 피해자가 저항을 하지 않았거나 저항을 하더라도 겉으로만 저항한다고 생각한다는 것을 알 수 있다.

1990년부터 2002년까지 발생한 401건의 살인사건을 분석한 연구(박형민, 2003)에 따르면, 살인사건 이전에 갈등이 있었던 경우에는 주로 정서적인 문제가 원인이 되어 갈등이 발생한 것으로 나타났다. 특히 '치정 · 애정문제' 때문에 발생한 갈등이 가장 많았으며, '불화 · 가족 문제', '모욕 · 비하 · 학대' 가 원인이 되어 갈등이 발생한 것으로 나타났다. 그는 갈등이 존재했을 경우 피해자 측에서 갈등을 야기한 경우가 많다고 주장하면서, 이는 기록이 가해자의 진술에 일차적으로 의존하고 있다는 것을 감안하더라도 피해자 측에서 문제를 일으켜 갈등이 발생하는 경우가 많다는 것을 보여준다고 설명하였다. 또한 살인사건이 발생하기 이전에 상호 간의 폭행 및 학대가 있었던 경우도 전체의 절반 정도로 나타났는데, 이 역시 피해자가 폭행을 가한 사례가 상대적으로 많다고 하였다.

박순진(2000)은 살인사건은 물론 상해사건까지 포함한 심각한 폭력사건을 가해자와 피해자의 행동을 분석단위로 하여 폭력범죄의 진행과정을 분석하였다. 그는 폭력범죄를 역동적인 상호작용의 과정으로 분석한 루켄빌(Luckenbill, 1977), 펠슨과 스테드만(Felson and Steadman, 1983), 폴크(Polk, 1993)의 논의에 근거하여 폭력범죄에서 가해자와 피해자 간에 교환되는 행동을 크게 '공격-피해 유형', '공격-반응 유형', '공격-공격 유형'으로 구분하였다. 첫째로, 공격-피해 유형은 범죄자의 공격행동에 대해 피해자가 아무런 공격적인 대응을 하지 않는 것이다. 즉 피해자가 물리적 공격은 물론 언어적 공격도 하지 않은 경우이다. 둘째로, 공격-반응 유형은 범죄자의 공격행동에 대해 피해자가 말로써 대항하거나 공격하는 것이다. 즉 피해자가 물리적 공격은 하지 않지만 언어적 공격은 하는 경우이다. 셋째, 공격-공격 유형은 범죄자의 공격행동에 대해 피해자 역시 공격하는 경우이다. 이 유형에는 피해자가 먼저 물리적 공격을 시도하는 피해자 유발에 의한 사건도 포함된다. 그는 세 가지 행동교환 유형 중에서 루켄빌이나 펠슨 등이 제시한 것에 부합하는 사건은 공격-공격 유형의 일부분에 불과하다고 비판하면서, 폭력범죄가 진행되는 과정에서 관찰되는 범죄자의 행동변화와 행위자의 능동성은 범죄자와 피해자의 관계, 즉 사건 이전부터 이들이 맺고 있던 관계의 형태와 내용을 반영한다고 보았다.

탁종연(2009)은 범죄피해자의 대응이 범죄의 결과에 어떤 영향을 미치는가에 관심을 가지고 성범죄를 대상으로 그 효과를 연구하였다. 범죄피해자의 대응효과에 대해서는 두 가지의 상반된 견해가 대립한다고 본다. 일부 범죄학자들은 피해자 저항, 특히 강력한 물리적 저항은 가해자를 더 화나게 만들기 때문에 피해를 막기보다 오히려 위험을 증대시킨다고 보고하는 반면, 다른 학자들은 피해자 행동이 일반적으로 범죄에 대응하는 데 효과적이라고 보고하고 있다. 피해자의 대응효과에 대한 연구의 대부분은 성범죄에 관련된 것인데, 대부분은 저항이 강간피해의 완성을 막는 데 효과적이라는 결과를 보이고 있다고 한다. 단지 피해자의 물리적 저항이 강간 외에 다른 손해를 초래하는지의 여부가 관심의 대상이다. 즉 피해자의 물리적 저항이 가해자를 화나게 만들어 피해자를 공격하게 함으로 강간은 막을 수 있지만 다른 신체적 위험을 증대시킨다고 보고하는 학자들이 있다. 이에 대해서 탁종연은 연구 결과의 비일관성이 표집방법의 차이 때문이라고 해석하고 있다. 이 주제에 대한 많은 연구가 경찰서나 성범죄 관련 기관의 기록에 의존하는데 적은 규모의 편의적 표본은 연구 결과를 왜곡할 가능성이 높다는 것이다. 피해자들은 자신들이 아무런 피해를 입지 않거나 또는 아주 가벼운 피해를 입은 경우에는 경찰이나 학교당국 등에 잘 신고하지 않는 경향이 있기 때문에, 이들 기관의 기록에 의존할 경우 성공적으로 범죄피해를 예방한 사례는 체계적으로 배제되어 피해자 행동의 효과는 부정적으로 왜곡될 수 있다고 본다.

2) 일상활동과 범죄피해

국내에서도 일상활동이론에 대한 연구가 발표되고 있는데, 연구의 초점은 근접성, 노출, 보호능력, 매력성 등 네 가지 요인이 실제 범죄피해와 어떤 관련성이 있는지에 맞추어져 있다. 예를 들어, 가구절도 및 개인절도 피해에 관한 연구(최인섭 · 기광도, 1998), 대학생을 대상으로 캠퍼스 범죄피해의 연구(박철현, 2003), 청소년을 대상으로 한 연구(노성호 · 이성식, 2003;

노성호, 2007)에서는 주로 노출과 보호능력이 범죄피해와 관련이 있는 것으로 나타났다. 범죄피해와 관련해 발표된 국내의 연구를 정리한 논문(박철현, 2004)에 따르면, 매력성과 보호능력의 부재는 가구범죄뿐 아니라 절도 · 성폭행 · 살인과 같은 개인범죄에서도 일관되게 효과를 보여주고 있으나, 그 영향력은 피해대상이나 피해유형에 따라 다른 것으로 보고되고 있다. 즉 매력성은 성인보다는 고등학생이나 대학생에서, 재산범죄피해보다는 폭력범죄피해에서 상대적으로 강한 영향력을 미친다는 주장이다. 그는 이러한 결과가 "피해자의 특성이 한 마디로 결론을 내릴 수 있는 문제가 아니라는 것을 보여준다"고 하면서, "피해자의 연령과 범죄의 유형에 따라" 결론이 달라질 수 있다고 하였다(박철현, 2004: 315).

국내에서 일상활동이론에 관한 또 다른 연구의 방향은 범죄나 비행에 있어 피해-가해의 중첩에 대한 것으로써, 이러한 입장에 있는 학자들은 범죄자의 일탈적 생활양식이 때로는 범죄피해자로서의 노출이나 매력이 될 수 있다고 주장한다. 일탈적 생활양식에 대한 설명은 주로 청소년에 초점이 맞추어져 있다. 일탈적 생활양식이란 범죄행동을 저지르거나, 금지된 약물을 남용하거나, 음주, 흡연, 무단결석, 가출 등과 같이 청소년에게 금지된 부정적 생활습관이나 일탈적 생활양식을 가진 친구까지를 포함한다. 피해-가해 중첩이론에 따르면, 일탈적 생활양식을 가진 청소년은 비슷한 사람끼리 가해와 피해를 주고받는 경향이 있다. 실제로 통계자료에 따르면, 폭력범죄에서 가해자와 피해자가 낯선 사람인 경우가 그리 많지 않다. 생활양식이론이나 일상활동이론은 가장 손쉽고 눈에 띄기 쉬우며 접근하기 쉬운 범죄의 목표는 바로 그들과 함께 시간을 보내는 사람들이라는 점을 암시한다. 친구가 갖고 있는 귀중품을 더 잘 알 수 있고, 그들의 일상활동과 취약성에 대해서도 잘 알고 있다.

노성호 등(1999)의 연구에 따르면, 금품갈취, 폭행, 협박 등의 폭력비행에서 가해와 피해 간의 중첩성이 존재하며, 이러한 중첩성은 폭력비행뿐만 아니라 절도, 사기, 소매치기 등의 재산범죄에서도 발견이 되었다. 청소년 범죄피해조사(홍영오, 2008)에 따르면, 금품갈취, 폭행, 협박, 절도, 사기, 소매치기와 같은 범죄뿐 아니라 또래 간의 집단따돌림, 욕설, 괴롭힘 등에서도 가해와 피해의 중첩현상이 나타나는 것으로 보고되고 있다.

박순진(2005)은 한국청소년패널자료를 분석하여 청소년 폭력비행에 있어서의 가해와 피해의 연계를 종단적으로 분석한 결과, 청소년의 폭력비행에 있어서 가해와 피해의 중첩이 존재함을 확인하였다. 그는 폭력비행에서 가해자와 피해자는 유사한 생활양식이나 근접성 때문에 관련성이 높을 뿐만 아니라 경우에 따라서는 동일집단이라는 사실을 경험적으로 확인하였다. 더불어 피해경험은 가해행동을 설명하는 데 있어 그 자체로 중요한 설명요인이 된다고 주장하였다. 기광도(2004) 역시 경험적 자료를 분석한 결과, 가해나 피해의 경험이 없는 일반집단과 피해경험만 있는 집단이 매우 동질적인 집단인 반면, 가해만 저지른 집단과 피해-가해가 중첩되는 집단이 서로 동질적이라는 사실을 발견하였다. 그는 이러한 결과가 범죄피해를 당하는 청소년 집단도 두 가지의 유형이 있으며, 이들을 구분할 필요가 있다고 주장하였다.

3) 향후 전망

범죄학이론의 대부분은 왜 어떤 사람이 범죄를 저지르는지 혹은 범죄를 저지르지 않는지에 관심을 가졌다. 어떤 이론은 개인이 거주하는 지역을, 어떤 이론은 성공에 이르는 합법적 기회의 좌절을, 어떤 이론은 개인이 그 집단의 가치나 태도를 우호적으로 받아들이는지를, 어떤 이론은 개인이 사회와 맺고 있는 유대의 정도를 중요한 원인으로 지적하였다. 그러나 이러한 이론들은 범죄자의 범죄동기를 가정하면서도 그러한 범죄동기가 어떻게 범죄행동으로 나타나는지에 대한 구체적인 설명을 하지는 않았다. 반면, 범죄피해에 관심을 가진 이론들은 범죄동기, 즉 범죄성(criminality)보다는 범죄사건(crime)에 관심을 가졌다. 범죄피해이론에서는 범죄자가 특정한 상황에서 범죄를 선택하고 결정한다고 가정하며, 범죄사건 역시 고정된 상황이 아니라 가해자와 피해자의 상호작용에 의한 역동적 상황으로 묘사된다.

범죄피해 혹은 피해자에 대한 관심은 범죄학 분야보다는 형사법 분야에서 먼저 시작되었고, 범죄학에서는 공식통계의 암수를 추정하기 위한 범죄피해조사가 실시되면서부터 본격적으로 범죄피해에 대한 관심이 생겼다. 범죄피해이론이 처음 등장한 때에는 폭력범죄가 발생한 상황에서 피해자의 도발이 범죄를 유발한다는 주장이 설득력을 얻었으나, 이러한 주장은 배우자 살인 혹은 강간의 책임을 상당부분 여성에게 돌리는 것으로 받아들여질 수 있기 때문에 심한 비판을 받았다. 그러나 피해자 유발이론이라든지 상황적 전이이론은 범죄상황에서 피해자의 역할, 가해자와 피해자의 관계, 복합적인 피해과정 등을 설명하는 데 도움을 준 것으로 평가받고 있다.

생활양식이론과 일상활동이론은 범죄피해를 사회구조 혹은 사회변동 속에서 설명하고자 하였다. 즉 생활양식이론은 인구학적 또는 사회경제적 특성에 따라 범죄피해의 차이가 있음을 경험적으로 제시하였고, 일상활동이론은 범죄는 범죄동기가 있는 가해자와 보호능력이 없는 피해자가 특정한 시간과 공간에 수렴할 때 발생한다고 주장하였다. 최근에는 일상활동이론, 범죄기회이론, 합리적 선택이론, CPTED(crime prevention through environmental design)[6] 등 다양한 관점이 상황적 범죄예방이론으로 통합되

6) CPTED란 환경설계를 통한 범죄예방을 의미한다. CPTED는 제프리(C. Ray Jeffery)에 의해 처음 사용된 개념으로 "이미 주어진 자연환경은 물론 사회환경을 포함한 환경에 대한 적절하고 효과적인 디자인 설계를 통해 범죄발생은 물론 범죄에 대한 두려움까지도 감소시킴으로써 삶의 질을 윤택하게 만드는 범죄예방정책(Crow, 2000: 1)"을 말한다. 그러나 최근에는 주로 건축공학적인 디자인 설계를 통한 범죄예방정책을 의미하는 개념으로 축소되어 사용되고 있다.

어 가고 있다. 상황적 범죄예방이론은 범죄동기를 감소시키기보다는 범죄 기회를 감소시킴으로써 범죄를 사전에 예방할 수 있다고 가정한다. 상황적 범죄예방이론은 최근 들어 학계 일부와 실무가를 중심으로 상당한 주목을 받고는 있지만, 첫째 범죄예방이라는 명목하에 사회정책을 보수적이고 관리적인 방향으로 바꾼다는 점, 둘째 애초 환경범죄학이 추구하였던 인간관계 중심의 자연감시를 기술공학적이고 건축공학적인 감시로 왜곡시킨다는 점, 셋째 계층에 따른 범죄피해의 양극화를 불러올 수 있다는 점, 넷째 실증적 연구나 자료에 기초하지 않은 주장이 무분별하게 채택된다는 점에서 비판을 받고 있다.

국내에서는 아직까지 범죄피해이론에 대한 검증이 충분히 이루어지지 않고 있다. 이는 상당수의 국내 범죄학자들 역시 범죄원인에 일차적인 관심이 집중되어 있기 때문으로 보인다. 그러나 최근에는 다양한 범죄피해에 대한 자료가 수집되고 피해자 지원에 대한 관심이 증가하면서 과거보다는 연구가 활발히 진행되고 있다. 사실 범죄와 관련하여 대다수 사람은 가해자가 아니라 넓은 의미에서 잠재적 피해자일 가능성이 크고, 일반시민이 범죄와 관련하여 가장 크게 관심을 갖는 것은 자신과 가족이 범죄피해로부터 얼마나 안전한가의 문제이다. 따라서 범죄피해에 대한 일반인의 관심은 삶의 질에 대한 관심과 더불어 보다 확대될 가능성이 크다(박성훈 · 김준호, 2012). 이러한 사회적 분위기의 변화에 따라 향후 범죄사회학 분야에서도 범죄피해에 관한 연구가 보다 활발히 진행될 것으로 전망된다.

제 11 장

범죄의 시작, 발전, 그리고 중단

| 박성훈(한국형사정책연구원) |

1. 범죄학 연구의 새로운 경향

1990년대 초부터 범죄학자들은 '아동기(childhood)'에 주목하기 시작했다. 일군의 학자들은 종단자료(longitudinal data)를 이용하여 시간이 지남에 따라 한 개인이 범죄를 시작하거나 중단하는 과정을 설명하고자 하였다. 이들을 일컬어 생애과정범죄학(life-course theory) 혹은 발전범죄학(developmental theory)이라고 한다(Farrington, 2006). 생애과정범죄학 혹은 발전범죄학 내에서도 입장의 차이에 따라 다양한 이론들이 존재하지만, 대부분은 한 사람의 생애과정에서 범죄나 일탈의 시작, 지속, 변화, 중단에 관심을 갖는다는 점에서는 공통적이다.

생애과정범죄학자들은 다음과 같은 질문을 던진다. 첫째, 왜 어떤 아이들은 비행이나 범죄에 더 일찍 가담을 하는가? 둘째, 유년기 시절의 문제행동이 사춘기 시절의 문제행동을 얼마나 예측할 수 있는가? 셋째, 왜 어떤 청소년은 성인이 되어서까지 범죄를 저지르는 반면, 어떤 청소년은 중도에 범죄를 그만두는가? 넷째, 왜 비행이나 범죄는 청소년 중·후반기에 급격히 높아지다가 이후로는 줄어드는가? 다섯째, 청소년 시기를 여러 단계로 나누어 볼 때 각 단계마다 비행이나 범죄에 영향을 미치는 요인에 차이가 있는가? 여섯째, 성과 인종에 따라 청소년 시기의 단계별 요인의 영향력에 차이가 있는가?(Thornberry and Krohn, 2005).

비록 생애과정범죄학자들이 청소년기나 성인이 된 이후의 비행이나 범죄를 설명함에 있어서 아동기 시절의 문제행동을 강조하고는 있지만, 문제행동을 보이는 모든 아이들이 청소년비행이나 성인범죄로까지 이어지는 것은 아니라는 점도 인식하고 있다. 즉 문제행동을 유발하는 요인들, 예를 들면 빈곤, 부모의 폭력적 양육태도, 가족과의 낮은 유대관계, 비행친구, 부모의 실업과 같은 상황에 노출되어 있는 아이라고 하더라도 긍정적인 인생사건을 경험할 경우 비행이나 범죄로의 전이는 발생하지 않는다는 것이다. 특히 청소년기에서 성인기로 넘어갈 때 비행이나 범죄를 중단하는 현상을 설명하기 위해 많은 연구들에서 인생의 '전환점(turning point)'을 강조하였다. 샘슨과 라웁(Sampson and Laub, 1993)의 경험적 연구에 의하면, 비행청소년이 성인이 되어 범죄를 그만 두게 되는 중요한 계기는 '결혼(marriage)'과 '취업(employment)'으로 나타났다. 그러나 단순히 결혼을 했다고 해서, 혹은 취업을 했다고 해서 범죄를 멈추는 것이 아니라, 결혼 후 배우자와의 정서적 유대가 높을수록, 그리고 안정적인 직장에 취업하여 자기 일에 대한 만족이나 직장동료와의 유대가 높을수록 범죄에서 벗어날 가능성이 높다고 주장하였다(Sampson and Laub, 1995). 최근에는 긍정적 인생사건뿐만 아니라 부정적 인생사건이 비행의 시작이나 지속에 미치는 영향에 관한 관심도 증가하고 있다.

사실 생애과정범죄학 혹은 발전범죄학은 범죄학사의 측면에서 보면 비교적 최근에 등장한 이론처럼 보이지만, 그 연원을 찾아가다 보면 이미 오래전부터 생물학, 심리학, 사회학 등 다양한 분과에서 조금씩 싹을 틔웠다고 볼 수 있다. 그러나 생애과정범죄학이 범죄학 분야에서 급속한 관심을 끌게 된 계기는 1980년대 이른바 '대논쟁(great debate)'을 거치면서라고 할 수 있다.

주지하다시피 허쉬(Hirschi, 1969)는 인간의 무한한 욕망이 적절히 통제될 때에만 사회의 질서가 유지될 수 있다는 가정하에 비행과 애착(attachment), 관여(committment), 참여(involvement), 신념(belief)의 관계를 경험적으로 밝히고 이를 토대로 사회통제이론(social bond theory)을 주장하였다. 그러나 허쉬는 그로부터 20년 후 동료 갓프레드슨과 함께 '범죄에 관한 일반이론(general theory of crime)'을 제시하였는데, 공교롭게도 이들의 이론은 범죄학을 큰 '위기(crisis)'로 몰아넣었다(Lilly *et al.*, 2011: 395). 허쉬와 갓프레드슨이 보기에 기존의 범죄학이론은 대부분 "생애과정에서 개인들이 저지르는 범죄의 차이가 왜 안정적으로 나타나는지에 대한 이유를 전혀 설명하지 못하는" 이론들이기 때문이었다(Gottfreson and Hirschi, 1990: 108). 범죄의 안정성에 대한 이들의 주장은 변화와 중단을 강조하는 생애과정범죄학과는 반대되는 주장이었다. 갓프레드슨과 허쉬의 일반이론은 생애과정범죄학 혹은 발전범죄학 이론과의 논쟁 속에서 등장했다고 볼 수 있다.

이 장에서는 일반이론과 생애과정범죄학을 다루기 전에 '연령과 범죄 간 논쟁'을 먼저 살펴보고자 한다. 그런 후에 일반이론의 핵심인 '자기통제(self-control)'의 개념에 대해 알아보고, 생애과정범죄학의 몇 가지 주요 이론을 소개하고자 한다.

2. 대논쟁

1983년 미국 학계에서도 권위 있는 저널 중 하나인 *American Journal of Sociology*를 통해 당대 최고의 범죄학자로 인정을 받고 있던 허쉬는 동료 갓프레드슨과 함께 '범죄와 연령' 간의 관계에 대한 화두를 던졌다. 이들은 범죄사회학 분야에서 '연령(age)'이 1970년대 이후 사그라지기 시작한 '계급(social class)'을 대체할 수 있는 주요 변인으로 인식되고 있다는 점, 그리고 '연령효과(age effect)'라고 하는 것이 '종단 연구(longitudinal research)'의 붐을 일으키기 위해 도구적으로 활용되고 있다는 점을 비판하면서, 연령효과에 대한 보다 면밀한 검토가 필요함을 주장하였다.

허쉬와 갓프레드슨이 주장한 내용의 요지는 첫째, 범죄의 '연령분포(age distribution)'는 사회적 · 문화적 조건에 따라 다르지 않다는 점, 둘째, 많은 범죄학이론이 연령을 명시적으로 다루고 있지 않고, 연령과 범죄에 관한 논리적 · 경험적 설명을 하고 있지 않기 때문에 연령효과를 선불리 판

[그림 1] 연령과 범죄 곡선

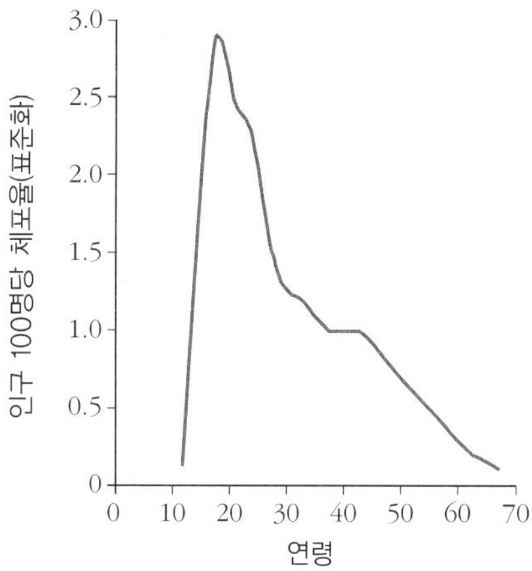

자료 : Hirschi and Gottfredson, 1983: 558.

단할 수 없다는 점, 셋째, 범죄의 연령분포는 현재 범죄학이론에서 거론되고 있는 어떤 변인으로도 설명이 되지 않는다는 점, 넷째, 따라서 범죄에 대한 연령의 효과는 명백한 '직접 효과(direct effect)' 라는 점, 다섯째, 연령효과를 둘러싸고 거론되고 있는 개념들은 대부분 불필요하고 잘못되었다는 점, 여섯째, 특정한 연령대에서 범죄의 원인으로 발견된 것은 다른 연령대에서도 동일한 원인이 될 수 있기 때문에 범죄의 원인을 밝히기 위해 종단 연구는 필요 없다는 것이다(Hirschi and Gottfredson, 1983: 553-554). 한마디로 이들의 주장은 범죄의 연령분포가 성, 인종, 국가, 시대에 관계없이 10대 후반에 정점을 이루고 이후에는 완만하게 줄어드는 보편적인 '좌편향 분포(positively skewed distribution)' 를 보인다는 것이다.

이에 대해 당시 뉴욕대학교 사회학과 교수였던 그린버그(Greenberg, 1985)는 허쉬와 갓프레드슨의 주장에 반론을 제기하였다. 우선 그는 변인들 간의 '인과적 순서(causal order)' 와 횡단 연구에서 나타나는 '시간 지체

(time lag)' 등을 거론하면서 종단 연구가 필요함을 주장하였다. 또한 그린버그는 허쉬와 갓프레드슨의 주장이 제한된 자료의 잘못된 해석에 기초한 것임을 지적하면서, 이들의 주장이 "협소한 자료를 근거로 너무 과도한 일반화를 시도하고 있을 뿐만 아니라 몰역사적(ahistoric) 인식에서 나온 결론"(Greenberg, 1985: 17)이라고 비판을 하였다.

그린버그의 비판에 대해 허쉬와 갓프레드슨은 재반론을 펼쳤다.[1] 이들은 그린버그 역시 경험적 자료의 분석이 잘못되었다는 점을 들어 신랄한 비판을 가하였다. 허쉬와 갓프레드슨은 반론을 통해 자신들이 자료를 해석하는 데 있어서 일부 문제가 있다는 점을 시인하기는 하였으나, 그럼에도 불구하고 자신들의 논문이 본래 주장하고자 한 바를 그린버그가 상당히 왜곡하여 해석하였다고 비판을 하였다.

이처럼 치열한 연령과 범죄 간의 논쟁에 당대의 저명한 범죄학자들도 참여를 하였다. 대표적으로 패링턴(Farrington, 1986)은 연령에 따른 범죄유형별 정점 연령이 일정한 것이 아니라 상이하다는 그린버그의 주장에 동의하였다. 그는 정점 연령이 갓프레드슨과 허쉬가 주장하는 것처럼 '발생빈도(frequency)'에 기인한 것이 아니라 '참여(participation)'에 기인한 것이라고 주장한다.[2] 즉 새롭게 범죄에 참여하는 사람의 연령 분포는 전체 범죄의 분포와 유사하기 때문에 공식통계에 나타나는 정점 연령은 발생빈도

1) 재미있는 사실은 허쉬와 갓프레드슨이 자신들의 논문에 대한 그린버그의 비판을 '몹시 당황스럽다(more than a little puzzled)' 든지 '공격(Greenberg's attack)'이라는 표현까지 써가면서 심한 불쾌감을 드러냈다는 것이다. 또한 그린버그의 반론에 할당된 지면의 양에 비해 자신들에게는 매우 제한된 지면만 할당한 *American Journal of Sociology*에 유감을 표명하기도 하였다(Hirschi and Gottfredson, 1985: 22). 이러한 에피소드는 허쉬의 입장에서 볼 때 당시 학계가 그린버그를 위시한 진보적인 학자들이 다수를 차지하고 있는 것에 대한 불만을 드러낸 것으로 보인다.

2) 관련 문헌에서 람다(lambda, λ)로 표기되기도 하는 발생빈도(frequency)는 범죄에 가담한 한 개인의 범죄활동비율을 의미하며, 일정기간 동안 범죄를 몇 번 저질렀는가로 측정한다. 참여(participation)는 어떤 개인이 범죄를 저지른 적이 있는지의 여부를 의미하며, 범죄를 저질렀는지 혹은 저지르지 않았는지의 여부로 측정한다(Bernard *et al.*, 2010: 427).

때문이 아니라 참여의 정점을 반영한다는 주장이다. 이러한 설명은 갓프레드슨과 허쉬가 주장하듯이 범죄의 연령 분포는 기존에 범죄를 저지르는 사람들에 의해서가 아니라 새롭게 범죄를 저지르는 사람들에 의해 결정된다는 것으로 패링턴은 연령에 따른 범죄의 감소가 연령 이외에 다른 여러 요인들에 의해서도 설명이 가능하다는 입장을 취하였다.

갓프레드슨과 허쉬(Gottfredson and Hirschi, 1986, 1987)는 이어진 논쟁에서 종단 연구를 주장하는 학자들의 선험적 가정에 대해 비판을 가하였다. 갓프레드슨과 허쉬가 보기에 그들은 어떤 상태에서 또 다른 상태로의 전이가 범죄의 변화를 가져올 것으로 가정하는 경향이 있다. 그러나 갓프레드슨과 허쉬는 여러 경험적 연구를 검토한 결과, 종단 연구에서 주장하는 결과는 대부분 횡단 연구를 통해 재확인될 뿐이라고 주장하면서 시간과 비용을 고려할 때 종단 연구는 불필요함을 역설하였다.

이에 대해 블룸스틴과 동료들(Blumstein *et al*., 1988a, 1988b)은 '범죄경력(criminal career)'에 관한 연구들은 갓프레드슨과 허쉬의 주장과는 달리 어떠한 선험적 가정을 하지 않는다고 반박하였다. 또한 범죄경력의 모든 특징을 어떤 하나의 요인이 결정한다면 모든 범죄경력의 특징들은 상호관련성이 있어야 함에도 불구하고 범죄의 시작, 지속, 빈도와 같은 각각의 상이한 범죄경력은 서로 다른 요인에 의해 설명될 뿐 아니라 범죄경력 간의 상호관련성도 미미하다고 주장하였다. 그들은 오히려 갓프레드슨과 허쉬가 범죄경력의 기본개념을 혼동하여 사용함으로써 개인범죄율이 전체범죄율과 유사하다는 잘못된 결론에 이르렀고, 이를 바탕으로 종단 연구의 불필요성을 주장하였다고 반박하였다.

티틀(Tittle, 1988) 역시 논쟁에 참여하여 갓프레드슨과 허쉬가 너무 성급하게 연령과 범죄 간의 관계를 일반화하려고 했다는 점을 비판하면서 종단 연구든 횡단 연구든 각각의 장단점을 고려하여 연구주제나 연구문제에 알맞는 연구설계를 선택해야 한다고 주장하였다. 또한 그는 갓프레드슨과 허쉬가 연령과 범죄를 설명할 수 있는 변인은 없기 때문에 이에 대한 이론은 중요하지 않다고 주장한 것이나, 블룸스틴과 동료들이 범죄경력을 이론의 수준에서 접근하지 않고 자료의 수준에서 접근하려고 한 것 모두 오류를 안고 있다고 하면서 양측을 비판하였다.

대략적으로 볼 때 연령과 범죄 간의 관계에 대해 학자들의 입장은 두 가지로 나뉜다. 한편에서는 범죄를 저지르는 모집단이 지속적으로 범죄를 저지르는 소수의 집단과 일시적으로 범죄를 저지르다가 그만 두는 다수의 집단으로 구분될 수 있고, 두 집단은 연령에 따라 상이한 범죄율을 보일 것이라고 주장하는 반면, 다른 한편에서는 이러한 구분 자체가 매우 자의적이고 두 집단 모두 연령에 따른 범죄율에는 차이가 없으며, 점진적으로 범죄경력에서 은퇴하는 현상은 연령의 증가에 따라 나타나는 현상으로 사회학적으로 설명할 수 없는 연령의 직접 효과라고 주장한다(박철현, 2001: 159).

3. 범죄에 관한 일반이론 : 자기통제이론

연령과 범죄의 관계에 대한 치열한 논쟁은 이후 '범죄성향(criminal propensity)'과 '범죄경력(criminal career)'의 논쟁으로 이어졌다. 갓프레드슨과 허쉬는 범죄성향을 지지하는 입장이었다. 이들의 핵심 주장은 개인별로 범죄성향에 차이가 있다는 것이다. 즉 범죄를 저지르는 성향이 높은 사람도 있고 낮은 사람도 있는데, 이러한 범죄성향은 8세 이전에 형성되어 이후 전 생애에 걸쳐 거의 변하지 않는 안정적 특질이라고 보았다. 갓프레드슨과 허쉬는 이러한 안정된 특질을 '자기통제(self-control)'로 보았다(Gottfredson and Hircshi, 1990). 이들은 자기통제를 "어떤 행동으로 인한 결과를 장기적이고 넓은 시각에서 보려는 성향"이라고 정의하였다(Hirschi and Gottfreson, 2006: 114). 따라서 자기통제가 낮은 사람들은 "충동적이고 무신경하고 육체적 성향을 지니며, 위험한 행동을 선호하고 근시안적이며 말보다는 행동으로 스스로를 표현하는 경향(Gottfredson and Hirschi, 1990: 90)"이 높게 나타난다. 낮은 자기통제는 어릴 적 부모로부터의 부적절한 사회화에 기인하며 한번 형성된 자기통제는 생애과정에서 안정적이고 잘 변하지 않는다. 특히 자기통제는 기회나 상황에 따라 비행이나 범죄 이외에 다양한 유사행위(analogous behaviors)로도 표출될 수 있다.

갓프레드슨과 허쉬는 많은 범죄학이론이 '범죄의 본질(nature of crime)'에 대해 무관심했다고 보았다. 기본적으로 범죄는 흥분, 스릴, 금전적 이익과 같은 단기적이고 즉각적인 만족을 가져다준다. 비록 범죄는 아니지만 담배 피우기, 약물 복용, 과속, 도박, 성매매와 같은 일탈행위 역시 쾌락과 만족을 제공한다. 갓프레드슨과 허쉬가 보기에 범죄나 일탈을 저지르기 위해서는 어떤 복잡한 과정이나 특별한 계획이 요구되지 않는다. 반면, 인습적인 사회활동(학교, 직장, 결혼)에서는 무언가를 계획하고 인내하고 즉각적인 만족을 유예시켜야 할 때가 많다.

그렇다면, 범죄나 다른 유사행위가 주는 즉각적인 만족과 쾌락에도 불구하고 왜 많은 사람들은 범죄나 일탈을 저지르지 않는 것일까? 이에 대한 갓프레드슨과 허쉬의 해답은 도처의 수많은 유혹을 견디도록 하고, 범죄나 일탈로 나아가지 못하게 하는 '무언가(something)'가 있으며, 그것은 어린 시절에 이미 형성되기 때문에 성인이 되더라도 혹은 어떠한 상황에 처하더라도 범죄나 일탈을 억제하도록 작용한다는 것이다. 물론 그 무언가는 바로 자기통제이다. 통계적으로 말하면, 많은 범죄학이론에서 범죄의 원인으로 제시하는 요인들과 범죄 간에는 '허위적 상관성(spurious relationship)'이 존재하기 때문에 공통의 원인(common cause), 즉 낮은 자기통제를 통제할 경우 범죄원인과 범죄 간의 관계는 사라진다. 기존에 제시된 범죄의 원인뿐 아니라 범죄 역시 낮은 자기통제에서 비롯된다는 설명이다. 이들의 주장에 따르면, 어릴 적 부모로부터 적절한 통제와 훈육을 받지 못함으로써 생긴 낮은 자기통제는 범죄의 유혹에 쉽게 빠지게 할 뿐 아니라 학업중단, 실업, 이혼과 같은 실패를 유발할 가능성도 크다. 그러므로 자기통제가 낮은 사람의 경우 어릴 때의 문제행동이 청소년 시기의 비행으로 이어지고, 청소년기의 비행은 결국 성인범죄로까지 이어지기 쉽다. 반면, 가정에서 충분한 보호와 감독을 통해 자기통제를 발달시킨 사람들은 범죄의 유혹에도 견딜 수 있고 학교, 직장, 결혼에서도 성공할 가능성이 높다(Gottfredson and Hirschi, 1990; Hirschi and Gottfredson, 1995; Lilly *et al*., 2011: 122).

갓프레드슨과 허쉬의 일반이론은 수많은 경험적 연구를 통해 대체로 지지를 받고 있다. 자기통제를 검증하는 경험적 연구에 대한 메타분석(Pratt and Cullen, 2000)에서도 낮은 자기통제는 범죄를 설명하는 중요한 요인으로 나타났다.[3] 그러나 일부 연구에서는 낮은 자기통제가 모든 범죄의 유형을 설명하는 것은 아니라고 반박한다. 일례로 벤슨과 무어(Benson and Moore, 1992)는 직업 지위가 높은 화이트칼라 범죄자의 경우 즉각적인 만족과 유혹에 잘 견딘다는 사실을 발견하였고, 다른 연구들에서는 자기통제가 모든 일탈행위를 설명할 것이라는 주장과 달리 흡연(Arneklev *et al*., 1993)이라든지 가정폭력(Sellers, 1999)에서는 미미한 관계를 보인다는 사실을 제시하였다.

자기통제의 경험적 연구에서 또 다른 흥미로운 주제는 자기통제의 시발점이라고 할 수 있는 부모의 양육태도이다. 사실 성장과정에서 어린 시절 부모의 양육태도가 이후의 자기통제에 큰 영향을 미칠 것이라는 주장은 지극히 '사회학적인 설명'이다.[4] 그러나 허쉬와 갓프레드슨의 사회학적

3) 그러나 많은 학자들은 비록 수많은 경험적 연구들이 자기통제의 효과를 입증하고 있다고 해서 자기통제이론이 다른 범죄학이론에 비해 더 우월하다고는 말할 수 없음을 지적한다 (Lilly *et al*., 2011: 123).

4) 갓프레드슨과 허쉬는 자녀양육의 세 가지 측면이 자기통제에 중요하다고 보았다. 첫째는 아이들 행동에 대한 적절한 감독(monitoring), 둘째는 일탈행동이 언제 일어났는지에 대한

설명은 여기에 그치고 만다(Lilly *et al*. 2011: 112). 왜냐하면 자기통제이론에서는 여덟 살을 전후로 한번 형성된 자기통제는 일생동안 쉽게 변하지 않을 것으로 가정하기 때문이다. 즉 한 개인이 성장하면서 유치원, 학교, 군대, 직장 등 다양한 사회영역에 소속되어 겪을 수 있는 수많은 상호작용을 통해 자기통제가 변할 수 있다는 사실을 고려하지 않는다. 이러한 입장은 허쉬의 초기이론과는 배치된다. 사회유대는 어린 시절에 국한되지 않고 청소년기는 물론 성인이 되어서도 충분히 변할 수 있기 때문이다(Sampson and Laub, 1993). 결국 허쉬와 갓프레드슨의 주장은 사회유대와 범죄의 관계 역시 '허위적(spurious)' 이라는 결론으로 귀결될 수밖에 없다(Evans *et al*., 1997). 예를 들어, 부모애착이 낮을수록 비행을 더 저지르는 경향이 나타나는 것은 낮은 자기통제가 부모와의 애착도 낮추고, 비행에도 영향을 미치기 때문이다.

그러나 이에 대한 경험적 연구결과는 상반되게 나타나고 있다. 일부 연구에서는 부모감독이 자기통제와는 무관하게 독립적으로 비행에 영향을 미치는 것으로 나타난 반면(Unnever *et al*., 2003), 다른 연구에서는 부모감독과 훈육태도가 비행에 미치는 영향을 낮은 자기통제가 매개한다는 결과가 나타나기도 하고(Hay, 2001), 다른 연구에서는 자기통제가 낮은 어머니일수록 자녀 또한 자기통제가 낮은 것으로 나타나 자기통제가 세대에 걸쳐 이어질 수 있다는 사실을 발견하기도 하였다(Nofziger, 2008).

인지(recognizing), 셋째는 인지된 일탈행동에 대한 일관되고 적절한 처벌(punishing)이다(Bernard *et al*. 2010: 304).

4. 생애과정범죄학 : 범죄연구의 새로운 패러다임

생애과정범죄학은 하나의 이론이 아니다. 생애과정범죄학 내에서도 다양한 입장이 존재하고, 심지어 생애과정범죄학이라는 용어조차 합의된 것이 아니다.[5] 오히려 생애과정범죄학은 현재 진행 중인 새로운 이론적 관점으로 이해하는 것이 적절할 것 같다(Laub, 2004). 여기서는 생애과정범죄학으로 쏜베리(Thornberry, 1987)의 '상호작용이론', 모피트(Moffit, 1993)의 '생애-지속/청소년기-한정이론', 샘슨과 라웁(Sampson and Laub, 1993)의 '비공식 사회통제의 연령-단계이론(age-graded)' 등 세 가지의 주요한 이론을 소개하고자 한다.

1) 상호작용이론

쏜베리(Thornberry, 1987)는 사회통제이론과 사회학습이론을 결합하여 청소년의 발달시기에 따른 비행을 설명하고자 하였다. 쏜베리는 사회통제이론과 사회학습이론 모두 단일한 방향의 인과모형을 설정함으로써 한계가 있음을 지적하고, 주요 개념들 간의 상호작용을 강조하였다. 그는 사회통제이론과 사회학습이론의 주요한 개념들이 시간적으로 상호작용을 하는 동시에 비행으로 인한 비행유발요인의 변화에도 관심을 가짐으로써 청소년의 발달시기에 따라 비행유발요인이 달라질 수 있음을 주장하였다. 쏜베리의 상호작용이론(interactional theory)은 사회통제이론과 마찬가지로 청소년비행의 일차적 원인으로 사회와의 유대를 강조한다. 그러나 사회통제

---

5) 어떤 학자들은 발전이론(developmental theories), 다른 학자들은 생애과정이론(life-course theories), 일부에서는 발전-생애과정범죄학(developmental and life-course criminology)이라고 부르기도 한다.

이론에서는 중요하게 고려하지 않은 비행친구까지 포함시킴으로써 어린 시절 부모와의 유대 정도가 비행친구와의 교류에 영향을 미친다고 보았다. 쏜베리는 두 이론의 개념을 결합하는 것 외에도 단일한 인과모형 대신 시간을 고려한 상호작용모형을 가정하였다. 예를 들어, 부모와의 유대 약화가 비행 및 비행친구와의 교류에 영향을 미치지만, 역으로 비행과 비행친구와의 교류가 부모와의 유대를 약화시킬 수 있다는 것이다(Thornberry, 1987). 말하자면, 유대 혹은 통제의 부재는 무조건적으로 비행을 유발하지 않고, 비행을 포함한 다양한 행위의 가능성을 행위자에게 열어줄 뿐이며, 비행은 비행에 대한 학습과정과 강화를 통해 발생한다(이철, 2011: 33).

쏜베리는 비행에 영향을 미치는 부모애착 및 학교유대, 그리고 비행친구접촉의 상대적 중요성은 청소년이 성장함에 따라 변화한다고 보았다. 그에 따르면, 청소년 초기(11~13세)에는 가정에서 부모와의 감정적 애착이 상대적으로 중요한 반면, 청소년 중기(15~16세)에는 청소년들이 점차 부모로부터 심리적으로 독립을 하고, 생활무대가 가정에서 학교로 바뀜에 따라 학교유대와 비행친구접촉이 상대적으로 중요하다고 주장하였다. 특히 이 시기에는 이전에 비해 학교유대와 비행친구접촉이 부모애착을 약화시키는 효과가 부모애착이 학교유대와 비행친구접촉을 억제하는 효과보다 강해진다. 그리고 부모애착의 감소로 인해 비행이 발생하기보다는 비행으로 인한 부모애착의 감소가 더 뚜렷해지는 것으로 나타난다. 청소년 후기(18~20세)에는 부모애착 및 학교유대가 더욱 약화된다. 이 시기는 청소년들이 성인기 준비에 전념하는 시기이므로 관습적 사회에의 참여가 비행에 가장 큰 영향을 미친다. 비행친구접촉 역시 관습적 사회에의 참여보다 영향력이 약한 것으로 간주된다(Thornberry *et al*., 1991, 1994; Thornberry and Krohn, 2005).

2) 생애-지속/청소년기-한정이론

모피트(Moffit, 1993)가 제시한 생애-지속/청소년기-한정이론은 서로 다른 두 종류의 반사회적 행동의 패턴과 발생을 설명하기 위해 반사회적 행동의 유형을 일생에 걸쳐서 지속되는 유형(생애-지속 유형, life-course-persistent type)과 청소년기에만 국한되어 나타나는 유형(청소년기-한정 유형, adolescence-limited type)으로 구분하였다. 모피트는 두 가지 유형의 범죄자들이 범죄행위의 측면에서 뚜렷한 종단궤적(trajectory)을 갖는다고 보았다(Moffit, 1993, 1997).

첫째로 생애-지속 범죄자는 신경심리학적인 문제(neuropsychological problems)와 어릴 적 부적절한 양육으로 인해 나타난다. 그녀에 따르면, 일생동안 반사회적 행동을 하는 사람은 전체 인구의 10.0% 이내이다. 그들의 문제행동은 유년기에 시작되어 청소년기까지 지속되며 성인기에 들어서는 매우 심각한 형태로 발전한다. 이들이 곧 '만성적 범죄자들(chronic criminals)'이다. 이러한 유형의 사람은 태아기부터 신경심리학적 문제를 겪게 되는데, 신경심리학적 결손과 같은 개인적 차이는 아동기의 심리적 불안과 문제행동에 영향을 미칠 뿐 아니라, 친사회적 행위를 학습할 수 있는 기회를 차단하고, 결국은 낙인으로 이어져 범죄를 지속하도록 만든다. 즉 생애-지속 범죄자는 과거부터 현재까지 겪게 되는 개인과 환경 간의 상호작용 결과로 인해 성인이 되어서도 범죄를 지속할 수밖에 없다.

둘째로 청소년기-한정 범죄자는 청소년 시기의 특별한 욕구 때문에 나타난다. 여기서 특별한 욕구란 독립성의 추구, 성인의 역할에 대한 갈망이다. 현대사회는 영양상태의 개선으로 인해 청소년의 생물학적인 성숙이 매우 빨라진 데 반해, 높은 교육열과 전문화된 취업시장은 청소년이 성인이 되는 시기를 자꾸만 늦추고 있다. 이처럼 생물학적 연령과 사회적 연령 간의 차이가 커짐에 따라 대부분의 청소년은 부모로부터의 독립과 성인역할의 갈망을 충족시키기가 어렵다. 그러나 생애-지속 범죄자는 일탈이나 범죄를 통해 이러한 욕구를 충족시킨다. 일반청소년들은 생애-지속 범죄자를 보고 이들의 행위를 모방하면서 비행을 시작한다. 청소년기-한정 범죄자는 청소년기에 비행을 시작하여 청소년기가 지나면 더 이상 비행이나 범죄를 저지르지 않는다. 그들은 술을 마시고, 담배를 피우며, 호기심에 마약을 하는 등 여러 형태의 지위비행을 저지르는데, 이러한 문제행동은 자신들의 성숙성과 부모로부터의 독립을 표현하는 수단으로 여겨지기도 한다. 이러한 관점에서 보면, 그들의 비행은 청소년기에 나타날 수 있는 정상적인 행동 패턴이라고 볼 수 있다. 하지만, 청소년기가 지나가고 성인이 되어 취업을 하거나 결혼을 통해 가정을 꾸리게 되면, 성인으로서의 책임감과 범죄로 인한 불이익 등을 고려하여 사소한 비행이나 범죄를 그만두게 된다.

그러나 모피트의 주장대로 모든 범죄자를 두 개의 유형으로만 분류할 수 있는지에 대한 비판이 제기될 수 있다(Lilly *et al.*, 2011). 실제로 생애-지속형 범죄자 중에서도 일부는 평생에 매우 심각한 범죄만 저지르는 반면, 일부는 사소한 범죄만 저지르기도 하고, 청소년기-한정 범죄자 중에서도 사소한 범죄만 저지르는 것이 아니라 중범죄를 저지르는 경우도 있다. 이러한 단순화에도 불구하고, 모피트의 이론은 만성적 범죄자에 대한 관심을 불러일으켰고, 이들이 왜 일생에 걸쳐 범죄를 지속하는지에 대한 논의에 기여를 하였다.

3) 비공식 사회통제의 연령-단계이론

샘슨과 라웁(Sampson and Laub, 1993)은 자신들이 주장하는 비공식 사회통제의 연령-단계이론(age-graded theory of informal social control)이 허쉬의 사회통제이론에서 비롯되었다고 하였다. 나아가 자기통제이론을 생애과정범죄학의 관점에 통합시킬 수 있다면, 범죄에 있어 개인 간의 차이는 물론 시간에 따른 개인의 변화까지도 설명할 수 있기 때문에 갓프레드슨과 허쉬의 이론이 자신들의 이론과 반드시 배타적인 것만은 아니라고 주장하였다. 이들은 생애과정범죄학이 생물학적 연령이 아닌 사회적 · 문화적 연령에 관심을 가지면서 거시적 수준의 사건이 개인의 삶에 어떠한 영향을 미칠 수 있는지를 보여준다고 주장하였다(Sampson and Laub, 1995: 242-244).

그렇다면, 이러한 과감한 주장의 근거는 무엇일까? 그것은 글룩 부부(Eleanor and Sheldon Glueck)가 18년 동안 1,000명의 청소년을 추적해 만든 경험적 자료에 근거한 주장이었다. 글룩부부는 비행을 지속하는 청소년 500명과 일반 청소년 500명을 비교하였다. 두 집단은 연령, 지능, 인종, 거주지역의 측면에서 최대한 유사하게 표집이 되었다. 1985년 라웁은 글룩부부의 원자료를 하버드 대학교 도서관에서 찾았고, 샘슨과 함께 몇 년에 걸쳐 원자료를 재구성하고 재분석하였다. 이들은 이 자료를 바탕으로 이론을 제시하였고, 양적인 방법과 질적인 방법을 동원하여 자신들의 이론을 검증하였다(Bernard *et al*., 2010: 440-441).

샘슨과 라웁은 사회와의 유대가 약해질수록 범죄나 비행을 저지를 가능성이 높다는 사회통제이론의 관점에 동의하면서도 공식적 · 비공식적 사회통제가 생애과정에서 변할 수 있다는 사실에 주목한다. 인생의 첫 번째 단계에서 '사회통제의 과정(social control process)'은 가정을 중심으로 이루어진다. 샘슨과 라웁은 사회통제이론의 주장대로 가정에서 통제의 실패가 비행을 유발할 수 있으나, 자기통제이론에서 주장한 것처럼 어릴 적 개인적인 기질의 차이에서 비롯될 수 있다는 점도 인정한다. 또한 학교유대의 약화나 비행친구의 영향으로 비행을 저지를 수 있다고 본다. 이들은 유년기부터 성인기까지 일생에 걸쳐 반사회적 행동이 '강한 연속성(strong continuity)'을 보일 수 있다는 점에는 동의를 한다. 이들은 일부 범죄자에게서 강한 연속성이 나타나는 이유는 모피트가 '누적적 연속성(cumulative continuity)'[6]이라고 부른 효과에 기인한 것이라고 보았다. 예를 들어, 청소년 시기의 비행은 성인기에 안정적인 직장이나 결혼을 통해 얻을 수 있는 사회적 유대를 약화시킴으로써 더 심각한 범죄를 유발할 수 있고, 구금(incarceration)의 경우는 범죄의 연속성을 더 심각하게 강화시킬 수 있다(Lilly *et al*., 2011: 327).

그러나 샘슨과 라웁은 범죄의 연속성만을 강조하지 않고, 범죄의 불연속성도 발견하였다. 즉 의미 있는 사회적 유대가 성인기에 형성될 수 있다면, 그러한 사회적 유대가 범죄를 그만두게 하는 '전환점(turning points)' 으로 기능할 수 있다고 본 것이다. 달리 말해서, 약한 유대가 연속성의 원인이라면, 강한 유대는 '변화(change)' 의 원인이 될 수 있다는 주장이다. 따라서 샘슨과 라웁은 갓프레드슨과 허쉬, 모피트와 달리 만성적 범죄자가 영원히 범죄자로 남을 것이라는 데 반대한다. 왜냐하면 만성적 범죄자라고 하더라도 사회적 유대가 형성되면 변화될 수 있다고 보기 때문이다. 갓프레드슨과 허쉬는 모든 범죄의 원인과 범죄는 자기통제의 결핍으로 나타난 결과로 보았으나, 샘슨과 라웁은 모든 범죄의 원인과 범죄 간의 관계가 허위적이라는 것을 인정하지 않았다. 어떤 개인이 좋은 직장을 구하거나 정말로 사랑하는 사람을 만날 경우 사회적 유대는 증가할 수 있고, 범죄를 억제하는 '사회자본(social capital)' 역시 새롭게 형성될 수 있다고 보기 때문이다.

샘슨과 라웁은 비공식적 사회통제가 생애 전 과정에서 언제든 나타날 수 있다고 보고, 연령단계에 따라 사회적 유대의 유형이 다를 수 있다는 점을 강조하였다. 즉 유년기에는 부모와의 관계가, 성인기에는 직장동료나 배우자와의 관계가 중요하다고 본 것이다. 샘슨과 라웁은 자신들의 논의를

6) 누적적 연속성이란 어떤 이유에서건 범죄를 저지른 이후 그로 인해 발생되는 결과와 사회적 반응으로 인해 범죄자가 또 다시 범죄를 저지를 수밖에 없는 상황으로 내몰리게 되는 악순환을 의미한다.

더욱 발전시키면서 단순히 사회적 유대의 '유무(whether or not)'가 아니라 유대의 '질(quality)'이 중요하다는 점을 강조하였다(Sampson and Laub, 1995).

일부 경험적 연구(King *et al*., 2007)에서는 샘슨과 라웁의 주장대로 결혼이 범죄의 중단에 영향을 미치는 것으로 나타나기도 하는 반면, 다른 연구(Wright *et al*., 2005)에서는 군입대가 오히려 마약이나 범죄를 증가시키는 것으로 나타나기도 하였다. 때로는 베트남전과 같은 경험이 마약남용과 범죄행동을 증가시키는 부정적인 전환점으로 작용할 수도 있기 때문이다.

5. 국내 연구 동향 및 향후 전망

1) 자기통제이론

자기통제는 이미 국내의 여러 경험적 연구들에서 중요한 변인으로 다루어지고 있다. 대표적으로 민수홍은 일찍부터 자기통제이론을 소개하고 꾸준히 검증을 시도한 바 있다(김두섭 · 민수홍, 1994; 민수홍, 1995, 1998a, 1998b, 2002, 2006). 일례로 그는 자기통제가 인생의 초기단계에 형성된다는 주장에 착안하여 초등학생을 대상으로 자기통제이론을 검증하고자 하였다. 서울시 소재의 10개 학교에서 초등학교 5학년 718명을 대상으로 조사를 한 결과, 자기통제는 남학생보다는 여학생에서 높았고, 부모의 감독이 높을수록, 부부간의 난폭한 언행이 없을수록, 자녀훈계 시 부모의 난폭한 언행이 없을수록 자기통제는 높게 나타났으며, 자기통제가 높을수록 비행의 정도는 낮은 것으로 나타나 갓프레드슨과 허쉬의 이론을 대부분 지지하는 것으로 나타났다(민수홍, 1998a).

후속 연구(민수홍, 2002)에서 그는 자기통제이론에 대한 기존의 경험적 연구가 주로 남자 청소년을 대상으로 이루어졌다는 사실을 비판하면서 자기통제이론이 여자 청소년에게도 적용될 수 있는지를 검증하였다. 분석에 사용된 자료는 일반 중·고등학교에 재학 중인 청소년과 서울분류심사원에 계류 중인 청소년과 소년원생을 대상으로 자기기입식 설문조사를 실시하여 수집하였다. 분석 결과, 여자 청소년의 자기통제가 남자 청소년보다 높게 나타났으며, 특히 여자 청소년의 자기통제가 낮을수록, 자기통제와는 독립적으로 연령이 높을수록 사소한 지위비행이나 심각한 지위비행을 더 저지르는 것으로 나타났다. 그는 이러한 결과가 남자 청소년은 물론 여자 청소년의 다양한 비행유형과 범죄까지도 설명할 수 있는 자기통제이론의 일반성을 지지하는 것이라고 주장하였다. 기광도(2011) 역시 범죄발생의 성별 차이를 자기통제이론을 통해 검증하고자 하였다. 서울시 소재 15개 초등학교에서 1,128명을 조사한 자료를 이용해 초등학생의 비행 차이를 분석한 결과에 따르면, 자기통제이론은 대체로 남자 청소년보다 여자 청소년의 비행을 잘 설명하는 것으로 나타났고, 자기통제의 형성과정에 있어 남녀별 차이가 있다는 사실도 발견하였다. 즉 부모와의 애착, 감독이 자기통제에 미치는 영향은 남자 청소년보다 여자 청소년에게서 상대적으로 높게 나타났다.

이성식(2006)은 자기통제의 독립적 효과에 의문을 제기하면서 자기통제와 다른 이론에서 주장하는 요인과의 관계성에 주목하였다. 그는 낮은 자기통제가 약물남용이라는 성인범죄에 직접적인 영향을 미치는지를 검증하는 동시에 대안적인 모델로 낮은 자기통제가 사회학습이론, 사회통제이론, 억제이론 및 합리적 선택이론의 주요 요인을 통해 약물남용에 영향을 미치는지, 또한 낮은 자기통제가 다른 주요 요인의 조건에 따라 약물남용에 미치는 영향이 달라지는지를 경험적으로 검증하였다. 서울 등 6개 광역시의 일반인 2,500명과 교도소, 보호관찰소, 치료보호를 위한 병원 등에서 약물위반으로 처우를 받고 있는 629명 등 총 3,129명을 대상으로 자기통제의 독립적인 효과를 검증한 결과, 자기통제가 낮을수록 약물남용을 할 가능성이 높은 것으로 나타났다. 그러나 주위사람의 약물사용, 약물에 대한 용인 태도, 사회유대의 손실 인지, 약물로 인한 이득 등 다른 변인을 추가하자 자기통제의 직접적인 효과가 사라져 자기통제가 약물남용에 미치는 영향은 다른 요인에 의해 매개된다고 보았다. 자기통제와 다른 변인의 상호작용변인을 추가한 모형에서도 상호작용변인이 모두 통계적으로 유의미한 것으로 나타났다. 즉 자기통제가 낮은 사람은 독립적으로 약물남용을 할 가능성이 높은 것이 아니라, 주위에 약물사용자가 많고, 약물남용을 용인하는 태도를 가지며, 약물로 인한 사회유대의 손실을 덜 생각하고, 약물로 인한 처벌과 발각의 가능성을 낮게 인지하며, 약물로부터 얻는 이득을 생각할 가능성이 높은 조건에서만 약물을 할 가능성이 높았다. 그는 이러한 결과가 범죄에 대한 자기통제의 영향이 직접적이지 않고, 오히려 다른 주요 변인에 의해 매개되거나 조건적으로 작용한다는 사실을 보여준다고 주장하였다.

자기통제이론을 종단적으로 검증한 연구도 발표되고 있다. 예를 들어, 박현수(2012)는 자기통제의 안정성에 대한 검증과 자기통제와 기회요인 간의 상호작용에 대한 검증을 위해 한국청소년정책연구원에서 수집한 중등패널 1차연도부터 5차연도 자료를 이용하였다. 그는 준모수적 집단중심모형(semiparametric group-based model)을 이용해 자기통제의 수준에 따라 청소년집단을 다섯 개의 집단(상/중상/중/중하/하)으로 구분하여 자기통제의 변화를 살펴보았다. 분석 결과, 다섯 개의 집단 모두에서 자기통제가 큰 변화 없이 안정적으로 나타난다는 사실을 발견하였다. 더 나아가 그는 자기통제가 낮은 두 개의 집단(중하/하)을 대상으로 시간에 따른 비행변화를 분석하였다. 자기통제가 낮은 청소년의 비행변화를 분석한 결과 6개의 집단유형(무비행/저수준 지속/중간수준 지속/비행증가/일시적 증가-감소/고수준 급감)이 나타났고, 이러한 비행변화의 유형은 비행친구, 낙인, 여가시간과 같은 상황적 요인의 변화가 일정 부분 설명하는 것으로 나타났다. 그는 이러한 결과가 어린 시절 형성된 자기통제가 변하지 않을 것이라는 자기통제이론이 지지되고 있다는 것을 보여주는 동시에 자기통제만으로 청소년비행을 설명하기는 힘들고 오히려 비행친구, 낙인, 비행기회요인도 청소년비행을 설명하는 데 유효하다는 사실을 보여준다고 주장하였다.

일부 연구에서는 낮은 자기통제가 다양한 유사행위를 설명할 수 있다는 점에 착안하여 범죄피해를 설명하는 데 자기통제이론을 적용하였다. 이들은 자기통제가 낮을수록 자신의 욕구를 손쉽고 즉각적으로 충족시키기 위해 위험한 시간과 장소에 있을 가능성이 높을 뿐만 아니라, 위험한 사람들과 접촉할 가능성이 높기 때문에 낮은 자기통제는 비행은 물론 피해경험에도 영향을 미친다고 주장하였다. 자기통제이론이 청소년의 사이버비행을 설명할 수 있는지 여부를 검증한 연구에서는 다른 변인을 통제한 후에도 낮은 자기통제가 사이버비행에 영향을 미치는 것으로 나타나기도 하였다(이성식, 2010).

2) 생애과정범죄학

국내에서 생애과정에 관한 연구는 그리 많은 편이 아니다. 이는 범죄자에 대한 종단자료의 수집은 물론 범죄경력자료에 대한 접근조차 쉽지 않기 때문이다. 그럼에도 불구하고 국내에서는 생애과정범죄학의 관점에서 범죄경력의 발전, 범죄의 시작, 지속, 중단에 관한 몇몇 연구가 수행되었다. 대표적으로 박철현(1999, 2000, 2001)은 1987년을 기준으로 전국 11개 교도소에서 출소한 남성 998명을 조사하여 범죄경력의 발전을 연구하였다. 선고형량을 기준으로 심각성의 발전 정도를 분석한 결과에서는 연령별로 만 18세 정도에서 범죄심각성이 가장 높은 것으로 나타났다. 범죄유형별로는 폭력범죄에서 심각화의 경향이 뚜렷이 나타난 반면, 사기범죄에서는 심각성이 경미해지는 경향이 나타났다(박철현, 1999). 그는 이러한 결과를 바탕으로 범죄경력이 많아질수록 심각한 범죄를 저지르게 된다는 가설은 대체로 지지되지 않는다고 주장하였다.

같은 자료를 이용한 다른 연구(박철현, 2000)에서는 범죄의 합리성을 분석하였는데 사기, 절도, 폭력범죄에서 전문화 경향을 발견하였고, 구금형을 받을수록 범죄를 지속할 가능성이 높다는 사실 또한 확인하였다. 그는 이러한 경향이 나타나는 이유는 연령이 높아질수록 보다 실속이 있는 범죄를 선택하기 때문이라고 설명하면서, 이를 범죄경력의 합리성으로 개념화하였다.

후속 연구(박철현, 2001)에서는 대검찰청 범죄통계, 출소자들의 범죄경력자료, 교도소 및 소년원에서 조사한 설문조사 등을 종합적으로 비교하여 연령과 범죄에 관한 논쟁을 한국적 상황에서 검증하였다. 분석 결과, 한국에서는 20세를 전후로 그래프가 두 봉우리를 이루는 것으로 나타났는데, 그는 이러한 현상을 한국 남성의 병역의무제로 인한 무력화 효과로 설명을 하였다. 또한 범죄의 정점 연령이 외국보다 높고, 그래프가 우편향 분포(negatively skewed distribution)하는 것으로 나타나, 허쉬와 갓프레드슨의 주장처럼 연령에 따른 범죄분포의 곡선이 시대나 국가를 막론하고 보편적이기보다는 문화적 특수성이 반영되는 것으로 보았다.

기광도(2009) 역시 한국사회에서도 연령–범죄분포(age-crime curve)의 이론적 설명과 경험적 연구 결과를 그대로 적용할 수 있을지에 대한 의문을 던지면서 대검찰청에서 발간하는 범죄분석과 한국통계연감의 공식자료를 활용하여 연령–범죄관계를 경험적으로 검증하였다. 그는 연령–범죄지수를 산출하여 시대별로는 1965, 1975, 1985, 1995년의 지수를 비교하였고, 국가별로는 일본과 미국의 범죄통계를 이용한 지수를 비교하였다. 분석 결과, 시대적 변화에 따라 연령–범죄분포는 1965년부터 1985년까지는 대체로 저연령화(10~20대) 경향을 보이다가 그 이후에는 장년화(30~40대)

경향을 보였다. 범죄유형별 분석에서 절도, 강도는 10대와 20대, 폭력 및 성폭력범죄는 30대, 사기와 살인범죄는 40대에서 가장 높은 것으로 나타났다. 국가별로는 한국이 일본이나 미국에 비해 40대 이후 장년층의 범죄 비율이 높은 것으로 나타났다. 기광도는 한국사회에서도 10대 청소년기에 범죄가 증가하고 그 이후 감소하는 추세가 어느 정도 나타나기는 하지만, 동시에 한국사회는 다른 나라와 비교해 연령에 대한 사회적 의미와 기대가 다르다는 사실도 확인할 수 있다고 하면서, 한국의 경우에는 연령-범죄분포의 보편성 또는 불변성 가설이 지지되지 못한다고 주장하였다.

다른 몇몇 학자들은 생애과정범죄학에서 논란이 되었던 모집단이질론과 상황의존론 가운데 어떤 이론이 경험적 자료에 부합하는지를 검증하고자 하였다(이순래, 1995, 1998; 이성식, 2001; 노성호, 2007; 양문승 · 송재영, 2012). 예를 들어, 이순래(1995)는 소년원에서 1983년부터 1985년까지 출원한 사람들 중에서 형법이나 특별법을 위반한 800명을 대상으로 소년부기록과 수사기록, 전과기록에 대한 전산조회를 통해 자료를 수집하였다. 분석 결과, 과거범죄경력과 차후범죄경력 간에는 밀접한 관련이 있었고, 연령과 범죄 간의 관계는 15~19세 사이에 정점을 갖는 것으로 나타났다. 특히 과시성, 반항성, 심리적 불안정성, 지능지수를 변인으로 모집단이질론을 검증한 결과, 국내의 범죄경력자들에게는 모집단이질론보다 상황의존론이 보다 적합한 것으로 나타났다. 후속 연구(이순래, 1998)에서 그는 소년범죄와 성인범죄 간의 관계를 분석한 결과, 소년범죄경력과 성인범죄경력 사이에는 밀접한 관련이 있었으며, 범죄경력의 전문화 경향은 재산범죄에서 두드러진다는 사실을 확인하였다.

노성호(2007)는 한국청소년패널자료를 이용하여 모집단이질론(잠재적 특성이론)과 상황의존론(생애과정이론) 가운데 어떤 이론이 보다 타당한지를 검증하였다. 분석 결과, 그는 상황의존론이 국내 청소년의 비행발전과정을 설명하는 데 보다 적합하다는 결론을 내렸다.

소년분류심사원에 입원했던 소년들의 범죄경력을 토대로 구치소 입출소자료를 분석한 한영선(2011)의 연구에서는 구치소에 입소한 것을 '재범'으로 측정한 결과, 소년범죄자의 유형이 범죄중단자, 평생지속형 범죄자, 잠정적 범죄지속자로 구분되어 모피트의 주장이 어느 정도 타당한 것으로 나타났다. 그는 범죄중단자에게 가장 큰 영향을 미치는 요인은 친구관계의 안정성이라고 주장하였다.

이 밖에도 부정적 인생사건이 범죄시작과 범죄지속에 미치는 영향을 분석한 연구도 발표되었다(정혜원 · 박정선, 2008). 이 연구에서는 한국청소년패널자료를 이용하여 부정적 인생사건, 즉 부모의 이혼, 부모의 사망, 부모의 학대, 교사의 모욕, 이웃어른의 야단, 학교에서 정학, 경찰에 체포 등이 비행의 시작 및 재비행에 미치는 영향을 분석하였다. 분석 결과, 비행을 시작한 청소년들에게 부정적 인생사건은 영향이 없는 것으로 나타났으나, 재비행의 경우 부모의 이혼, 교사의 모욕, 학교의 징계, 경찰에 체포 등은 영향이 있는 것으로 나타났다. 또한 비행시작에 있어서 부정적 인생사건이 직접적인 영향을 미치지는 않았지만, 부모와의 관계, 비행친구와의 교제, 낮은 자기통제를 통해 간접적인 영향은 있는 것으로 나타났다.

3) 향후 전망

1980년대 미국의 범죄학자들은 치열한 논쟁을 통해 범죄를 설명하는 새로운 이론과 그러한 이론을 뒷받침할 수 있는 새로운 방법론에 대해 고민하기 시작하였다. 그 결과 범죄에 대한 일반이론이라든지 생애과정범죄학과 같은 이론은 물론 종단자료의 필요성에 대한 인식, 종단자료의 분석을 위한 통계방법이 급속히 발전하였다. 사실 갓프레드슨과 허쉬가 자기통제이론을 발표하고 난 이후 많은 범죄학자들은 이들이 범죄학의 학문적 존립 기반을 흔들었다고 보았다(Lilly *et al*., 2011). 자기통제이론은 매우 단순한 이론이면서 순환논리의 한계를 지닌 이론으로 비판을 받으면서도 (Akers, 1991), 많은 경험적 연구에서 비행이나 범죄를 설명하는 것으로 나타나고 있다(Pratt and Cullen, 2000). 생애과정범죄학의 연원은 생각보다 오래되었다. 그러나 생애과정범죄학은 자료의 한계와 이론체계가 아직까지는 완벽하지 않아서 앞으로 계속해서 논의와 연구가 진행되어야 할 이론적 흐름이라고 할 수 있다(Laub, 2004).

다만, 현재까지 논의된 것을 바탕으로 자기통제이론과 생애과정범죄학이 주장하는 바를 단순화하여 비교하면 다음과 같이 정리할 수 있다. 우선 이론의 관심이나 연구대상의 측면에서 자기통제이론은 범죄의 지속(continuity), 안정(stability), 범죄성향(criminal propensity)에 관심을 갖는 반면, 생애과정범죄학은 범죄의 변화(change), 발달궤적(trajectory), 전이(transition), 범죄기회(opportunity)나 상황의존(state dependence)에 관심을 갖는다. 둘째, 이론의 논리구조라는 측면에서 자기통제이론은 간결성(parsimony), 환원론(reductionism)의 입장이라면, 생애과정범죄학은 복잡성(complexity), 비환원주의(antireductionism)의 입장을 취한다고 볼 수 있다.[7] 셋째, 방법론적인 측면에서 자기통제이론은 종단자료의 불필요성과 횡단자료의 충분함을 주장한다면 생애과정범죄학은 횡단자료의 한계성과 종단자료의 필요성을 주장한다.

국내 연구자들의 자기통제이론에 대한 관심은 꾸준히 지속되고 있고, 최근에는 생애과정범죄학에 대한 관심도 증가하고 있다. 자기통제이론의 경우 주로 횡단자료에 근거하여 청소년비행은 물론 다양한 범죄유형을 설명하는 것으로 나타나고 있다. 자기통제이론과 비교해 국내에서 생애과정

---

7) 이러한 구분은 갓프레드슨과 허쉬의 일반이론이 모든 범죄현상의 제일 원인으로 자기통제를 고려한다는 점에서 환원주의로 볼 수 있다면, 반대로 생애과정범죄학이론은 모든 범죄의 원인을 하나의 원인으로 환원하지 않고 오히려 다양한 가능성을 고려한다는 점에서 반환원주의로 볼 수 있다는 생각에서 제시한 것이다.

범죄학에 대한 경험적 연구는 활발하게 이루어지지 않고 있다. 다만, 몇몇 연구를 통해 볼 때 한국의 상황에서는 연령-범죄곡선이 보편적인 형태를 갖지 않으며, 청소년비행이나 범죄경력을 설명하는 데 있어서 모집단이질론보다는 상황의존론이 좀 더 적합한 것으로 나타나고 있다. 그러나 아직까지 국내에는 생애과정범죄학의 다양한 가설을 충분히 검증할 만한 종단자료가 구축되어 있지 않기 때문에 이에 대한 경험적 연구와 논의가 보다 활발히 이루어져야 할 것이다.

제 12 장

이론들의 통합[1)]

| 신동준(국민대학교 사회학과) |

1. 들어가며

지금까지 소개된 범죄와 비행에 대한 수많은 이론들을 접하고 아마도 많은 독자들이 혼란스러움을 느낄 것이다. 그렇다면 범죄와 비행의 원인이 도대체 무엇이라는 것인가? 오히려 더 미궁에 빠지는 느낌이 들 수도 있다. 과학으로서 범죄학의 중요한 목적 중 하나는 범죄의 원인을 밝히는 것이다. 범죄의 원인을 밝히는 인과관계에 대한 추상적이며 체계적인 진술이 범죄학이론이다. 이러한 이론으로부터 도출된 가설을 경험적으로 검증하여 그 가설이 반복적으로 지지된다면 해당 이론의 타당성은 학문 공동체에서 인정을 받게 되어 생존할 것이고, 그 반대의 경우는 도태될 것이다. 이것이 일반적인 실증과학의 발전방식이다. 그런데 특히 범죄학과 같은 사회과학에서는 이러한 실증주의적 원칙이 쉽게 적용되지 않는다. 학문의 대상 자체가 매우 복잡다단한 현상이기 때문이다. 이 지점이 이론 통합을 둘러싼 논쟁과 깊은 관련이 있다.

짧지 않은 범죄학의 역사에서 많은 이론들이 나왔음에도 불구하고 범죄학자들은 범죄나 비행의 변이에서 오직 작은 부분만을 설명할 뿐이라는 문제 제기가 꾸준히 있어 왔다(Agnew, 2011: viii). 이 문제점에 대한 해결책은 두 가지 방향으로 정리된다(Bernard *et al.*, 2012: 456). 하나는 실증주의적 원칙을 고수하면서 치열한 이론 경쟁을 통해 경험적 지지를 받지 못하는 이론을 도태시키는 작업을 계속 전개하는 것이다. 엄정하게 반복되는 경험적 검증을 통과한 이론은 그 타당성을 인정받고 살아남을 것이다. 다른 하나는 이론을 통합하는 것이다. 흩어져 있는 이론을 모아서 경험적 설명력을 높일 수 있는 통합이론을 구성함으로써 이론의 수를 줄이는 것이

1) 이 장의 상당 부분은 신동준(2014)의 논문 "범죄학 이론 통합에 대한 비판적 논의"의 내용을 활용하였다.

다. 이것이 바로 이론 통합을 지지하는 입장에서 추구하는 방향이다.

태양 아래 새로운 것은 없기 마련이며, 범죄학 분야에서도 예외는 없을 것이다. 아무리 새로운 이론이라고 해도 이전의 학문적 개념과 논리를 끌어들일 수밖에 없는 것이고, 대부분의 이론가들은 동료 연구자들의 비판을 받아들이며 그들의 이론을 수정 · 보완해 나아간다(Akers and Sellers, 2011: 434). 그 과정에서 의도적이든 의도적이지 않든 간에 여러 이론적 개념과 논리를 하나의 이론체계 안에 담게 되는 경우가 많다. 이론 통합의 개념과 범주를 넓게 잡으면 거의 모든 이론이 통합이론으로 간주될 수도 있고, 학자들에 따라 어떤 이론이 통합이론인지에 대해 의견을 달리할 수도 있다.

예를 들어, 에이커스와 셀러스(Akers and Sellers, 2011)는 에이커스(Akers, 1973)의 사회학습이론, 컬른과 콜빈(Colvin, Cullen, and Vander Ven, 2002)의 사회적 지지와 강압을 통합한 이론, 엘리엇(Elliott *et al*., 1979)의 통합이론, 크론(Krohn, 1986)의 네트워크이론, 쏜베리(Thornberry, 1987; Thornberry *et al*., 1991)의 상호작용이론,[2] 카플란(Kaplan, 1975)의 자아훼손이론, 티틀(Tittle, 1995)의 통제균형이론, 그리고 모든 생애과정 범죄학이론을 통합이론으로 소개하고 있다. 버나드와 동료들(Bernard *et al*., 2012)도 엘리엇의 통합이론과 티틀의 통제균형이론, 컬른과 콜빈의 이론을 통합이론으로 제시하였고, 그 외에 브레이스웨이트(Braithwaite, 1989)의 재통합적 수치이론,[3] 버나드와 스나입스(Bernard and Snipes, 1996)의 통합이론, 애그뉴(Agnew, 2005)의 일반이론을 통합이론으로 분류하고 있다.

에이커스의 사회학습이론은 이전 이름인 '차별접촉-강화이론'에서 나타나듯이 서덜랜드의 차별접촉이론에 행동주의 심리학의 개념과 이론을 결합한 것이기 때문에 통합이론으로 분류할 수도 있다. 그리고 클로워드와 올린(Cloward and Ohlin, 1960)의 차별기회이론은 그들 스스로가 명시적으

2) 이 이론에 대해서는 11장을 볼 것.
3) 이 이론에 대해서는 7장을 볼 것.

로 밝히듯이 머튼의 이론과 서덜랜드의 이론을 통합한 것이기 때문에 역시 통합이론으로 볼 수 있다(Liska *et al*., 1989: 17). 여기에 제시된 이론들 외에도 학자들에 따라서는 권력통제이론이나 제도적 아노미이론 등도 통합이론의 성격을 갖는 것으로 보기도 한다(Hagan, 1989; 신동준, 2011).

이렇게 본다면 사실 이론 통합 작업이 반드시 이론 수의 감축을 낳는 것은 아니다. 통합이론이 오히려 새로운 이론으로서 검증의 대상이 되는 이론 중 하나로 추가될 뿐일 수도 있다. 과연 통합이론이 범죄학의 발전에 기여를 하는가? 주요 이론의 통합은 가능한 작업일까? 바람직한 통합의 방식은 무엇인가?

우선 대표적인 통합이론인 엘리엇과 동료들(Elliott *et al*., 1979)의 이론을 소개하고, 이 통합이론에 대한 허쉬(Hirschi, 1979)의 비판을 중심으로 이론 통합을 둘러싼 범죄학계의 논쟁을 살펴볼 것이다. 그리고 가장 야심찬 이론 통합의 시도라고 할 수 있는 티틀(Tittle, 1995)의 통제균형이론(control balance theory)을 소개하고, 마지막으로 범죄학의 통합이론에 대한 평가와 전망을 제시하겠다.

2. 엘리엇과 동료들의 통합이론

엘리엇과 동료들의 통합이론 모형과 이에 대한 허쉬(Hirschi, 1979)의 반응은 이론 통합에 대한 본격적인 논쟁을 촉발시킨 계기가 되었다. 엘리엇과 동료들은 "긴장이론, 사회학습이론, 사회통제이론의 시각을 확장하고 종합하여 하나의 설명 패러다임을 제시했다"고 주장했다(Elliott *et al*., 1979: 3). 그들의 통합 모형은 단발적인 일탈이 아닌 지속적인 비행행동 패턴을 설명하기 위한 것이며, 이를 위해 여러 개의 인과경로를 고려해야 한다고 보았다. 또한 이들의 모형은 횡단 모형이 아닌 종단 모형으로서, 비행이 시간의 흐름에 따라 다양한 요인에 노출되면서 단계적으로 발전해 간다는 인식을 반영했다.

엘리엇과 동료들은 먼저 긴장이론을 비판적으로 검토하면서 사회학습이론과의 연결점을 제시했다.[4] 엘리엇과 동료들이 볼 때 긴장이론의 핵심은 비행의 동기를 제공하는 '열망-기회 격차'인데, 이 이론의 설명력에는 두 가지 상호연관된 문제점이 있다. 첫째로는 열망과 기회 간의 격차로 실패를 겪거나 실패를 예상하더라도, 사회질서에 대한 개인의 애착이 중화되거나 비행에 대한 강화를 받기 전에는 실제 비행행동이 나타나기는 어렵다는 것이다. 둘째로는 그렇기 때문에 경험적 연구에서 열망-기회 격차 변인의 예측력이 매우 낮다는 점이다. 이 변인은 지속적 비행 패턴이라는 결과로 나아가는 인과적 순서에서 최초의 변인에 해당하는 것으로, 일련의 다른 조건변인들을 통해서 비행과 연결되기 때문이다(Elliott *et al.*, 1979: 7). 즉 긴장이론이 제시하는 인과경로는 비행으로 나아가는 단지 하나의 경로에 불과하다는 것이다.

따라서 엘리엇과 동료들에 따르면 긴장이론에서는 이미 관습적 규범에 사회화된 개인이 실패를 예상하거나 실제로 실패를 경험함으로 인해 규범에 대한 애착과 관여가 약화된다고 가정한다. 여기서 긴장이론과 사회통제이론을 연결시키지만, 또한 사회통제이론과의 중요한 차이가 드러나는 지점이기도 하다. 사회통제이론에서는 관습적 규범에 대한 애초의 사회화 과정 자체를 변수로 보기 때문이다. 관습적 사회질서로의 통합과 그에 대한 관여 정도에서 개인적인 차이가 있다는 것이다. 그런데 엘리엇과 동료들은 이러한 차이가 오히려 이 두 이론적 시각의 통합가능성을 열어준다

4) 그들은 클로워드와 올린(Cloward and Ohlin, 1960)의 이론을 긴장이론의 모형으로 삼고 있다. 그 이유로 두 가지를 들 수 있는데, 우선 클로워드와 올린의 이론이 서덜랜드의 이론을 통합한 이론이기 때문에 사회학습이론과의 연결에 용이하다는 점이다. 또 하나는 설명 단위를 애초에 머튼이 상정했던 거시적 수준에서 클로워드와 올린의 미시적 수준으로 변경함으로써 다른 이론적 시각과의 통합이 용이하다는 점이 있겠다.

고 본다.

사회통제이론은 정태적 모형을 상정하고 있지만, 이를 비행행동 패턴의 발달과정을 고려하는 종단적인 모형으로 대체한다면 긴장이론과의 통합이 충분히 가능하다는 것이 그들의 입장이다. 긴장이론과 통제이론의 통합 모형은 청소년들의 초기 사회화과정에 차이가 있고 그 결과로 관습적 사회질서에의 관여와 통합 정도가 다르다는 가정에 근거한다. 따라서 그들의 종단적 모형의 출발점은 사회통제이론이다.

열망-기회 격차, 혹은 실패의 효과는 개인의 초기 유대 정도에 따라 달라진다.[5] 관습적 사회질서에 잘 통합되고 관여되어 있는 청소년은 관습적 성공목표에 대한 관여 정도도 높을 것이기 때문에, 성공에의 제한적 기회가 긴장의 원인이 될 것이고 비행의 동기로 작용할 것이다. 반면 통합과 관여의 정도가 낮은 청소년은 열망-기회 격차나 실패가 별다른 영향을 미치지 않을 것으로 본다. 제한된 기회와 목표 달성의 실패 외에도 초기 사회유대를 약화시키거나 강화시키는 요인으로 가정과 공동체에서의 사회해체와 낙인 경험 등도 거론된다. 이러한 일련의 요인들의 변이에 따라 애초의 사회유대가 약화되기도 하고 강화되기도 한다는 것이 엘리엇과 동료들의 주장이다.

이처럼 긴장이론과 사회통제이론을 비행행동 발달의 인과 순서에 따라 통합한 후, 엘리엇과 동료들은 더 나아가서 사회학습이론과의 연계를 시도한다. 그들은 사회통제이론의 주된 문제가 비행의 특정 형태나 내용에 대해서는 설명하지 못한다는 점이라고 지적한다. 따라서 비행의 원인론으로서 제대로 설명력을 확보하기 위해서는 '비행학습 및 실행구조'에 대한 이

5) 엘리엇과 동료들은 허쉬(Hirschi)의 유대요소를 약간 변형하여 사용하고 있다(Elliott *et al.*, 1979: 12). 그들은 유대를 '외부적/사회적 유대'와 '내부적/개인적 유대'로 나누는 것이 개념적으로 더 명확하다고 보았다. 그래서 전자는 '통합(integration)'으로 정의하고 허쉬의 관여와 참여 개념에 해당하는 것으로, 그리고 후자는 '관여(committment)'로 정의하고 허쉬의 애착과 신념의 개념에 해당하는 것으로 제시했다.

론적 고려가 있어야 한다고 주장한다(Elliott *et al*., 1979: 13). 이 지점에서 그들은 서덜랜드의 이론에 기대어 비행이 사회집단에 의해 지지되고 보상받는 과정의 중요성을 강조한다. 따라서 비행친구집단은 매우 중요한 위치를 차지하는데, 비행행동의 지속적인 패턴 형성에 필수적인 사회적 지지와 보상을 제공하기 때문이다.

긴장이론, 사회통제이론, 사회학습이론을 통합한 그들의 통합 모형은 여러 직·간접 인과경로를 상정하고, 그중에서 두 가지 인과경로가 지속적 비행행동 패턴으로 나아가는 주된 경로로 제시된다(Elliott *et al*., 1979: 17). 첫 번째 경로는 사회통제이론과 사회학습이론이 결합된 형태로서 약한 통합과 관여로 비행친구집단의 영향력에 취약해지는 경우이다. 엘리엇과 동료들은 여기서 비행친구집단은 핵심적 요소가 된다고 주장한다. 두 번째 경로는 긴장이론과 사회학습이론의 결합된 형태로 사회화과정을 통해 강한 유대를 형성하고 있었으나, 제한된 기회와 실패의 경험 등의 요인으로 기존의 유대가 약화됨으로써 목표 달성을 위한 불법적 수단을 선택하거나 비행집단에 참여하는 것에 거리낌이 없어지는 경우이다.

이처럼 엘리엇과 동료들의 통합이론 모형은 종단적 인과 순서로 구성되며, 사회통제이론으로 시작해서 긴장이론으로 일부 매개경로를 설명하고 사회학습이론으로 비행의 최근접 원인을 설명하는 형태이다. 그들은 각 이론이 주장하는 인과관계는 기본적으로 경쟁적이라기보다는 독립적이고 가산적이기 때문에 얼마든지 하나의 모형으로 통합될 수 있다고 주장한다. 하나의 경로가 옳다고 해서 다른 하나의 경로가 틀리다고 확신할 근거는 없다는 것이다. 따라서 다수의 경로를 하나의 모형에 포함시킴으로써 비행의 변이를 더 많이 설명하는 모형을 구성하는 것이 바람직하다고 주장한다. 또한 그들의 모형이 지나치게 포괄적일 수 있다는 점을 인정하면서도, 간명한 이론 모형을 구성하기 이전에 먼저 광범위한 변인들을 고려하는 것이 바람직하다는 의견을 제시했다.

이러한 엘리엇과 동료들의 통합 모형에 대해서 허쉬는 통제이론의 용어만 사용했을 뿐 기본주장을 무시했다고 평가하며, 솔로몬의 판결에 빗대어 "아이를 둘로 나누어 큰 쪽은 차별접촉이론에 작은 쪽은 긴장이론에 주어버렸다"고 신랄하게 비판했다(Hirschi, 1979: 34). 허쉬에 따르면 그들의 통합 모형이 취하는 인과관계의 순서상 마지막에 위치한 비행친구집단요인이 결국 비행의 원인이며 나머지 요인은 비행의 선행요인일 뿐 그 직접적 원인이 아니다. 따라서 엘리엇과 동료들의 통합 모형은 그들의 주장과는 달리 실제로는 차별접촉이론의 변형일 뿐이라고 주장했다.

3. 이론의 양립불가능성에 대한 논쟁

1) 이론의 가정에 대한 허쉬의 해석과 주장

허쉬는 각 이론이 근거하는 가정들이 상호모순적이기 때문에 어떠한 이론 통합의 시도도 실패할 것이며, 그러한 시도가 범죄학이론의 발전에 기여하는 바가 없을 것이라고 주장했다(Hirschi, 1979). 통합해서 같게 만드는 것보다 분리된 상태로 다르게 놔두는 것이 더 낫다는 것이다.[6] 엘리엇과 동료들의 통합이론 모형에서 볼 수 있듯이, 많은 범죄학자들이 사회통제이론, 긴장이론, 차별접촉/사회학습이론을 범죄와 비행의 원인에 대한 주요 이론으로 본다.[7] 범죄학에서 이론의 통합을 시도할 때 주된 대상은 이 세 가지 이론이 되며, 그러한 시도를 한 경우 다른 이론들을 통합하는

---

6) 엘리엇과 동료들의 통합이론에 대한 비판적 의견을 개진한 글의 제목이 "Separate and Unequal is Better"이다(Hirschi, 1979).

7) 예를 들어, 허쉬는 이 세 가지 이론이 당시 범죄학계를 '지배'하고 있는 범죄와 비행에 대한 '기본시각(fundamental perspectives)'이라고 평가하였다(Hirschi, 1969: 3).

시도에 비해 많은 관심과 주목을 받게 된다. 그런데 이 이론들이 전제하는 가정이 서로 양립할 수 없다는 주장이 옳다면 일체의 이론 통합 노력은 매우 취약한 기반에 설 수밖에 없다. 가정의 양립불가능성은 자연스럽게 각 이론의 핵심 명제들 역시 서로 양립불가능하게 되는 결과를 낳게 되기 때문이다.

허쉬에 따르면 이 세 가지 이론들이 취하는 인간에 대한 가정은 뚜렷이 구별된다(Hirschi, 1969: 3-12). 허쉬가 볼 때 먼저 긴장이론은 도덕적 인간을 가정한다. 사회구성원들은 사회화과정을 통해서 규범을 내면화하기 때문에 자연스럽게 규범에 순응하려는 도덕적 의무를 느낀다는 것이다. 따라서 긴장이론에서는 개인이 규범을 어기게 되는 어떠한 외부적 '압력'이나 '동기'를 설명해야 한다. 순응은 당연한 것이고, 일탈은 설명이 필요하다는 것이 긴장이론의 입장이라고 본다.

반면 통제이론은 왜 인간이 규범에 순응을 하는지에 대해서 의문시한다. 개인의 도덕성에 대한 선험적 가정을 하지 않고, 개인의 도덕성에 변이가 존재한다고 가정하는 것이다. 그리고 허쉬에 따르면 차별접촉이론을 위시한 문화일탈이론의 진영에서는 인간이 선천적으로는 일탈행위를 저지를 능력이 없다고 가정한다. 즉 학습의 과정을 거치지 않고서는 일탈을 할 수 없다는 것이고, 일탈적 하위문화에 대한 순응을 통해서 가능하다는 것이다. 따라서 일탈적 하위문화의 기준에서 본다면 일탈자들은 지나치게 도덕적이라고 허쉬는 주장한다. 사회의 지배적 영향력에도 불구하고 관습적 규범이 아닌 일탈적 규범에 순응하기 때문이다. 따라서 문화일탈이론에서는 인간을 자신의 환경에 맹목적으로 순응하는 존재로 가정한다고 볼 수 있다.

2) 이론의 가정에 대한 콘하우저의 해석과 주장

이론의 기저에 깔려 있는 가정에 대한 치밀한 분석을 한 대표적인 학자로 콘하우저(Kornhauser, 1978: 29-43)를 들 수 있다. 그의 저작에서 중요한 부분은 사회통제 모형과 문화일탈 모형이 뒤섞여 있는 쇼와 맥케이(Shaw and McKay, 1969)의 사회해체이론을 순수한 사회통제이론의 모형으로 정리하는 것이었다. 그리고 그러한 작업의 필연성은 모형이 기초하는 인간과 사회, 그리고 일탈에 대한 기본가정이 양립불가능하다는 콘하우저의 확신에 기인한다(Kornhauser, 1978: 29). 콘하우저는 '사회해체이론'과 '문화일탈이론'을 대비시킨다. 여기서 사회해체이론은 긴장 모형과 통제 모형이 같이 포함되는 범주이며, 문화일탈이론은 서덜랜드의 차별접촉이론으로 대표된다.

콘하우저 역시 문화일탈이론이 가정하는 인간은 '과잉사회화'된 인간이라고 본다. 사회구성원에 대한 사회화는 완벽하게 성공적이라고 가정된다는 것이다. 문화일탈이론에 따르면 범죄나 비행은 특정 사회집단의 문화와 규범을 학습한 결과이다. 자신이 속한 집단의 문화를 철저히 사회화했기 때문에, 해당 집단의 규범에 충실히 따르게 되고, 그 결과 범죄나 비행을 저지르게 된다는 논리라는 것이다. 아이러니컬하게도 문화일탈이론에 따르면 비행청소년이나 범죄자는 지극히 규범적인 인간이다. 그들이 속한 집단의 비행적·범죄적 하위문화를 철저히 사회화하고, 그 규범에 충실히 따르기 때문이다. 따라서 문화일탈이론에서는 문화의 절대적 영향력하에 있는 소극적이고 순응적인 인간을 가정한다는 것이 콘하우저의 분석이다. 마치 인간의 본성 자체가 없는 것처럼 가정된다는 것이다.

반면 콘하우저에 따르면 사회해체이론은 인간의 본성은 분명히 존재하며 사회화는 완벽할 수 없다고 가정한다. 인간은 기본적으로 욕구 충족을 추구하려는 본성을 갖고 있으며, 이러한 인간에 대한 사회화는 완벽할 수 없어서 개인별로 사회화 정도에 차이가 있다고 가정된다는 것이다. 인간은 자신이 원하는 것을 얻으려고 하는 본성을 갖는데, 모든 이들이 원하는 것은 사회에서 한정되어 있으며 불평등하게 분배되어 있기 마련이다. 따라서 사회가 그 구성원들을 완벽하게 사회화시킬 여지는 별로 없으며, 인간은 규범을 어기기 위해서 별도의 문화를 필요로 하지 않는다.

콘하우저는 문화의 다양성과 관련해서도 사회해체이론과 문화일탈이론은 사회에 대해 상반된 가정을 하고 있다고 분석한다. 우선 문화일탈이론에서는 한 사회 내에 다양한 문화가 존재하고 있음을 가정한다고 본다. 문화일탈이론의 논리에 따르면 다양한 문화적 · 하위문화적 가치의 다양성은 거의 무제한적이라는 것이다. 이에 대한 콘하우저의 추론에 따르면, 현대 사회에서 규범의 통일성은 존재하지 않으며, 복잡한 사회 분파의 조합에 따라 각기 다른 문화가 가능하기 때문에 수많은 문화들이 한 사회 내에 존재할 수 있다.

반면 사회해체이론의 경우 문화의 다양성은 최소한 한 사회 내에서는 제한적이라고 가정한다. 특히 형법이 금지하는 가치에 대해서는 더욱 그러한데, 사회 내의 모든 하위집단들이 이 부분에 대해서는 유사한 입장을 취한다는 것이다. 콘하우저는 사회해체이론이 사회에 대해 갖는 이러한 가정은 인간에 대한 가정과 자연스럽게 연결된다고 본다. 보편적인 인간의 본성을 가정하기 때문에 사회의 구성원으로서 공통된 핵심 가치에 대한 동의도 가정할 수 있다는 것이다. 인간은 자신의 욕구를 추구하려는 본성이 있는 만큼 자신의 신체와 재산의 안전이 보장되길 원하는 것이고, 이에 대한 '게임의 규칙'은 보편적으로 존재할 수밖에 없다. 콘하우저는 또한 경제적 · 정치적 중앙집중화와 매스미디어의 확산 등의 현대 사회의 특성상 문화적 동질화는 가속화될 것이라는 점을 지적한다.

3) 허쉬와 콘하우저의 해석에 대한 반론

허쉬와 콘하우저가 주장한 가정의 양립불가능성은 범죄학계에서 널리 받아들여지고 있긴 하지만, 모든 범죄학자들이 동의하는 것은 아니다. 양립가능할 것 같지 않던 이론들이 나중에는 결국 얼마든지 통합이 가능한 것으로 밝혀질 수도 있다. 양립불가능성도 결국 특정 학자의 주장에 불과할 수도 있다는 것이다. 에이커스(Akers, 1989: 24-25)는 자신의 차별접촉-강화이론에 대한 과거의 비판을 예로 든다. 인지과정을 강조하는 상징적 상호작용이론에 근거한 서덜랜드의 이론을 이와 양립할 수 없는 행동주의 이론과 결합시키려고 시도했다는 비판이 당시 가해졌던 것이다. 그런데 결국에는 심리학에서도 인지심리학과 행동심리학의 결합이 이루어졌고, 상징적 상호작용이론의 태두인 미드(Mead) 역시 행동주의 심리학의 영향을 받았다는 사실이 밝혀지게 되었다는 점을 지적한다.

이론의 양립불가능성에 대한 입장이 해당 이론에 대한 잘못된 이해에서 기인하는 것이라는 주장도 있다. 사실 범죄학이론들의 명제들은 대부분 양립불가능하지 않고, 따라서 통합이 가능하다는 것이다. 허쉬는 통합이론가들이 이론을 왜곡했다고 비판하지만, 사실 허쉬 스스로가 오히려 이론을 왜곡하고 오해한 결과 그러한 비판이 가능하게 된 것일 수 있다(Bernard and Snipes, 1996: 322).

예를 들어 허쉬와 콘하우저가 머튼의 이론을 거시 수준의 이론이 아닌 미시 수준의 사회심리학이론으로 해석하고 전제와 가정을 도출했다는 점이 지적된다.[8] 버나드와 스나입스에 따르면 머튼(Merton, 1938), 코헨(Cohen, 1955), 클로워드와 올린(Cloward and Ohlin, 1960), 그 어느 누구도 좌절이나 긴장과 같은 심리적 요인이 범죄나 비행의 직접적 원인이라고 주장한 바가 없다(Bernard and Snipes, 1996: 325-326). 아노미가 사람들의 행위를 '구조화' 한다는 입장일 뿐, 좌절이나 긴장이 사람들을 범죄를 저지르도록 몰아간다는 등의 구체적 동기 부분을 주장하지는 않았다는 것이다. 그들의 해석에 따르면 특정 문화적 · 사회구조적 요인이 사회구성원들이

8) 설명단위와 관련하여 머튼의 이론에 대한 논의는 이 책의 3장을 참조할 것.

합리적 계산에 따라 자신의 이익을 추구하고 제도적 규범으로부터 비교적 자유롭게 하는 사회적 분위기를 조장한다는 것이 아노미이론의 핵심 주장이다. 여기서 범죄자나 비행청소년은 반드시 심한 좌절이나 극심한 긴장을 겪을 필요는 없다.

버나드와 스나입스(Bernard and Snipes, 1996)는 허쉬와 콘하우저가 '문화일탈' 이론에 대해서도 역시 왜곡하고 있다고 주장한다. 그들에 의하면 문화일탈이론에서는 인간이 문화의 영향력에 완벽히 종속되어 그 어떤 문화에도 성공적으로 사회화된다고 가정된다. 따라서 문화일탈이론의 논리에서 사회구조의 역할은 완벽히 무시된다고 주장한다. 하지만 버나드와 스나입스는 문화일탈이론에서 문화적 내용은 구조적 상황에 따라 결정된다는 입장이 분명히 드러난다고 본다. 예를 들어 서덜랜드는 사회구조적 상황에 의존적인 '차별적 사회조직(differential social organization)' 이 중요한 선행요인이라는 점을 강조한다는 것이다.

이처럼 이론 통합에 대한 입장은 각 주요 이론의 가정이 서로 양립가능한지에 대한 입장에 따라 상당 부분 결정된다고 볼 수 있다. 만약 통합대상 이론의 가정이 서로 논리적으로 모순이 된다면, 이러한 이론들을 통합한 이론 역시 논리적 모순을 안고 있을 수밖에 없을 것이다. 따라서 이론 통합을 긍정적으로 평가할 수 있는 여지는 별로 없게 된다. 그런데 문제는 이론이 기초하고 있는 가정이 무엇인지에 대해서 학자들 간에 의견의 차이가 존재할 수 있다는 것이다. 지금까지는 각 주요 이론의 가정에 대한 허쉬와 콘하우저의 입장이 널리 받아들여지고 있는 편이다. 하지만 에이커스나 버나드와 스나입스의 주장처럼 이론의 논리와 가정에 대해 다소 자의적으로 해석했다는 비판도 충분히 가능해 보인다.

4. 이론 통합의 유형에 대한 논쟁

1) 통합 유형에 대한 허쉬의 구분

허쉬(Hirschi, 1979)는 이론 통합의 가능한 유형으로 '순차(end-to-end) 통합', '병렬(side-by-side) 통합', '상하(up-and-down) 통합'을 제시하였다.[9] 순차 통합은 단계적 순서에 따라 이론을 연결하는 것으로, 하나의 이론에서 종속변인이 다음 단계의 이론에서 독립변인이 되는 형태의 통합이다. 엘리엇과 동료들의 통합이론 모형이 이 유형에 해당한다고 볼 수 있다. 허쉬는 이 경우에 선행변인의 효과가 후행변인에 상당 부분 흡수되기 때문에 최종적인 모형의 설명력은 그다지 향상되지 않으며, 오히려 통합 모형을 구성하는 개별 이론의 설명력을 합친 것에 미치지 못할 가능성이 크다고 본다. 그리고 이러한 모형의 구조상 결국 가장 마지막에 위치한 변인이 원인에 해당하는 변인이 된다. 그 이전에 위치한 변인은 모두 선행변인이나 매개변인으로 종속변인의 직접적 원인으로 볼 수 없게 된다. 따라서 통합 모형이라고는 하지만 마지막에 위치한 변인 외에 모든 선행변인의 출처가 되는 이론들이 틀렸다는 것을 입증하는 격이 된다고 허쉬는 비판한다.

병렬 통합은 이론들을 나란히 하나의 모형에 위치시키고 각 이론이 설명할 수 있는 사례 범주를 나누어 배당하는 것이다. 허쉬는 이러한 방식이 양립불가능성 문제를 피하면서 설명력을 높일 수 있고, 동시에 각 이론의 설명력에 대한 상대평가가 가능하다는 점에서 순차 통합보다는 나은 이론 통합방식이 될 수도 있다고 보았다. 비행과 범죄는 사실 매우 다양한 행위 유형을 포괄하는 광범위한 현상이기 때문에, 하나의 이론이 그 모든 유형을 잘 설명하기란 어려울 수 있다. 어떤 유형의 비행과 범죄는 A라는 이론

9) 통합 유형의 번역어는 연성진(1996)을 따랐다.

이, 또 어떤 유형의 비행과 범죄는 B라는 이론이 더 잘 설명할 수도 있다. 하지만 허쉬는 이론적으로 의미 있는 방식으로 비행과 범죄의 사례를 나누는 것이 가능한지에 대해서는 매우 회의적이었다. 즉 이러한 이론 통합방식 역시 전망이 밝지 못하다는 것이다.

마지막으로 상하 통합은 추상화 수준을 높여서 각 이론을 하나의 일반이론 밑으로 포섭하는 방식으로 통합이론 모형을 구성하는 것이다. 서로 무관한 것으로 여겨졌던 인과과정들이 하나의 모형 안으로 결합되어 동일한 현상을 설명하게 되기 때문에 이론의 설명력을 높일 수 있다. 상징적 상호작용이론의 단일한 틀로 사회통제이론, 차별접촉이론, 낙인이론을 통합한 하이머와 마쓰에다(Heimer and Matsueda, 1994)의 차별사회통제이론(theory of differential social control)이 이러한 이론 통합 유형의 예가 될 것이다. 이들은 미드(Mead)의 역할담당(role-taking) 개념을 활용하여 규칙위반자로서의 자아에 대한 반성적 평가(reflected appraisal), 비행태도의 유지, 비행에 대한 유의미한 타자의 예상되는 반응, 비행친구와의 접촉, 과거 경험으로부터 습득된 습관적 반응 등의 과정을 제시하였다. 이러한 과정들은 모두 사회통제이론, 차별접촉이론, 낙인이론으로 그 방향이 예측될 수 있는 것들이다.

하이머와 마쓰에다는 패널 자료를 사용하여 이러한 통합이론 모형에 대한 경험적 분석을 실시하였다(Heimer and Matsueda, 1994). 그 결과 애착, 부모의 평가, 부모의 거부와 같은 역할 관여(role commitment) 개념에 해당하는 변인은 현재의 비행에 직접적인 영향이 없었던 반면, 역할 담당 개념 중 비행친구 접촉, 규칙위반자로서의 반성적 평가, 비행적 태도 등의 변인이 현재의 비행에 직접적인 영향을 미치는 것으로 나타났다. 이 모형을 토대로 우리나라의 자료를 분석한 연구에서도 자아에 대한 반성적 평가가 비행에 유의미한 효과가 있었을 뿐만 아니라, 부모 애착, 학업 관여, 비행친구 접촉 등의 효과를 매개하는 것으로 나타났다(이성식 · 전신현, 1993).

이러한 상하 통합 역시 설명력을 높일 수 있는데, 기존에 서로 무관한 것으로 여겨졌던 과정들이 하나의 모형으로 동일한 현상을 설명하게 되기 때문이다. 하지만 이러한 방식에서는 여러 이론들을 무분별하게 하나의 일반이론으로 포섭시키려고 하는 경향이 두드러지게 된다는 문제가 있다고 허쉬는 지적한다. 마치 중다회귀분석에서 설명력을 향상시키기 위해 변인 간의 관계에 대한 고려 없이 무작정 모형에 변인을 추가시키는 것과 같은 문제라는 것이다. 허쉬가 하이머와 마쓰에다의 통합이론을 직접 평가한 것은 아니지만, 일반적으로 상하 통합 역시 이론적 유용성이 별로 없다고 보았다. 또한 앞서 살펴본 바와 같이 상하 통합이론을 경험적으로 검증할 때 사실상 순차 통합이나 병렬 통합의 형태를 띠게 되는 불가피한 경향이 있음을 지적할 수 있다.

리스카와 메스너(2001)는 상하 통합이 그 실질적 내용에 따라 이론적 환원(theoretical reduction)과 이론적 종합(theoretical synthesis)이라는 두 가지 방식으로 구분할 수 있다고 보았다(Liska and Messner, 2001: 304). 이론적 종합은 이론들로부터 더 일반적인 가정을 추출하여 이 이론들을 단일한 일반이론의 틀로 통합하는 것으로, 상하 통합의 전형이 된다. 하지만 실제로는 한 이론의 요소가 다른 이론의 체계 안으로 포섭되는 이론적 환원이 되어버릴 가능성이 훨씬 더 크다. 이는 결국 이론 통합이라기보다는 이론 '흡수'의 형태로 간주되어 '이론적 제국주의'라고 비난받기도 한다(Liska and Messner, 2001: 305). 하지만 이상적으로 이론들이 동등하게 이론적 종합을 이룬다면 바람직한 이론 통합 유형이 될 수 있다.

2) 리스카와 동료들의 통합 유형 및 방식 구분

리스카와 동료들은 여기에 '수준 간(cross-level) 통합'이라는 유형을 추가한다(Liska *et al*., 1989). 이것은 사실 허쉬의 유형 구분과는 다른 차원에 해당하는 유형이다. 예를 들어 허쉬의 유형 구분 차원과 교차시키면 '수준 간 순차 통합'과 '수준 간 상하 통합' 등의 유형 구분이 가능하다. 리스카와 동료들은 이론 통합이 미시적 차원에서 이루어질 수도 있고 거시적 차원에서 이루어질 수도 있지만, 미시적 차원과 거시적 차원 사이에서도 이루어질 수 있다고 본다. 예를 들어 거시이론의 개념을 미시이론과 통합하여 개인 수준의 조건에 영향을 미치는 거시적 맥락 조건을 순차적으로 연결할 수 있다면, 수준 간 순차 통합이 가능하다는 것이다.

이론 통합은 일반적으로 '명제 통합'을 의미하며 이것이 통상적이며 바람직한 이론 통합의 방향이라고 받아들여진다(Thornberry, 1989). 그런데 앞서 살펴보았듯이, 서로 다른 이론의 명제를 통합하는 데에는 많은 어려움이 있고 논쟁의 여지도 많다. 그래서 리스카와 동료들은 '개념 통합'과 '이론 정교화'라는 이론 통합의 두 가지 방향을 검토한다. 첫 번째 방향은 명제 통합 이전에 우선 개념 통합 작업부터 시작하는 것이다. 이는 서로 다른 이론에서 다른 용어로 칭해지더라도 해당 개념의 이론적 의미와 측정 방식이 유사한 경우가 있다는 주장에 근거한다. 앞서 하이머와 마쓰에다(Heimer and Matsueda, 1994)의 차별사회통제이론은 '역할 담당'이라는 개념으로 다른 이론들의 개념을 통합한 사례라고 볼 수도 있다. 개념 통합은 순차 통합과 병렬 통합에서는 이루어질 필요가 없을 수 있지만, 상하 통합에서는 필수적으로 전제되어야 한다고 본다.

하지만 리스카와 동료들은 개념 통합이 이루어지더라도 이것이 명제 통합으로 발전하지 않는 한 그 자체로는 가치를 부여하기 어렵다고 본다. 쏜베리 역시 명제 통합이 없는 개념 통합은 이론 통합이라고 볼 수 없다고 하였다(Thornberry, 1989: 51). 개념 통합을 하더라도 통합 대상 이론에 따라 효과의 방향이 달라지는 경우가 이에 해당한다. A라는 이론은 X라는 통합 개념이 범죄가능성을 낮춘다고 예측하는 반면 이론 B는 X가 범죄가능성을 높인다고 예측한다면, X 개념으로 두 이론의 개념을 통합한 의미가 없다는 것이다.

예를 들어 '사회자본'으로 개념 통합을 하여 범죄학이론의 통합 모형을 구성하는 시도가 가능할 수도 있다. 사회통제/해체이론 진영에서의 유대와 통합 등의 개념과 차별접촉/사회학습이론 진영의 차별접촉/강화 개념을 사회자본이라는 좀 더 추상적인 개념으로 아우를 수 있기 때문이다. 하지만 하나의 개념으로 통합한다고 할지라도 범죄나 비행에 대한 효과의 방향은 두 이론 진영에서 정반대로 예측하기 때문에, 논리적으로 일관된 통합이론 모형을 구성하기는 어렵다. 두 이론 진영이 전제하는 가정이 양립불가능하다는 사실도 중요한 장애가 된다. 또한 사회자본 개념이 기존의 범죄학 개념과 특별히 차별화되지 않기 때문에 새로운 이론적 관심과 경험연구 동기를 불러일으키기도 어렵다. 그래서 사회자본 개념이 갖는 이론적 가치에 회의적인 평가를 내릴 수밖에 없는 것이다(신동준, 2010).

또 하나의 방향인 '이론 정교화(theoretical elaboration)'는 사실 이론 통합에 반대하는 진영에서 제시하는 논리이다. "이론을 통합하려는 시도를 하기 전에 먼저 기존의 이론을 발전시키는 데 시간과 노력을 투자하는 것이 더 낫다"는 것이다(Liska *et al.*, 1989: 16). 하지만 아이러니하게도 이론 정교화의 과정에서 이론의 통합이 이루어질 가능성이 있고, 이는 이론 통합의 바람직한 방향으로 보인다. 쏜베리(Thornberry, 1989)가 바로 이러한 입장으로서, 이론 통합 자체를 목표로 하는 것보다 이론의 정교화를 추구하는 과정에서 자연스럽게 이론 통합으로 나아가는 것이 학문 발전의 큰 틀에서 바람직하다고 주장한다. 목표는 이론의 발전이고, 그 과정이 이론의 정교화이며, 그 결과가 통합이론이 되는 것이다.

5. 이론 통합과 일반이론 : 통제균형이론

이론가들은 일반적이고 큰 이론과 단순하고 작은 이론 사이에서 딜레마를 겪는다(Gottfredson and Hirschi, 1990: 115). 전자는 뭔가 중요하고 그럴듯해 보이지만 구체적인 사회현상에 대한 정확하고 실질적인 설명을 제공해 주지 못한다. 후자는 사회현상에 대한 비교적 명확한 설명을 해 주는 듯하지만 뭔가 사소하고 모자라 보인다. 범죄학이론의 경향은 그동안 후자 쪽이 지배적이었다고 할 수 있다. 그 결과 설명의 폭이 좁고 사소한 이론들이 난립하게 되었고, 이론의 수를 줄이고 설명력을 높이려는 유혹은 많은 이론 통합의 시도를 낳았던 것이다.

통합을 지향하는 이론가들은 일반이론의 유혹에 쉽게 빠질 수 있다.[10] 이론 통합의 목적을 설명력 증대에 두고 최대한 많은 관련 요인들을 하나의 이론적 틀 안에 담아 모든 일탈과 범죄를 설명하려는 것이다. 티틀(Tittle, 1995)의 통제균형이론(control balance theory)이 그 대표적인 예이다. 티틀은 좋은 이론이라면 설명하려는 현상의 영역 내의 다양한 개별 사례를 모두 설명할 수 있어야 하고, 모든 가능한 인과요소들을 포함하며, 인과효과의 작동조건과 인과관계의 성격 및 행태를 구체적으로 밝히고, 그 모든 인과과정이 체계적인 전체를 구성하도록 논리적으로 상호연결시켜야 한다고 주장한다(Tittle, 1995: 17-19).

이러한 기준에서 제시한 그의 통합이론은 통제비율(control ratio)에 대한 중심 인과과정을 축으로 해서 동기, 도발, 제약, 위험(risk), 기회 등 수많

10) 물론 일반이론을 제시한 허쉬와 갓프레드슨(Gottfredson and Hirschi, 1990)은 이론 통합에 반대하는 입장이다. 그들은 하나의 요인(자기통제력)으로 모든 일탈과 범죄, 심지어 범죄와 유사한 다른 행위들마저도 설명하려고 시도하였다. 이론 통합으로 일반이론을 시도하는 측에서는 기존 이론들로부터 여러 가지 요인들을 끌어들여 모든 일탈과 범죄를 설명하려고 한다. 이 이론에 대해서는 11장을 볼 것.

은 관련 요인들과 우연적 영향요인(contingencies)들을 담고 있는 매우 복잡한 이론이다. 특히 이 이론에서 제시하는 우연적 영향요인은 조건적 효과를 낳는 일탈 관련 요인들을 거의 총망라하고 있다고 볼 수 있다. 여기서는 티틀의 전체 이론 모형에서 중심 인과과정에 해당하는 통제비율 내지는 통제균형 개념과 관련된 부분만 정리하여 소개하겠다.

이 이론은 통제가 행위를 금지하기도 하지만 비행동기를 불러일으키는 데에도 관련된다는 인식에 기반하고 있다. 그래서 개인이 행사하는 통제의 양과 개인이 받는 통제의 양 사이의 비율, 즉 통제비율이 일탈의 발생 확률과 일탈의 유형을 결정한다는 것이 이 이론의 주된 전제이다(Tittle, 1995: 135). 그리고 보편적으로 인간은 통제로부터 벗어나고 싶어 하고 통제를 하기 원하는 자율성(autonomy)의 욕구를 갖는다고 가정한다(Tittle, 1995: 145).

티틀은 1) 일탈동기의 성향(predisposition), 2) 그러한 동기의 상황적 자극인 도발(provocation), 3) 특정 일탈행위가 타인의 규제를 불러일으킬 가능성인 제약(constraint), 4) 일탈을 저지를 기회(opportunity), 이렇게 네 가지 변인이 수렴할 때 일탈이 발생한다고 주장한다(Tittle, 1995: 142). 통제비율은 일탈동기와 제약에 중요하게 영향을 미치는 핵심 개념이다. 그리고 역할, 지위, 성격, 가족, 친구 등 다양한 개인적 · 조직적 요소가 통제비율에 영향을 미친다(Tittle, 1995: 154).

티틀에 따르면 이 통제비율이 1에 가까울수록, 즉 어떤 사람이 통제를 경험하는 정도와 통제를 행사하는 정도가 비슷할수록 이 사람이 일탈을 저지를 확률은 낮아진다(Tittle, 1995: 183). 반대로 통제경험 정도와 통제행사 정도가 불균형하여 통제비율의 절댓값이 커질수록, 즉 통제결핍이거나 통제과잉의 정도가 심할수록 일탈을 저지를 확률은 커진다. 통제불균형을 심하게 겪는 사람은 이러한 불균형을 시정하려고 하기 때문이다. 통제비율의 불균형은 자율성의 욕구 및 근본적인 육체적 · 정신적 요구와 결합하여 일탈성향을 형성한다. 즉 통제비율은 일탈동기를 불러일으키는 데 상당한 역할을 한다는 것이다(Tittle, 1995: 148).

하지만 통제불균형으로 일탈 '성향'이 있는 사람일지라도 자신의 통제비율이 불균형하다는 사실과 일탈행동을 통해서 통제비율을 유리한 방향으로 변화시킬 수 있다는 가능성을 이해하거나 인지해야만 실제로 일탈동기가 나타난다(Tittle, 1995: 162). 통제불균형을 겪는 사람은 '도발'을 통해서 자신의 통제비율과 일탈행동을 통해 통제비율을 바꿀 수 있는 가능성을 뚜렷이 인지하게 된다. 도발은 외부 사건이나 구조적 현실에 근거하지만 완전히 객관적이지는 않은데, 부분적으로 인지와 해석에 의존하고 대개 감정적 반응의 부분이기 때문이다(Tittle, 1995: 167). 정리해 보자면, 통제불균형은 일탈 '성향'을 낳고, 이러한 성향이 '도발'과 결합할 때 일탈의 동기가 발생한다는 것이다.

다음으로 '제약'은 자신의 일탈행동이 상대방의 통제를 불러일으킬 가능성을 의미한다. 티틀은 이를 '반격통제(contercontrol)'를 활성화시킬 가능성이라고 하였는데, 즉 자신의 일탈행동이 상대방의 반격을 불러일으킴으로써 오히려 통제를 당하게 될 가능성을 의미한다고 하겠다. 티틀에 따르면 일탈행동의 심각성이 클수록, 그리고 일탈행동이 발각될 가능성, 즉 '위험'이 클수록 제약은 커진다. 따라서 통제불균형을 시정하려는 시도인 일탈행동의 동기와 일탈행동으로 인한 제약 사이의 상호작용이 일반적으로 일탈의 가능성을 결정한다. 그리고 통제균형이론에서는 여기에 더해서 특정 일탈행동의 '기회'라는 우연적 영향요인이 중요하게 작용한다고 보는데, 특히 일탈의 종류를 결정하는 요인으로서 중요하다.

기본적으로 통제비율은 일탈의 가능성뿐만 아니라 일탈의 유형을 결정한다는 것이 통제균형이론의 주장이다. 통제균형이론에서는 통제비율의 과잉과 결핍 정도를 염두에 두고 일탈의 유형을 포식(predation), 착취(exploitation), 반항(defiance), 약탈(plunder), 퇴폐(decadence), 복종

(submission)으로 구분하는 매우 창의적인 시도를 하였다(Tittle, 1995: 137-140). 티틀은 통제균형이론이 이 모든 일탈유형과 순응(conformity), 즉 모두 일곱 가지 유형의 인간행동을 설명할 수 있다고 주장했다.

'포식'은 직접적인 물리적 폭력, 조작, 갈취 등 자신의 이득을 위해서 타인의 욕구나 안녕을 무시하는 행동유형이다. 살인, 강도, 폭행, 성범죄, 절도, 사기 등이 이 유형에 속하는 범죄로 티틀은 포식을 가장 심한 형태의 일탈행위유형이라고 보았다.

'착취'는 간접적 포식행위로 다른 사람이나 집단을 중개자로 하여, 혹은 구조적/조직적 장치를 이용하여 자신의 이득을 위해 타인의 욕구나 안녕을 고려하지 않고 강제, 조작, 갈취하는 행위를 의미한다. 가격담합, 작업장 안전무시, 정치인 알선수뢰, 청부살인, 기부금 강제 등이 이 유형에 속한다. 착취가 포식보다 사회적으로 덜 비난받는 경향이 있는데, 부분적으로 이는 착취를 행하는 개인이나 집단이 여론과 사법시스템을 조종할 수 있는 위치에 있기 때문이다.

'반항'은 규범이나 규범과 연관된 개인 · 집단 · 조직에 대해 경멸이나 적대감을 표시하는 행위이다. 적대감의 대상에 대해 큰 피해를 주는 것은 아니며, 자신에게도 명백한 이득이 없다는 특징이 있다. 청소년의 지위비행, 지나친 복종, 정치적 시위 등이 이에 해당한다. 또한 사회관계나 규범적 의무에 적극적으로 참여하는 것을 일시적이라도 탈피하거나 철회하는 행위도 반항에 해당하는데, 약물남용, 부랑, 정신이상, 자살 등이 이에 해당한다.

'약탈'은 자신의 목적을 위해 자신의 행동이 타인에게 미칠 영향을 고려하지 않는 행위를 의미한다. 의식적으로 타인에게 피해를 주는 것이 아니라, 목적 추구 행동의 부산물로 피해자가 생기는 경우이다. 사회적 의식이나 양심의 결여로 자신의 행동이 타인에게 끼칠 고통이나 피해를 인지 못하는 사람들이 약탈을 저지르게 된다. 왕이나 귀족의 전제적 만행, 원주민에 대한 주둔군이나 개척자들의 부당한 대우와 파괴행위, 기업의 대규모 환경오염, 제노사이드, 동물학살 등이 이 유형에 해당한다.

'퇴폐'는 즉흥적으로 이루어지는 충동적 행위로서, 불규칙하여 예측불가능하며 종종 비합리적인 행동이라는 특징이 있다. 변태적인 성적 표현, 재미로 남에게 수치심을 주는 잔인하고 방탕한 행위, 가학적 고문 등과 같은 무분별한 쾌락 추구나 파괴행위들이 이에 해당한다.

'복종'은 타인의 기대, 명령, 혹은 기대되는 욕구에 수동적으로 생각 없이 노예처럼 복종하는 행위유형이다. 대안행위를 생각할 능력이 없이 완전히 복종하는 것이다.

통제결핍과 통제과잉의 정도에 따라 통제비율은 연속선상(continuum)에서 일곱 개 구역으로 나뉜다(Tittle, 1995: 161). 우선 균형(balanced) 구역이 연속선상에서 가운데 위치한다. 그리고 그 정도에 따라 우측 통제과잉 쪽으로 세 개 구역, 좌측 통제결핍 쪽으로 역시 세 개 구역이 차례로 펼쳐져 있다. 그리고 각 구역에 일탈유형이 대응하는 것으로 모형화한 것이다. 이렇게 통제결핍의 크기와 통제과잉의 크기에 따라 통제비율 구역을 나누었을 때, 통제결핍이 클수록 일탈의 심각성은 작아지고 통제과잉이 클수록 일탈의 심각성은 커진다.

통제균형이론의 예측에 따르면 특정 유형의 일탈을 저지를 가능성은 자신이 행사할 수 있는 통제의 총량과 타자로부터 받을 수 있는 잠재적인 통제가능성의 결합으로 결정된다(Tittle, 1995: 184). 따라서 일탈유형의 예측에서는 특정 일탈행위가 잠재적 반격통제(countercontrol)를 실제로 활성화시킬 가능성이 중요하게 고려된다. 통제결핍의 정도가 증가할수록 일탈을 저지를 가능성은 증가하지만 일탈행위의 심각성은 감소하는데, 일탈행위를 했을 때 반격통제를 피할 가능성이 낮기 때문이다. 따라서 통제결핍 정도가 심한 사람은 포식에 해당하는 일탈행위를 저지를 수 있음에도 불구하고 덜 효과적이지만 더 안전한 일탈행위유형인 반항을 택하게 된다는 것이다.

그래서 통제결핍에 해당하는 3개 구역은 '억압적(repressive)' 일탈 유형인 포식, 반항, 복종에 대응하며, 통제결핍이 심할수록 심각하지 않은 유형의 일탈을 저지를 가능성이 커지는 것으로 모형화되었다. 한편 통제과잉에 해당하는 세 개 구역은 '자율적(autonomous)' 일탈 유형인 착취, 약탈, 퇴폐에 대응한다. 통제과잉의 경우에는 그 정도가 심할수록 심각한 유형의 일탈을 저지를 가능성이 크다는 것이다.

이상의 내용이 통제균형이론 모형의 '중심인과과정'이라고 할 수 있다. 그런데 전체 이론 모형에서 우연적 영향요인들(contingencies)도 중요한 역할을 한다. 우연적 영향요인은 "통제균형과정이 얼마나 완전하게 혹은 강하게 작동하는지에 영향을 미치는 개인, 사회관계, 조직구조, 물리적 환경의 측면"으로 정의된다(Tittle, 1995: 201). 즉 앞서 언급한 대로 조건적 효과를 낳는 일련의 요인들을 의미한다고 볼 수 있다. 티틀은 인지, 도덕적 관여, 습관, 성격, 능력(범죄기술), 대안적 동기, 과거 일탈, 하위문화 조직, 그리고 기회, 위기, 도발 등 기존 범죄학이론들이 제시한 수많은 요인들을 우연적 영향요인으로 포괄했다.

티틀의 통제균형이론은 발표 직후 학자들의 비판적 검토의 대상이 되었다(예를 들어, Braithwaite, 1997; Savelsberg, 1999). 그리고 이론을 검증하기 위한 경험연구들이 있었지만 매우 광범위하고 복잡한 이론 모형의 특성상 부분적인 검증만 이루어졌고 그 결과도 일관되지 않은 경향이 있었다(예를 들어, Piquero and Hickman, 1999; Hickman and Piquero, 2001; Hickman *et al*., 2001, Piquero *et al*., 2001; Curry and Piquero, 2003). 티틀은 통제균형이론에 대한 상반된 경험적 증거들과 개념적 불일치 및 혼란을 인정하고 그의 이론을 크게 수정했다(Tittle, 2004). 티틀은 다음과 같은 통제균형이론의 문제점에 대한 비판을 인정한다. 먼저 통제결핍은 주로 '억압적' 일탈을, 통제과잉은 '자율적' 일탈을 낳을 가능성이 크다는 주장은 경험적 타당성이 결여되는 것으로 나타난다. 무엇보다도 어떤 일탈이 '억압적' 일탈에 해당하고 어떤 일탈이 '자율적' 일탈에 해당하는지 명쾌하게 분류하기가 어렵다. 그리고 행위의 심각성에 따라 일탈을 연속적인 개념으로 상정하면서도 그에 따라 일탈을 유형별로 범주화하였는데 이는 개념적으로 일관되지 않다. 또한 일탈의 '심각성'이란 개념이 '제약'이라는 개념과 혼돈되는 등 명확하지 않다는 점도 비판의 대상이 되었다.

티틀은 이러한 비판을 수용하고 기존의 '억압적' 일탈과 '자율적' 일탈 유형 구분에 근거한 6가지 세부 일탈유형 구분을 파기했다. 원래 이론에서 제시했던 포식, 착취, 반항, 약탈, 퇴폐, 복종의 구분 중 '복종'만 남기고 나머지는 '일탈'로 뭉뚱그린 것이다. 따라서 수정된 이론 모형은 순응, 일탈, 복종, 이렇게 세 가지 행동유형을 설명하는 것으로 제시된다. 그리고 '통제균형효과성(control balance desirability)'이라는 새로운 개념을 제시하여 그 강도의 연속선상에 일탈의 심각성 역시 연속선상으로 대응하는 것으로 모형화했다(Tittle, 2004: 405). 통제균형효과성이란 특정 일탈 행위가 통제불균형을 바꾸는 데 장기적으로 얼마나 효과적인지, 그리고 가해 대상과의 접촉이 얼마나 직접적이고 개인적인지에 대한 정도를 나타내는 잠재적 일탈행위의 속성으로 정의된다. 따라서 어떤 일탈행위의 통제균형효과성이 가장 크다는 것은 그 일탈행위가 통제불균형을 바꾸는 데 장기적으로 가장 효과가 크고, 가해 대상과의 직접적이거나 실질적인 사적 접촉이 없이 이루어짐을 의미한다.

통제비율이 균형을 이룰 때는 순응의 가능성이 크고, 통제불균형이 결핍 쪽으로 지나치게 심할 때는 복종의 가능성이 크다는 점은 원래의 이론적 예측과 동일하다. 그런데 수정된 통제균형이론에 따르면 통제불균형 정도가 기회와 제약뿐만 아니라 자기통제(self-control)라는 요인과 결합하여 '통제불균형효과성'의 정도에서 차이를 보이는 일탈행위를 낳는 것으로 예측된다. 하지만 수정된 통제균형이론에 대한 경험적 검증은 지금까지 이루어지지 않고 있으며, 이는 티틀의 이론이 학자들의 관심으로부터 멀어져 갔다는 증거로 보인다.

티틀은 '통제균형'과 '통제비율'의 개념을 통해서 독창적 이론을 구성했지만, 도발, 동기, 제약, 기회 등의 개념과 우연적 영향요인들이 체계적으로 연결된 그의 전체 모형은 기본적으로 기존 이론들의 통합을 통해 일반이론을 추구하는 시도였다. 하지만 그의 시도는 개념적 불명확성과 논리적 오류뿐만 아니라 무엇보다도 과도한 복잡성으로 인해 그리 성공적으로 보이지는 않는다.

단순하고 작은 기존 이론들에 대한 불만은 이 이론들을 통합해서 일반적이고 큰 이론을 추구하려는 경향을 낳게 되는 것 같다. 심지어 애그뉴(Agnew, 2011)는 지금까지의 통합이론이 소수의 이론만을 통합했다는 한계가 있기 때문에, 각 이론적 분파의 범죄, 인간, 사회, 현실에 대한 가정부터 정리하고 생물학적, 심리학적, 사회학적 요인들까지 아우르는 통일이론(unified theory)을 구성해야 한다는 입장을 표명한다. 그는 현재 범죄학의 분열 상황의 뿌리는 이론들의 상반된 가정에 있다고 보고, 범죄학의 통일을 위해 범죄의 정의, 결정론 대 비결정론, 인간 본성, 사회의 성격, 그리고 현실의 본질 등에 대한 기존 가정들을 통합하는 작업이 선행되어야 한다고 주장한다. 그런데 애그뉴의 작업을 보면 진화심리학 등의 분야에서의 연구성과를 기초로 기존 이론들의 가정을 정리해 놓은 것일 뿐, 역시 범죄를 설명하는 이론에는 다양한 가정이 가능하다는 점을 다시금 확인해 주는 것에 그치고 있다.

6. 통합이론에 대한 평가와 전망

어쩌면 범죄학의 문제는 이론의 부족이라기보다는 이론의 과잉일수도 있다. 모든 이론들은 나름대로의 설명력과 타당성을 갖고 있지만, 범죄와 비행의 변이와 범주에서 단지 작은 부분만을 설명한다. 그리고 새로운 이론이 나올지라도 기존 이론에 더해서 별다른 기여를 할 수 없을 것이라는 회의적인 시각이 존재한다(Agnew, 2011: 201-202). 그래서 어떠한 방식으로든 통합이론을 구성하여 이론의 수를 줄이고 설명력을 높이려는 동기는 앞으로도 계속 존재할 것으로 보인다.

이론 통합에 대한 범죄학계의 전반적인 분위기는 다소 우호적이기는 하지만 회의적이고 그다지 적극적이지도 않은 것 같다(Akers and Sellers, 2011: 468). 이는 일면 범죄학계를 지배하는 강한 실증주의적 전통에 기인한다. 서로 반대 입장의 이론들이 이론적 · 경험적으로 상대를 공격하고 자신을 방어하며 우위를 점하려는 일련의 시도를 통해 학문 발전을 도모할 수 있다는 믿음이 지배하기 때문이다. 이러한 이론 경쟁은 이론의 내적 일관성과 개념적 명료성을 강화시키는 긍정적인 기여를 하지만, 여기에 지나치게 치중하느라 정작 이론의 존재 목적인 범죄현상에 대한 설명에는 소홀해지는 문제점을 드러내기도 한다(Hirschi, 1989: 38).

이론 통합이 이론의 경험적 설명력을 높이려는 동기에서 시도되는 경우가 많다는 비판이 있다. 이론 통합은 그 목적이 이론의 발전에 있다는 주장은 타당하다(연성진, 1996). 리스카와 동료들(Liska *et al*., 1989)의 주장처럼 "성공적인 이론 통합의 징표는 새로운 연구방향을 보여줄 수 있는 이론적 진술들의 등장"일 것이다. 통합이론 모형의 소개가 단지 일회성의 경험적 연구를 위한 것에 그친다면 그 학문적 의미를 높게 평가하기는 어렵다. 통합이론이 많은 학자들의 지적 호기심을 유발시킬 수 있다면, 그래서 다양한 맥락과 범주에서의 적용가능성 검증과 다른 이론적 모형과의 경쟁을 목적으로 한 경험적 연구들을 양산할 수 있다면, 통합이론이 갖는 학문적 가치는 인정된다고 본다.

그 과정에서 가장 중요한 장애는 아마도 통합 대상 이론들이 전제하는 가정들과 핵심 명제들의 양립불가능성일 것이다. 일관된 논리구조는 좋은 이론의 필수 조건이기 때문에, 이 문제를 해결하지 않고는 역시 통합이론의 가치를 높이 평가하기 어려울 것이다. 하지만 앞서 살펴보았듯이 이론의 가정과 핵심 명제가 과연 양립불가능한지에 대해서는 여전히 논쟁의 여지가 있다. 결국 학자들의 해석에 따라 통합이 가능하기도 하고 불가능하기도 한 것 같다. 이 부분에 대한 학자들의 합의와 동의가 이루어지지 않는 한 이론통합에 대한 논쟁은 수그러들지 않을 것이다. 그런데 보통 뚜렷한 이론적 입장을 갖고 있는 학자들 사이에서 그러한 합의나 동의가 쉽게 이루어질 것 같지는 않다.

또 하나의 장애는 굳이 이론을 통합해야 하는 이유가 무엇인지에 대한 근본적인 회의이다. 이론들이 양립가능하다고 하더라도, 그것은 이론 통합의 동기가 될지는 몰라도 그 이유가 되지는 못한다는 것이다. 예를 들어 두 이론의 양립가능성을 인정하고, 범죄나 비행 현상에 대해 상호보완적인 기여를 한다는 점을 받아들이면서, 각 이론이 각자 갈 길을 가며 나름대로 발전하도록 놔두는 것이 더 나을 수 있다(Bernard and Snipes, 1996: 342). 경험적 연구에서 높은 설명력을 원한다면 관련 이론들의 주요 변인들을 분석모형에 포함시키면 될 것이다. 설명 모형이 반드시 하나의 이론에만 근거할 필요는 없기 때문이다.

따라서 비록 이론 통합의 동기가 경험적 설명력 확보에 있다고 하더라도, 이론 통합의 정당성은 결국 이론적으로 풀어가야 할 문제로 보인다. 이론 통합이 이론의 발전에 과연 도움이 되는지가 중요한 기준이 될 것이다. 학계가 이론의 발전에 이론 통합이 기여하는 바가 분명히 있다는 점에 동의한다면 통합이론의 미래는 기대해도 좋을 것이다. 그리고 다시 한 번 이야기 하지만 태양 아래 새로운 것은 없으므로, 그 어떤 새로운 이론적 작업에서도 의도했든 의도하지 않았든 간에 어느 정도 수준의 이론 통합은 자연스럽게 이루어질 수밖에 없을 것이다. 하지만 이론 통합 자체를 목적으로 하는 통합이론이 과연 바람직한 것인지에 대해서는 앞으로도 계속 논쟁의 대상이 될 것으로 보인다.

참고문헌

제1장

김준호 · 이성식. 2011. "사회학에서의 범죄와 비행연구 회고와 전망." 『범죄와 비행(창간호)』 1: 5-21.

Agnew, R. 1992. "Foundation for a General Strain Theory of Crime and Delinquency." *Criminology* 30(1): 47-87.

———. 2001. "Building on the Foundation of General Strain Theory: Specifying the Types of Strain Most Likely to Lead to Crime and Delinquency." *Journal of Research in Crime and Delinquency* 38(4): 319-361.

Akers, Ronald L. 1968. "The Professional Association and the Legal Regulation of Practice." *Law and Society Review* 2(3): 463-482.

———. 1985. *Deviant Behavior: A Social Learning Approach*. CA: Wadsworth Pubishing Co.

———. 1998. *Social Learning and Social Structure: A General Theory of Crime and Deviance*. Chicago: Northwestern University Press.

———. 2000. *Criminological Theories*. CA: Roxbury Publishing Co.

Black, D. 1976. *The Behavior of Law*. New York: Academic Press.

Burton, Velmer S. Jr. and Francis T. Cullen. 1992. "The Empirical Status of Strain Theory." *Journal of Crime and Justice* 15: 1-30.

Chambliss, W. J. 1964. "The Law of Vagrancy." *Social Problems* 12: 46-67.

Chambliss, W. J. and R. T. Seidman. 1971. *Law, Order, and Power*. Mass:

Addison-Wesley Reading.

Cloward, R. and L. Ohlin. 1960. *Delinquency and Opportunity: A Theory of Delinquent Gang*. New York: Free Press.

Cohen, Albert K. 1955. *Delinquent Boys: The Culture of the Gang*. NY: Free Press.

Cohen, Lawrence E. and Marcus Felson. 1979. "Social Change and Crime Rate Trends: A Routine Activity Approach." *American Sociological Review* 44: 588-608.

Dahrendorf, R. 1958. *Class and Class Conflict in Industrial Society*. CA: Stanford University Press.

Dentler, R. and T. Erikson. 1959. "The Functions of Deviance in Group." *Social Problems* 8: 99-107.

Durkheim, E. 1951. *Suicide: A Study in Sociology*. New York: Free Press.

——————. 1966. *The Rules of Sociological Method*(trans. by Sarah A. Solovay and John H. Mueller). Macmillan Publishing Co.

Farnworth, Magaret and Michael J. Leiber. 1989. "Strain Theory Revisited: Economic Goals, Educational Means, and Delinquency." *American Sociological Review* 54: 263-274.

Felson, Marcus and Lawrence E. Cohen. 1980. "Human Ecology and Crime: A Routine Activity Approach." *Human Ecology* 8(4): 389-406.

Gottfredson, Michael R. and Michael J. Hindelang. 1981. "Sociological Aspects of Criminal Victimization." *Annual Review of Sociology* 7: 107-128.

Gottfredson, Michael R. and Travis Hirschi. 1990. *A General Theory of Crime*. Stanford, CA: Stanford University Press.

Greenberg, D. F. 1993. *Crime and Capitalism: Readings in Marxist Criminology*(Expanded and Updated Edition). Philadelphia: Temple University Press.

Hagan, John, A. R. Gillis, and John Simpson. 1985. "The Class Structure of Gender and Delinquency: Toward a Power-Control Theory of Common Delinquent Behavior." *American Journal of Sociology* 90(6): 1151-

1178.

Hindelang, Michael J., Michael R. Gottfredson, and James Garofalo. 1978. *Victims of Personal Crime: An Empirical Foundation for a Theory of Personal Victimization*. Cambridge, MA: Ballinger.

Hirschi, Travis. 1969. *Causes of Delinquency*. Berkeley: University of California Press.

Kim, J. 1983. *An Empirical Test of A Conflict Hypothesis*(Ph.D. Dissertation). The University of Iowa.

Kuhn, S. 1962. *The Structure of Scientific Revolutions*. The University of Chicago Press.

Lemert, E. 1951. *Social Pathology*. New York: McGraw-Hill.

Liska, A. and S. Messner. 1999. *Perspectives on Crime and Deviance*. NJ: Prentice Hall.

Lynch, M. and W. Groves. 1989. *A Primer in Radical Criminology*. New York: Harrow and Heston Publishers.

Matza, D. 1969. *Becoming Deviant*. NJ: Prentice Hall, Englewood Cliffs.

Merton, R. K. 1968. *Social Theory and Social Structure*. New York: American Publishing Co.

Park, R., E. Burgess, and R. Mckenzie. 1967. *The City*. Chicago: The University of Chicago Press.

Platt, A. and P. Tagaki(eds.). 1981. *Crime and Social Justice*. NJ: Barnes and Nobles.

Quinney, R. 1970. *The Social Reality of Crime*. Boston: Little Brown.

―――――. 1974. *Critique of the Legal Order*. Boston: Little Brown.

―――――. 1980. *Class, State, and Crime*(2nd ed.). New York: Longman.

Sampson, R. J. 2006. "Collective Efficacy Theory: Lessons Learned and Directions for Future Inquiry." pp. 149-167 in *Taking Stock: The Status of Criminological Theory*, edited by Francis T. Cullen, John Paul Wright, and Kristie R. Blevins. New Brunswick, NJ: Transaction Publishers.

Sampson, R. J., S. W. Raudenbush, and F. Earls. 1997. "Neighborhooods and Violent Crime: A Multi-Level Study of Collective Efficacy." *Science* 277: 918-924.

Schwendiger, J. and R. Schwendiger. 1983. *Rape and Inequality*. CA: Sage.

Shaw, C. R. and H. D. Mckay. 1942. *Juvenile Delinquency and Urban Areas*. Chicago: The University of Chicago Press.

Sutherland, E. H. 1940. *White Collar Crime*. New Heaven: Yale University Press.

———. 1947. *Criminology*(4th ed.). Philadelphia: Lippincott.

Taylor, I., P. Walton, and J. Young. 1973. *The New Criminology: For a Social Theory of Deviance*. London: Routlege and Kegan Paul.

Turk, Austin. 1969. *Criminality and Legal Order*. Chicago: Rand McNally.

Weber, M. 1958. *The Protestant Ethic and the Spirit of Capitalism*. New York: Charles Scribner' s Sons.

Wilson, James Q. and George L. Kelling. 1982. "The Police and Neighborhood Safety: Broken Windows." *The Atlantic Monthly* 127: 29-38.

제2장

김준호 · 박정선. 1995.『학교주변 유해환경의 실태 및 비행과의 관계』. 형사정책연구원.

이성식. 1998. "거주지역의 특성과 개인의 범죄피해: 거시 및 미시수준의 연계를 중심으로."『피해자학연구』6: 113-143.

———. 2000. "거주지역의 특성과 범죄두려움."『형사정책연구』11(1): 117-139.

———. 2003. "지역무질서, 지역유대와 범죄피해의 관계."『피해자학연구』11(1): 87-106.

이성식 · 박정선 · 이정환. 2012. "지역무질서, 집합효율성, 범죄두려움의 관계: 세 모델의 검증."『피해자학연구』20(1): 487-509.

윤우석. 2012. "지역사회의 집합적 효율성과 범죄피해의 관계검증."『형사정책연구』28: 319-354.

Bernard, T. J., J. B. Snipes, and A. L. Gerould. 2010. *Vold's Theoretical Criminology*(6th ed.). Oxford University Press.

Blau, J. R. and P. M. Blau. 1982. "The Cost of Inequality: Metropolitan Structure and Violent Crime." *American Sociological Review* 47: 114-129.

Bursik, R. J. 1988. "Social Disorganization and Theories of Crime and Delinquency: Problems and Prospects." *Criminology* 26: 519-551.

Bursik, R. J. and H. G. Grasmick. 1993. *Neighborhoods and Crime: The Dimensions of Effective Community Control*. New York: Lexington.

Cancino, J. M. 2005. "The Utility of Social Capital and Collective Efficacy: Social Control Policy in Nonmetorpolitan Settings." *Criminal Justice Policy Review* 16: 287-318.

Cullen, F. T. and R. Agnew. 2003. *Criminological Theory: Past to Present*(2nd ed.). Roxbury Publishing Co.

Gibson, C. L., J. Zhao, N. P. Lovrich, and M. J. Gaffney. 2002. "Social Integration, Individual Perceptions of Collective Efficacy, and Fear of Crime in Three Cities." *Justice Quarterly* 19(3): 536-563.

Lindesmith, A. and Y. Levin. 1937. "The Lombrosian Myth in Criminology." *American Journal of Sociology* 42: 653-671.

Park, R. and E. Burgess. 1967[1925]. *The City: Suggestions for Investigation of Human Behavior in the Human Environment*. Chicago: The University of Chicago Press.

Pratt, T. C. and F. T. Cullen. 2005. "Assessing Macro-Level Predictors and Theories of Crime: A Meta-Analysis." pp.373-450 in *Crime and Justice: A Review of Research* 32, edited by M. Tonry. Chicago: University of Chicago Press.

Sampson, R. J. 1986. "Crime in Cities: The Effects of Formal and Informal Social Control." pp. 271-311 in *Communities and Crime*, edited by A. J. Reiss and M. Tonry. Chicago: University of Chicago Press.

Sampson, R. J. and B. W. Groves. 1989. "Community Structure and Crime: Testing Social Disorganization Theory." *American Journal of*

Sociology 94: 774-802.

Sampson, R. J. and J. W. Wilson. 1995. "Toward a Theory of Race, Crime, and Urban Inequality." pp. 36-54 in *Crime and Delinquency*, edited by J. Hagan and R. D. Peterson. Stanford, CA: Stanford University Press.

Sampson, R. J., Jeffrey D. Morenoff, and Felton Earls. 1999. "Beyond Social Capital: Spatial Dynamics of Collective Efficacy for Children." *American Sociological Review* 64: 633-660.

Sampson, R. J., S. W. Raudenbush, and F. Earls. 1997. "Neighborhooods and Violent Crime: A Multi-Level Study of Collective Efficacy." *Science* 277: 918-924.

Shaw, C. R. 1966[1930]. *The Jack-Roller: A Delinquent Boy's Own Story*. Chicago: Unviersity of Chicago Press.

Shaw, C. R. and H. D. McKay. 1942. *Juvenile Delinquency and Urban Areas*. Chicago: University of Chicago Press.

Shaw, C. R. and M. E. Moore. 1931. *The Natural History of a Delinquent Career*. Chicago: University of Chicago Press.

Singclair, U. 1905. *The Jungle*. New York: Signet.

Stark, R. 1987. "Deviant Places: A Theory of the Ecology of Crime." *Criminology* 4: 893-909.

Taylor, R. B. 2001. "The Ecology of Crime, Fear, and Delinquency: Social Disorganization Versus Social Efficacy." pp. 124-139 in *Explaining Criminals and Crime: Essays in Contemporary Criminological Theory*, edited by R. Paternoster and R. Bachman. Los Angeles: Roxbury.

Wilson, W. J. 1987. *The Truly Disadvantaged: The Inner City, the Underclass, and Public Policy*. Chicago: University of Chicago Press.

제3장

김상원. 2006. "러시아의 사회변동과 범죄: 제도적 아노미이론의 검증." 『한국사회학』 40(4): 223-254.

김준호. 1990. “청소년비행의 원인에 관한 연구: 공부에 대한 압력을 중심으로.” 『형사정책연구』 1: 113-147.

———. 1995. “청소년 비행집단에 관한 연구.” 『형사정책연구』 6(1): 113-147.

김준호 · 이성식. 1987. “청소년비행의 원인에 대한 고찰: 하위문화이론을 중심으로.” 『형사정책』 2: 117-146.

민문홍. 2001. 『에밀 뒤르케임의 사회학』. 아카넷.

신동준. 2004. “살인과 자살의 문화적 사회구조적 원인: 머튼의 아노미이론 검증을 위한 국가간 비교 연구.” 『한국사회학』 38(4): 33-71.

———. 2006. “경제제도의 지배와 범죄.” 『사회이론』 30: 257-286.

———. 2008. “일탈사회학과 뒤르케임의 유산.” 『사회이론』 34: 257-286.

———. 2011. “제도적 아노미이론의 통합 이론적 성격과 불평등구조의 이론적 위치.” 『사회이론』 40: 181-211.

이성식. 1999. “청소년범죄에 있어 긴장과 통제: 확대된 두 이론의 검증.” 『한국공안행정학회보』 8: 191-214.

———. 2003. “청소년폭력비행에 있어 일반긴장이론의 검증: 상황론적 논의를 통해.” 『형사정책』 15(2): 85-105.

———. 2004. “청소년들의 긴장, 부정적 감정의 경험과 사이버공간에서의 비행: 남녀의 차이를 중심으로.” 『한국공안행정학회보』 18: 273-299.

이철. 2008. “머튼의 아노미 이론에 대한 비판적 고찰: 긴장이론적 해석과 구조-문화 불일치 명제를 중심으로.” 『한 · 독사회과학논총』 18(2): 209-236.

한완상. 1971. “한국에 있어서 소년비행과 원망수준에 관한 연구: 한국에서의 아노미 이론의 타당성 검정.” 『한국사회학』 6: 23-36.

Agnew, R. 1985. “A Revised Strain Theory of Delinquency.” *Social Forces* 64(1): 151-167.

———. 1992. “Foundation for a General Strain Theory of Crime and Delinquency.” *Criminology* 30(1): 47-87.

———. 2001. “Building on The Foundation of General Strain Theory: Specifying the Types of Strain Most Likely to Lead to Crime and Delinquency.” *Journal of Research in Crime and Delinquency* 38(4): 319-361.

Agnew, R. and H. R. White. 1992. "An Empirical Test of General Strain Theory." *Criminology* 30(4): 475-499.

Bernard, T. J., J. B. Snipes, and A. L. Gerould. 2010. *Vold's Theoretical Criminology*. New York: Oxford University Press. (이순래 · 이성식 · 박성선 · 김성언 · 박철현 · 김상원 · 박성민 · 류준혁 역. 2012. 『Vold의 이론 범죄학』. 도서출판 그린).

Bernburg, J. G. 2002. "Anomie, Social Change and Crime: A Theoretical Examination of Institutional Anomie Theory." *British Journal of Criminology* 42(4): 729-742.

Braithwaite, J. and V. Braithwaite. 1980. "The Effect of Income Inequality and Social Democracy on Homicide." *British Journal of Criminology* 20: 45-53.

Chamlin, M. B. and J. K. Cochran. 1995. "Assessing Messner and Rosenfeld's Institutional Anomie Theory: A Partial Test." *Criminology* 33: 411-429.

Cloward, R. A. and L. E. Ohlin. 1960. *Delinquency and Opportunity: A Theory of Delinquent Gangs*. NY: Free Press.

Cohen, A. K. 1955. *Delinquent Boys: The Culture of the Gang*. NY: Free Press.

———. 1997. "An Elaboration of Anomie Theory." pp. 52-61 in N. Passas and R. Agnew(eds.). *The Future of Anomie Theory*. Boston: Northeastern University Press.

Durkheim, E. 1933[1893]. *The Division of Labor in Society*. trans. by G. Simpson. New York: Free Press.

———. 1951[1897]. *Suicide*. trans. by J. A. Spaulding and G. Simpson. New York: Free Press.

Esping-Andersen, G. 1990. *The Three Worlds of Welfare Capitalism*. Princeton: Princeton University Press.

Farnworth, M. and M. J. Leiber. 1989. "Strain Theory Revisited: Economic Goals, Educational Means, and Delinquency." *American Sociological Review* 54(2): 263-274.

Gartner, R. 1990. "The Victims of Homicide: A Temporal and Cross-National Comparison." *American Sociological Review* 55: 92-106.

Giddens, A. 1971. *Capitalism and Modern Social Theory: An Analysis of the Writings of Marx, Durkheim, and Max Weber*. Cambridge: Cambridge University Press.

Hirschi, T. 1969. *Causes of Delinquency*. Berkeley: University of California Press.

Kick, E. L. and G. D. LaFree. 1985. "Development and The Social Context of Murder and Theft." *Comparative Social Research* 8: 37-58.

Kim, S. and W. A. Pridemore. 2005a. "Social Change, Institutional Anomie and Serious Property Crime in Transitional Russia." *British Journal of Criminology* 45(1): 81-97.

―――――――――――――. 2005b. "Poverty, Socioeconomic Change, Institutional Anomie, and Homicide." *Social Science Quarterly* 86(s1):1377-1398.

Kornhauser, R. R. 1978. *Social Sources of Delinquency: An Appraisal of Analytic Models*. Chicago: University of Chicago Press.

Krahn, H, T. F. Hartnagel, and J. W. Gartrell. 1986. "Income Inequality and Homicide Rates: Cross-National Data and Criminological Theories." *Criminology* 24: 269-295.

Krohn, M. D. 1976 "Inequality, Unemployment and Crime: A Cross-National Analysis." *The Sociological Quarterly* 17: 303-313.

Lukes, S. 1972. *Emile Durkheim: His Life and Work, A Historical and Critical Study*. New York: Harper & Row.

Menard, S. 1995. "A Developmental Test of Mertonian Anomie Theory." *Journal of Research in Crime and Delinquency* 32: 136-174.

Merton, R. K. 1938. "Social Structure and Anomie." *American Sociological Review* 3: 672-682.

――――――. 1957. *Social Theory and Social Structure*. Free Press.

Messner, S. F. 1980. "Income Inequality and Murder Rates: Some Cross-National Findings." *Comparative Social Research* 3: 185-198.

———. 1982. "Societal Development, Social Equality, and Homicide: A Cross-Nation Test of a Durkheimian Model." *Social Forces* 61: 225-240.

———. 1986. "Modernization, Structural Characteristics, and Societal Rates of Crime: An Application of Blau's Macrosociological Theory." *The Sociological Quarterly* 27: 27-41.

———. 1989. "Economic Discrimination and Societal Homicide Rates: Further Evidence on the Cost of Inequality." *American Journal of Sociology* 53: 597-611.

Messner, S. F. and R. Rosenfeld. 1994. *Crime and The American Dream*. Belmont: Thomson Wadsworth.

———. 1997. "Political Restraint of the Market and Levels of Criminal Homicide: A Cross-National Application of Institutional-Anomie Theory." *Social Forces* 75: 1393-1416.

———. 2007. *Crime and The American Dream, 4th edition*. Belmont: Thomson Wadsworth.

Miller, W. B. 1958. "Lower Class Culture as a Generating Milieu of Gang Delinquency." *Journal of Social Issues* 14(3): 5-19.

Pampel, F. C. and J. B. Williamson. 2001. "Age Patterns of Suicide and Homicide Mortality Rates in High-Income Nations." *Social Forces* 80: 251-282.

Pratt, T. C. and T. W. Godsey. 2003. "Social Support, Inequality, and Homicide: A Cross-National Test of an Integrated Theoretical Model." *Criminology* 41: 611-643.

Savolainen, J. 2000. "Inequality, Welfare State, and Homicide: Further Support for the Institutional Anomie Theory." *Criminology* 38: 1021-1042.

Shaw, Clifford R. and Henry D. McKay. 1969[1942]. *Juvenile Delinquency and Urban Areas*. Chicago: University of Chicago Press.

Short, J. F. and F. L. Strodtbeck. 1965. *Group Process and Gang Delinquency*. Chicago: University of Chicago Press.

Stack, S. 1984. "Income Inequality and Property Crime: A Cross-National Analysis of Relative Deprivation Theory." *Criminology* 22: 229-257.

제4장

김준호 · 노성호 · 고경임 · 최원기. 1990. 『청소년비행의 원인에 관한 연구: 공부압력을 중심으로』. 한국형사정책연구원.

배준성 · 허태균. 2010. "자살보도에 대한 지각과 인식: 사회학습효과의 검증." 『한국심리학회지: 사회문제』 16(2): 179-195.

유상미. 2010. "폭력 영상매체 노출에 따른 청소년 비행연구." 『청소년 문화포럼』 23: 41-71.

이성식. 1993. "청소년 비행의 원인에 관한 한미 비교연구–사회통제이론과 차별접촉이론을 중심으로." 『한국사회학회 1993년도 후기 사회학대회 발표문 요약집』 123-127.

———. 2011a. "청소년비행에서 개인성향요인과 사회학습요인들의 조건적 효과 : 두 이론의 검증." 『형사정책연구』 22(4): 347-368.

———. 2011b. "청소년의 온라인 저작물 불법다운로드 행위에 있어 낮은 자기통제력과 사회학습요인들의 영향 및 상호작용효과." 『청소년학연구』 18(10): 123-142.

황성현. 2008. "한국과 미국 청소년들이 음주행위에 관한 비교 연구." 『보건과 사회과학』 23: 5-29.

———. 2009. "청소년 음주 · 흡연행위에 관한 사회유대, 자아통제, 사회학습이론적 고찰." 『한국청소년연구』 20(1): 113-139.

황성현 · 이강훈. 2013. "청소년비행의 원인에 관한 사회학습, 사회유대, 일반긴장이론적 접근." 『한국청소년연구』 24(3): 127-145.

Akers, Ronald L. 1973. *Deviant Behavior: A Social Learning Approach*. Belmont, CA: Wadsworth.

Akers, R. L. and C. S. Sellers. 2004. *Criminological Theories: Introduction, Evaluation, and Application*(4th ed.). Los Angeles: Roxbury.

Avenevoli, S. and K. R. Merikangas. 2003. "Familial Influences on Adolescent Smoking." *Addiction* 98(Supplement 1): 1-20.

Chassin, L., C. C. Presson, S. J. Sherman, D. Montello, and J. McGrew. 1986. "Changes in Peer and Parent Influence During Adolescent: Longitudinal Versus Cross-Sectional Perspectives on Smoking Initiation." *Developmental Psychology* 22: 327-334.

Donaldson, S. I. 1995. "Peer Influence on Adolescent Drug Use: A Perspective from the Trenches of Experimental Evaluation Research." *American Psychologist* 50: 801-802.

Eiser, J. R. and J. van der Pligt. 1984. "Attitudinal and Social Factors in Adolescent Smoking: In Search of Peer Group Influence." *Journal of Applied Social Psychology* 14: 348-363.

Eynon, T. G. and W. C. Reckless. 1961. "Companionship at Delinquency Onset." *The British Journal of Criminology* 2: 162-170.

Flay, B. R., F. B. Hu, O. Siddiqui, L. E. Day, D. Hedeker, J. Petraitis, J. Richardson, and S. Sussman. 1994. "Differential influence of Parental Smoking and Friends' Smoking on Adolescent Initiation and Escalation of Smoking." *Journal of Health Social Behavior* 35: 248-265.

Friedman, L. S., E. Lichtenstein, and A. Biglan. 1985. "Smoking Onset Among Teens: An Empirical Analysis of Initial Situations." *Addictive Behaviors* 10: 1-13.

Glueck, S. and E. Glueck. 1959. *Predicting Delinquency and Crime*. Cambridge, MA: Harvard University Press.

Haynie, D. L. 2002. "Friendship Networks and Delinquency: The Relative Nature of Peer Delinquency." *Journal of Quantitative Criminology* 18(2): 99-134.

Kobus, K. 2003. "Peer and Adolescent Smoking." *Addiction* 98: 37-55.

Krohn, M., R. Akers, M. Radosevich, and L. Lanza-Kaduce. 1982. "Norm Qualities and Adolescent Drinking and Drug Behavior: The Effects of Norm Quality and Reference Group on Using and Abusing Alcohol and

Marijuana." *Journal of Drug Issues* 12: 343-359.

Lucas, K. and B. Lloyd. 1999. "Starting Smoking: Girls' Explanations of the Influence of Peers." *Journal of Adolescence* 22: 647-655.

Short, J. F. 1957. "Differential Association and Delinquency." *Social Problems* 4(3): 233-239.

———. 1960. "Differential Association as a Hypothesis: Problems of Empirical Testing." *Social Problems* 8(1): 14-25.

Sutherland, Edwin H. 1947. *Principles of Criminology*. Chicago: J.B. Lippincott Co.

Urberg, K. A., C. Cheng, and S. Shyu. 1991. "Grade Changes in Peer Influence on Adolescent Cigarette Smoking: A Comparison of Two Measures." *Addictive Behaviors* 16: 21-28.

Urberg, K. A., S. M. Degirmencioglu, and C. Pilgrim. 1997. "Close Friend and Group Influnce on Adolescent Cigarette Smoking and Alcohol Use." *Developmental Psychology* 33: 834-844.

Urberg, K. A., S. Shyu, and J. Liang. 1990. "Peer Influence in Adolescent Cigarette Smoking." *Addictive Behaviors* 15: 247-255.

Van Roosmalen, E. H. and S. A. McDaniel. 1989. "Peer Group Influence as a Factor in Smoking Behavior of Adolescents." *Adolescence* 24: 801-816.

Wakefield, M., B. Flay, M. Nichter, and G. Giovino. 2003. "Role of Media in Influencing Trajectories of Youth Smoking." *Addiction* 98 (Supplement 1): 79-103.

Wang, M. Q., E. C. Fitzhugh, J. M. Eddy, Q. Fu, and L. Turner. 1997. "Social Influences on Adolescents' Smoking Progress: A Longitudinal Analysis." *American Journal of Health Behavior* 21: 111-117.

Warr, M. 2002. *Companions in Crime: The Social Aspects of Criminal Conduct*. Cambridge University Press.

제5장

김상원. 2007. "아동과 청소년비행의 원인비교: 허쉬의 사회유대이론을 중심으로." 『형사정책연구』 18(2): 325-362.

이성식. 1994. "구조적, 문화적 특성의 차이를 통한 청소년비행의 원인고찰." 『한국청소년연구』 17: 43-70.

———. 1995. "청소년비행에 있어서 허쉬의 사회통제이론에 대한 수정된 논의." 『형사정책연구』 24: 183-204.

———. 2006. "청소년비행의 원인에 관한 주요 이론들의 검증에 관한 연구: 종단적 패널연구자료의 분석." 『형사정책연구』 17(3): 5-33.

———. 2011. "청소년비행에 있어서 가정, 학교, 친구요인과 그 심리적 매개요인들의 작용: 주요 네 비행이론들의 검증." 『형사정책』 23(2): 121-142.

———. 2012. "대학생의 인터넷 저작권침해행위에 중화의 작용과 이론들의 검증." 『한국사회학』 46(5): 211-232.

황성현. 2010. "청소년 지위비행에 관한 비행이론 비교연구." 『청소년학연구』 17(5): 49-68.

Agnew, R. 1985. "Social Control Theory and Delinquency: A Longitudinal Test." *Criminology* 23: 47-62.

———. 1993. "Why They do It? An Examination of the Intervening Mechanism between Social Control Variables and Delinquency." *Journal of Research of Crime and Delinquency* 28: 126-156.

———. 1994. "The Techniques of Neutralization and Violence." *Criminology* 32: 555-580.

Agnew, R. and A. R. Peters. 1986. "The Techniques of Neutralization." *Criminal Justice and Behavior* 13: 81-97.

Baier, C. and B. R. Wright. 2001. "If You love Me, Keep my Commandment: A Meta Analysis of the Effect of Religion on Crime." *Journal of Research of Crime and Delinquency* 38: 3-21.

Ball, R. A. 1966. "An Empirical Exploration of Neutralization Theory." *Criminology* 4: 22-32.

Cernkovich, S. A. and P. C. Giordano. 1987. "Family Relationships and Delinquency." *Criminology* 25: 295-322.

————————————————. 1992. "School Bonding, Race, and Delinquency." *Criminology* 30: 261-291.

Cohen, A. K. 1955. *Delinquent Boys*. New York: Free Press.

Dodder, R. A. and S. P. Hughes. 1993. "Neutralization of Drinking Behavior." *Deviant Behavior* 14: 65-79.

Heimer, K. and R. Matsueda. 1994. "Role-Taking, Role Commitment, and Delinquency: A Theory of Differential Social Control." *American Sociological Review* 59: 365-390.

Hindelang, M. J. 1970. "The Commitment of Juveniles to Their Misdeeds: Do Delinquent Drift?" *Social Problems* 17: 502-509.

Hirschi, T. 1969. *Causes of Delinquency*. Berkeley: University of California Press.

————. 1986. "On the Compatibility of Rational Choice and Social Control Theories of Crime." In *The Reasoning Criminals: Rational Choice Perspective on Offending*. D. B. Cornish and R. V. Clarke(eds.). New York: Springer-Verlag.

Krohn, M. D. and J. L. Massey. 1980. "Social Control and Delinquent Behavior." *Sociological Quarterly* 21: 529-543.

Liska, A. E. and M. D. Reed. 1985. "Ties to Conventional Institutions and Delinquency." *American Sociological Review* 50: 547-560.

Matsueda, R. L. 1982. "Testing Control Theory and Differential Association: A Causal Modeling Approach." *American Sociological Review* 47: 489-504.

Matsueda, R. L. and K. Heimer. 1987. "Race, Family Structure and Delinquency: A Test of Differential Association and Social Control Theories." *American Sociological Review* 52: 826-840.

Matza, D. 1964. *Delinquency and Drift*. New York: Wiley.

Minor, W. W. 1981. "Techniques of Neutralization: A Reconceptualization and Empirical Examination." *Journal of Research in Crime and*

Delinquency 18: 295-318.

Mitchell, J., R. A. Dodder, and T. D. Norris. 1990. "Neutralization and Delinquency: A Comparison by Sex and Ethnicity." *Adolescence* 25: 487-497.

Norris, T. D. and R. A. Dodder. 1979. "A Behavioral Continuum Synthesizing Neutralization Theory, Situational Ethics, and Juvenile Delinquency." *Adolescence* 14: 545-555.

Nye, F. I. 1958. *Family Relationships and Delinquent Behavior*. New York: Wiley.

Reckless, W. 1961. "A New Theory of Delinquency and Crime." *Federal Probation* 25: 42-46.

Reiss, A. J. 1951. "Delinquency as a Failure of Personal and Social Control." *American Sociological Review* 16: 197-207.

Sutherland, E. H. 1947. *Principles of Criminology*. Philadelphia: Lippincott.

Sykes, G. M. and D. Matza. 1957. "Technique of Neutralization: A Theory of Delinquency." *American Sociological Review* 22: 664-670.

Topalli, V. 2005. " When Being Good is Bad: An Expansion of Neutralization." *Criminology* 43: 797-835.

Warr, M. 2002. *Companions in Crime: The Social Aspects of Criminal Conducts*. Cambridge, Cambridge University Press.

Wiatrowski, M. D., D. Griswold, and M. Roberts. 1981. "Social Control Theory and Delinquency." *American Sociological Review* 46: 525-541.

제6장

기광도. 2004. "법위반에 대한 처벌의 억제효과분석: 인지적 측면을 중심으로." 『형사정책』 16(2): 9-35.

김정규. 2010. "청소년비행과 처벌의 차별적 억제효과." 『청소년학연구』 17(8): 197-224.

신동준. 2009. "처벌의 효과: 억제이론에 대한 비판적 검토." 『형사정책』 21(2):

191-216.

이성식. 1997. "사회내처우 비행소년과 시설내처우 비행소년의 재범가능성에 대한 비교 연구." 『형사정책』 9: 193-214.

——. 1998. "공식처벌의 간접손실효과: 확대억제이론의 검증." 『형사정책연구』 9(3): 221-246.

——. 2007. "약물사용과 처벌의 억제효과." 『한국공안행정학회보』 28: 261-81.

——. 2008. "사이버범죄의도에 대한 공식처벌의 억제효과: 일반청소년과 보호관찰청소년의 비교." 『형사정책』 20(1): 187-206.

——. 2012. "사이버범죄에 대한 공식처벌의 조건적 억제효과: 세 입장의 검증." 『한국공안행정학회보』 49: 167-188.

Bachman, R., R. Paternoster, and S. Ward. 1992. "The Rationality of Sexual Offending: Testing A Deterrence/Rational Choice Conception of Sexual Assault." *Law and Society Review* 26: 343-373.

Berk, R. A., A. Campbell, R. Klap, and B. Western. 1992. "The Deterrent Effect of Arrest in Incidents of Domestic Violence: A Bayesian Analysis of Four Field Experiments." *American Sociological Review* 57: 698-708.

Burkett, S. R. and C. A. Hickman. 1982. "An Examination of the Impact of Legal Sanctions on Adolescent Marijuana Use: A Panel Analysis." *Journal of Drug Issues* 12: 73-87.

Dejong, C. 1997. "Survival Analysis and Specific Deterrence: Integrating Theoretical and Empirical Models of Residivism." *Criminology* 35: 561-576.

Dunford, F., D. Huizinga, and D. S. Elliott. 1990. "The Role of Arrest in Domestic Assault: The Omaha Experiment." *Criminolgy* 28: 183-206.

Erickson, M., J. P. Gibbs, and G. F. Jensen. 1977. "The Deterrence Doctrine and the Perceived Certainty of Legal Punishments." *American Sociological Review* 42: 305-317.

Gibbs, J. P. 1968. "Crime, Punishment, and Deterrence." *Southwestern Social Science Quarterly* 48: 515-530.

————. 1975. *Crime, Punishment, and Deterrence*. New York : Elsevior.

Gottfredson, M. and T. Hirschi. 1990. *A General Theory of Crime*. New York: Macmillan.

Grasmick. H. G. and D. E. Green. 1980. "Legal Punishment: Social Disapproval and Internalization as Inhibitors of Illegal Behavior." *Journal of Criminal Law and Criminology* 71: 325-355.

Grasmick, H. G. and R. J. Bursik. 1990. "Conscience, Significant Others, and Rational Choice: Extending the Deterrence Model." *Law and Society Review* 24: 837-861.

Hirschi, T. 1969. *Causes of Delinquency*. Berkeley: University of California Press.

Jensen, G. F., J. P. Gibbs, and M. Erickson. 1978. "Perceived Risk of Punishment and Self-Reported Delinquency." *Social forces* 57: 57-78.

Kelling, G., T. Pate, D. Diekman, and C. Brown. 1974. *The Kansas City Preventive Patrol Experiment: A Summary Report*. Washington DC: Police Foundation.

Klepper, S. and D. Nagin. 1989. "Tax Compliance and Perceptions of The Risks of Detection and Criminal Prosecution." *Law and Society Review* 23: 209-240.

Logan, C. 1972. "General Deterrence Effects of Imprisonment." *Social Forces* 51: 64-73.

Maxwell, C., J. H. Garner, and J. A. Fagan. 2001. *The Effects of Arrest in Intimate Partner Violence: New Evidence from the Spouse Assault Replication Program*. Whashington DC: National Institute of Justice.

Nagin, D. S. and G. Pogarsky. 2001. "Integrating Celerity, Impulsity, and Extralegal Sanction Threats into a Model of General Deterrence: Theory and Evidence." *Criminology* 39: 404-430.

Nagin, D. S. and R. Paternoster. 1991. "The Preventive Effects of The Perceived Risk of Arrests: Testing An Expanded Conception of Deterrence." *Criminology* 29: 561-585.

Paternoster, R. 1989. "Decision to Participate in and Desist from Four Types of Common Delinquency: Deterrence and the Rational Choice Perspective." *Law and Society Review* 23: 7-40.

Paternoster, R., L. Saltzman, T. G. Chiricos, and G. P. Waldo. 1983. "Perceived Risk and Social Control: Do Sanctions Really Deter?" *Law And Society Review* 17: 457-479.

Piliavin, I., C. Thornton, R. Gartner, and R. L. Matsueda. 1986. "Crime, Deterrence, and Rational Choice." *American Sociological Review* 51: 101-119.

Piquero, A. and C. F. Rengert. 1999. "Studying Deterrence with Active Residential Burglars." *Justice Quarterly* 16: 451-471.

Piquero, A. and G. Pogarsky. 2002. "Beyond Stafford and Warr's Reconceptualization of Deterrence." *Journal of Research in Crime and Delinquency* 39: 153-186.

Pogarsky. G. 2002. "Identifying Deterrable Offenders: Implications for Research on Deterrence." *Justice Quarterly* 19: 431-453.

———. 2007. "Deterrence and Individual Differences amomg Convicted Offenders." *Journal of Quantitative Criminology* 23: 59-74.

Pratt, T. G. and F. T. Cullen. 2000. "The Empirical Status of Gottfredson and Hirschi's General Theory of Crime: A Meta-Analysis." *Criminology* 38: 931-964.

———. 2005. "Assessing Macro-Level Predictors and Theories of Crime: A Meta-Analysis." *Crime and Justice* 32: 373-450.

Radlelet, M. and R. L. Akers. 1996. "Deterrence and the Dealth Penalty." *Journal of Criminal Law and Criminology* 87: 1-16.

Saltzman, L., R. Paternoster, G. P. Waldo, and T. G. Chiricos. 1982. "Deterrent and Experitial Effects: The Problem of Causal Order in Perceptual Deterrence Research." *Journal of Research In Crime And Delinquency* 19: 172-189.

Sherman, L. W. and D. A. Smith. 1992. "Crime, Punishment and Stake in Conformity: Legal and Informal Control of Domestic Violence." *American Sociological Review* 57: 680-690.

Sherman, L. W. and R. A. Berk. 1984. "The Specific Deterrent Effects of Arrest for Domestic Assault." *American Sociological Review* 49: 261-272.

Sherman, L. W., J. D. Schmidt, D. P. Rogan, P. R. Gartin, E. G. Cohn, D. J. Collinsand, A. R. Bacich. 1992. "From Initial Deterrence to Long-Term Escalation: Short-Custody Arrest for Poverty Ghetto Domestic Violence." *Criminology* 29: 821-850.

Silberman, M. 1976. "Toward a Theory of Criminal Deterrence." *American Sociological Review* 41: 442-461.

Thomas, C. and D. Bishop. 1984. "The Effect of Formal and Informal Sanctions on Delinquency : A Longitudinal Comparison of Labeling and Deterrence Theories." *Journal of Criminal Law And Criminology* 75: 1222-1245.

Tittle, C. R. 1969. "Crime Rates and Legal Sanctions." *Social Problems* 16: 409-423.

__________. 1980. *Sanctions And Social Deviance: The Question Of Deterrence*. New York : Praeger.

Tittle, C. R. and A. Rowe. 1974. "Certainty of Arrest and Crime Rates: A Further Test of the Deterrence Hypothesis." *Social Forces* 52: 455-462.

Waldo, G. P. and T. G. Chiricos. 1972. "Perceived Penal Sanctions and Self-Reported Criminality: A Neglected Approach to Deterrence Research." *Social Problems* 19: 522-540.

Ward, D. A. and C. R. Tittle. 1993. "Deterrence or Labeling: The Effects of Informal Sanctions." *Deviant Behavior* 14: 43-64.

Williams, K. R. and R. Hawkins. 1986. "Perceptual Research On General Deterrence: A Critical Review." *Law and Society Review* 20: 545-572.

____________________. 1989. "The Meaning of Arrest For Wife Assault." *Criminology* 27: 163-181.

Wright. B. R., A. Capsi, T. E. Moffitt, and R. Paternoster. 2004. "Does the Perceived Risk of Punishment Deter Criminally Prone Individuals? Rational Choice, Self-Control and Crime." *Journal of Research in*

Crime and Delinquency 41: 180-213.

Zimring, F. E. and G. Hawkins. 1973. *Deterrence: The Legal Threat In Crime Control*. Chicago: University of Chicago Press.

제7장

강세현. 1994. “낙인과 친구관계: 제주 지역 비행 문화의 한 특성.”『제주도연구』 11: 147-174.

민수홍. 2006. “수형자의 교도소 내 징계경험: 자기통제이론 대 낙인이론의 경합.”『형사정책』 18(1): 229-254.

박현수 · 박성훈 · 정혜원. 2009. “청소년비행에 있어 낙인의 효과에 대한 경험적 연구: 비공식 낙인을 중심으로.”『한국청소년연구』 20(1): 227-251.

이성식. 2007. “청소년비행과 비공식 낙인의 영향: 청소년패널자료의 분석.”『형사정책연구』 18(3): 1005-1127.

이수진. 2006. “비행에서의 남녀차이에 관한 연구.”『청소년문화포럼』 14: 213-252.

정혜숙 · 김수경. 2010. “교사에게 ‘찍힌 아이들’의 학교경험에 관한 연구.”『한국사회복지질적연구』 4(1): 33-58.

진혜민 · 박병선 · 배성우. 2011. “비공식낙인, 자아존중감, 우울, 공격성이 청소년비행에 미치는 영향-경로분석을 중심으로.”『청소년복지연구』 13(2): 121-148

최수형. 2008. “청소년의 반복적 비행과정에서 나타난 비공식낙인의 효과.”『한국청소년연구』 19(3): 33-55.

최인섭 · 이성식. 1996.『처벌의 낙인효과에 관한 연구』. 한국형사정책연구원.

한인섭. 1996. “범죄낙인과 사회적 반응-낙인이론의 관점.”『고시연구』 80-88.

Adams, M. S., C. T. Robertson, P. Gray-Ray, and M. C. Ray. 2002. “Labeling and delinquency.” *Adolescence* 38(149): 171-186.

Becker, Howard S. 1963. *Outsiders: Studies in the Sociology of Deviance*. New York: Free Press.

Bernburg, J. G. and M. D. Krohn. 2003. "Labeling, Life Chances, and Adult Crime: The Direct and Indirect Effects of Offical Intervention in Adolescence on Crime in Early Adulthood." *Criminology* 41(4): 1287-1318.

Braithwaite, John. 1989. *Crime, Shame and Reintegratation*. Cambridge, UK: Cambridge University Press.

Burkett, S. R. and C. A. Hickman. 1982. "Examination of the Impact of Legal Sanctions on Adolescent Marijuana Use–A Panel Analysis." *Journal of Drug Issues* 12(1): 73-87.

Farrington, D. P., S. G. Osborn, and D. J. West. 1978."The Persistence of Labelling Effects." *British Journal of Criminology* 18: 277-284.

Gold, M. and J. R. Williams. 1969. "National Study of the Aftermath of Apprehension." *Prospectus: a Journal of Law Reform* 3: 3-12.

Kirk, David S. and Robert J. Sampson. 2013. "Juvenile Arrest and Collateral Educational Damage in the Transition to Adulthood." *Sociology of Education* 86: 36-62.

Lemert, Edwin M. 1951. *Social Pathology: A Systematic Approach to the Theory of Sociopathic Behavior*. New York: McGraw-Hill.

Liberman, A. M., D. S. Kirk, and K. Kim. 2014. "Labeling Effects of First Juvenile Arrests: Secondary Deviance and Secondary Sanctioning." *Criminology* 52(3): 345-370.

Matsueda, R. L. 1992. "Reflected Appraisals, Parental Labeling, and Delinquency: Specifying a Symbolic Interactionist Theory." *American Journal of Sociology* 1577-1611.

Pager, Devah. 2003. "The Mark of a Criminal Record." *American Journal of Sociology* 108: 937-975.

Schafer, W. E. and K. Polk. 1967. "Delinquency and the Schools." in *Task Force Report: Juvenile Delinquency and Youth Crime*. Washington, D.C. Government Printing Office. 222-277.

Sweeten, Gary. 2006. "Who Will Graduate? Disruption of High School Education by Arrest and Court Involvement." *Justice Quarterly* 23:

462-480.

Tannenbaum, Frank. 1938. *Crime and the Community*. New York: Columbia University Press.

Tittle, C. R. 1975. "Deterrents or labeling?" *Social Forces* 53(3): 399-410.

Ward, D. A. and C. R. Tittle. 1993. "Deterrence or Labeling: The Effects of Informal Sanctions." *Deviant Behavior* 14(1): 43-64.

Wiley, Stephanie A., Lee Ann Slocum, and Finn-Aage Esbensen. 2013. "The Unintended Consequences of Being Stopped and Arrested: An Exploration of the Labeling Mechanisms Through which Police Contact Leads to Subsequent Delinquency." *Criminology* 51: 927-966.

제8장

심영희. 1979. "비판범죄론의 문제점과 그 대안." 『한국사회학』 13: 15-30, 한국사회학회.

——. 1981. "한국의 〈숨은 비행〉의 사회학적 연구." 『한국사회학』 15: 73-110, 한국사회학회.

——. 1988(2002). 『국가권력과 범죄통제: 비판범죄론적 시각』, 한국학술정보.

안 진. 1984, "후기자본주의에서의 범죄통제: 비판범죄론을 중심으로." 『역사와 사회』 2: 415-447. 한울.

—— **(편).** 1988. 『새로운 범죄학의 흐름』. 한울아카데미.

Anderson, E. 1998. "The Social Ecology of Youth Violence." pp. 65-104 in Tonry. M. and Moore. M.(eds.). *Youth Violence*. Chicago: Chicago Univ. Press.

——. 1999. *Code of the Street: Decency, Violence, and the Moral Life of the Inner City*. NY: W.W. Norton.

Bartollas, C. 1985. *Juvenile Delinquency*. NY: John Wiley.

Bernard, T. 1990. "Angry Aggression Among the Truly Disadvantaged." *Criminology* 28: 73-96.

Bernard, T., J. Spines, and A. Gerould. 2010[1986]. *Vold's Theoretical Criminology*(6th ed.). Oxford Univ. Press. 이순래 외 역(2012). 『Vold의 이론범죄학』. 도서출판그린.

Black, D. and A. Reiss. 1970. "Police Control of Juvenile." *American Sociological Review* 35: 63-77.

Bonger, W. 1905. *Criminality and Economic Conditions [Criminalité et Conditions Economiques]*(1916/1969). Bloomington, Indiana Univ. Press.

Braverman, H. 1974. *Labor and Monopoly Capital: The Degradation of Work in the Twentieth Century*. NY: Monthly Review Press.

____________. 1975. "Work and Unemployment." *Monthly Review* 27.

Brezina, T., R. Agnew, F. Cullen, and J. Wright. 2004. "The Code of Street: A quantitative Assessment of Elijah Anderson's Subculture of Violence Thesis and Its Contribution to Youth Violence Researc." *Youth Violence and Juvenile Justice* 2: 303-328.

Brown, S., F. Esbensen, and G. Geis. 2010[1991], *Criminology: Explaining Crime and Its Context*(7th ed.). LexisNexis. 황의갑 외 역(2011). 『범죄학: 범죄원인론, 형사정책, 범죄발생의 최근경향』. 도서출판그린.

Chambliss, W. 1964. "A Sociological Analysis of the Law of Vagrancy." *Social Problems* 12: 67-77.

____________. 1969. *Crime and the Legal Process*. NY: McGraw-Hill.

____________. 1973a. "The Saints and the Roughnecks." *Society* 11: 24-31.

____________. 1973b. "Poverty and Criminal Proces." pp. 186-198 in Chambliss. W.(ed.). *Problems of Industrial Society*. Reading, MA: Addison-Wesley.

____________. 1975. "Toward a Political Economy of Crime." *Theory and Society* 2: 149-170.

____________. 1987. "I Wish I didn't Know Now What I didn't Know Then." *The Criminologist* 12: 1-9.

Chambliss, W. and R. Seidman. 1971. *Law, Order, and Power*. Reading, MA: Addison-Wesley.

Cloward, M. and K. Ohlin. 1960. *Delinquency and Opportunity*. NY: The Free Press.

Cohen, A. 1955. *Delinquent Boys: The Culture of the Gang*. Clencoe: The Free Press.

Cohen, S. 1986. "Community Control: To Demystify or Reaffirm?" pp. 127-132 in H. Bianchi and R.Van Swaaningen(eds.). *Abolitionism: Towards a Non Repressive Approach to Crime*. Amsterdam: Free University Press.

Dahrendorf, R. 1958. *Class and Class Conflict in Industrial Society*. Stanford, CA: Stanford Univ. Press.

―――――. 1968. "Toward a Theory of Social Conflict." *Journal of Conflict Resolution* 2: 170-183.

DeKeseredy, W. 2010. "Left Realism." pp. 546-550 in F. T. Cullen and P. Wilcox(eds.). *Encyclopedia of Criminological theory*. Thousand Oaks, CA: Sage.

Engels, F. 1845. *The Condition of the Working Class in England [Die Lage der Arbeitenden Klasse in England]*(trans.) by Henderson, W. and W. Chaloner. Stanford Univ. Press(1968). 박준식 · 전병휴 · 조효래 역(1988). 『영국 노동자계급의 상태』. 두리신서.

Hirschi, T. 1969. *Cause of Delinquency*. Berkeley Univ. of California Press.

Jankovic, I. 1977. "Labor Market and Imprisonment." *Crime and Social Justice* 8: 17-31.

Laub, J. 1983. *Criminology in the Making*. Boston, MA: Northeastern Univ. Press.

Lea, J. and J. Young. 1984. *What Is To Be Done About Law and Order?*. Harmondsworth, UK: Penguin.

Lilly, J., F. Cullen, and R. Ball. 2011. *Criminological Theory: Context and Consequences*(5th ed.). Sage.

Liska, A. 1981. *Perspectives on Deviance*. State Univ. of New York at Albany. 장상희 · 이성호 · 강세영 역(1986). 『일탈의 사회학』. 경문사.

Matthews, R. and J. Young. 1986. "Editor's Introduction." p. 1 in R.

Matthews and J. Young(eds.). *Confronting Crime*. London: Sage.

Matsueda, R., R. Gartner, I. Piliavin, and M. Polakowski. 1992. “The Percentage of Criminal and Conventional Occupations.” *American Sociological Review* 57: 752-770.

Marx, K. 1852. *The Eighteenth Brumaire of Louis Bonaparte [Die Revolution: Der 18te Brumaire des Louis Napoleon]*. Book Pubber(2006). 도서출판 태백편집부 역(1987). 『루이 보나빠르트의 뷔뤼메르 18일』. 도서출판 태백.

———. 1859. *A Contribution to the Critique of Political Economy [Zur Kritik der Politischen Ökonomie]*. 김호균 역(1988). 『정치경제학 비판을 위하여』. 중원문화사.

———. 1867. *Capital Ⅰ [Das Kapital]*. Penguin Books Limited(1976). 김수행 역(1989). 『資本論Ⅰ』. 비봉출판사.

———. 1988. *MECW(Marx/Engels Collected Works) Volume 30 [Marx's Economic Manuscripts of 1861-63]*. Progress Publishers(Moscow)/Lawrence and Wishart(London)/International Publishers(New York).

Marx, K. and F. Engels. 1846. *The German Ideology [Die Deutsche Ideologie]*, Progress Pub.(1976). 박재희 역(1988). 『독일 이데올로기Ⅰ』. 청년사.

Marx, K. and F. Engels. 1848. *The Communist Manifesto [Manifest der Kommunistischen Partei]*. NY: Washington Square Press(1970). 권혁 역(2010). 『공산당 선언』. 돋을새김.

Michalowski, R. 1996. “Critical Criminology and the Critique of Domination: The Story of an Intellectual Movement.” *Critical Criminology* 7: 9-16.

Miliband, R. 1969. *The State in Capitalist Society*. NY: Basic Books.

Miller, W. 1958. “Lower Class Culture as a Generating Milieu of Gang Delinquency.” *Journal of Social Issues* 14(3).

Poulantzas, N. 1968. *Political Power and Social Classes [Pouvoir Politique et Classes Sociales de L'état Capitaliste(Paris)]*. London: New Left Books (1973).

———. 1974. *Classes in Contemporary Capitalism [Les Classes Sociales Dans le Capitalisme Aujourd'hui(Paris)]*. London: New Left

Books(1975).

Quinney, R. 1965. "Is Criminal Behaviour Deviant Behaviour?" *British Journal of Criminology* 5: 132-142.

———. 1969. *Crime and Justice in Society*. Boston: Little, Brown.

———. 1970a. *The Problem of Crime*. NY: Dodd, Mead.

———. 1970b. *The Social Reality of Crime*. Boston, MA: Little, Brown.

———. 1974. *Critique of Legal Order*. Boston: Little, Brown.

———. 1975. *Criminology: Analysis and Critique of Crime in America*. Boston: Little, Brown.

———. 1977. *Class, State, and Crime*. Longman. 심정택 · 김철수 역(1992). 『계급 · 국가 그리고 범죄』. 도서출판 파란나라.

Schwartz, M. and W. DeKerseredy. 1991, "Left Realist Criminology: Strengths, Weakness, and the Feminist Critique." *Crime, Law and Social Change* 15: 51-72.

Sellin, T. 1938. *Culture Conflict and Crime*. NY: Social Science Research Council.

Spitzer, S. 1975. "Towards a Marxian Theory of Deviance." *Social Problems* 22: 638-651.

Stewart, E. and R. Simons. 2006. "Structure and Culture in African American Adolescent Violence: A Partial Test of the 'Code of the Street' Thesis." *Justice Quarterly* 23: 1-33.

Taylor, I., P. Walton, and J. Young. 1973. *The New Criminology: For a Social Theory of Deviance*. London: Routledge and Kegan Paul.

Thornberry, T. 1973. "Race, Socioeconomic Status and Sentencing in the Juvenile Justice System." *The Journal of Criminology and Police Science* 64: 90-98.

Turk, A. 1966. "Conflict and Criminality." *American Sociological Review* 31: 454-461.

———. 1969a. *Criminality and Legal Order*. Chicago: Ran McNally.

———. 1969b. "Introduction." pp. 3-20 in W. Bonger(ed.). *Criminality and Economic Conditions*. Bloomington: Indiana Univ. Press.

———. 1976. "Law as a Weapon in Social Conflict." *Social Problems* 23: 276-291.

———. 1982. *Political Criminality: The Defiance and Defense of Authority*. Beverly Hills, CA: Sage.

Vold, G. 1958. *Theoretical Criminology*. NY: Oxford Univ. Press.

Wacquant, L. 2001. "Deadly Symbiosis: When Ghetto and Prison Meet and Mesh." *Punishment and Society* 3: 95-134.

———. 2010. *Prisons of Poverty*[Les Prisons de La Misère, Raisons D'agir Éditions]. Minneapolis, University of Minnesota Press(1999). 류재화 역(2010). 『가난을 엄벌하다』. 시사IN북.

Wolfgang, M. 1958. *Patterns in Criminal Homicide*. Philadelphia, Pennsylvania Univ. Press.

Wolfgang, M. and F. Ferracuti. 1981. *The Subculture of Violence*. Beverley Hills, CA: Sage.

Williams, F. and M. McShane. 1988. *Criminological Theory*. Prentice-Hall. 박승위 역(1994). 『사회문제론』. 민영사.

Young, J. 1986. "The Failure of Criminology: The Need for a Radical Realism."pp. 4-30 in J. Young and R. Matthews(eds.). *Confronting Crime*. London : Sage.

———. 1988. "Radical Criminology in Britain: The Emergence of a Competing Paradigm." *British Journal of Criminology* 28: 159-183.

제9장

김정규. 2005. "권력과 통제 그리고 청소년 비행: 이론적 탐색과 비판." 『형사정책』 17(2): 153-183.

———. 2009. "청소년비행 원인의 비교분석: 가부장적 요인과 성 차이를 중심으로." 『형사정책』 21(1): 159-188.

김준호 · 김은경. 1995. 『여자청소년의 비행실태에 관한 연구』. 한국형사정책연구원.

김익기 · 심영희. 1991. 『가정폭력의 실태와 대책에 관한 연구』. 한국형사정책연구원.

신동준. 2011. "가부장가족이 여자청소년의 비행에 미치는 영향: 권력통제이론 변인에 대한 다양한 측정의 효과 분석." 『조사연구』 12(1): 89-117.

심영희. 1987. 『비판범죄론』. 법문사.

심영희 · 김혜선. 2001. "아내 구타자의 폭력과 통제 양식에 관한 연구: 구타하는 남편의 심층 면접을 중심으로." 『페미니즘 연구』 181-221.

이성식 · 전신현. 2001. "가부장적 가정과 여자청소년의 비행: 대립되는 두 가설의 검증을 중심으로." 『한국사회학』 35(5):173-198.

이성식. 2011. "가부장적 가정의 청소년비행에 미치는 영향에 있어서의 성별 차이." 『한국청소년연구』 22(3): 97-117.

장상희. 1996. "여권운동과 여성범죄." 『부산대사회조사연구』 11(1): 21-45.

전영실. 2003. 『여성의 폭력범죄 실태에 관한 연구』. 한국형사정책연구원.

최인섭 · 전영실. 1993. 『여성범죄의 실태에 관한 연구』. 한국형사정책연구원.

최현주. 2010. "사이코패스 범죄보도의 젠더 담론: 강호순사건에 대한 방송3사(KBS, MBC, SBS)의 뉴스 분석을 중심으로." 『사회과학연구』 21(1): 169-190.

Adler, F. 1975. *Sister's in Crime: The Rise of the New Female Criminal*. New York: McGraw-Hill.

Bertrand, M. A. 1969. "Self-Image and Delinquency: A Contribution to the Study of Female Criminality and Woman's Image." *Acta Criminologica* 2(1): 71-144.

Brownmiler, S. 1975. *Against Our Will: Men, Women and Rape*. New York: Simon & Schuster.

Chesney-Lind, M. and K. Faith. 2001. "What about Feminism? Engendering Theory-Making Criminology." pp.278-302 in *Explaining Crime and Criminals*, edited by R. Paternoster and R. Bachman. LA: Roxbury.

Daly, K. 1994. "Gender, Crime, and Criminology." *The Handbook of Criminology*, edited by Michael Tonry. New York: Oxford University Press.

———. 2010. "Feminist Perspectives in Criminology: A Review with Gen Y in Mind." pp.225-246 in *The Sage Handbook of Criminolgical Theory*, edited by E. McLaughlin and T. Newburn. London: Sage.

Daly, K. and L. Maher. 1998. *Criminology at the Crossroads: Feminist Readings in Crime and Justice*. New York: Oxford University Prss.

Daly, K, and M. Chesney-Lind. 1988. "Feminism and Criminology." *Justice Quarterly* 5: 498-538.

D'Unger, A. V. 2005. "Feminist Theories of Criminal Behavior." pp.559-565 in *Encyclopedia of Criminology* Vol. 1. edited by R. A. Wright and J. M. Miller. New York: Routledge.

Hagan, J., A. R. Gills, and J. Simpson. 1985. "The Class Structure of Gender and Delinquency: Toward a Power-Control Theory of Common Delinquent Behavior." *American Journal of Sociology* 90: 1151-1179.

Heidensohn, F. M. 1968. "The Deviance of Women: A Critique and an Enquiry." *British Journal of Sociology* 19(2): 27-38.

Klein, D. 1973. "The Etiology of Female Crime: A Review of the Literature." *Issues in Criminology* 8: 3-30.

Lilly, J. R., F. T. Cullen, and R. A. Ball. 2011. *Criminological Theory: Context and Consequences*(5th ed.) SAGE Publication.

Lombrosso, Cesare. 1958. *The Female Offender*. New York: Philosophical Library.

Lombrosso, Cesare and Guglielmo Ferraro. 2004[1893]. *Criminal Woman, the Prostitute, and the Normal Woman*. Duke University Press.

Maher, L. 1997. *Sexed work: Gender, Race and Resistance in a Brooklyn Drug Market*. Oxford, UK: Claredon.

Messerschmidt, J. W. 1986. *Capitalism, Patriarchy, and Crime*. Totowa, NJ: Rowman and Littlefield.

———. 1993. *Masculinities and Crime: Critique and Reconceptualization of Theory*. Totowa, NJ: Rowman & Littlefield.

Miller, J. 2008. *Getting Played: African American Girl, Urban Inequality, and Gendered Violence*. New York: New York University Press.

Reckless, W. C. 1961. *The Crime Problem*(3rd ed.). New York: Appleton-Century_Crofts.

Simon, R. 1975. *Women and Crime*. Lexington, MA: Lexington Books.

Smart, C. 1976. *Women, Crime and Criminology: A Feminist Critique*. Boston: Routledge and Kegan Paul.

Steffensmeier, D. J. 1978. "Crime and the Contemporary Woman: An Analysis of Changing Levels of Female Property Crime, 1960-1975." *Social Forces* 57(2): 566-584.

――――――――. 1980. "Sex Differences in Patterns of Adult Crime, 1965-1977." *Social Forces* 58(4): 1080-1109.

Steffensmeier, D. J. and E. Allan. 1996. "Gender and Crime: Toward a Gendered Theory of Female Offending." *Annual Review of Sociology* 22: 459-487.

Young, J. 1979. *Capitalism and the Rule of Law*. London: Hutchinson.

――――. 1992. "Review of Feminist Perspectives in Criminology." *Journal of Law and Society* 19: 289-292.

제10장

기광도. 2004. "범죄 및 피해의 중첩성에 관한 분석." 『피해자학연구』 12(2): 269-305.

김성언. 2009. "상황적 범죄예방론에 대한 비판적 검토." 『형사정책연구』 77: 1045-1075.

김준호. 1991. "청소년 범죄피해에 대한 연구." 『형사정책연구』 5: 269-299.

노성호. 2007. "일탈적 생활양식과 청소년 범죄피해: 청소년패널자료의 분석." 『피해자학연구』 15(2): 257-284.

노성호 · 권창국 · 김연수. 2012. 『피해자학』. 그린출판사.

노성호 · 김성언 · 이동원 · 김지선. 1999. 『청소년 범죄피해에 대한 조사연구』. 한국형사정책연구원.

노성호 · 이성식. 2003. "청소년의 폭력범죄피해요인에 관한 일 연구." 『피해자학연구』 11(2): 27-52.

박성훈. 2011. "범죄기회요인과 지역특성이 가구범죄피해에 미치는 영향."『형사정책연구』 87: 327-357.

박성훈 · 김준호. 2012. "범죄현상에 관한 사회생태학적 접근: 지역요인 간의 관계를 중심으로."『형사정책연구』 90: 259-293.

박순진. 1998.『범죄자와 피해자의 상호작용에 관한 연구: 살인과 폭행 · 상해를 중심으로』. 한국형사정책연구원.

———. 2000.『폭력범죄의 상호작용 과정에 대한 연구』. 서울대학교 박사학위논문.

———. 2005. "청소년폭력비행에 있어서 가해-피해의 연계."『피해자학연구』 13(2): 241-269.

박철현. 2003. "캠퍼스 범죄피해의 원인: 생활양식이론의 검증."『형사정책』 15(1): 257-289.

———. 2004. "범죄의 발생에 있어서 피해자의 역할: 국내 경험적 연구의 리뷰."『피해자학연구』 12(1): 297-320.

박형민. 2003.『살인범죄의 실태에 관한 연구』. 한국형사정책연구원.

이성식. 1988. "거주지역 특성과 개인의 범죄피해: 거시 및 미시수준의 연계를 중심으로."『피해자학연구』 6: 113-143.

이순래. 2004. "한국의 범죄피해실태에 관한 연구."『피해자학연구』 12(2): 115-159.

최인섭. 1991. "범죄피해조사."『형사정책연구』 8: 59-110.

최인섭 · 기광도. 1998. "가구 및 개인절도피해에 영향을 미치는 요인연구: 일상활동이론과 사회해체이론을 중심으로."『형사정책연구』 36: 61-80.

최인섭 · 전영실 · 이종택. 1992.『강간범죄의 실태에 관한 연구』. 한국형사정책연구원.

탁종연. 2009. "범죄피해자의 자기방어행위의 효과: 성추행과 성희롱사건을 중심으로."『형사정책』 21(1): 37-65.

홍영오. 2008.『청소년 대상 범죄피해 조사연구』. 한국형사정책연구원.

Amir, Menachem. 1967. "Alcohol and Forcible Rape." *British Journal of Addiction to Alcohol & Other Drugs* 62(3-4): 219-232.

Black, Donald. 1983. "Crime as Social Control." *American Sociological*

Review 48(1): 34-45.

Bursik, Robert J. 1988. "Social Disorganization and Theories of Crime and Delinquency: Problems and Prospects."*Criminology* 26(4): 519-552.

Bursik, Robert and Harold G. Grasmick. 1993. *Neighborhoods and Crime: The Dimensions of Effective Community Control*. NY: Lexington Books.

Clarke, R. V. 1992. "Introduction." in R. V. Clarke(ed.). *Situational Crime Prevention: Successful Case Studies*. Guilderland. NY: Harrow & Heston.

__________. 2008. "Situational Crime Prevention." pp.178-194 in *Environmental Criminology and Crime Analysis*, Edited by Richard Wortley and Lorraine Mazerolle. NY: Routledge.

Cohen, Lawrence E. and Marcus Felson. 1979. "Social Change and Crime Rate Trends: A Routine Activity Approach." *American Sociological Review* 44(4): 588-608.

Cohen, Lawrence E., David Cantor, and James R. Kluegel. 1981. "Robbery Victimization in the US: An Analysis of a Nonrandom event." *Social Science Quarterly* 62(4): 644-657.

Cohen, Lawrence E., James R. Kluegel, and Kenneth C. Land. 1981. "Social Inequality and Predatory Criminal Victimization: An Exposition and Test of a Formal Theory." *American Sociological Review* 46: 505-524.

Cornish, Derek B. and Ronald V. Clarke. 2003. "Opportunities, Precipitators and Criminal Decisions: A Reply to Wortley's Critique of Situational Crime Prevention." *Crime Prevention Studies* 16: 41-96.

Crow, Timothy. 2000. *Crime Prevention Through Environmental Design: Applications of Architectural Design and Space Management Concepts*. National Crime Prevention Institute. Butterworth-Heinemann.

Felson, Marcus and Lawrence E. Cohen. 1980. "Human Ecology and Crime: A Routine Activity Approach." *Human Ecology* 8(4): 389-406.

Felson, Richard B. and Henry J. Steadman. 1983. "Situational Factors in

Disputes Leading to Criminal Violence." *Criminology* 21(1): 59-74.

Garofalo, James. 1987. "Reassessing the Lifestyle Model of Criminal Victimization." pp.23-42 in *Positive Criminology*, edited by Michael Gottfredson and Travis Hirschi. CA: Sage.

Gottfredson, Michael R. and Michael J. Hindelang. 1981. "Sociological Aspects of Criminal Victimization." *Annual Review of Sociology* 7: 107-128.

Hindelang, Michael J., Michael R. Gottfredson, and James Garofalo. 1978. *Victims of Personal Crime: An Empirical Foundation for a Theory of Personal Victimization*. Cambridge, MA: Ballinger.

Kleck, Gary and Karen McElrath. 1991. "The Effects of Weaponry on Human Violence." *Social Forces* 69(3): 669-692.

Luckenbill, David F. 1977. "Criminal Homicide as a Situated Transaction." *Social Problems* 25(2): 176-186.

Meier, Robert F. and Terance D. Miethe. 1993. "Understanding Theories of Criminal Victimization." *Crime and Justice* 17: 459-499.

Mendelsohn, Beniamin. 1963. "The Origin of the Doctrine of Victimology." *Excerpta Criminologica* 3(3): 239-244.

Messner, Steven F., Zhou Lu, Lening Zhang, and Jianhong Liu. 2007. "Risks of Criminal Victimization in Contemporary Urban China: An Application of Lifestyle/Routine Activities Theory." *Justice Quarterly* 24(3): 496-522.

Miethe, Terance D. and Robert F. Meier. 1990. "Opportunity, Choice, and Criminal Victimization: A test of a Theoretical Model." *Journal of Research in Crime and Delinquency* 27(3): 243-266.

Miethe, Terance D. and Robert F. Meier. 1994. *Crime and Its Social Context: Toward an Integrated Theory of Offenders, Victims, and Situations*. NY: State University of New York.

Miethe, Terance D., Mark C. Stafford, and J. Scott Long. 1987. "Social Differentiation in Criminal Victimization: A Test of Routine Activities/Lifestyle Theories." *American Sociological Review* 52(2):

184-194.

Miethe, Terance D., Michael Hughes, and David McDowall. 1991. "Social Change and Crime Rates: An Evaluation of Alternative Theoretical Approaches." *Social Forces* 70(1): 165-185.

Polk, Kenneth. 1993. "Observations on Stranger Homicide." *Journal of Criminal Justice* 21(6): 573-582.

Rock, Paul. 2000. "Homicide, Voluntary Organizations, and the State in England and Wales." *Homicide Studies* 4(1): 37-62.

Sutherland, Edwin H. 1939. *Principles of Criminology*(3rd ed). Philadelphia. PA: J. B. Lippincott.

Von Hentig, Hans. 1940. "Remarks on the Interaction of Perpetrator and Victim." *Journal of Criminal Law and Criminology* 31(3): 303-309.

———————. 1948. *The Criminal and & His Victim: Studies in the Sociology of Crime*. Yale University Press.

Wilcox, Pamela, Neil Quisenberry, and Shayne Jones. 2003. "The Built Environment and Community Crime Risk Interpretation." *Journal of Research in Crime and Delinquency* 40(3): 322-345.

Wolfgang, Martin E. 1957. "Victim Precipitated Criminal Homicide." *The Journal of Criminal Law, Criminology, and Police Science* 48(1): 1-11.

———————. 1958. *Patterns in Criminal Homicide*. University of Pennsylvania Press.

제11장

기광도. 2009. "연령과 범죄간의 관계분석." 『한국경찰연구』 8(4): 3-34.

———. 2011. "초등학생 비행의 성차분석: 자기통제이론을 중심으로." 『형사정책연구』 86: 5-30.

노성호. 2007. "청소년비행에 대한 생애과정이론과 잠재적 특성이론의 경험적 비교." 『형사정책연구』 72: 243-275.

민수홍. 1995. "낮은 자기통제력의 원인과 결과: 범죄의 일반이론에 대한 경험적 연구." 『형사정책연구』 21: 235-277.

———. 1998a. "초등학교 학생의 자기통제력과 비행." 『한국청소년연구』 27: 91-124.

———. 1998b. "남편의 아내에 대한 폭력에 영향을 미치는 요인: 남편의 자기통제력을 중심으로." 『피해자학연구』 6(1): 229-249.

———. 2002. "여자청소년의 자기통제력이 비행과 범죄에 미치는 영향." 『형사정책연구』 49: 35-66.

———. 2006. "청소년의 자기통제력이 비행과 범죄에 미치는 영향: 패널자료를 이용한 인과성 및 일반성 검증." 『청소년학연구』 13(6): 27-47.

박철현. 1999. "범죄경력의 질적 변화: 심각화?" 『형사정책연구』 40: 279-302.

———. 2000. "범죄경력에서의 합리성의 발전." 『형사정책』 12(1): 205-227.

———. 2001. "한국의 연령–범죄곡선." 『한국인구학』 24(2): 149-177.

박현수. 2012. "자기통제의 안정성과 낮은 자기통제 수준에서 상황적 요인이 청소년 비행에 미치는 영향." 『형사정책연구』 86: 385-418.

이성식. 2001. "청소년비행에 있어 내적 성향론과 생애과정론의 논쟁에 관한 경험연구." 『형사정책』 13(2): 243-270.

———. 2006. "낮은 자기통제력과 성인의 약물남용, 그 매개 및 상호작용효과에 관한 논의." 『형사정책연구』 68: 333-362.

———. 2010. "낮은 자기통제력과 비행기회요인들의 오프라인 및 온라인 비행에의 영향 비교 : 일반이론의 검증." 『형사정책연구』 81: 203-223.

이순래. 1995. "범죄지속의 원인에 관한 연구." 『형사정책연구』 23: 107-138.

———. 1998. "범죄발전현상에 관한 연구: 모집단이질론과 상황의존론을 중심으로." 『경찰행정학보』 2: 18-46.

이철. 2011. "가족, 학교, 비행친구의 비행영향 효과의 연령별 비교." 『한국청소년연구』 22(2): 31-54.

정혜원 · 박정선. 2008. "부정적 인생사건이 비행시작 및 재비행에 미치는 영향: 미시적 요인의 매개효과를 중심으로." 『형사정책연구』 74: 273-308.

한영선. 2011. "소년범죄자의 범죄중단에 관한 연구." 『이대법학논집』 16(2): 159-192.

Akers, Ronald L. 1991. "Self-Control as a General Theory of Crime." *Journal* *of Quantitative Criminology* 7: 201-211.

Arneklev, Bruce J., Harold G. Grasmick, Charles R. Tittle, and Robert J. Bursik Jr. 1993. "Low Self-Control and Imprudent Behavior." *Journal of Quantitative Criminology* 9(3): 225-247.

Benson, Michael L. and Elizabeth Moore. 1992. "Are White-Collar and Common Offenders the Same? An Empirical and Theoretical Critique of a Recently Proposed General Theory of Crime." *Journal of Research in Crime and Delinquency* 29(3): 251-272.

Bernard, Thomas J. 2010. *Vold's Theoretical Criminology*. New York: Oxford University Press.

Bernard, Thomas J., Jeffrey B. Snipes, and Alexander L. Gerould. 2010. *Vold's Theoretical Criminology*(6th ed.). 이순래 · 이성식 · 박정선 · 김성언 · 박철현 · 김상원 · 박성민 · 류준혁 공역. 2012. 『Vold의 이론범죄학』. 그린출판사.

Blumstein, Alfred, Jacqueline Cohen, and David P. Farrington. 1988a. "Criminal Career Research: Its Value for Criminology." *Criminology* 26(1): 1-35.

________________________________. 1988b. "Longitudinal and Criminal Career Research: Further Clarifications." *Criminology* 26(1): 57-74.

Evans, T. David, Francis T. Cullen, Velmer S. Burton, R. Gregory Dunaway, and Michael L. Benson. 1997. "The Social Consequences of Self-Control: Testing the General Theory of Crime." *Criminology* 35: 475-500.

Farrington, David P. 1986. "Age and Crime." *Crime and Justice* 7: 189-250.

________________. 2006. "Building Developmental and Life-Course Theories of Offending." pp.335-364 in *Taking Stock: The Status of Criminological Theory*, edited by Francis T. Cullen, John Paul Wright, and Kristie R. Blevins. New Brunswick, NJ: Transaction Publishers.

Gottfredson, Michael R. 2006. "The Empirical Status of Control Theory in Criminology." pp.77-100 in *Taking Stock: The Status of Criminological*

Theory, edited by Francis T. Cullen, John Paul Wright, and Kristie R. Blevins. New Brunswick, NJ: Transaction Publishers.

Gottfredson, Michael. R. and Travis Hirschi. 1986. "The True Value of Lambda would Appear to be zero: An Essay on Career Criminals, Criminal Careers, Selective Incapacitation, Cohort Studies, and Related Topics." *Criminology* 24(2): 213-234.

________________________. 1987. "The Methodological Adequacy of Longitudinal Research on Crime." *Criminology* 25(3): 581-614.

________________________. 1990. *A General Theory of Crime*. Stanford, CA: Stanford University Press.

Greenberg, David F. 1985. "Age, Crime, and Social Explanation." *American of Journal Sociology* 91(1): 1-21.

Hay, Carter. 2001. "Parenting, Self-Control, and Delinquency: A Test of Self-Control Theory." *Criminology* 39(3): 707-736.

Hirschi, Travis and Michael R. Gottfredson. 1983. "Age and the Explanation of Crime. *American Journal of Sociology* 89(3): 552-584.

________________________. 1985. "Age and Crime, Logic and Scholarship: Comment on Greenberg." *American Journal of Sociology* 91(1): 22-27.

________________________. 1995. "Control Theory and the Life-Course Perspective." *Studies on Crime and Crime Prevention* 4(2): 131-142.

________________________. 2006. "Social Control and Self-Control Theory." pp. 111-118 in *The Essential Criminology Reader*, edited by Stuart Henry and Mark M. Lanier. Westview Press, Colorado.

Hirschi, Travis. 1969. *Causes of Delinquency*. Transaction Publishers.

King, Ryan D., Michael Massoglia, and Ross MacMillan. 2007. "The Context of Marriage and Crime: Gender, the Propensity to Marry and Offending in Early Adulthood." *Criminology* 45(1): 33-65.

Laub, John H. 2004. "The Life Course of Criminology in the United States: The American Society of Criminology 2003 Presidential Address." *Criminology* 42(1): 1-26.

Laub, John H. and Robert J. Sampson. 1993. "Turing Points in the Life Course: Why Change Matters to the Study of Crime." *Criminology* 31(3): 301-325.

Lilly, J. Robert, Francis T. Cullen, and Richard A. Ball. 2011. *Criminological Theory: Context and Consequences*. Sage.

Moffit, Terrie E. 1993. "Adolescence-Limited and Life-Course-Persistent Offending: A Developmental Taxonomy." *Psychological Review* 100(4): 674-701.

————————. 1997. "Adolescence-Limited and Life-Course-Persistent Offending: A Complementary Pair of Developmental Theories." p.11-54 in *Developmental Theories of Crime and Delinquency*, edited by Terence P. Thornberry. New Brunswick, NJ: Transaction Publishers.

Nofziger, Stacey. 2008. "The Cause of Low Self-Control: The Influence of Maternal Self-Control." *Journal of Research in Crime and Delinquency* 45(2): 191-224.

Pratt, Travis C. and Francis T. Cullen. 2000. "The Empirical Status of Gottfredson and Hirschi's General Theory of Crime: A Meta-Analysis." *Criminology* 38(3): 931-964.

Sampson, Robert J. and John H. Laub. 1993. *Crime in the Making: Pathways and Turning Points Through Life*. Harvard University Press.

————————————————. 1995. "Understanding Variability in Lives Through Time: Contributions of Life-Course Criminology." *Studies on Crime and Crime Prevention* 4(2): 143-158.

Sellers, Christine S. 1999. "Self-Contorl and Intimate Violence: An Examination of the Scope and Specification of the General Theory of Crime." *Criminology* 37(2): 375-404.

Thornberry, Terence P. 1987. "Toward an Interactional Theory of Delinquency." *Criminology* 25(4): 863-892.

Thornberry, Terence P., Alan J. Lizotte, Marvin D. Krohn, M. Farnworth, and Sung Joon Jang. 1991. "Testing Interactional Theory: An Examination of Reciprocal Causal Relationships Among Family, School, and Delinquency." *Journal of Research in Crime and Delinquency* 82: 3-35.

———————————————. 1994. " Delinquent Peers, Beliefs, and Delinquent Behavior: A Longitudinal Test of Interactional Theory." *Criminology* 32: 47-83.

Thornberry, Terence P. and Marvin D. Krohn. 2005. "Applying Interactional Theory to the Explanation of Continuity and Change in Antisocial Behavior." pp.183-209 in *Integrated Developmental and Life-Course Theories of Offending*, edited by David P. Farrington. New Brunswick, NJ: Transaction Publishers.

Thornberry, Terence P., David Huizinga, and Rolf Loeber. 1995. "The Prevention of Serious Delinquency and Violence: Implications from the Program of Research on the Causes and Correlates of Delinquency." pp. 213-237 in *Sourcebook on Serious, Violent and Chronic Juvenile Offenders*, edited by James C. Howell, Barry Krisberg, J. David Hawkins and John J. Wilson. Thousand Oaks, CA: Sage Publications.

Tittle, C. R. 1988. "Two Empirical Regularities (maybe) in Search of an Explanation: Commentary on the Age/Crime Debate." *Criminology* 26(1): 75-85.

Tittle, Charles R. and Debra A. Curran. 1988. "Contingencies for Dispositional Disparities in Juvenile Justice." *Social Forces* 67(1): 23-58.

Unnever, James D. and Dewey G. Cornell. 2003. "Bullying, Self-Control, and ADHD." *Journal of Interpersonal Violence* 18(2): 129-147.

Unnever, James D., Francis T. Cullen, and Travis C. Pratt. 2003. "Parental Management, ADHD, and Delinquent Involvement: Reassessing Gottfredson and Hirschi' s General theory." *Justice Quarterly* 20: 471-

500.

Wright, John Paul, David E. Carter, and Francis T. Cullen. 2005. "A Life-Course Analysis of Military Service in Vietnam." *Journal of Research in Crime and Delinquency* 42(1): 55-83.

제12장

신동준. 2010. "사회자본과 범죄학이론." 『한국사회학』 44(4): 95-125.

———. 2011. "제도적 아노미이론의 통합 이론적 성격과 불평등구조의 이론적 위치." 『사회이론』 40: 181-211.

———. 2014. "범죄학 이론 통합에 대한 비판적 논의." 『한국범죄학』 8(2): 359-393.

연성진. 1996. "범죄학에 있어서 이론적 통합을 위한 전략." 『형사정책연구』 7(4): 121-141.

이성식 · 전신현. 1991. "구조적 상호작용이론을 통한 청소년비행이론의 통합 모색." 『형사정책연구』 4(4): 153-181.

Agnew, R. 2005. *Why Do Criminals Offend? A General Theory of Crime and Delinquency*. LA: Roxbury.

———. 2011. *Toward a Unified Criminology: Integrating Assumptions about Crime, People, and Society*. New York: New York University Press.

Akers, R. L. 1973. *Deviant Behavior: A Social Learning Approach*. Belmont, CA: Wadsworth.

———. 1989. "A Social Behaviorist's Perspective on Integration of Theories of Crime and Deviance." pp. 23-36 in S. F. Messner, M. D. Krohn, and A. E. Liska(eds.). *Theoretical Integration in the Study of Deviance and Crime: Problems and Prospects*. Albany, NY: State University of New York Press.

Akers, R. L. and C. S. Sellers. 2009. *Criminological Theories: Introduction,*

Evaluation, and Application, Fifth Edition. New York: Oxford University Press.(민수홍 · 박기석 · 박강우 · 기광도 · 전영실 · 최병각 역. 2011.『범죄학 이론(개정판)』. 나남).

Bernard, T. J. and J. B. Snipes. 1996. "Theoretical Integration in Criminology." pp. 301-348 in M. Tonry(eds.). *Crime and Justice: A Review of Research* 20. Chicago: University of Chicago Press.

Bernard, T. J., J. B. Snipes, and A. L. Gerould. 2010. *Vold's Theoretical Criminology*. New York: Oxford University Press.(이순래 · 이성식 · 박성선 · 김성언 · 박철현 · 김상원 · 박성민 · 류준혁 역. 2012.『Vold의 이론범죄학』. 도서출판 그린).

Braithwaite, J. 1989. *Crime, Shame, and Reintegration*. Cambridge: Cambridge University Press.

____________. 1997. "Charles Tittle's Control Balance and Criminological Theory." *Theoretical Criminology* 1(1): 77-97.

Cloward, R. A. and L. E. Ohlin. 1960. *Delinquency and Opportunity: A Theory of Delinquent Gangs*. NY: Free Press.

Cohen, A. K. 1955. *Delinquent Boys: The Culture of the Gang*. NY: Free Press.

Colvin, M., F. T. Cullen, and T. Vander Ven. 2002. "Coercion, Social Support, and Crime: An Emerging Theoretical Consensus." *Criminology* 40(1): 19-42.

Curry, T. R. and A. R. Piquero. 2003. "Control Ratios and Defiant Acts of Deviance: Assessing Additive and Conditional Effects with Constraints and Impulsivity." *Sociological Perspectives* 46(3): 397-415.

Elliott, D. S., S. S. Ageton, and R. J. Canter. 1979. "An Integrated Theoretical Perspective on Delinquent Behavior." *Journal of Research in Crime and Delinquency* 16(1): 3-27.

Gottfredson, M. R. and T. Hirschi. 1990. *A General Theory of Crime*. Stanford, CA: Stanford University Press.

Hagan, J. 1989. "Micro and Macro Structures of Delinquency Causation and a Power-Control Theory of Gender and Delinquency." pp. 213-227 in S.

F. Messner, M. D. Krohn, and A. E. Liska(eds.). *Theoretical Integration in the Study of Deviance and Crime: Problems and Prospects*. Albany, NY: State University of New York Press.

Heimer, K. and R. L. Matsueda. 1994. "Role-Taking, Role Commitment, and Delinquency: A Theory of Differential Social Control." *American Sociological Review* 59: 365-390.

Hickman, M. and A. R. Piquero. 2001. "Exploring the Relationships between Gender, Control Ratios, and Deviance." *Deviant Behavior* 22(3): 323-351.

Hickman, M., A. R. Piquero, B. A. Lawton, and J. R. Greene. 2001. "Applying Tittle's Control Balance Theory to Police Deviance." *Policing* 24(4): 497-519.

Hirschi, T. 1969. *Causes of Delinquency*. Berkeley: University of California Press.

――――. 1979. "Separate and Unequal is Better." *Journal of Research in Crime and Delinquency* 16(1): 34-38.

――――. 1989. "Exploring Alternatives to Integrated Theory." pp. 37-49 in S. F. Messner, M. D. Krohn, and A. E. Liska (eds.). *Theoretical Integration in the Study of Deviance and Crime: Problems and Prospects*. Albany, NY: State University of New York Press.

Kaplan, H. B. 1975. *Self Attitudes and Deviant Behavior*. CA: Goodyear.

Kornhauser, R. R. 1978. *Social Sources of Delinquency: An Appraisal of Analytic Models*. Chicago: University of Chicago Press.

Krohn, M. D. 1986. "The Web of Conformity: A Network Approach to The Explanation of Delinquent Behavior." *Social Problem* 33(6): S81-S93.

Liska, A. E. and S. F. Messner. 1999. *Perspective on Crime and Deviance*. Upper Saddle River, NJ: Prentice-Hall.(장상희 역. 2001. 『일탈과 범죄사회학』. 경문사).

Liska, A. E., M. D. Krohn, and S. F. Messner. 1989. "Strategies and Requisites for Theoretical Integration in the Study of Crime and Deviance." pp. 1-19 in S. F. Messner, M. D. Krohn, and A. E. Liska (eds.). *Theoretical Integration in the Study of Deviance and Crime: Problems and Prospects*. Albany, NY: State University of New York Press.

Merton, R. K. 1938. "Social Structure and Anomie." *American Sociological Review* 3: 672-682.

Piquero, A. R. and M. Hickman. 1999. "An Empirical Test of Tittle's Control Balance Theory." *Criminology* 37(2): 319-342.

Piquero, A. R., R. MacIntosh, and M. Hickman. 2001. "Applying Rasch Modeling to the Validity of a Control Balance Scale." *Journal of Criminal Justice* 29(4): 493-505.

Savelsberg, J. J. 1999. "Human Nature and Social Control in Complex Society: A Critique of Charles Tittle's Control Balance." *Theoretical Criminology* 3(3): 331-338.

Shaw, C. R. and H. D. McKay. 1969[1942]. *Juvenile Delinquency and Urban Areas*. Chicago: University of Chicago Press.

Thornberry, T. P. 1987. "Towards An Interactional Theory of Delinquency." *Criminology* 25(4): 863-891.

Thornberry, T. P. 1989. "Reflections on the Advantages and Disadvantages of Theoretical Integration." pp. 51-60 in S. F. Messner, M. D. Krohn, and A. E. Liska(eds.). *Theoretical Integration in the Study of Deviance and Crime: Problems and Prospects*. Albany, NY: State University of New York Press.

Thornberry, T. P., A. J. Lizotte, M. D. Krohn, M. Farnworth, and S. J. Jang. 1991. "Testing Interactional Theory: An Examination of Reciprocal Causal Relationships among Family, School, and Delinquency." *Journal of Criminal Law and Criminology* 82(1): 3-33.

Tittle, C. R. 1995. *Control Balance: Toward A General Theory of Deviance*. Boulder, CO: Westview.

――――――. 2004. "Refining Control Balance Theory." *Theoretical Criminology* 8(4): 395-428.

찾아보기

ㄱ

가부장적 가정 245
가부장적 사회 238
가부장적인 관점 233
가설검증 43
가정의 양립불가능성 309
가해와 피해의 중첩 270
가해자 243
갈등론적 범죄이론 198
갈등범죄이론 198
갈등이론 12, 16, 199
갈등 하위문화 96, 100
갓프레드슨(Gottfredson, M. R.) 32, 276, 280
강화 137
강화이론(reinforcement theory) 30
개념 통합 315
개인주의적 설명 76
갱 95, 98~99
거울자아 186
격세유전 232
경험효과 170
계승(succession) 54
고전주의 166~167
공리주의 167
공식처벌 166
과잉사회화 308
관여 148
관여손실 172
교정 166
교환이론 22~23
구조적 선택이론(structural-choice model of victimization) 262
권력통제이론(power-control theory) 36, 244
그라스믹(Grasmick, H.) 66
급진적 범죄이론 198
급진주의적 페미니스트 231
기계적 연대 81~82
기대 103
기사도가설(chivalry thesis) 233
긴장 90, 107~108
긴장이론 103
길거리범죄 203
깨진 창(broken window) 11

ㄴ

낙인 194
낙인이론 11, 19, 178, 186~187, 195
남성성 240

ㄷ

다렌도르프(Dahrendorf, R.) 199
다층모델(multi-level) 76

델리(Daly, K.) 229
도시 52
도피 87
도피 하위문화 96, 100
동심원이론 54, 56
do gender 240
뒤르켐(Durkheim, E.) 7, 9, 25, 65, 81

ㄹ

라웁(Laub, J. H.) 287
라이버(Leiber, M. J.) 104
레클레스(Reckless, W. C.) 234
로젠펠드(Rosenfeld, R.) 115
롬브로소(Lombrosso, C.) 52, 232

ㅁ

마쓰에다(Matsueda, R. L.) 313
맑스(Marx, K.) 12, 14, 20, 199
맑스주의 범죄이론 198
맑스주의적 관점 231
매맞는 아내 243
맥케이(McKay, H. D.) 59, 308
머튼(Merton, R. K.) 6, 8~9, 26, 29, 35, 80, 84
메스너(Messner, S. F.) 115
명제 통합 315
모방 133, 137~138, 143
모집단이질론 295
모피트(Moffit, T. E.) 286
무질서(disorder) 69
문화갈등이론 199, 205
문화범죄학(cultural criminology) 246
문화일탈이론 307~308, 311
문화적 혁신 94~95
밀러(Miller, W. B.) 92, 102

ㅂ

바캉(Wacquant, L.) 199
반격통제 319
반역 87
발전범죄학(developmental theory) 274
버식(Bursik, R.) 66
버제스(Burgess, E.) 56
범죄경력(criminal career) 280
범죄기회(criminal opportunity) 254, 258~259, 264
범죄성향(criminal propensity) 280
범죄와 연령 276
범죄의 사회적 실재 215
범죄의 암수(dark figures of crimes) 253
범죄피해 252
범죄피해조사(victim survey) 253
범죄 하위문화 96, 99~100
범죄행위의 사회적 구성 229
범죄화 212
범죄화이론 212
베버(Weber, M.) 199
병렬(side-by-side) 통합 312
볼드(Vold, G.) 198
분노 110
불평등구조 90~91
비공식적 낙인 193~195
비공식통제 180

비난자의 비난 155
비판범죄론 198
비행집단 99

ㅅ

사이먼(Simon, R.) 235
사회과정이론 132
사회구조(social structure) 6
사회구조이론 132~133, 135
사회명목론 5
사회분업론 81
사회실재론 5
사회유대 147
사회유대이론 141~142
사회자본 71
사회적 단절/고립 70
사회적 맥락 76
사회적 상호작용 134
사회적 행위(social action) 16
사회통제 32, 74
사회통제이론 146, 171
사회학습이론 132~133, 141
사회해체(social disorganization) 10~11, 57
사회해체이론(social disorganization theory) 52, 59
상징적 상호작용이론 19, 187
상하(up-and-down) 통합 312~313
상호작용 134~135, 138
상황의존론 295
상황적 범죄예방(situational crime prevention) 264
상황적 전이(situated transaction) 257
상황적 전이이론(situated transaction theory) 256
샘슨(Sampson, R. J.) 66. 287
생물학적 이론 52
생물학적 접근 232
생물학적인 성 229
생애과정범죄학(life-course theory) 274
생애사적 접근 76
생태학(ecology) 9
생활양식/노출이론(lifestyle/exposure theory) 258, 261
생활양식이론 37
서덜랜드(Sutherland, E. H.) 16~18, 26, 28~29, 39
성 229
성별 차이 229
성비 229, 234
성 역할 240
성 역할 사회화 247
성장효과 132
세련화 213
셀린(Sellin, T.) 198
손상의 부인 155
쇼(Shaw, C. R.) 59, 308
수준 간(cross-level) 통합 314
수치심 172
순응 86
순차(end-to-end) 통합 312
스타크(Stark, R.) 68
스테픈스마이어(Steffensmeier, D. J.) 237
스트레스 110

스핏처(Spitzer, S.) 219
시카고 지역 프로젝트(the Chicago Area Project) 64
시카고학파 10, 28, 53~54
신념 148
신속성 168
실증주의 166
쏜베리(Thornberry, T. P.) 284

ㅇ

아노미 81~84, 89~90
아노미이론 6, 26, 29, 80
아노미적 자살 82~83
아메리칸 드림 116
악의 극화 188
애그뉴(Agnew, R.) 31, 33, 107
애들러(Adler, F.) 235
애착 148
애착손실 172
앤더슨(Anderson, E.) 207
양적 방법 45
억압적(repressive) 일탈
억제이론 166, 186, 192
억제효과 170
엄중성 168
에이커스(Akers, R. L.) 30, 310
엘리엇(Elliott, D. S.) 302
여성의 범죄 231
여성의 역할 233
여성주의 운동 234
여성학 38
역할담당 313
역할 탈출(role exit) 245
연령분포(age distribution) 276
연령효과(age effect) 276
열망 91, 103
열망-기회 격차 303
영(Young, J.) 199
올린(Ohlin, L.) 26, 92, 96
외부인 190
유기적 연대 81~82
유대(bond) 25
의례 87
이기적 자살 82
이론적 제국주의 314
이론적 종합 314
이론적 환원 314
이론 정교화 315~316
이론 통합 301
이중의 실패 100
2차적 문화갈등 205
이차적 일탈 189
인간생태학(human ecology) 54
일반긴장이론(general strain theory) 31, 33, 107~108
일반억제효과 167
일반이론(general theory of crime) 31, 141, 176, 282
일반정의 136
일반화 234
일상활동이론(routine activity theory) 37, 258, 261, 268
1차적 문화갈등 205
일차적 일탈 189
일탈적 하위문화 74
일탈행위(deviant behaviors) 2

ㅈ

자기통제(self-control) 32, 280, 323
자기통제력 141, 176
자본주의적 생산양식 13, 20
자살론 82
자아 178
자아손실 173
자아통제이론 141~142
자아훼손 173
자유주의적 페미니스트 231
자율적(autonomous) 일탈 322
잔코비치(Jankovic, I.) 218
잠재적 가치 154
재통합적 수치 191
적극적 정의 136
전이지역 57~58
전환점(turning points) 289
정의 136, 186
제도들의 짜임새 118
제도적 아노미이론 115
제도적 짜임새 117
제도적 힘의 불균형 118
젠더 229
젠더화된 경험 228
젠더화된 삶 243
조직 긴장 회피 220
조직화 212
종단자료(longitudinal data) 274
좌파 현실주의 201
죄책감 174
주요 관심 102
준거집단 133
중범위이론(middle range theory) 35
중화 137
중화의 기술 155
중화이론 153
중화적 정의 136
지위 문제 94~95
지위비행 139, 143
직업범죄(occupational crime) 39
질적 방법 45
집단갈등이론 209
집중된 열악함(concentrated disadvantage) 71
집합감정 81
집합의식 81
집합효율(collective efficacy) 71~72
집합효율성 11

ㅊ

차별강화 140
차별강화이론 30
차별교제 140
차별기회 99
차별기회이론 26, 96
차별사회통제 153
차별사회통제이론 313
차별적 동일시 138
차별적 사회조직 311
차별적 사회조직화 133
차별적 집단조직화 133
차별접촉이론 17, 19, 26, 29, 99, 132~133, 135, 138, 142
참여 148
참여관찰 76
책임의 부인 155

챔블리스(Chambliss, W.) 198
처벌 166, 186, 188, 192
처벌 지각도 170
체포로 인한 낙인 172
충성심 요구 155
침략(invasion) 54

ㅋ

컬린(Cullen, F. T.) 74
코헨(Cohen, A. K.) 28, 92
코헨(Cohen, L. E.) 259
콘하우저(Kornhauser, R. R.) 104, 308
퀴니(Quinney, R.) 198
클로워드(Cloward, R.) 26, 92, 96

ㅌ

터크(Turk, A.) 198
토마스(Thomas, W. I.) 233
톨레랑스 제로 223
통일이론 324
통제결핍 318
통제과잉 318
통제균형이론 302
통제균형효과성 323
통제불균형 318~319
통제비율 317, 321
통제이론 23, 300
통합이론(integrated theory) 26
특수억제이론 178
특수억제효과 168
특수정의 136
티틀(Tittle, C. R.) 317

ㅍ

파크(Park, R.) 55
판워스(Farnworth, M.) 104
패러다임(paradigm) 5
페라로(Ferraro, G.) 232
페미니스트 범죄학 228
펠슨(Felson, M.) 259
표류 154
프렛(Pratt, T. C.) 74
피해-가해의 중첩 269
피해자 243, 252
피해자 부인 155
피해자 유발(victim-precipitation) 252, 255, 266
피해자이론 37

ㅎ

하위문화 91
하위문화이론 28, 91, 206
하이머(Heimer, K.) 313
학습(learning) 17, 133~135
학습환경 135
합리적 선택이론(rational choice theory) 21, 38
해방 가설(liberation/emancipation thesis) 235
해방운동 232
해체적 수치 191
허쉬(Hirschi, T.) 23, 31, 103, 276, 280, 302, 306, 312
헤이건(Hagan, J. A.) 36
혁신 87
형법(criminal laws) 2, 20

혼합 모형 40, 44
화이트칼라 범죄 237
화이트칼라 범죄이론 39
확대억제이론 173
확실성 168
회복적 사법 191
후튼(Hooton, E.) 52

〔저 자 약 력〕

김준호(金俊鎬)

• **약력** : 고려대학교 사회학과 및 동대학원 석사, 미국 Univesity of Iowa에서 수학한 후, 덕성여대를 거쳐 고려대학교 문과대학 사회학과 교수로 재직하면서 청소년비행, 범죄학 이론, 사회통계, 조사방법론 분야의 연구에 주력하였고, 2012년 퇴임하여 현재 고려대학교 명예교수로 있다. 주요 저서로는 『청소년비행론』(2009), 『사회과학을 위한 통계와 분석』(2012) 등이 있고, 논문은 "범죄사회학 이론의 흐름" 『형사정책』 창간(1986), "사회학 분야에서의 청소년비행연구 동향과 과제" 『한국청소년연구』 창간(1990), "청소년비행의 실태와 원인" 『형사정책연구』 5-1(1994), "범죄학 연구에 있어서 계량적 연구방법의 평가와 전망" 『형사정책연구』 6-3(1995), "한국의 학교폭력에 대한 연구" 『한국사회』 3(1998), "사회학에서의 범죄와 비행연구 회고와 전망" 『범죄와비행』 창간(2011) 등이 있다.

□ E-mail : kjh1029@korea.ac.kr

박성훈(朴成勳)

• **약력** : 고려대학교 사회학과를 졸업하고 동대학원에서 석사 및 박사학위를 마치고, 현재 한국형사정책연구원 부연구위원으로 재직하면서 범죄학이론, 법사회학, 사회통계, 조사방법론 분야에 관심을 갖고 있다. 주요 저서로는 『범죄유발 지역 · 공간에 대한 위험성 평가도구 개발 · 적용 및 정책대안에 관한 연구』(2012), 『SNS 환경에서의 범죄현상과 형사정책적 대응에 관한 연구』(2013), 『범죄의 심각성 및 형벌의 적정성에 관한 국민의식 연구』(2014) 등이 있고, 논문은 "범죄기회요인과 지역특성이 가구범죄피해에 미치는 영향" 『형사정책연구』 22-3(2011), "범죄현상에 대한 사회생태학적 접근" 『형사정책연구』 23-2(2012), "학교특성이 학교폭력 가해 및 피해에 미치는 영향" 『피해자학연구』 21-2(2013), "범죄두려움이 CCTV의 선호에 미치는 영향" 『한국공안행정학회보』 23-1(2014) 등이 있다.

□ E-mail : ngokr@naver.com

박형민(朴亨敏)

• **약력** : 서울대학교 사회학과 및 동대학원에서 수학했으며, 2002년부터 한국 형사정책연구원에 재직하면서 범죄와 일탈 연구에 주력해 왔으며, 특히 살인, 방화 등의 강력범죄와 자살연구에 주된 관심이 있고, 최근에는 지역사회를 기반으로 한 범죄예방활동에도 관심을 기울이고 있다. 주요 저서로는 『방화범죄의 실태에 관한 연구』(2004), 『살인범죄의 실태와 유형별 특성』(공저)(2008), 『자살, 차악의 선택』(2010), 『셉테드 이론과 실무 I』(공저)(2014) 등이 있고, 논문은 "사람들은 왜 스스로를 죽이는가" 『내일을 여는 역사』 38(2010), "연쇄살인 범죄자의 유형과 특징" 『한국범죄학』(2012), "무차별 범죄(random crime)의 개념과 특징: 불특정인을 대상으로 한 범죄" 『한국공안행정학회보』 22-1(2013) 등이 있다.

□ E-mail : clamovox@kic.re.kr

신동준(申東埈)

• **약력** : 미국 아이오와 대학(The University of Iowa)에서 사회학 석사와 박사 학위를 받고, 계명대학교 경찰행정학과 조교수를 거쳐 현재 국민대학교 사회학과 부교수로 재직하고 있다. 주요 논문으로 "살인과 자살의 문화적 사회구조적 원인: 머튼의 아노미이론 검증을 위한 국가간 비교 연구" 『한국사회학』(2004), "경제제도의 지배와 범죄" 『사회이론』(2006), "일탈사회학과 뒤르케임의 유산" 『사회이론』(2008), "사회자본과 범죄학이론" 『한국사회학』(2010), "부패의 사회적 원인에 대한 국가 간 비교연구: 범죄사회학적 관점에서" 『형사정책연구』(2013), "범죄학 이론 통합에 대한 비판적 논의" 『한국범죄학』(2014) 등이 있다.

□ E-mail : djshin@kookmin.ac.kr

이성식(李聖植)

• **약력** : 고려대학교 사회학과 학사와 석사, 미국 University of Wisconsin(Madison)에서 범죄사회학 분야로 박사를 취득한 후, 한국형사정책연구원과 계명대학교를 거쳐 2002년부터 숭실대학교 사회과학대학 정보사회학과 교수로 재직하고 있으며, 청소년비행과 범죄, 최근에는 사이버범죄에 관심을 갖고 있다. 주요 저서로는 『사이버공간의 사회심리학』(공저) (2009), 『사이버범죄학』(2011), 『청소년비행과 범죄 연구』(2012), 『청소년비행론』(공저)(2013), 『현대사회와 범죄』(공저)(2013) 등이 있고, 논문은 "역할담당 감정으로서의 수치심과 청소년비행" 『한국사회학』 29-3(1995), "청소년폭력의 원인으로서 대인갈등상황에서의 권위보존동기" 『한국사회학』 37-2(2003), "대학생의 인터넷저작권침해행위에 있어 중화의 작용과 이론들의 검증" 『한국사회학』 46-5(2012), "소셜네트워크서비스(SNS)상에서의 불법행동과 그 원인으로 사회자본과 그 쟁점" 『형사정책연구』 24-2(2013) 등이 있다.

□ E-mail : lss824@ssu.ac.kr

장안식(張安植)

• **약력** : Temple University, University of Pennsylvania 및 고려대학교에서 수학한 후, 2014년부터 고려대학교 인문대학 사회학과 초빙교수로 재직하면서 범죄사회학, 회복적 사법/정의(Restorative Justice), 청소년비행, 사회통계 및 연구방법론, 범죄정책 분야의 연구에 주력해 왔다. 주요 저서로는 『リスクの中の東アジア』(공저)(2013) 등이 있고, 논문은 "범죄두려움에 있어서 성과 연령의 상호작용효과: 범죄 피해-두려움에 대한 새로운 접근" 『형사정책연구』 22-3(2011), "범죄피해에 대한 대중의 두려움: 개인적 두려움(personal fear)과 대리 두려움(vicarious fear)의 비교" 『피해자학연구』 20-2(2012), "학교 폭력 피해 경험에 따른 발달적 변화" 『한국범죄학』 7-1(2013), "단발성 범죄피해와 중복적 범죄피해의 결정요인에 관한 연구" 『피해자학연구』 22-2(2014) 등이 있다.

□ E-mail: ansik@korea.ac.kr

황지태(黃智泰)

- **약력** : 고려대학교 사회학과 졸업, 동대학원 문학박사를 거쳐 2002년부터 현재까지 한국형사정책연구원에 재직하고 있으며, 강·절도범죄, 범죄통계, 범죄피해자, 부패범죄 연구에 주력하고 있다. 박사학위논문 『한국사회의 범죄증가추세에 대한 비판적 연구』(2010), 주요 저서로는 『총기강도 사건의 실태와 대책』(2002), 『지하철 내 범죄에 관한 연구』(2003), 『강·절도범죄의 범행대상 선택에 관한 연구』(2004), 『학교폭력의 심각성에 대한 학생 및 교사들의 인지도 연구』(2005), 『범죄피해자들의 피해실태 및 피해지원 욕구 조사』(공저)(2010), 『위조범죄의 실태 및 유형별 대처방안에 관한 연구』(공저)(2011), 『전국범죄피해조사 2012』(공저)(2013) 등이 있으며, 논문으로는 "학교폭력 피해자 조사의 문제점과 개선방향"(공저) 『피해자학연구』 10-2(2002), "공식통계와 범죄피해조사의 상반된 결과에 대한 설명" 『형사정책연구』 77(2009), "한국의 치안인력과 범죄율에 관한 소고" 『형사정책연구』 81(2010), "공식범죄통계상 살인범죄추세와 실제 살인범죄추세의 괴리 가능성에 관한 연구" 『한국범죄학』 4-1(2010), "범죄피해율과 공식범죄발생률간의 비교분석 : 2008년도 주요범죄 암수추정" 『형사정책연구』 83(2010), "범죄현상에 대한 경험적 연구 방법론 성찰" 『범죄와비행』 1(2011), "국내외 투자사기의 유형별 실태 연구"(공저) 『형사정책연구』 88(2011), "형사사법통계의 역사와 형사정책적 활용방안" 『형사정책연구』 99(2014) 등이 있다.

□ E-mail : brothering@kic.re.kr

사회학총서 9

일탈과 범죄의 사회학

2015년 4월 10일 제1판 1쇄 발행
2016년 8월 25일 제1판 2쇄 발행

저 자 김 준 호 외
발행인 강 희 일 · 박 은 자

발행처 다 산 출 판 사
서울특별시 마포구 용강동 494-85
등 록 1979. 6. 5. 제 3-86 호(윤)
전 화 717-3661~2, 718-1751~2
FAX 716-9945
조 판 민 하 디 지 탈 아 트

정가 20,000원 파본은 바꾸어 드립니다.

http://www.dasanbooks.co.kr
ISBN 978-89-7110-483-5 94330
ISBN 978-89-7110-412-5(세트)